税务培训系列教材之八

增值税消费税实务

ZENGZHISHUI XIAOFEISHUI SHIWU

政策解析·案例分析·即时练习

刘 霞 主编

中国市场出版社
China Market Press

图书在版编目（CIP）数据

增值税消费税实务/刘霞主编. —北京：中国市场出版社，2011
ISBN 978-7-5092-0768-0

Ⅰ.①增… Ⅱ.①刘… Ⅲ.①增值税-税收管理-中国②消费税-税收管理-中国 Ⅳ.①F812.424

中国版本图书馆 CIP 数据核字（2011）第 098253 号

书　　名：	增值税消费税实务
主　　编：	刘　霞
责任编辑：	胡超平
出版发行：	中国市场出版社
地　　址：	北京市西城区月坛北小街 2 号院 3 号楼（100837）
电　　话：	编辑部（010）68012468　读者服务部（010）68022950
	发行部（010）68021338　68020340　68053489
	68024335　68033577　68033539
经　　销：	新华书店
印　　刷：	河北省高碑店市鑫宏源印刷包装有限责任公司
规　　格：	787×1 092 毫米　1/16　24.25 印张　560 千字
版　　本：	2011 年 7 月第 1 版
印　　次：	2011 年 7 月第 1 次印刷
书　　号：	ISBN 978-7-5092-0768-0
定　　价：	48.00 元

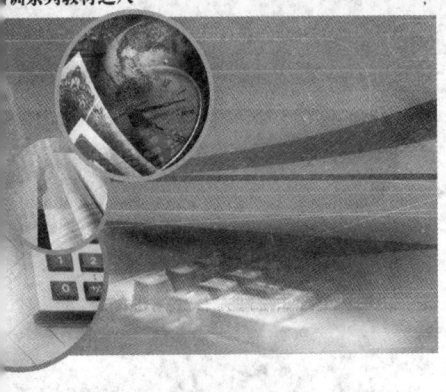

序言

2009年以来，随着增值税和消费税暂行条例的修订，财政部和国家税务总局先后颁布了一系列相关税收法规，同时又清理了一部分失效或废止的法规，这些以部门规章和规范性文件形式存在的税收政策数量较多，给税务执法人员业务能力提出了较高的要求。为便于国税干部和纳税人及时更新增值税和消费税知识，促进国税干部正确履行征管职责、纳税人正确申报缴纳税款，避免征纳双方的风险，降低税收执法成本和税收遵从成本，我们组织编写了《增值税消费税实务》一书。

该书由山东省税务学校长期从事税收教学的骨干教师刘霞主笔编写，是山东省税务学校继出版《企业财务会计》（上、下册）《新会计准则与新企业所得税法差异解读》《企业所得税实务解析》《税务行政执法理论与操作实务》《税务稽查案例精选》《企业所得税考试培训习题集》《企业所得税汇算清缴申报审核操作指引》之后推出的第八本税务干部培训教材，同时该书也可作为纳税人全面学习增值税和消费税政策的自学教材。

该书坚持理论与实践相结合，具有以下特点：一是时效性强。该书收集了2011年3月31日前发布的所有重要的增值税、消费税政策，详细注明相关文件的名称、文号及发文日期，并对部分已失效或废止法规进行及时的更新。二是操作性强。该书在对我国现行的增值税和消费税政策进行详细阐述的同时，对政策操作难点，运用54个"政策解析"进行深刻的剖析；紧密结合税收征管和纳税的日常工作，通过32个"案例解析"直观地展示目前税收工作中常见疑难问题的处理方法。三是实用性强。该书对政策理解难点，运用34个"重点难点即时练"巩固政策要点，讲练结合，加深读者对政策的理解和掌握；通过附录中的三套复习测试题，再次强化政策要点，特别适合增值税和消费税的培训工作。

该书丰富的内容，简洁明了的案例，详尽深入的分析，便于广大读者理解和掌握，是时效性、知识性与实用性兼得的税务工具书，将会对广大国税干部提高税收征管水平和纳税人提高纳税遵从度大有裨益。

山东省税务学校党委书记、校长
2011 年 5 月 29 日

前言

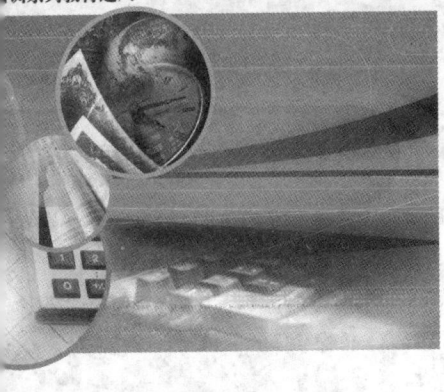

2008年11月10日，国务院总理温家宝签署国务院令，公布修订后的《中华人民共和国增值税暂行条例》和《中华人民共和国消费税暂行条例》，于2009年1月1日起施行。新修订的《中华人民共和国增值税暂行条例》将生产型增值税转变为消费型增值税，《中华人民共和国消费税暂行条例》也同时进行了相应的修订。为配合新条例的顺利实施，2009年、2010年财政部和国家税务总局先后颁布了大量配套政策，增值税和消费税制度发生了较大变化。为帮助广大税务干部、纳税人快捷、完整、准确地掌握最新的增值税和消费税政策，刘霞老师结合多年税收教学和税收业务实践的经验编写本书。

刘霞，注册税务师、注册会计师、会计师，长期从事税务研究和国税系统公务员培训工作，1996年7月毕业于长春税务学院税收系，后获得中国人民大学税收管理方向公共管理硕士学位。先后在《中国税务报》、《中国税务》、《山东财会》、《山东税务纵横》发表论文数十篇，其中，《增值税与消费税组成计税价格的比较》一文获得当年优秀论文三等奖。2010年参与编写《企业所得税实务解析》和《企业所得税培训习题集》。

本书以规范、实用、易懂为编写宗旨，在内容上，对增值税、消费税政策进行了全面、翔实的归纳整理，通过大量案例分析，深入解析增值税、消费税具体政策操作以及特殊行业、特殊业务的处理。在编写体例上，按照增值税、消费税各税制要素的逻辑顺序逐一展开系统、深入的介绍，方便读者掌握和查阅，是一本有用、管用、好用的税务人员和企业财务人员培训教材。

由于编者水平有限，书中难免有疏漏和错误之处，敬请广大读者批评指正。

编者
2011年5月

第1部分 增值税

第1章 增值税纳税人 / 003
1.1 承包与承租经营的纳税人 / 003
1.2 小规模纳税人 / 003
1.3 一般纳税人的管理 / 004
    1.3.1 一般纳税人的认定 / 004
    1.3.2 2010年一般纳税人认定工作的开展 / 008
1.4 一般纳税人辅导期管理办法 / 010
1.5 一般纳税人认定中的特殊情形 / 014
    1.5.1 可以选择按小规模纳税人纳税的情形 / 014
    1.5.2 可以申请认定一般纳税人的情形 / 015
    1.5.3 国有粮食购销企业 / 015
    1.5.4 从事成品油销售的加油站 / 015
    1.5.5 增值税一般纳税人转为小规模纳税人的有关问题 / 016
1.6 进口货物的纳税人 / 016
1.7 增值税的扣缴义务人 / 016

第2章 增值税征税范围 / 018
2.1 条例及细则规定的征税范围 / 018
    2.1.1 销售货物 / 018
    2.1.2 提供加工、修理修配劳务 / 019
    2.1.3 进口货物 / 020
    2.1.4 视同销售货物 / 022
    2.1.5 混合销售行为 / 025
    2.1.6 兼营行为 / 029

目录 CONTENTS

2.2 其他征税范围 / 031
 2.2.1 基本规定 / 031
 2.2.2 与邮政电信单位有关的业务 / 032
 2.2.3 代购货物的征税问题 / 033
 2.2.4 从事公用事业的纳税人收取的一次性费用的征税问题 / 033
 2.2.5 销售软件产品的征税问题 / 033
 2.2.6 印刷企业自己购买纸张印刷报纸书刊的征税问题 / 033
 2.2.7 经营烧卤等熟制食品的征税问题 / 034
 2.2.8 融资租赁业务的征税问题 / 034
 2.2.9 医疗机构的征税问题 / 035
 2.2.10 罚没物品征免增值税问题 / 036
 2.2.11 拍卖行拍卖货物的征税问题 / 036
 2.2.12 林木销售或管护的征税问题 / 036

2.3 不征增值税的行为 / 037
 2.3.1 执照、牌照的工本费收入 / 037
 2.3.2 会员费收入 / 037
 2.3.3 体育彩票的发行收入 / 037
 2.3.4 资产重组中的整体资产转让行为 / 037
 2.3.5 受托种植植物、饲养动物的行为 / 038
 2.3.6 供电企业收取的供电工程贴费 / 038
 2.3.7 水利工程水费不征收增值税 / 038
 2.3.8 提供泥浆工程劳务不征增值税 / 038
 2.3.9 融资性售后回租的征税问题 / 039

第 3 章 增值税税率及征收率 / 042

3.1 基本税率 / 042
 3.1.1 金属矿采选产品、非金属矿采选产品 / 042
 3.1.2 薄荷油 / 042

3.1.3 亚麻油 / 042
3.1.4 肉桂油、桉油、香茅油 / 043
3.1.5 工业燃气 / 043
3.1.6 天然二氧化碳 / 043
3.1.7 桶装饮用水 / 043
3.1.8 硝酸铵 / 043
3.1.9 日用"卫生用药" / 043
3.1.10 液氮容器 / 044
3.1.11 豆腐皮 / 044
3.1.12 麦芽 / 044
3.1.13 淀粉 / 044
3.1.14 复合胶 / 044
3.1.15 水洗猪鬃 / 045
3.1.16 人发 / 045
3.1.17 人体血液 / 045
3.1.18 皂脚 / 045
3.2 低税率 / 045
　3.2.1 粮食、食用植物油 / 045
　3.2.2 居民生活用品 / 046
　3.2.3 图书、报纸、杂志 / 046
　3.2.4 饲料、化肥、农药、农机、农膜 / 046
　3.2.5 农业产品 / 047
　3.2.6 音像制品和电子出版物 / 048
　3.2.7 二甲醚 / 048
　3.2.8 食用盐 / 048
3.3 零税率 / 049
3.4 特殊情况税率的确定 / 049
3.5 征收率 / 050

第 4 章 增值税销售额 / 051
4.1 价外费用 / 051

目录 CONTENTS

4.1.1　未退还的经营保证金属于价外费用 / 052
4.1.2　电费保证金属于价外费用 / 053
4.1.3　污水处理费免税 / 053
4.1.4　铁路支线维护费属于价外费用 / 053
4.1.5　燃油电厂从政府财政专户取得的发电补贴不属于价外费用 / 053
4.1.6　农村电网维护费免税 / 054
4.1.7　热电企业向房地产商收取的"热源建设费" / 054

4.2　包装物押金 / 055
4.2.1　逾期的掌握 / 055
4.2.2　酒类产品包装物押金 / 056
4.2.3　押金是含税收入 / 056

4.3　含税销售额的换算 / 056
4.4　销售额的核定 / 057
4.5　混合销售行为的销售额 / 059
4.6　虚开代开的增值税专用发票的销售额 / 060
4.7　特殊销售方式的销售额 / 060
4.7.1　折扣销售 / 060
4.7.2　以旧换新方式销售 / 060
4.7.3　还本销售 / 061
4.7.4　销货退回或折让 / 061

第5章　增值税进项税额（上）——扣税凭证 / 065

5.1　增值税专用发票 / 065
5.1.1　抵扣时限 / 065
5.1.2　发票的要求 / 066
5.1.3　丢失已开具专用发票的处理 / 068

5.2　海关进口增值税专用缴款书 / 069
5.2.1　抵扣时限 / 069
5.2.2　准予抵扣的进项税额 / 070

5.2.3 申请抵扣人 / 070
5.2.4 进口环节与国内环节以及国内地区间增值税税率不一致的处理 / 070
5.2.5 停止海关代征进口产品增值税信息的人工录入工作 / 071
5.2.6 部分地区试行"先比对后抵扣"管理办法 / 071
5.2.7 丢失海关进口增值税专用缴款书的处理 / 072
5.3 农产品收购发票或销售发票 / 072
　5.3.1 买价 / 072
　5.3.2 抵扣范围 / 073
　5.3.3 农产品收购凭证的管理 / 073
5.4 运输发票 / 074
　5.4.1 抵扣时限 / 074
　5.4.2 运输发票的认证 / 075
　5.4.3 计算抵扣金额的基数 / 075
　5.4.4 开票人的规定 / 075
　5.4.5 运输发票的规定 / 077
　5.4.6 运输发票开具要求 / 078
　5.4.7 运输发票的作废或开具红字发票 / 079
　5.4.8 取得发票的纳税人与发票托运人或收货人名称不一致的处理 / 081
　5.4.9 不得抵扣的运输费用 / 081

第6章 增值税进项税额（下）——抵扣范围 / 084
6.1 不得抵扣的进项税额的范围 / 084
　6.1.1 基本规定 / 084
　6.1.2 固定资产进项税额抵扣的规定 / 087
　6.1.3 免税期间外购的货物 / 088

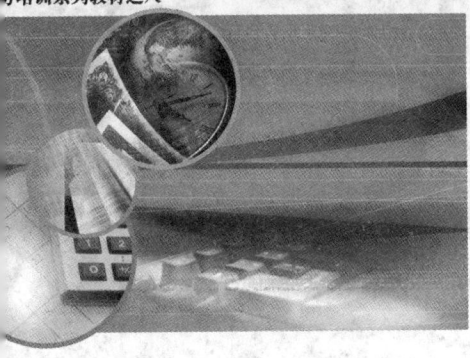

目录 CONTENTS

  6.1.4 停止抵扣进项税额期间的
进项税额 / 088
 6.2 其他文件明确的可以抵扣的进项税额 / 091
  6.2.1 混合销售行为涉及非增值税
应税劳务的进项税额 / 091
  6.2.2 以物易物、以货抵债、以物投资
取得的进项税额 / 091
  6.2.3 税控设备 / 091
  6.2.4 项目运营方建设期间的
进项税额 / 092
 6.3 不得抵扣的进项税额的确定 / 093
  6.3.1 基本规定 / 093
  6.3.2 供电企业的规定 / 094
  6.3.3 热电企业的规定 / 094
  6.3.4 广告业务的规定 / 095
  6.3.5 固定资产改变用途或发生非正常
损失时不得抵扣的进项税额 / 095
 6.4 平销行为 / 096
 6.5 进货退出或折让 / 097
 6.6 进项留抵的处理 / 098
  6.6.1 一般纳税人注销时留抵税额的
处理 / 098
  6.6.2 留抵税额抵减欠税 / 098
  6.6.3 留抵税额抵减查补税款 / 099

第7章 增值税一般纳税人应纳税额的计算 / 100
 7.1 一般货物应纳税额的计算 / 100
 7.2 简易征税办法 / 104
  7.2.1 县以下小型水力发电单位生产的
电力和部分建材产品 / 104
  7.2.2 寄售业典当业等销售相关物品 / 105

7.2.3 拍卖行拍卖货物 / 106
7.2.4 卫生防疫站调拨生物制品和药械 / 106
7.2.5 单采血浆站销售非临床
用人体血液 / 107
7.2.6 销售自己使用过的物品 / 107
7.2.7 销售旧货 / 111
7.3 简易办法征税的货物不得
抵扣的进项税额的确定 / 112

第8章 增值税小规模纳税人和进口货物应纳税额的计算 / 114
8.1 增值税小规模纳税人应纳税额的计算 / 114
8.2 进口货物应纳税额的计算 / 115

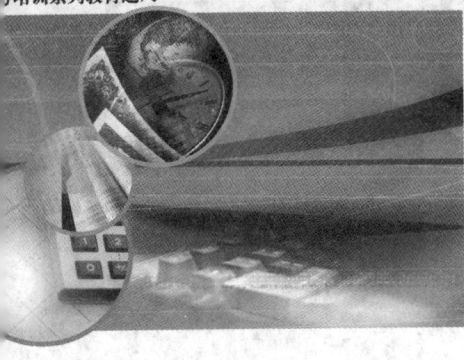

第9章 增值税税收优惠 / 117
9.1 起征点 / 117
 9.1.1 条例的基本规定 / 117
 9.1.2 细则的规定 / 117
9.2 条例规定的免税项目 / 118
9.3 残疾人用品及劳务 / 120
 9.3.1 残疾人用品 / 120
 9.3.2 残疾个人提供的劳务 / 120
9.4 抗艾滋病病毒药品 / 120
9.5 农业生产资料 / 120
 9.5.1 免征增值税的农业生产
资料范围 / 120
 9.5.2 氨化硝酸钙 / 121
 9.5.3 钾肥 / 121
 9.5.4 硝酸铵 / 121
 9.5.5 有机肥产品 / 122
 9.5.6 滴灌带和滴灌管产品 / 123

目录 CONTENTS

- 9.6 饲料 / 123
  - 9.6.1 免税饲料产品的范围 / 123
  - 9.6.2 矿物质微量元素舔砖属于免税饲料 / 124
  - 9.6.3 饲料级磷酸二氢钙产品属于免税饲料 / 124
  - 9.6.4 饲用鱼油属于免税饲料 / 125
  - 9.6.5 豆粕不属于免税饲料 / 125
  - 9.6.6 膨化血粉、膨化肉粉、水解羽毛粉不属于免税饲料 / 125
  - 9.6.7 宠物饲料产品不属于免税饲料 / 125
  - 9.6.8 免税饲料的管理办法 / 126
- 9.7 资源综合利用产品 / 126
  - 9.7.1 部分资源综合利用产品优惠政策的基本规定 / 126
  - 9.7.2 享受增值税优惠政策的新型墙体材料和废渣目录 / 128
  - 9.7.3 三剩物和次小薪材为原料生产加工的综合利用产品 / 129
  - 9.7.4 以三剩物、次小薪材等4类农林剩余物为原料自产的综合利用产品目录 / 130
  - 9.7.5 煤层气 / 131
- 9.8 再生资源回收与利用的增值税政策 / 132
  - 9.8.1 基本政策 / 132
  - 9.8.2 退税审核程序 / 135
- 9.9 修理业务 / 135
  - 9.9.1 飞机维修劳务 / 135
  - 9.9.2 对外修理修配飞机劳务 / 136
  - 9.9.3 承揽国内、国外航空公司飞机维修企业 / 136

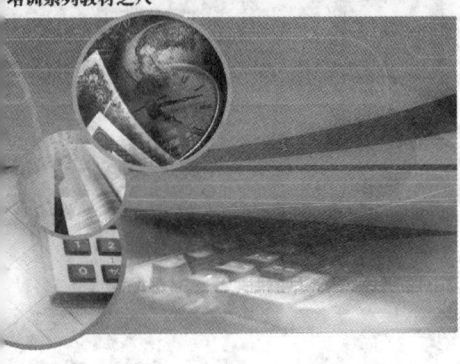

9.9.4 铁路货车修理 / 136
9.9.5 国产支线飞机 / 137
9.10 国有粮食购销企业 / 137
　　9.10.1 国有粮食购销企业的增值税政策 / 137
　　9.10.2 粮食企业的增值税政策 / 138
9.11 军队物资供应机构 / 139
9.12 军工企业 / 139
9.13 软件企业 / 141
　　9.13.1 鼓励软件产业和集成电路产业发展的有关税收政策 / 141
　　9.13.2 软件产品的优惠政策 / 143
　　9.13.3 嵌入式软件的范围及其税收政策 / 144
　　9.13.4 动漫产业发展有关税收政策 / 145
9.14 供热企业 / 149
9.15 福利企业 / 150
　　9.15.1 促进残疾人就业税收优惠政策 / 150
　　9.15.2 促进残疾人就业税收优惠政策具体征管办法 / 153
9.16 民族贸易县县级国有民贸企业和供销社企业销售货物 / 157
　　9.16.1 基本政策 / 157
　　9.16.2 民族贸易企业的范围 / 158
　　9.16.3 享受优惠政策的民族贸易企业的具体标准 / 158
9.17 血站供应给医疗机构的临床用血 / 159
9.18 医疗卫生机构 / 160

目录 CONTENTS

9.19 黄金、白银、铂金 / 161
  9.19.1 黄金现货交易 / 161
  9.19.2 销售伴生金 / 161
  9.19.3 黄金期货交易增值税政策 / 162
  9.19.4 黄金期货交易的增值税征收管理办法 / 162
  9.19.5 白银 / 164
  9.19.6 铂金 / 164
9.20 宣传文化单位 / 165
  9.20.1 宣传文化单位的增值税政策 / 165
  9.20.2 经营性文化事业单位转制为企业的税收政策 / 168
9.21 放弃免税权 / 168
9.22 减免税的管理 / 169
9.23 随增值税附征的城市维护建设税和教育费附加 / 171

第10章 增值税的其他税制要素 / 174

10.1 增值税纳税义务发生时间 / 174
  10.1.1 条例的基本规定 / 174
  10.1.2 细则的规定 / 174
10.2 增值税的纳税期限 / 177
  10.2.1 纳税人的纳税期限 / 177
  10.2.2 扣缴义务人的纳税期限 / 177
  10.2.3 进口货物的纳税期限 / 178
10.3 增值税纳税地点 / 178
  10.3.1 条例的规定 / 178
  10.3.2 固定业户外出经营的纳税地点 / 178
  10.3.3 连锁经营的纳税地点 / 179

第11章 特殊行业的增值税政策 / 181

11.1 加油站 / 181
    11.1.1 一般纳税人资格认定 / 181
    11.1.2 计税依据 / 181
    11.1.3 加油站的核算资料与申报资料 / 183
    11.1.4 纳税地点 / 183
    11.1.5 征收管理 / 183

11.2 电力产品 / 184
    11.2.1 征税方式 / 184
    11.2.2 销售其他货物 / 185
    11.2.3 计税依据 / 185
    11.2.4 纳税义务发生时间 / 186
    11.2.5 税务管理方式 / 186

11.3 油气田企业 / 187
    11.3.1 适用办法油气田企业范围 / 187
    11.3.2 油气田企业增值税征税范围 / 187
    11.3.3 油气田企业兼营应税劳务与非应税劳务征税方式 / 187
    11.3.4 生产性劳务适用税率 / 188
    11.3.5 油气田企业进项税额的抵扣范围 / 188
    11.3.6 纳税地点 / 188
    11.3.7 纳税义务发生时间 / 189
    11.3.8 发票领购 / 189
    11.3.9 申报缴纳 / 189
    11.3.10 增值税生产性劳务征税范围注释 / 189

11.4 核电行业 / 192
    11.4.1 关于核力发电企业的增值税政策 / 192
    11.4.2 关于大亚湾核电站和广东核电投资有限公司税收政策 / 193

目录 CONTENTS

第 12 章　增值税发票的管理 / 195
　12.1　专用发票的联次 / 195
　12.2　专用发票的最高开票限额 / 195
　　12.2.1　最高开票限额的审批 / 195
　　12.2.2　使用主机共享服务系统的最高开票限额 / 196
　12.3　专用发票设备的初始发行和变更发行 / 196
　12.4　专用发票的领购 / 197
　12.5　专用发票的开具 / 197
　　12.5.1　基本要求 / 197
　　12.5.2　代开专用发票 / 200
　　12.5.3　防伪税控主机共享服务系统 / 202
　12.6　抄报税 / 203
　12.7　专用发票的认证 / 203
　　12.7.1　税务机关退还原件的情形 / 203
　　12.7.2　税务机关扣留原件的情形 / 204
　　12.7.3　涉嫌违规增值税专用发票处理 / 204
　12.8　专用发票的保管 / 205
　12.9　专用发票的缴销 / 206
　12.10　普通发票的规定 / 206
　　12.10.1　机动车销售统一发票 / 206
　　12.10.2　推行使用税控收款机 / 207
　　12.10.3　增值税防伪税控一机多票系统 / 208

第 2 部分　消费税

第 13 章　消费税纳税人、征税范围及税率 / 213
　13.1　消费税纳税人的基本规定 / 213

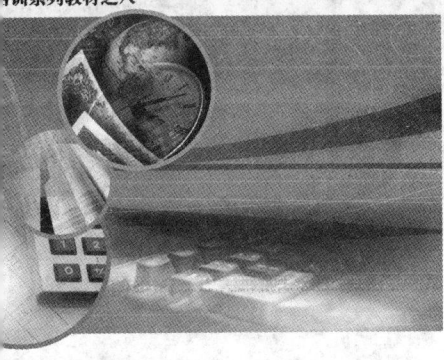

目录 CONTENTS

13.2 消费税扣缴义务人 / 213
13.3 消费税税目税率表 / 213
13.4 某些税目具体范围的规定 / 218
    13.4.1 啤酒 / 218
    13.4.2 其他酒 / 218
    13.4.3 酒精 / 219
    13.4.4 贵重首饰及珠宝玉石 / 219
    13.4.5 成品油 / 219
    13.4.6 汽车轮胎 / 220
    13.4.7 摩托车 / 220
    13.4.8 小汽车 / 220
    13.4.9 实木复合地板 / 221
13.5 征税范围 / 223
    13.5.1 生产销售 / 223
    13.5.2 自产自用的应税消费品用于其他方面 / 223
    13.5.3 委托加工 / 224
    13.5.4 进口 / 224
13.6 税率的具体规定 / 226
    13.6.1 纳税人兼营不同税率的应税消费品的适用税率 / 226
    13.6.2 啤酒适用税率的确定 / 226

第14章 从价定率计征办法消费税的计算 / 228
14.1 生产销售应税消费品 / 228
    14.1.1 销售额的确定 / 228
    14.1.2 价外费用的内容 / 228
    14.1.3 包装物的销售额以及押金 / 229
    14.1.4 关于"品牌使用费"征税问题 / 230
    14.1.5 价格明显偏低的计税依据 / 230
    14.1.6 关于组成套装销售的计税依据 / 230

目录 CONTENTS

　　14.1.7　通过自设非独立核算门市部销售
　　　　　自产应税消费品 / 230
　　14.1.8　按最高销售价格计税的情形 / 231
　　14.1.9　外币销售额 / 231
　　14.1.10　销货退回 / 231
14.2　自产自用应税消费品 / 232
　　14.2.1　同类消费品的销售价格 / 233
　　14.2.2　成本 / 233
　　14.2.3　全国平均成本利润率 / 233
14.3　委托加工应税消费品 / 234
　　14.3.1　委托加工计税依据的
　　　　　基本规定 / 234
　　14.3.2　委托加工金银首饰及珠宝
　　　　　玉石的计税依据 / 235
　　14.3.3　税款的抵扣规定 / 235
14.4　进口应税消费品 / 235
14.5　卷烟批发环节消费税 / 237

第15章　从量定额及复合计征办法
　　　　　消费税的计算 / 238

15.1　从量定额计征办法消费税的计算 / 238
15.2　复合计征办法应纳税额的计算方式 / 239
　　15.2.1　自产自用 / 239
　　15.2.2　委托加工 / 240
　　15.2.3　进口 / 240
15.3　白酒消费税计税办法 / 240
　　15.3.1　计税办法的适用范围 / 240
　　15.3.2　粮食白酒、薯类白酒消费税税率 / 240
　　15.3.3　粮食白酒、薯类白酒计税依据 / 241
　　15.3.4　加强白酒消费税征收管理 / 241
15.4　卷烟产品消费税计税办法 / 243
　　15.4.1　计税办法的适用范围 / 243

15.4.2 卷烟消费税税率 / 243
15.4.3 卷烟的计税依据 / 244
15.4.4 卷烟消费税计税价格信息采集和核定管理 / 245
15.4.5 新牌号、新规格卷烟消费税计税价格的管理 / 247
15.4.6 烟类消费税纳税人的管理 / 248
15.4.7 卷烟生产企业购进卷烟直接销售征收消费税问题 / 248

第 16 章 消费税额的扣减 / 251

16.1 抵扣范围 / 251
16.1.1 外购用于连续生产时扣除范围 / 251
16.1.2 委托加工收回后用于连续生产时扣除范围 / 251
16.1.3 补充的扣除范围 / 252
16.1.4 关于工业企业从事应税消费品购销的征税问题 / 254
16.1.5 从商业企业购进的应税消费品抵扣问题 / 254
16.1.6 外购润滑油大包装改小包装、贴商标等简单加工的征税问题 / 255
16.1.7 啤酒生产集团间调拨啤酒液的征税问题 / 255
16.1.8 用购进已税烟丝生产的出口卷烟的抵扣问题 / 255

16.2 抵扣税款的计算方法 / 255
16.2.1 外购应税消费品连续生产应税消费品 / 256
16.2.2 委托加工收回应税消费品连续生产应税消费品 / 256

目录 CONTENTS

　　　16.2.3　进口应税消费品 / 256
　　　16.2.4　定额税率的抵扣 / 257
　　　16.2.5　可抵扣的消费税大于当期
　　　　　　　应纳消费税的处理 / 258
　16.3　抵扣税款的管理 / 258
　　　16.3.1　申报资料 / 258
　　　16.3.2　抵扣凭证 / 259
　　　16.3.3　抵扣税款台账 / 259

第 17 章　消费税税收优惠 / 260
　17.1　成品油 / 260
　　　17.1.1　航空煤油 / 260
　　　17.1.2　乙醇汽油 / 260
　　　17.1.3　石脑油 / 260
　　　17.1.4　燃料油 / 260
　　　17.1.5　利用废弃的动植物油生产
　　　　　　　纯生物柴油 / 261
　　　17.1.6　油（气）田企业生产自用成品油 / 261
　　　17.1.7　成品油生产企业生产自用油 / 261
　17.2　轮胎 / 262
　　　17.2.1　子午线轮胎 / 262
　　　17.2.2　翻新轮胎 / 263
　17.3　免征进口消费税 / 263
　　　17.3.1　科学研究机构和学校进口
　　　　　　　科学研究和教学用品 / 263
　　　17.3.2　科学研究、技术开发机构进口
　　　　　　　科技开发用品 / 263
　17.4　符合欧洲Ⅲ号排放标准的小汽车减征
　　　　消费税的政策暂缓执行 / 264

第 18 章　消费税其他税制要素 / 265
　18.1　纳税地点 / 265

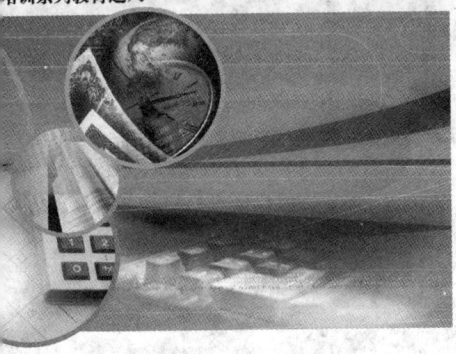

18.1.1 外出经营、委托代销及总分机构等纳税地点的规定 / 265
18.1.2 受托方未代收代缴消费税款时管辖税务机关的规定 / 265
18.2 纳税期限 / 266
18.3 消费税纳税义务发生时间 / 266

第19章 金银首饰消费税 / 269

19.1 改为零售环节征收消费税的金银首饰范围 / 269
19.2 税率、纳税义务人 / 270
19.3 应税与非应税的划分 / 270
19.4 纳税环节 / 270
19.5 纳税义务发生时间 / 271
19.6 计税依据 / 271
19.7 纳税地点 / 272
19.8 其他问题 / 272
　19.8.1 抵扣范围 / 272
　19.8.2 取消金银首饰消费税纳税人认定 / 272
　19.8.3 停止使用《金银首饰购货（加工）管理证明单》/ 273

第20章 成品油消费税政策 / 276

20.1 成品油消费税纳税人登记政策 / 276
20.2 成品油已纳消费税抵扣的规定 / 276
　20.2.1 以石脑油、润滑油、燃料油为原料生产的应税消费品 / 276
　20.2.2 以汽油、柴油为原料生产甲醇汽油、生物柴油 / 277
20.3 乙醇汽油消费税政策 / 277
20.4 甲醇汽油、生物柴油消费税政策 / 278

目录 CONTENTS

20.5 石脑油消费税政策 / 278
 20.5.1 石脑油的税收优惠政策 / 278
 20.5.2 石脑油消费税免税管理办法 / 279
 20.5.3 进口石脑油消费税先征后返的有关规定 / 281
20.6 燃料油消费税政策 / 282
20.7 汽油、柴油消费税管理办法 / 282
 20.7.1 登记管理 / 282
 20.7.2 对成品油生产企业的管理 / 283

第21章 葡萄酒消费税的管理 / 285

第3部分 附 录

附录1 增值税复习测试题 / 291
附录2 消费税复习测试题 / 299
附录3 增值税消费税综合测试题 / 308
附录4 习题参考答案 / 323
附录5 增值税部分货物征税范围注释 / 335
附录6 农业产品征税范围注释 / 338
附录7 消费税征收范围注释 / 341
附录8 中华人民共和国增值税暂行条例 / 350
附录9 中华人民共和国增值税暂行条例实施细则 / 353
附录10 中华人民共和国消费税暂行条例 / 358
附录11 中华人民共和国消费税暂行条例实施细则 / 360

第1部分　增值税

第1章
增值税纳税人

《中华人民共和国增值税暂行条例》第一条规定，在中华人民共和国境内销售货物或者提供加工、修理修配劳务以及进口货物的单位和个人，为增值税的纳税义务人。

《中华人民共和国增值税暂行条例实施细则》第九条规定，单位是指企业、行政单位、事业单位、军事单位、社会团体及其他单位。个人是指个体工商户和其他个人。

1.1 承包与承租经营的纳税人

《中华人民共和国增值税暂行条例实施细则》第十条规定，单位租赁或者承包给其他单位或者个人经营的，以承租人或者承包人为纳税人。

1.2 小规模纳税人

按照纳税人的年应税销售额，把增值税纳税人分为一般纳税人和小规模纳税人管理。

一、小规模纳税人标准

《中华人民共和国增值税暂行条例实施细则》第二十八条规定，小规模纳税人的标准为：

（一）从事货物生产或者提供应税劳务的纳税人，以及以从事货物生产或者提供应税劳务为主，并兼营货物批发或者零售的纳税人，年应征增值税销售额（以下简称应税销售额）在50万元以下（含本数，下同）的；

（二）除本条第一款第（一）项规定以外的纳税人，年应税销售额在80万元以下的。

本条第一款所称以从事货物生产或者提供应税劳务为主，是指纳税人的年货物生产或者提供应税劳务的销售额占年应税销售额的比重在50%以上。

二、年应税销售额的口径

年应税销售额，是指纳税人在连续不超过12个月的经营期内累计应征增值税销售额，包括免税销售额。

（增值税一般纳税人资格认定管理办法，国家税务总局令〔2010〕第22号，发文日期：2010-02-10）

经营期，是指在纳税人存续期内的连续经营期间，含未取得销售收入的月份。

年应税销售额，包括纳税申报销售额、稽查查补销售额、纳税评估调整销售额、税务机关代开发票销售额和免税销售额。稽查查补销售额和纳税评估调整销售额计入查补税款申报当月的销售额，不计入税款所属期销售额。

（国家税务总局关于明确《增值税一般纳税人资格认定管理办法》若干条款处理意见的通知，国税函〔2010〕第139号，发文日期：2010-04-07）

案例解析

某商业零售企业2010年3月开业，主营零售日用百货，又兼营复印、晒图及设计业务，2010年3月至2011年2月取得日用百货不含税销售收入73万元，复印等业务收入12万元。该企业的销售额是否超过小规模纳税人标准，应被认定为一般纳税人吗？

答：根据《增值税一般纳税人资格认定管理办法》（国家税务总局令〔2010〕第22号）第三条规定，增值税纳税人（以下简称纳税人），年应税销售额超过财政部、国家税务总局规定的小规模纳税人标准的，除本办法第五条规定外，应当向主管税务机关申请一般纳税人资格认定。本办法所称年应税销售额，是指纳税人在连续不超过12个月的经营期内（含未取得销售收入的月份）累计应征增值税销售额，包括免税销售额。因此，根据文件规定，年应税销售额是指纳税人在连续不超过12个月的经营期内（2010年3月至2011年2月）累计应征增值税销售额，不包括归地税机关管理的营业额。《中华人民共和国增值税暂行条例》第十一条和《中华人民共和国增值税暂行条例实施细则》第二十八条规定，小规模纳税人的认定标准为：1. 从事货物生产或者提供应税劳务的纳税人，以及以从事货物生产或者提供应税劳务为主，并兼营货物批发或者零售的纳税人，年应征增值税销售额在50万元以下（含本数）的。2. 除上述规定以外的纳税人，年应征增值税销售额在80万元以下的。该企业年应征增值税的销售额为73万元，不超过80万元，没有超过小规模纳税人标准。

1.3 一般纳税人的管理

1.3.1 一般纳税人的认定

自2010年3月20日起执行《增值税一般纳税人资格认定管理办法》及其若干条款处理意见的通知。

一、办理一般纳税人认定的两类纳税人

（一）超过小规模纳税人标准

增值税纳税人年应税销售额超过财政部、国家税务总局规定的小规模纳税人标准的（以下简称超过小规模纳税人标准），除《增值税一般纳税人资格认定管理办法》第五条所规定（不办理一般纳税人资格认定的三种情形）外，应当向主管税务机关申请一般纳税人资格认定。

（二）未超小规模纳税人标准及新开业纳税人

年应税销售额未超过财政部、国家税务总局规定的小规模纳税人标准（以下简称未超小规模纳税人标准）以及新开业的纳税人，可以向主管税务机关申请一般纳税人资格认定。

对提出申请并且同时符合下列条件的纳税人，主管税务机关应当为其办理一般纳税人资格认定：

1. 有固定的生产经营场所；
2. 能够按照国家统一的会计制度规定设置账簿，根据合法、有效凭证核算，能够提供准确税务资料。

二、不办理一般纳税人资格认定的三类纳税人

下列纳税人不办理一般纳税人资格认定：

（一）个体工商户以外的其他个人，其他个人是指自然人；

（二）选择按照小规模纳税人纳税的非企业性单位，非企业性单位是指行政单位、事业单位、军事单位、社会团体和其他单位；

（三）选择按照小规模纳税人纳税的不经常发生应税行为的企业，不经常发生应税行为的企业是指非增值税纳税人，不经常发生应税行为是指其偶然发生增值税应税行为。

三、一般纳税人认定的受理机关

纳税人应当向其机构所在地主管税务机关申请一般纳税人资格认定。

四、一般纳税人认定的权限机关

一般纳税人资格认定的权限，在县（市、区）国家税务局或者同级别的税务分局（以下称认定机关）。

五、一般纳税人认定的程序

（一）超过小规模纳税人标准的认定程序

纳税人符合《增值税一般纳税人资格认定管理办法》第三条规定（即超过小规模纳税人标准）的，按照下列程序办理一般纳税人资格认定：

1. 纳税人应当在申报期结束后 40 日（工作日，下同）内向主管税务机关报送《增值税一般纳税人申请认定表》，申请一般纳税人资格认定。申报期，是指纳税人年应税销售额超过小规模纳税人标准的月份（或季度）的所属申报期。

2. 认定机关应当在主管税务机关受理申请之日起 20 日内完成一般纳税人资格认定，并由主管税务机关制作、送达《税务事项通知书》，告知纳税人同意其认定申请以及一般纳税人资格确认的时间。

3. 纳税人未在规定期限内申请一般纳税人资格认定的，主管税务机关应当在规定期限结束后20日内制作并送达《税务事项通知书》，告知纳税人其年应税销售额已超过小规模纳税人标准，应在收到《税务事项通知书》后10日内向主管税务机关报送《增值税一般纳税人申请认定表》或《不认定增值税一般纳税人申请表》；逾期未报送的，将按《中华人民共和国增值税暂行条例实施细则》第三十四条规定，按销售额依照增值税税率计算应纳税额，不得抵扣进项税额，也不得使用增值税专用发票。

4. 纳税人符合《增值税一般纳税人资格认定管理办法》第五条规定的（即选择按小规模纳税人纳税的非企业性单位和不经常发生应税行为的企业），应当在收到《税务事项通知书》后10日内向主管税务机关报送《不认定增值税一般纳税人申请表》，经认定机关批准后不办理一般纳税人资格认定。认定机关应当在主管税务机关受理申请之日起20日内批准完毕，并由主管税务机关制作、送达《税务事项通知书》，告知纳税人。

纳税人在《税务事项通知书》规定的时限内仍未向主管税务机关报送《一般纳税人资格认定表》或者《不认定增值税一般纳税人申请表》的，应按《中华人民共和国增值税暂行条例实施细则》第三十四条规定，按销售额依照增值税税率计算应纳税额，不得抵扣进项税额，也不得使用增值税专用发票。直至纳税人报送上述资料，并经主管税务机关审核批准后方可停止执行。

（二）未超小规模纳税人标准的认定程序

纳税人符合《增值税一般纳税人资格认定管理办法》第四条规定（即未超小规模纳税人标准及新开业）的，按照下列程序办理一般纳税人资格认定：

1. 申请

纳税人应当向主管税务机关填报申请表，并提供下列资料：

（1）《税务登记证》副本；
（2）财务负责人和办税人员的身份证明及其复印件；
（3）会计人员的从业资格证明或者与中介机构签订的代理记账协议及其复印件，会计人员的从业资格证明，是指财政部门颁发的会计从业资格证书；
（4）经营场所产权证明或者租赁协议，或者其他可使用场地证明及其复印件；
（5）国家税务总局规定的其他有关资料。

2. 资料审核

主管税务机关应当当场核对纳税人的申请资料，经核对一致且申请资料齐全、符合填列要求的，当场受理，制作《文书受理回执单》，并将有关资料的原件退还纳税人。

对申请资料不齐全或者不符合填列要求的，应当当场告知纳税人需要补正的全部内容。

3. 实地查验

主管税务机关受理纳税人申请以后，根据需要进行实地查验，并制作查验报告。查验报告由纳税人法定代表人（负责人或者业主）、税务查验人员共同签字（签章）确认。实地查验时，应当有两名或者两名以上税务机关工作人员同时到场。实地查验的范围

(是指需要进行实地查验的企业范围及实地查验的内容）和方法由各省税务机关确定并报国家税务总局备案。

各省税务机关要及时按照《增值税一般纳税人认定管理办法》第九条第三款规定，确定实地查验的范围和方法，以便基层税务机关操作执行，并报总局备案。未确定实地查验范围和方法的，应按《增值税一般纳税人认定管理办法》第九条规定的范围和程序进行实地查验，并制作查验报告。

4. 资格认定

认定机关应当自主管税务机关受理申请之日起 20 日内完成一般纳税人资格认定，并由主管税务机关制作、送达《税务事项通知书》，告知纳税人。

六、执行一般纳税人资格的起始期

纳税人自认定机关认定为一般纳税人的次月起（新开业纳税人自主管税务机关受理申请的当月起），按照《中华人民共和国增值税暂行条例》第四条的规定计算应纳税额，并按照规定领购、使用增值税专用发票。新开业纳税人，是指自税务登记日起 30 日内申请一般纳税人资格认定的纳税人。

七、其他管理规定

（一）一般纳税人戳记

主管税务机关应当在一般纳税人《税务登记证》副本"资格认定"栏内加盖"增值税一般纳税人"戳记。"增值税一般纳税人"戳记印色为红色，印模由国家税务总局制定。

（二）不得转为小规模纳税人

除国家税务总局另有规定外，纳税人一经认定为一般纳税人后，不得转为小规模纳税人。

（增值税一般纳税人资格认定管理办法，国家税务总局令〔2010〕第 22 号，发文日期：2010-02-10；国家税务总局关于明确《增值税一般纳税人资格认定管理办法》若干条款处理意见的通知，国税函〔2010〕第 139 号，发文日期：2010-04-07；国家税务总局关于《增值税一般纳税人资格认定管理办法》政策衔接有关问题的通知，国税函〔2010〕第 137 号，发文日期：2010-04-07）

政策解析

2010 年 3 月 20 日起，开始执行新的《增值税一般纳税人资格认定管理办法》，超过小规模纳税人标准的单位及个体工商户除非企业性单位和不经常发生应税行为的企业外，必须在规定的时限内申请办理一般纳税人认定，否则将按《中华人民共和国增值税暂行条例实施细则》第三十四条处理；超过标准的非企业性单位和不经常发生应税行为的企业也必须在规定的时限内提出不认定一般纳税人申请，否则也将按《中华人民共和国增值税暂行条例实施细则》第三十四条处理。特别注意在确定个体工商户是否超过小规模纳税人标准时，也只关注年应税销售额是否超过 50 万元或 80 万元的标准，没有特殊规定。

1. 其他个人无论年应税销售额是否超过小规模纳税人标准，均不办理一般纳税人认定。

2. 全部销售免税货物的企业按原政策，除另有规定外，不办理一般纳税人认定手续，但此规定在新认定管理办法中取消了。由于年应税销售额包括免税销售额，所以全部销售免税货物的企业，年免税销售额超过 50 万元或 80 万元的标准，也要办理一般纳税人的认定。但按照《中华人民共和国增值税暂行条例》规定，销售免税货物不得开具增值税专用发票，所以全部销售免税货物的企业认定为一般纳税人后，除另有规定外，仍不可以领购使用增值税专用发票。

3. 年应税销售额未超小规模纳税人标准及新开业的纳税人只要符合会计核算健全、有固定的经营场所两个条件，一般纳税人资格认定权限税务机关应当认定其为一般纳税人。

4. 年应税销售额未超过小规模纳税人标准的商业企业不认定为一般纳税人的规定取消了，未超标准小规模商业企业及新开业商业企业可以认定为一般纳税人，只是对其中的小型商贸批发企业可以实行辅导期管理。

1.3.2 2010 年一般纳税人认定工作的开展

（一）2010 年上半年工作

根据新修订的《中华人民共和国增值税暂行条例实施细则》及《国家税务总局关于增值税一般纳税人认定有关问题的通知》（国税函〔2008〕1079 号）的规定，2010 年 1 月底前应对 2009 年应税销售额超过标准的小规模纳税人进行增值税一般纳税人资格认定。考虑到此次增值税一般纳税人认定户数较多的实际情况，为确保认定工作的规范、有序进行，现将有关事项通知如下：

1. 各地应尽快调查统计 2009 年应税销售额超过标准的小规模纳税人户数情况，制订分期分批认定的工作计划，于 2010 年 6 月底前完成认定工作。

2. 个体工商户超过小规模纳税人标准，在认定为增值税一般纳税人后，如需使用防伪税控开票子系统的，须待防伪税控系统升级后方可使用。

3. 各地要根据实际情况，认真做好增值税一般纳税人认定前的政策宣传解释工作，并于 2010 年 1 月 31 日前，将《2009 年销售额超过标准的小规模纳税认定计划安排表》上报税务总局。

（国家税务总局关于办理 2009 年销售额超过标准的小规模纳税人申请增值税一般纳税人认定问题的通知，国税函〔2010〕第 35 号，发文日期：2010-01-25）

（二）综合征管软件升级

2010 年 6 月底前，各地对 2009 年应税销售额超过标准的个体工商户进行了一般纳税人资格认定，这部分个体工商户一般纳税人的税务登记代码为其身份证号码加两位顺序码（17 位或者 20 位）。目前，全国大部分一般纳税人使用的 6.13 版本增值税防伪税控开票系统在开具增值税专用发票和增值税普通发票时，尚不支持购买方税务登记代码为 17 位的情形，为了不影响纳税人正常开票，国家税务总局决定将防伪税控开票系统统一升级为 6.15 版本，有关升级事项如下：

1. 在 2010 年 12 月份申报期内，申报征收岗位人员在受理报税时应告知纳税人及时进行防伪税控开票系统升级。对于使用光盘进行升级的，应将升级光盘免费发放给纳税人；对于上网下载升级软件进行升级的，应告知纳税人下载升级软件的具体网络地址。

2. 防伪税控主机共享系统的升级工作由防伪税控服务单位上门免费进行。

3. 各地税务机关应认真检查防伪税控税务机关代开票系统是否已经升级为 6.15 版本，未升级的尽快组织升级，升级方法详见《国家税务总局办公厅关于增值税防伪税控系统（13号补丁）功能升级的通知》（国税办发〔2010〕71号）。

（国家税务总局关于做好增值税防伪税控开票系统升级工作的通知，国税函〔2010〕585号，发文日期：2010-11-29）

政策解析

增值税一般纳税人和小规模纳税人在税收征管上有下列三点不同：

1. 专用发票的使用权利不同。增值税一般纳税人可以向税务机关领购增值税专用发票，在销售货物或者提供应税劳务时，除另有规定外，应通过增值税防伪税控系统开具专用发票或普通发票。增值税小规模纳税人不能领购专用发票，因购货方索取确有需要的，可向主管税务机关申请代开。

2. 应纳税额的计算方法不同。一般纳税人采用当期销项税额减除当期进项税额的方法计算应缴税款，即应纳税额＝当期销项税额－当期进项税额。一般纳税人可以凭合法的扣税凭证抵扣进项税额。而小规模纳税人采用简易办法计算应纳税款，按照销售额和规定的征收率计算应纳税额，计算公式为：应纳税额＝销售额×征收率。由于小规模纳税人征收率远远低于税率，因此应纳税额的计算公式中没有减项，其不得抵扣进项税额。

3. 含税的销售额换算公式不同。一般纳税人的含税销售额换算成不含税销售额，其换算公式为：销售额＝含税销售额÷（1＋税率）。小规模纳税人的含税销售额换算为不含税销售额，换算公式为：销售额＝含税销售额÷（1＋征收率）。

重点难点即时练 1

1. 下列纳税人提出一般纳税人认定申请，可以被认定的是（   ）。
A. 会计核算健全，但年应税销售额未超过标准的小规模工业企业
B. 年应税销售额超过小规模纳税人标准的不经常发生增值税应税行为的企业
C. 年应税销售额超过小规模纳税人标准的其他个人
D. 年应税销售额超过小规模纳税人标准的非企业性单位

2. 下列纳税人会计核算健全，且有固定的经营场所，提出一般纳税人认定申请，应当被认定的是（   ）。
A. 年应税销售额未超过标准的小规模商贸零售企业
B. 全部销售免税货物的企业

C. 年应税销售额未超过小规模纳税人标准的商贸批发企业
D. 年应税销售额未超过小规模纳税人标准的非企业性单位
3. 下列纳税人不办理一般纳税人资格认定的是（　　）。
A. 年应税销售额超过小规模纳税人标准的个体工商户
B. 选择按照小规模纳税人纳税的非企业性单位
C. 选择按照小规模纳税人纳税的不经常发生应税行为的企业
D. 年应税销售额超过小规模纳税人标准，但会计核算不健全的企业
4. 下列关于一般纳税人的认定管理说法不正确的有（　　）。
A. 年应税销售额是指公历1月1日至12月31日纳税人取得的销售额
B. 年应税销售额不包括免税销售额
C. 稽查查补销售额计入查补税款所属期销售额
D. 纳税人自认定机关认定为一般纳税人的当月起可以领购使用增值税专用发票
5. 下列属于年应税销售额未超过财政部、国家税务总局规定的小规模纳税人标准以及新开业的纳税人，向主管税务机关申请一般纳税人资格认定时，应提供的资料有（　　）。
A. 《税务登记证》副本
B. 有关合同、章程、协议书
C. 财务负责人和办税人员的身份证明及其复印件
D. 会计人员的会计从业资格证书或者与中介机构签订的代理记账协议及其复印件
E. 银行账号证明
F. 经营场所产权证明或者租赁协议，或者其他可使用场地证明及其复印件

1.4　一般纳税人辅导期管理办法

为加强增值税一般纳税人纳税辅导期管理，根据《增值税一般纳税人资格认定管理办法》第十三条规定，税务总局制定了《增值税一般纳税人纳税辅导期管理办法》，自2010年3月20日起执行。

一、实行辅导期管理的纳税人范围

主管税务机关可以在一定期限内对下列一般纳税人实行纳税辅导期管理：

（一）按照《增值税一般纳税人资格认定管理办法》第四条（即未超小规模纳税人标准及新开业）的规定新认定为一般纳税人的小型商贸批发企业

"小型商贸批发企业"，是指注册资金在80万元（含80万元）以下、职工人数在10人（含10人）以下的批发企业。只从事出口贸易，不需要使用增值税专用发票的企业除外。批发企业按照国家统计局颁发的《国民经济行业分类》（GB/T4754—2002）中有关批发业的行业划分方法界定。

（二）国家税务总局规定的其他一般纳税人

"其他一般纳税人"，是指具有下列情形之一的一般纳税人：

1. 增值税偷税数额占应纳税额的 10% 以上并且偷税数额在 10 万元以上的；
2. 骗取出口退税的；
3. 虚开增值税扣税凭证的；
4. 国家税务总局规定的其他情形。

二、辅导期管理的期限

新认定为一般纳税人的小型商贸批发企业实行纳税辅导期管理的期限为 3 个月；其他一般纳税人实行纳税辅导期管理的期限为 6 个月。

三、辅导期管理的执行时效

对新办小型商贸批发企业，主管税务机关应在认定办法第九条第（四）款规定的《税务事项通知书》内告知纳税人对其实行纳税辅导期管理，纳税辅导期自主管税务机关制作《税务事项通知书》的当月起执行；对其他一般纳税人，主管税务机关应自稽查部门作出《税务稽查处理决定书》后 40 个工作日内，制作、送达《税务事项通知书》告知纳税人对其实行纳税辅导期管理，纳税辅导期自主管税务机关制作《税务事项通知书》的次月起执行。

四、辅导期管理的特殊政策

（一）进项税额先比对，后抵扣

辅导期纳税人取得的增值税专用发票（以下简称专用发票）抵扣联、海关进口增值税专用缴款书以及运输费用结算单据应当在交叉稽核比对无误后，方可抵扣进项税额。

（二）限量限额领购专用发票

主管税务机关对辅导期纳税人实行限量限额发售专用发票。

1. 实行纳税辅导期管理的小型商贸批发企业，领购专用发票的最高开票限额不得超过十万元；其他一般纳税人专用发票最高开票限额应根据企业实际经营情况重新核定。

2. 辅导期纳税人专用发票的领购实行按次限量控制，主管税务机关可根据纳税人的经营情况核定每次专用发票的供应数量，但每次发售专用发票数量不得超过 25 份。辅导期纳税人领购的专用发票未使用完而再次领购的，主管税务机关发售专用发票的份数不得超过核定的每次领购专用发票份数与未使用完的专用发票份数的差额。

3. 增购专用发票时预缴税款

辅导期纳税人一个月内多次领购专用发票的，应从当月第二次领购专用发票起，按照上一次已领购并开具的专用发票销售额的 3% 预缴增值税，未预缴增值税的，主管税务机关不得向其发售专用发票。预缴增值税时，纳税人应提供已领购并开具的专用发票记账联，主管税务机关根据其提供的专用发票记账联计算应预缴的增值税。

辅导期纳税人按规定预缴的增值税可在本期增值税应纳税额中抵减，抵减后预缴增值税仍有余额的，可抵减下期再次领购专用发票时应当预缴的增值税。纳税辅导期结束后，纳税人因增购专用发票发生的预缴增值税有余额的，主管税务机关应在纳税辅导期结束后的第一个月内，一次性退还纳税人。

五、账务处理

辅导期纳税人应当在"应交税金"科目下增设"待抵扣进项税额"明细科目,核算尚未交叉稽核比对的专用发票抵扣联、海关进口增值税专用缴款书以及运输费用结算单据(以下简称增值税抵扣凭证)注明或者计算的进项税额。辅导期纳税人取得增值税抵扣凭证后,借记"应交税金——待抵扣进项税额"明细科目,贷记相关科目。交叉稽核比对无误后,借记"应交税金——应交增值税(进项税额)"科目,贷记"应交税金——待抵扣进项税额"科目。经核实不得抵扣的进项税额,红字借记"应交税金——待抵扣进项税额",红字贷记相关科目。

主管税务机关定期接收交叉稽核比对结果,通过《稽核结果导出工具》导出发票明细数据及《稽核结果通知书》并告知辅导期纳税人。辅导期纳税人根据交叉稽核比对结果相符的增值税抵扣凭证本期数据申报抵扣进项税额,未收到交叉稽核比对结果的增值税抵扣凭证留待下期抵扣。

六、申报表填列

辅导期纳税人按以下要求填写《增值税纳税申报表附列资料(表二)》。

(一)第2栏填写当月取得认证相符且当月收到《稽核比对结果通知书》及其明细清单注明的稽核相符专用发票、协查结果中允许抵扣的专用发票的份数、金额、税额。

(二)第3栏填写前期取得认证相符且当月收到《稽核比对结果通知书》及其明细清单注明的稽核相符专用发票、协查结果中允许抵扣的专用发票的份数、金额、税额。

(三)第5栏填写税务机关告知的《稽核比对结果通知书》及其明细清单注明的本期稽核相符的海关进口增值税专用缴款书、协查结果中允许抵扣的海关进口增值税专用缴款书的份数、金额、税额。

(四)第7栏"废旧物资发票"不再填写。

(五)第8栏填写税务机关告知的《稽核比对结果通知书》及其明细清单注明的本期稽核相符的运输费用结算单据、协查结果中允许抵扣的运输费用结算单据的份数、金额、税额。

(六)第23栏填写认证相符但未收到稽核比对结果的增值税专用发票月初余额数。

(七)第24栏填写本月已认证相符但未收到稽核比对结果的专用发票数据。

(八)第25栏填写已认证相符但未收到稽核比对结果的专用发票月末余额数。

(九)第28栏填写本月未收到稽核比对结果的海关进口增值税专用缴款书。

(十)第30栏"废旧物资发票"不再填写。

(十一)第31栏填写本月未收到稽核比对结果的运输费用结算单据数据。

七、一窗式审核

主管税务机关在受理辅导期纳税人纳税申报时,按照以下要求进行"一窗式"票表比对。

(一)审核《增值税纳税申报表》附表二第3栏份数、金额、税额是否等于或小于本期稽核系统比对相符的专用发票抵扣联数据。

（二）审核《增值税纳税申报表》附表二第 5 栏份数、金额、税额是否等于或小于本期交叉稽核比对相符和协查后允许抵扣的海关进口增值税专用缴款书合计数。

（三）审核《增值税纳税申报表》附表二中第 8 栏的份数、金额是否等于或小于本期交叉稽核比对相符和协查后允许抵扣的运输费用结算单据合计数。

（四）申报表数据若大于稽核结果数据的，按现行"一窗式"票表比对异常情况处理。

八、辅导期满的处理

纳税辅导期内，主管税务机关未发现纳税人存在偷税、逃避追缴欠税、骗取出口退税、抗税或其他需要立案查处的税收违法行为的，从期满的次月起不再实行纳税辅导期管理，主管税务机关应制作、送达《税务事项通知书》，告知纳税人；主管税务机关发现辅导期纳税人存在偷税、逃避追缴欠税、骗取出口退税、抗税或其他需要立案查处的税收违法行为的，从期满的次月起按照本规定重新实行纳税辅导期管理，主管税务机关应制作、送达《税务事项通知书》，告知纳税人。

（增值税一般纳税人资格认定管理办法，国家税务总局令〔2010〕第 22 号，发文日期：2010-02-10；国家税务总局关于印发《增值税一般纳税人纳税辅导期管理办法》的通知，国税发〔2010〕40 号，发文日期：2010-04-07）

政策解析

一般纳税人辅导期管理政策与原政策相比变化较大，我们应当关注如下几点：

1. 对商贸零售企业不再实行辅导期管理。

2. 对年应税销售额超过小规模纳税人标准的小型商贸批发企业也不实行辅导期管理。

3. 辅导期内纳税人存在偷税、逃避追缴欠税、骗取出口退税、抗税或其他需要立案查处的税收违法行为的，也不得再转为小规模纳税人，只是辅导期满后重新实行辅导期管理。

4. 一般纳税人增值税辅导期期满后应税销售额达不到一般纳税人标准的，只要纳税辅导期内，主管税务机关未发现纳税人存在偷税、逃避追缴欠税、骗取出口退税、抗税或其他需要立案查处的税收违法行为的，从期满的次月起不再实行纳税辅导期管理，也不会被取消一般纳税人资格。

5. 《增值税一般纳税人资格认定管理办法》第十三条规定，未超小规模纳税人标准及新开业的小型商贸批发企业新认定为一般纳税人时可以实行辅导期管理，但是《增值税一般纳税人纳税辅导期管理办法》中只规定了新开业的小型商贸批发企业新认定为一般纳税人的，自当月起开始计算 3 个月的辅导期，没有规定未超小规模纳税人标准的小型商贸批发企业实行辅导期管理的开始时效。

重点难点即时练 2

1. 下列关于一般纳税人辅导期管理的说法不正确的有（　　）。
   A. 新认定为一般纳税人的小型商贸批发企业一律实行辅导期管理
   B. 注册资金在 80 万元（含 80 万元）以下、职工人数在 10 人（含 10 人）以下的只从事出口贸易不需要使用增值税专用发票的批发企业，新认定为一般纳税人当月起应实行辅导期管理
   C. 逃避追缴欠税款 10 万元以上的一般纳税人实行辅导期管理
   D. 虚开增值税扣税凭证的一般纳税人，实行纳税辅导期管理的期限为 6 个月，自稽查部门作出《税务稽查处理决定书》的次月起执行

2. 主管税务机关可以在一定期限内对下列（　　）一般纳税人实行纳税辅导期管理。
   A. 增值税偷税数额占应纳税额的 10% 以上并且偷税数额在 10 万元以上的
   B. 骗取出口退税的
   C. 抗税的
   D. 虚开增值税扣税凭证的

3. 下列关于辅导期纳税人的管理措施正确的有（　　）。
   A. 取得的增值税专用发票抵扣联、海关进口增值税专用缴款书以及运输费用结算单据应当在交叉稽核比对无误后，方可抵扣进项税额
   B. 小型商贸批发企业，领购专用发票的最高开票限额不得超过十万元
   C. 虚开增值税扣税凭证的纳税人继续执行原核定的专用发票最高开票限额
   D. 每次领购专用发票时必须预缴增值税

4. 辅导期纳税人按规定预缴的增值税可以（　　）。
   A. 在本期增值税应纳税额中抵减
   B. 抵减当月以后各次增购专用发票时应预缴的增值税
   C. 抵减下期再次领购专用发票时应当预缴的增值税
   D. 纳税辅导期结束后，在纳税辅导期结束后的第一个月内，一次性退还纳税人

5. 主管税务机关发现辅导期纳税人存在（　　）税收违法行为的，从期满的次月起按照《增值税一般纳税人纳税辅导期管理办法》重新实行纳税辅导期管理。
   A. 偷税　　B. 逃避追缴欠税　　C. 骗取出口退税　　D. 抗税

1.5　一般纳税人认定中的特殊情形

1.5.1　可以选择按小规模纳税人纳税的情形

《中华人民共和国增值税暂行条例实施细则》第二十九条规定，年应税销售额超过小规模纳税人标准的其他个人按小规模纳税人纳税；非企业性单位、不经常发生应税行为的企业可选择按小规模纳税人纳税。

案例解析

某宾馆 2010 年 9 月销售月饼的销售额为 120 万元，达到了一般纳税人标准，是否必须认定为一般纳税人？

答：根据《中华人民共和国增值税暂行条例》第十一条和《中华人民共和国增值税暂行条例实施细则》第二十八条规定，小规模纳税人的认定标准为：1. 从事货物生产或者提供应税劳务的纳税人，以及以从事货物生产或者提供应税劳务为主，并兼营货物批发或者零售的纳税人，年应征增值税销售额在 50 万元以下（含本数）的。2. 除上述规定以外的纳税人，年应征增值税销售额在 80 万元以下的。《中华人民共和国增值税暂行条例实施细则》第二十九条规定，非企业性单位、不经常发生应税行为的企业可选择按小规模纳税人纳税。该宾馆销售月饼属于季节性行为，是不经常发生应税行为的企业，所以企业可以选择按小规模纳税人纳税，不认定为一般纳税人。

1.5.2　可以申请认定一般纳税人的情形

《中华人民共和国增值税暂行条例》第十三条第二款规定，小规模纳税人会计核算健全，能够提供准确税务资料的，可以向主管税务机关申请资格认定，不作为小规模纳税人，依照本条例有关规定计算应纳税额。

《中华人民共和国增值税暂行条例实施细则》第三十二条规定，条例第十三条和本细则所称会计核算健全，是指能够按照国家统一的会计制度规定设置账簿，根据合法、有效凭证核算。

1.5.3　国有粮食购销企业

凡享受免征增值税的国有粮食购销企业，均按增值税一般纳税人认定，并进行纳税申报、日常检查及有关增值税专用发票的各项管理。

（国家税务总局关于加强国有粮食购销企业增值税管理有关问题的通知，国税函〔1999〕560 号，发文日期：1999-08-18）

1.5.4　从事成品油销售的加油站

从 2002 年 1 月 1 日起，对从事成品油销售的加油站，无论其年应税销售额是否超过 180 万元，一律按增值税一般纳税人征税。

（国家税务总局关于加油站一律按照增值税一般纳税人征税的通知，国税函〔2001〕882 号，发文日期：2001-12-03）

凡经经贸委批准从事成品油零售业务，并已办理工商、税务登记，有固定经营场所，使用加油机自动计量销售成品油的单位和个体经营者（以下简称加油站），一律按照《国家税务总局关于加油站一律按照增值税一般纳税人征税的通知》（国税函〔2001〕882 号）认定为增值税一般纳税人；并根据《中华人民共和国增值税暂行条例》有关规定进行征收管理。

（国家税务总局成品油零售加油站增值税征收管理办法，国家税务总局令

〔2002〕2号，发文日期：2002-04-02）

1.5.5 增值税一般纳税人转为小规模纳税人的有关问题

《中华人民共和国增值税暂行条例实施细则》第三十三条规定，除国家税务总局另有规定外，纳税人一经认定为一般纳税人后，不得转为小规模纳税人。

1.6 进口货物的纳税人

一、进口货物纳税人的基本规定

进口货物的收货人或办理报关手续的单位和个人，为进口货物增值税、消费税的纳税义务人。

（国家税务总局 海关总署关于进口货物征收增值税、消费税有关问题的通知，国税发〔1993〕第155号，发文日期：1993-12-25）

二、代理进口货物的纳税人

代理进口货物的行为，属于增值税条例所称的代购货物行为，应按增值税代购货物的征税规定执行。但鉴于代理进口货物的海关完税凭证有的开具给委托方，有的开具给受托方的特殊性，对代理进口货物，以海关开具的完税凭证上的纳税人为增值税纳税人。即对报关进口货物，凡是海关的完税凭证开具给委托方的，对代理方不征增值税；凡是海关的完税凭证开具给代理方的，对代理方应按规定增收增值税。

（国家税务总局关于印发《增值税问题解答（之一）》的通知，国税函〔1995〕第288号，发文日期：1995-06-02）

1.7 增值税的扣缴义务人

《中华人民共和国增值税暂行条例》第十八条规定：中华人民共和国境外的单位或者个人在境内提供应税劳务，在境内未设有经营机构的，以其境内代理人为扣缴义务人；在境内没有代理人的，以购买方为扣缴义务人。

重点难点即时练3

1. 下列不属于我国增值税纳税义务人的是（　　）。
   A. 个人　　　　　　　　　　B. 外国投资企业
   C. 会计制度不健全的企业　　D. 在境外提供修理修配劳务的企业
2. 下列有关加油站认定一般纳税人表述正确的是（　　）。
   A. 无论年应税销售额是否达到规定标准，一律认定为一般纳税人
   B. 无论年应税销售额是否达到规定标准，一律不得认定为一般纳税人

C. 个体加油站年应税销售额如果达不到标准，不得认定为一般纳税人
D. 私营和个体加油站一律不予认定一般纳税人

3. 下列关于增值税纳税人表述错误的是（   ）。
A. 进口货物，以进口货物的收货人或办理报关手续的单位和个人为进口货物的纳税人
B. 企业租赁或承包给他人经营的，以出租人或出包人为纳税人
C. 代理进口货物，一律以委托方为纳税人
D. 对代理进口货物，一律以代理人为纳税人

4. 下列纳税人一律按一般纳税人管理的有（   ）。
A. 个体加油站　　　　　　B. 享受免税优惠的国有粮食购销企业
C. 拍卖行　　　　　　　　D. 废旧物资回收经营单位

5. 中华人民共和国境外的单位或者个人在境内提供应税劳务，可能成为扣缴义务人的是（   ）。
A. 境内关联经营机构　　　B. 境内代理人
C. 境外代理人　　　　　　D. 购买方

第 2 章
增值税征税范围

《中华人民共和国增值税暂行条例》及细则规定，增值税的征税范围除包括销售货物、提供加工及修理修配劳务、进口货物三项核心的范围外，还包括视同销售行为、部分混合销售行为以及兼营的销售货物、提供增值税应税劳务，另外在财政部和国家税务总局下发的规范性文件中还明确了一系列应当征收增值税的行为，我们称作其他征税范围。

2.1 条例及细则规定的征税范围

2.1.1 销售货物

纳税人在中华人民共和国境内销售货物，应当征收增值税。

一、《中华人民共和国增值税暂行条例实施细则》第八条规定，在中华人民共和国境内销售货物是指销售货物的起运地或者所在地在境内。

二、《中华人民共和国增值税暂行条例实施细则》第二条第一款规定，货物是指有形动产，包括电力、热力、气体在内。

值得注意的是：销售有形动产属于增值税的征税范围，销售或转让无形资产和不动产属于营业税的征税范围。

三、《中华人民共和国增值税暂行条例实施细则》第三条第一款规定，销售货物是指有偿转让货物的所有权。本细则所称有偿，是指从购买方取得货币、货物或者其他经济利益。

政策解析

有偿转让货物所有权时，从购买方取得了货币，这是我们最常见的销售行为；从购买方取得了货物也就是我们通常所说的以物易物；从购买方取得的其他经济利益包括哪些内容，增值税法律文件中没有作具体的解释。但是综合分析征税范围我们可以看出：视同销售行为采取了正向列举的方式列举了八种行为，其中包括将自产、委托加工或购买的货物作为投资，提供给其他单位和个体经营者；将自产、委托加工或购买的货物分配给股东或投资者。所以，这里的其他经济利益应该是除了以物投资和分配实物股利这两种方式之外的经济利益，如取得债权或抵减债务。需要特别注意的是以物易物、以物抵债都属于销售货物的范畴，一定不要混同于视同销售行为。

案例解析

某纺织企业（一般纳税人）将下脚料销售给职工，直接收取现金，没有开具发票，该行为需要缴纳增值税吗？

答：根据《中华人民共和国增值税暂行条例》第一条规定，在中华人民共和国境内销售货物或者提供加工、修理修配劳务，以及进口货物的单位和个人，为增值税的纳税义务人，应当依照本条例缴纳增值税。因此，一般纳税人企业销售下脚料收入，不论是卖给个人还是单位，都应按适用税率计算缴纳增值税，该企业的业务应于收取对方现金时开具发票。销售实现后，即使企业没有开具发票，纳税义务已经发生，也应该缴纳增值税。

2.1.2 提供加工、修理修配劳务

纳税人在中华人民共和国境内提供加工、修理修配劳务，应当征收增值税。

一、《中华人民共和国增值税暂行条例实施细则》第八条规定，在中华人民共和国境内提供加工、修理修配劳务，是指提供的应税劳务发生在境内。

二、《中华人民共和国增值税暂行条例实施细则》第三条第二款规定：提供加工、修理修配劳务（以下称应税劳务），是指有偿提供加工、修理修配劳务。单位或者个体工商户聘用的员工为本单位或者雇主提供加工、修理修配劳务，不包括在内。本细则所称有偿，是指从购买方取得货币、货物或者其他经济利益。

政策解析

只有有偿提供的加工、修理修配劳务才属于增值税的征税范围，如果是无偿提供加工、修理修配劳务不征收增征税，如三包期内为顾客无偿提供的修理修配劳务，不征增值税。

三、《中华人民共和国增值税暂行条例实施细则》第二条第二款规定，加工是指受托加工货物，即委托方提供原料及主要材料，受托方按照委托方的要求，制造货物并收取加工费的业务。

供电企业利用自身输变电设备对并入电网的企业自备电厂生产的电力产品进行电压调节，属于提供加工劳务。根据《中华人民共和国增值税暂行条例》和《中华人民共和国营业税暂行条例》有关规定，对上述供电企业进行电力调压并按电量向电厂收取的并网服务费，应当征收增值税，不征收营业税。

（国家税务总局关于供电企业收取并网服务费征收增值税问题的批复，国税函〔2009〕641号，发文日期：2009-11-19）

政策解析

增值税的加工劳务要求原料及主要材料应由委托方提供，如果原料及主要材料是由受托方直接或间接提供的，这项业务不属于受托方提供加工劳务，实际上属于受托方销售自产的货物，应按销售货物的相关规定征收增值税。例如：印刷企业接受出版单位的委托，自行购买纸张印制的图书、报纸、杂志，应对印刷企业按销售图书、报纸、杂志征收增值税。

修理修配和营业税建筑业税目中的修缮有很多类似的地方，建筑业中的修缮也是对目的物进行修复、加固、养护、改善使之恢复原使用价值或延长其使用期限的业务。区分修理的对象是有形动产还是不动产是确定征收增值税或营业税的关键：修理修配是对有形动产进行的修复，如修理自行车、修理钟表；而修缮是对不动产进行的修复，如修理或维护铁路、房屋、公路。

重点难点即时练 4

1. 下列单位或者个人，不是增值税纳税人的是（　　）。
   A. 进口理发设备的理发店　　　　B. 销售商品房的公司
   C. 零售杂货的个体户　　　　　　D. 生产销售自然资源的矿厂

2. 下列行为，不征收增值税的是（　　）。
   A. 过境贸易　　　　　　　　　　B. 进口固定资产设备
   C. 出口家电产品　　　　　　　　D. 中远公司为日本公司修理在我国海域损坏的船只

3. 按照现行增值税制度规定，下列行为应按"提供加工和修理修配劳务"征收增值税的是（　　）。
   A. 受托方提供原料加工的化妆品
   B. 服装厂受托为自带布料个人加工服装
   C. 电力公司收取的过网费
   D. 印刷企业自行购买纸张为出版商印制的图书

4. 按照现行增值税制度规定，下列行为应按"提供加工和修理修配劳务"征收增值税的是（　　）。
   A. 保修期内商店内设服务部为商店顾客免费修理手表
   B. 修配车间工人修理故障机器
   C. 企业为另一企业修理锅炉
   D. 汽车修配厂为本厂修理汽车

5. 单位和个人提供的下列劳务，应征增值税的有（　　）。
   A. 房屋的修缮收入　　　　　　　B. 对电梯进行保养、维修
   C. 受托加工的白酒取得的加工费收入　　　D. 房屋的装潢收入

2.1.3 进口货物

《中华人民共和国增值税暂行条例》第二十条规定：增值税由税务机关征收，进口

货物的增值税由海关代征。个人携带或者邮寄进境自用物品的增值税，连同关税一并计征。

自 2004 年 1 月 1 日起，报关进口货物执行下列规定：

一、经海关批准暂时进境的下列货物，在进境时纳税义务人向海关缴纳相当于应纳税款的保证金或者提供其他担保的，可以暂不缴纳进口环节增值税和消费税，并应当自进境之日起 6 个月内复运出境；经纳税义务人申请，海关可以根据海关总署的规定延长复运出境的期限：

（一）在展览会、交易会、会议及类似活动中展示或者使用的货物；

（二）文化、体育交流活动中使用的表演、比赛用品；

（三）进行新闻报道或者摄制电影、电视节目使用的仪器、设备及用品；

（四）开展科研、教学、医疗活动使用的仪器、设备及用品；

（五）在本款第（一）项至第（四）项所列活动中使用的交通工具及特种车辆；

（六）货样；

（七）供安装、调试、检测设备时使用的仪器、工具；

（八）盛装货物的容器；

（九）其他用于非商业目的的货物。

上述所列暂准进境货物在规定的期限内未复运出境的，海关应当依法征收进口环节增值税和消费税。

上述所列可以暂时免征进口环节增值税和消费税范围以外的其他暂准进境货物，应当按照该货物的组成计税价格和其在境内滞留时间与折旧时间的比例分别计算征收进口环节增值税和消费税。

二、因残损、短少、品质不良或者规格不符原因，由进口货物的发货人、承运人或者保险公司免费补偿或者更换的相同货物，进口时不征收进口环节增值税和消费税。被免费更换的原进口货物不退运出境的，海关应当对原进口货物重新按照规定征收进口环节增值税和消费税。

三、进口环节增值税税额在人民币 50 元以下的一票货物，免征进口环节增值税；消费税税额在人民币 50 元以下的一票货物，免征进口环节消费税。

四、无商业价值的广告品和货样免征进口环节增值税和消费税。

五、外国政府、国际组织无偿赠送的物资免征进口环节增值税和消费税。

六、在海关放行前损失的进口货物免征进口环节增值税和消费税；在海关放行前遭受损坏的货物，可以按海关认定的进口货物受损后的实际价值确定进口环节增值税和消费税组成计税价格公式中的关税完税价格和关税，并依法计征进口环节增值税和消费税。

七、进境运输工具装载的途中必需的燃料、物料和饮食用品免征进口环节增值税和消费税。

八、有关法律、行政法规规定进口货物减征或者免征进口环节海关代征税的，海关按照规定执行。

（财政部 海关总署 国家税务总局关于印发《关于进口货物进口环节海关代征税

税收政策问题的规定》的通知，财关税〔2004〕第007号，发文日期：2004-03-16）

2.1.4 视同销售货物

《中华人民共和国增值税暂行条例实施细则》第四条规定，单位或者个体工商户的下列行为，视同销售货物。

一、将货物交付其他单位或者个人代销。

二、销售代销货物。

三、设有两个以上机构并实行统一核算的纳税人，将货物从一个机构移送其他机构用于销售，但相关机构设在同一县（市）的除外。

目前，对实行统一核算的企业所属机构间移送货物，接受移送货物机构（以下简称受货机构）的经营活动是否属于销售应在当地纳税，判断标准如下：《中华人民共和国增值税暂行条例实施细则》第四条视同销售货物行为的第（三）项所称的用于销售，是指受货机构发生以下情形之一的经营行为：

（一）向购货方开具发票；

（二）向购货方收取货款。

受货机构的货物移送行为有上述两项情形之一的，应当向所在地税务机关缴纳增值税；未发生上述两项情形的，则应由总机构统一缴纳增值税。如果受货机构只就部分货物向购买方开具发票或收取货款，则应当区别不同情况计算并分别向总机构所在地或分支机构所在地缴纳税款。

（国家税务总局关于企业所属机构间移送货物征收增值税问题的通知，国税发〔1998〕第137号，发文日期：1998-08-26）

纳税人与总机构所在地金融机构签订协议建立资金结算网络，以总机构的名义在各地开立存款账户（开立的账户为分支机构所在地账号，只能存款、转账，不能取款）。各地实现的销售，通过资金结算网络在各地向购货方收取销货款，由总机构直接向购货方开具发票的行为，不具备《国家税务总局关于企业所属机构间移送货物征收增值税问题的通知》规定的受货机构向购货方开具发票、向购货方收取货款两种情形之一，其取得的应税收入应当在总机构所在地缴纳增值税。

（国家税务总局关于纳税人以资金结算网络方式收取货款增值税纳税地点问题的通知，国税函〔2002〕第802号，发文日期：2002-09-03）

四、将自产或委托加工的货物用于非增值税应税项目。

《中华人民共和国增值税暂行条例实施细则》第二十三条规定：非增值税应税项目，是指提供非增值税应税劳务、转让无形资产、销售不动产和不动产在建工程。前款所称不动产是指不能移动或者移动后会引起性质、形状改变的财产，包括建筑物、构筑物和其他土地附着物。纳税人新建、改建、扩建、修缮、装饰不动产，均属于不动产在建工程。

五、将自产、委托加工的货物用于集体福利或个人消费。

六、将自产、委托加工或者购进的货物作为投资，提供给其他单位或者个体工商户。

七、将自产、委托加工或购进的货物分配给股东或投资者。

八、将自产、委托加工或者购进的货物无偿赠送其他单位或者个人。

零售商开展促销活动,其促销商品(包括有奖销售的奖品、赠品)应当依法纳税。

(商务部 国家发展改革委 国家公安部 国家税务总局 国家工商总局零售商促销行为管理办法,部委令〔2006〕第018号,发文日期:2006-09-12)

中国移动有限公司内地子公司、中国电信集团公司和中国电信股份有限公司所属子公司(以下简称中国电信子公司)、中国联通有限公司及所属分公司和中国联合通信有限公司贵州分公司、中国网络通信集团公司及其分公司和中国网通(集团)有限公司及其分公司开展以业务销售附带赠送电信服务业务(包括赠送用户一定业务使用时长、流量或业务使用费额度、赠送有价卡预存款或有价卡)的过程中,其附带赠送的电信服务是无偿提供电信业劳务的行为,不属于营业税征收范围,不征收营业税。

中国移动有限公司内地子公司、中国电信子公司、中国联通有限公司及所属分公司和中国联合通信有限公司贵州分公司、中国网络通信集团公司及其分公司和中国网通(集团)有限公司及其分公司开展的以业务销售附带赠送实物业务(包括赠送用户小灵通(手机)、电话机、SIM卡、网络终端或有价物品等实物),属于电信单位提供电信业劳务的同时赠送实物的行为,按照现行流转税政策规定,不征收增值税,其进项税额不得予以抵扣;其附带赠送实物的行为是电信单位无偿赠与他人实物的行为,不属于营业税征收范围,不征收营业税。

(国家税务总局关于中国移动有限公司内地子公司业务销售附带赠送行为征收流转税问题的通知,国税函〔2006〕第1278号,发文日期:2006-12-28;国家税务总局关于中国电信集团公司和中国电信股份有限公司所属子公司业务销售附带赠送行为征收流转税问题的通知,国税函〔2007〕第414号,发文日期:2007-04-06;国家税务总局关于中国联通有限公司及所属分公司和中国联合通信有限公司贵州分公司业务销售附带赠送行为有关流转税问题的通知,国税函〔2007〕第778号,发文日期:2007-07-20;国家税务总局关于中国网络通信集团公司及其分公司和中国网通(集团)有限公司及其分公司业务销售附带赠送行为征收流转税问题的通知,国税函〔2007〕第1322号,发文日期:2007-12-28)

金融保险企业开展的以业务销售附带赠送实物的业务,属于金融保险企业提供金融保险劳务的同时赠送实物的行为,按照现行流转税政策规定,不征收增值税,其进项税额不得抵扣;其附带赠送实物的行为是金融保险企业无偿赠与他人实物的行为,不属于营业税征收范围,不征收营业税。

(国家税务总局大企业税收管理司关于2009年度税收自查有关政策问题的函,企便函〔2009〕第033号,发文日期:2009-09-04)

政策解析

学习视同销售行为时应把握两点:一是视同销售行为采用的是正向列举的办法,其范围只有八条,只有属于这八条所列行为才是视同销售行为;反之,如果我们认定某一项行为属于视同销售行为,那么,它必定属于这八条中的某一条。例如将自产的货物用于管理部门不属于八条所列举的行为，因此它不是视同销售行为，实际上它不属于增值税的征税范围。二是注意将货物用于非增值税应税项目、集体福利或个人消费用途时，货物的来源只有自产、委托加工两个方向，没有外购。因为这两种用途是属于纳税人将货物自用了，而自用只会涉及进项税额能否抵扣的问题，与销售无关。

国税函〔2008〕875号第三条规定，企业以"买一赠一"等方式组合销售本企业商品的，不属于捐赠，应将总的销售金额按各项商品的公允价值的比例来分摊确认各项的销售收入。但是目前总局没有出台增值税方面的文件，对"买一赠一"是否应视同销售货物缴纳增值税作出明确规定。这个问题在现实征管中普遍存在，但存在较大争议。因此，部分省市就现实生活中存在的购物赠送的形式进行明确，同时规范了是否征税、如何征税及何时征税，如《河北省国家税务局关于企业若干销售行为征收增值税问题的通知》（冀国税函〔2009〕247号）规定，企业在促销中，以"买一赠一"、购物返券、购物积分等方式组合销售货物的，对于主货物和赠品（返券商品、积分商品，下同）不开发票的，就其实际收到的货款征收增值税。对于主货物与赠品开在同一张发票的，或者分别开具发票的，应按发票注明的合计金额征收增值税。纳税义务发生时间均为收到货款的当天。企业应将总的销售金额按各项商品的公允价值的比例来分摊确认各项的销售收入。

重点难点即时练5

1. 下列各项中，视同销售应当征收增值税的是（　　）。
   A. 某商场为厂家代销服装　　　　B. 外购毛巾被用于职工福利
   C. 某工厂外购钢材用于在建工程　　D. 餐厅购进酒水用于提供给顾客消费
2. 实行统一核算的总分支机构间相互移送货物应当征收增值税必须同时具备以下条件（　　）。
   A. 两个机构必须在同一县市　　　B. 两个机构必须不在同一县市
   C. 移送货物必须用于销售　　　　D. 移送货物必须用于生产
3. 统一核算的企业所属机构间移送货物，接受移送货物的机构有下列情形之一的就视为用于销售（　　）。
   A. 向购货方开具发票　　　　　　B. 向购货方收取货款
   C. 把货物交付购买方　　　　　　D. 为购买方运输货物
4. 下列行为属于视同销售的有（　　）。
   A. 将自产的货物用于管理部门
   B. 将外购的货物用于管理部门
   C. 将自产的货物用于本厂基本建设
   D. 将委托加工的货物用于职工集体福利
5. 下列行为属于视同销售的有（　　）。
   A. 将自产的布匹用于连续生产服装
   B. 采取手续费结算方式将货物交付他人代销

C. 赊销货物
D. 将外购的货物用于提供非增值税应税劳务

案例解析

某豆浆机生产公司在各地设立的售后服务部在产品保修期内免费为客户提供维修服务，免费维修所消耗的材料或更换的配件是否需要作视同销售处理？

答： 由于保修期内免费保修业务是作为销售合同的一部分，企业在产品定价时实际上已经考虑了维修的费用，因此，有关收入实际已经在销售时确认，该公司已就销售额缴纳了税款，免费保修时耗用的零件不属于将货物无偿赠送他人，也不属于《中华人民共和国增值税暂行条例实施细则》第四条规定的其他视同销售行为，不需视同销售缴纳增值税。

案例解析

某挖掘机生产企业将自产的机器设备用于出租，是否视同销售缴纳增值税？

答：《中华人民共和国增值税暂行条例实施细则》第四条第四项规定，将自产或者委托加工的货物用于非增值税应税项目，应该视同销售。租赁业属于营业税服务业税目中的子目，因此，企业将自产的机器设备用于出租，属于提供非增值税应税劳务，设备被用于了非增值税应税项目，应视同销售缴纳增值税。

2.1.5 混合销售行为

一、混合销售行为的概念

《中华人民共和国增值税暂行条例实施细则》第五条规定，一项销售行为如果既涉及货物又涉及非增值税应税劳务，为混合销售行为。

例： 随汽车销售提供的汽车按揭服务和代办服务业务属于混合销售行为。《财政部 国家税务总局关于营业税若干政策问题的通知》（财税〔2003〕16号）明确指出：自2003年1月1日起，随汽车销售提供的汽车按揭服务和代办服务业务征收增值税，单独提供按揭、代办服务业务，并不销售汽车的，应征收营业税。

政策解析

原增值税暂行条例实施细则规定：纳税人的销售行为是否属于混合销售行为，由国家税务总局所属征收机关确定。该条款在新细则中删除了。

二、混合销售行为的一般征税方式

《中华人民共和国增值税暂行条例实施细则》第五条规定，除细则第六条的规定外，从事货物的生产、批发或者零售的企业、企业性单位和个体工商户的混合销售行为，视为销售货物，应当缴纳增值税；其他单位和个人的混合销售行为，视为销售非增值税应税劳务，不缴纳增值税。

本条第一款所称非增值税应税劳务，是指属于应缴营业税的交通运输业、建筑业、金融保险业、邮电通信业、文化体育业、娱乐业、服务业税目征收范围的劳务。

本条第一款所称从事货物的生产、批发或者零售的企业、企业性单位和个体工商户，包括以从事货物的生产、批发或者零售为主，并兼营非增值税应税劳务的单位和个体工商户在内。

政策解析

因为混合销售行为属于一项销售行为，不能分割，所以要根据纳税人经营的主业确定征收增值税还是营业税，不可能像兼营行为那样既征收增值税又征收营业税。也就是说，不能因为纳税人把货物的销售额与非应税劳务的营业额分别核算了，就分别征收增值税和营业税。

《中华人民共和国增值税暂行条例》和《中华人民共和国营业税暂行条例》中都规定了混合销售行为的概念和征税方式，实际上，两个条例中规定的混合销售行为是同一种行为，都是增值税征税范围内的销售货物与营业税征税范围内的劳务的混合，如电信部门销售手机的同时提供通讯服务，这项行为既涉及销售手机（货物）又涉及提供邮电通讯服务。《中华人民共和国增值税暂行条例》和《中华人民共和国营业税暂行条例》中规定的混合销售行为的征税方式也是完全一致的。

国税发〔1993〕第154号曾规定，"以从事货物的生产、批发或零售为主，并兼营非应税劳务"，是指纳税人的年货物销售额与非增值税应税劳务营业额的合计数中，年货物销售额超过50%，非增值税应税劳务营业额不到50%。此规定被财税〔2009〕17号文件废止，那么，对纳税人所经营的主业应如何判断，没有具体标准了。

案例解析

某建材商店主要经营建材和电缆的销售，在工商营业执照上注明兼营电缆的安装业务。2009年3月建材商店建材销售额为18万元，电缆销售额为7万元，其中5万元电缆同时为客户安装，收取安装费1.5万元（单独记账核算）。建材商店将货物的销售额共25万元，申报缴纳增值税，安装费1.5万元，申报缴纳营业税。建材商店的做法对吗？

答：不对。建材商店销售电缆并负责安装的行为属于混合销售行为，因为建材商店属于以从事货物的生产、批发或零售为主，并兼营非应税劳务的企业，其混合销售行为应当征收增值税。因此，建材商店应将电缆销售额7万元及安装费1.5万元全部申报缴纳增值税。

案例解析

KTV内设的小超市零售啤酒、水果、干果等小吃给客人，账上已分开核算，零售收入如何纳税？网吧里销售烟酒和饮料，如果收入分别核算，应缴纳增值税还是营业税？

答:《财政部 国家税务总局关于营业税若干政策问题的通知》(财税〔2003〕16号)第二条第四项规定,单位和个人开办网吧取得的收入,按娱乐业税目征收营业税。KTV 内设的小超市零售食品给客人,网吧里销售烟酒和饮料,本质上都属于混合销售行为,由于 KTV 和网吧都不属于以从事货物的生产、批发或零售为主的纳税人,其混合销售行为应当征收营业税。《中华人民共和国营业税暂行条例实施细则》第十七条规定,娱乐业的营业额为经营娱乐业收取的全部价款和价外费用,包括门票收费、台位费、点歌费、烟酒、饮料、茶水、鲜花、小吃等收费及经营娱乐业的其他各项收费。KTV、网吧内设的超市如果是非独立纳税人,即使能分开核算,其销售收入也应并入娱乐业项目营业额计算缴纳营业税。

三、特殊混合销售行为的征税方式

(一)《中华人民共和国增值税暂行条例实施细则》第六条规定,纳税人的下列混合销售行为,应当分别核算货物的销售额和非增值税应税劳务的营业额,并根据其销售货物的销售额计算缴纳增值税,非增值税应税劳务的营业额不缴纳增值税;未分别核算的,由主管税务机关核定其货物的销售额:

1. 销售自产货物并同时提供建筑业劳务的行为;
2. 财政部、国家税务总局规定的其他情形。

《国家税务总局关于纳税人销售自产货物并同时提供建筑业劳务有关税收问题的公告》作如下规定:纳税人销售自产货物同时提供建筑业劳务,应按照《中华人民共和国增值税暂行条例实施细则》第六条及《中华人民共和国营业税暂行条例实施细则》第七条规定,分别核算其货物的销售额和建筑业劳务的营业额,并根据其货物的销售额计算缴纳增值税,根据其建筑业劳务的营业额计算缴纳营业税。未分别核算的,由主管税务机关分别核定其货物的销售额和建筑业劳务的营业额。

纳税人销售自产货物同时提供建筑业劳务,须向建筑业劳务发生地主管地方税务机关提供其机构所在地主管国家税务机关出具的本纳税人属于从事货物生产的单位或个人的证明。建筑业劳务发生地主管地方税务机关根据纳税人持有的证明,按本公告有关规定计算征收营业税。

本公告自 2011 年 5 月 1 日起施行。《国家税务总局关于纳税人销售自产货物提供增值税劳务并同时提供建筑业劳务征收流转税问题的通知》(国税发〔2002〕117 号)同时废止。本公告施行前已征收增值税、营业税的不再作纳税调整,未征收增值税或营业税的按本公告规定执行。

(国家税务总局关于纳税人销售自产货物并同时提供建筑业劳务有关税收问题的公告,国家税务总局公告〔2011〕第 23 号,发文日期:2011-03-25)

政策解析

国税发〔2002〕117 号文件规定,自 2002 年 9 月 1 日起,纳税人以签订建设工程施工总包或分包合同(包括建筑、安装、装饰、修缮等工程总包和分包合同,下同)方式开展经营活动时,销售自产货物、提供增值税应税劳务并同时提供建筑业劳务(包括建筑、安装、修缮、装饰、其他工程作业，下同），同时符合以下条件的，对销售自产货物和提供增值税应税劳务取得的收入征收增值税，提供建筑业劳务收入（不包括按规定应征收增值税的自产货物和增值税应税劳务收入）征收营业税：(1) 具备建设行政部门批准的建筑业施工（安装）资质；(2) 签订建设工程施工总包或分包合同中单独注明建筑业劳务价款。凡不同时符合以上条件的，对纳税人取得的全部收入征收增值税，不征收营业税。该文件中不同时符合两个条件的全部收入征收增值税不征营业税的规定与《中华人民共和国增值税暂行条例实施细则》第六条的规定是相抵触的。国税发〔2009〕29号文件只是把不同时符合以上条件的不征收营业税的规定废止了，但没有废止全部收入征收增值税的规定，这就造成了按照国税发〔2002〕117号文件规定，不同时符合两个条件时，全部收入（包括销售自产货物提供增值税应税劳务以及建筑业劳务收入）要征收增值税，按照《中华人民共和国营业税暂行条例》，提供建筑业劳务的收入还要再征收营业税。国家税务总局公告〔2011〕第23号彻底明确了自2011年5月1日起国税发〔2002〕117号文件被废止了，那么两个条件就不复存在，只要是销售自产货物与建筑业劳务的混合，货物的销售额征增值税，建筑业劳务的营业额征营业税。

财税字〔1994〕第026号规定，从事运输业务的单位与个人，发生销售货物并负责运输所售货物的混合销售行为，征收增值税。该规定已在财税〔2009〕61号文件中废止，那么按照《中华人民共和国增值税暂行条例实施细则》第五条的规定，此种混合销售行为应该征收营业税。

（二）根据细则第五条规定，以从事非增值税应税劳务为主，并兼营货物销售的单位与个人，其混合销售行为应视为销售非应税劳务，不征收增值税。但如果其设立单独的机构经营货物销售并单独核算，该单独机构应视为从事货物的生产、批发或零售的企业性单位，其发生的混合销售行为应当征收增值税。

（国家税务总局关于增值税若干征收问题的通知，国税发〔1994〕第122号，发文日期：1994-05-07）

重点难点即时练6

1. 下列行为属于增值税混合销售行为的是（　　）。
   A. 某汽车修理厂用外购的零件为顾客修理损坏的汽车
   B. 某商场既有销售商品的业务又有出租柜台的业务
   C. 某纯净水厂在销售纯净水的同时有偿送货上门
   D. 某商店既销售自己的货物又代销他人的货物
2. 下列行为属于视同销售货物的行为的是（　　）。
   A. 销售代销货物
   B. 某电视机厂销售彩电时负责运输
   C. 某自行车厂销售产品，同时另设修理部
   D. 某建筑公司承揽建筑工程并提供工程所用建筑材料
3. 按照现行政策规定，下列不征收增值税的行为是（　　）。

A. 销售外购铝合金门窗并负责安装的
B. 非营利性医院、诊所随处方销售的自产自用的制剂
C. 从事运输业务的单位和个人，发生销售货物并负责运输
D. 单纯销售移动电话，不提供有关电信劳务服务的

4. 某客户从销售装饰材料的商店购进装饰材料，并请装饰材料商店为其设计室内装修，则该商店取得的收入应（　　）。
A. 一并征收增值税　　　　　　　B. 一并征收营业税
C. 未分别核算时一并征收增值税　　D. 未分别核算时一并征收营业税

5. 纳税人的下列混合销售行为，应当征收增值税的是（　　）。
A. 饭店提供餐饮服务销售酒水
B. 电信部门销售电话并提供有偿电信服务
C. 安装公司为客户包工包料进行装修
D. 家具城销售家具并有偿送货

6. 如果总机构为非增值税纳税人，其设立的单独核算的分支机构的混合销售行为（　　）。
A. 一律征收增值税
B. 一律征收营业税
C. 从事货物生产、批发或零售的征收增值税
D. 即使从事货物生产、批发或零售也应当征收营业税而不征收增值税

2.1.6　兼营行为

《中华人民共和国增值税暂行条例实施细则》第七条规定，纳税人兼营非增值税应税项目的，应分别核算货物或者应税劳务的销售额和非增值税应税项目的营业额；未分别核算的，由主管税务机关核定货物或者应税劳务的销售额。

案例解析

某公司为一般纳税人生产企业，近期公司为了销售本企业的产品而为客户组织装车、卸车等场地服务业务，其场地服务业务应该缴纳增值税还是营业税？

答： 该公司为了销售本企业的产品而为客户组织装车、卸车等场地服务，属于混合销售行为，应当征收增值税。如果该公司为客户组织装车、卸车等劳务与本公司的产品或商品销售无关，纯属服务性业务，那么该公司的行为就属于兼营非增值税应税劳务，应分别核算货物和非增值税应税劳务的销售额，货物的销售额缴纳增值税，非增值税应税劳务营业额缴纳营业税。

政策解析

混合销售行为和兼营行为都既涉及货物又涉及非增值税应税劳务，两者的本质区别是涉及的货物与非增值税应税劳务是一项销售行为还是相互独立的两项销售行为，在一

项销售行为中的销售货物与提供非增值税应税劳务是混合销售行为，而相互独立的销售货物与提供非增值税应税劳务则是兼营行为。但在实务中，销售货物与提供非应税劳务属于一项销售行为还是两项独立的销售行为，有时比较难以界定，存在的争议较大，如游轮的小卖店将商品销售给乘客，宾馆的小卖部将商品销售给入住的宾客。笔者主张，相互关联的销售货物与提供非增值税应税劳务同时符合下列两个条件的，应认定为混合销售行为：1. 货物和非增值税应税劳务是同一购买方接受的；2. 货物的销售和非增值税应税劳务的提供是同时发生的。因为如果把满足了这两个条件的行为仍然认定为兼营行为，纳税人就可以通过把一部分货物的销售额混入非增值税应税劳务的营业额，使增值税的进项税额不变的情况下，本应按照增值税税率计算销项税额的销售额，却按照营业税的税率计算了营业税，而除娱乐业以外的营业税税率是远低于增值税的税率的。

案例解析

某房地产开发企业将自有房屋出租，其中一个商场出租给多个独立经营的商户，房地产开发企业通过自建的中央空调系统和锅炉向各商户供冷和供暖，收取商户的租金及空调费（空调费是按商户承租的建筑面积计算的）。请问收取的空调费，是按混合销售行为统一缴纳营业税，还是按兼营行为，租金缴纳营业税，空调费按销售冷气和暖气缴纳增值税？

答：混合销售是一项销售行为中涉及的应征增值税的货物与应征营业税的劳务，两者必须具有关联性。房地产开发企业出租商铺并不必然要伴随着供冷与供暖，两者是相互独立的，属于兼营行为。根据《中华人民共和国增值税暂行条例实施细则》第七条规定，纳税人兼营非增值税应税项目的，应分别核算货物或者应税劳务的销售额和非增值税应税项目的营业额；未分别核算的，由主管税务机关核定货物或者应税劳务的销售额。该公司应分别核算出租商铺的租金收入和供应冷气和暖气的销售收入，并且租金收入应按服务业缴纳营业税，供应的冷气与暖气按销售货物缴纳增值税。

重点难点即时练7

1. 某农机厂生产销售农机产品并兼营小饭店，未分别核算，应（　　）。
   A. 一并按17%征增值税
   B. 一并按5%征营业税
   C. 农机按13%征增值税，饭店按5%征营业税
   D. 一并按13%征增值税
2. 某农机厂生产销售农机产品并兼营小饭店，未分别核算，应（　　）。
   A. 主管国税机关核定农机的销售额和饭店的营业额
   B. 主管国税机关和主管地税机关联合核定农机的销售额和饭店的营业额
   C. 主管国税机关核定农机的销售额，主管地税机关核定饭店的营业额
   D. 主管国税机关一并按13%征增值税
3. 某商场销售空调机，并提供安装服务，另外还新经营了一家音乐休闲茶座，单独收费，单独记账核算，则该商场计征增值税的方法是（　　）。

A. 空调机销售收入缴纳增值税，安装费、茶座缴纳营业税
B. 空调机销售额、安装费缴纳增值税，茶座收入缴纳营业税
C. 全部收入均应缴纳增值税
D. 全部收入均缴纳营业税

4. 下列行为属于兼营非增值税应税劳务的是（　　）。
A. 销售建材并同时提供装修服务
B. 销售涂料并出租专用包装桶
C. 网吧在提供服务的同时销售饮料
D. 百货商店零售日用百货并提供餐饮服务

5. 纳税人兼营非增值税应税项目的征税方式描述正确的是（　　）。
A. 以从事货物的生产、批发或者零售为主的纳税人，缴纳增值税
B. 应分别核算货物或者应税劳务的销售额和非增值税应税项目的营业额分别缴纳增值税和营业税
C. 未分别核算的，由主管税务机关核定货物或者应税劳务的销售额征收增值税
D. 全部收入均缴纳增值税

2.2　其他征税范围

2.2.1　基本规定

一、货物期货（包括商品期货和贵金属期货），应当征收增值税。

二、银行销售金银的业务，应当征收增值税。

三、基本建设单位和从事建筑安装业务的企业附设的工厂、车间生产的水泥预制构件、其他构件或建筑材料，用于本单位或本企业的建筑工程的，应在移送使用时征收增值税。但对其在建筑现场制造的预制构件，凡直接用于本单位或本企业建筑工程的，不征收增值税。

政策解析

注意此项规定与建筑劳务营业额的相关规定的差异。《中华人民共和国营业税暂行条例实施细则》第十六条规定，除本细则第七条规定外，纳税人提供建筑业劳务（不含装饰劳务）的，其营业额应当包括工程所用原材料、设备及其他物资和动力价款在内，但不包括建设方提供的设备的价款。此项规定是建筑施工单位提供建筑或安装劳务时所需要的建材或设备由建筑施工单位向客户提供这种混合销售行为征收营业税，其营业额包括建材、设备价款。国税发〔1993〕第154号文件规定的是基本建设单位或建筑安装企业附设的工厂自产自用建材、构件等应在移送时纳增值税，这项行为本质上属于将自产的货物用于非增值税应税项目，它是视同销售行为。

四、典当业的死当物品销售业务和寄售业代委托人销售寄售物品的业务，均应征收

增值税。

五、因转让著作所有权而发生的销售电影母片、录像带母带、录音磁带母带的业务，以及因转让专利技术和非专利技术的所有权而发生的销售计算机软件的业务，不征收增值税。

六、供应或开采未经加工的天然水（如水库供应农业灌溉用水，工厂自采地下水用于生产），不征收增值税。

七、缝纫，应当征收增值税。

（国家税务总局关于印发《增值税若干具体问题的规定》的通知，国税发〔1993〕第154号，发文日期：1993-12-28）

2.2.2 与邮政电信单位有关的业务

一、关于集邮商品征税问题

集邮商品，包括邮票、小型张、小本票、明信片、首日封、邮折、集邮簿、邮盘、邮票目录、护邮袋、贴片及其他集邮商品。集邮商品的生产、调拨征收增值税。邮政部门销售集邮商品，征收营业税；邮政部门以外的其他单位与个人销售集邮商品，征收增值税。

（财政部 国家税务总局关于增值税、营业税若干政策规定的通知，财税字〔1994〕第026号，发文日期：1994-05-05）

二、关于报刊发行征税问题

邮政部门发行报刊，征收营业税；其他单位和个人发行报刊征收增值税。

（财政部 国家税务总局关于增值税、营业税若干政策规定的通知，财税字〔1994〕第026号，发文日期：1994-05-05）

三、关于销售无线寻呼机、移动电话征税问题

电信单位（电信局及电信局批准的其他从事电信业务的单位）自己销售无线寻呼机、移动电话，并为客户提供有关的电信劳务服务的，属于混合销售，征收营业税；对单纯销售无线寻呼机、移动电话，不提供有关的电信劳务服务的，征收增值税。

（财政部 国家税务总局关于增值税、营业税若干政策规定的通知，财税字〔1994〕第026号，发文日期：1994-05-05）

政策解析

本文件规定的是电信单位销售无线寻呼机、移动电话的征税方式，非电信单位不适用上述规定。例如国税函〔1997〕第504号文件规定的移运通信设备维修中心。

财政部、国家税务总局《关于增值税、营业税若干政策规定的通知》（财税字〔1994〕026号）第三条中所规定的电信单位自己销售无线寻呼机、移动电话，并为客户提供有关的电信劳务服务，是指电信单位自己销售无线寻呼机、移动电话，并为客户提供无线发射电信服务。因此，对厦门市邮电纵横股份有限公司移动通信设备维修中心（以下简称维修中心）的应税行为不能认定为提供电信劳务。维修中心销售传呼机、移动电话、其他通讯器材以及修理通讯器材而取得的收入,均应征收增值税。

(国家税务总局关于厦门邮电纵横股份有限公司销售传呼机、移动电话征收增值税问题的批复,国税函〔1997〕第504号,发文日期:1997-09-05)

2.2.3 代购货物的征税问题

代购货物行为,凡同时具备以下条件的,不征收增值税;不同时具备以下条件的,无论会计制度规定如何核算,均征收增值税。

一、受托方不垫付资金;

二、销货方将发票开具给委托方,并由受托方将该项发票转交给委托方;

三、受托方按销售方实际收取的销售额和增值税额(如系代理进口货物则为海关代征的增值税额)与委托方结算货款,并另外收取手续费。

(财政部 国家税务总局关于增值税、营业税若干政策规定的通知,财税字〔1994〕第026号,发文日期:1994-05-05)

2.2.4 从事公用事业的纳税人收取的一次性费用的征税问题

对从事热力、电力、燃气、自来水等公用事业的增值税纳税人收取的一次性费用,凡与货物的销售数量有直接关系的,征收增值税;凡与货物的销售数量无直接关系的,不征收增值税。

(财政部 国家税务总局关于增值税若干政策的通知,财税〔2005〕第165号,发文日期:2005-11-28)

2.2.5 销售软件产品的征税问题

纳税人销售软件产品并随同销售一并收取的软件安装费、维护费、培训费等收入,应按照增值税混合销售的有关规定征收增值税,并可享受软件产品增值税即征即退政策。

对软件产品交付使用后,按期或按次收取的维护、技术服务费、培训费等不征收增值税。

纳税人受托开发软件产品,著作权属于受托方的征收增值税,著作权属于委托方或属于双方共同拥有的不征收增值税。

(财政部 国家税务总局关于增值税若干政策的通知,财税〔2005〕第165号,发文日期:2005-11-28)

2.2.6 印刷企业自己购买纸张印刷报纸书刊的征税问题

印刷企业接受出版单位委托,自行购买纸张,印刷有统一刊号(CN)以及采用国际标准书号编序的图书、报纸和杂志,按货物销售征收增值税。

(财政部 国家税务总局关于增值税若干政策的通知,财税〔2005〕第165号,发文日期:2005-11-28)

2.2.7 经营烧卤等熟制食品的征税问题

一、饮食业销售熟制品的征税问题

（一）饮食店、餐馆（厅）、酒店（家）、宾馆、饭店等单位发生属于营业税"饮食业"应税行为的同时销售货物给顾客的，不论顾客是否在现场消费，其货物部分的收入均应当并入营业税应税收入征收营业税。

（二）饮食店、餐馆（厅）、酒店（家）、宾馆、饭店等单位附设门市部、外卖点等对外销售货物的，仍按《增值税暂行条例实施细则》第六条和《营业税暂行条例实施细则》第六条关于兼营行为的征税规定征收增值税。

（三）专门生产或销售货物（包括烧卤熟制食品在内）的个体经营者及其他个人应当征收增值税。

（国家税务总局关于饮食业征收流转税问题的通知，国税发〔1996〕第202号，发文日期：1996-11-07）

二、销售烧卤熟制食品

按照《中华人民共和国营业税暂行条例》和《中华人民共和国增值税暂行条例》的规定，饮食业属于营业税的征税范围，销售货物则属于增值税的征税范围。因此，对饮食店、餐馆等饮食行业经营烧卤熟制食品的行为，不论消费者是否在现场消费，均应当征收营业税；而对专门生产或销售食品的工厂、商场等单位销售烧卤熟制食品，应当征收增值税。

（国家税务总局关于烧卤熟制食品征收流转税问题的批复，国税函〔1996〕第261号，发文日期：1996-05-20）

案例解析

某饭店以祖传芥末鸡为特色菜，生意兴隆，顾客应接不暇，饭店于是开始制作真空包装的芥末鸡，送往超市代销，请问该饭店应缴纳营业税还是增值税？

答：根据《国家税务总局关于印发〈营业税税目注释（试行稿）〉的通知》（国税发〔1993〕149号）第七条第三项规定，饮食业是指通过同时提供饮食和饮食场所的方式为顾客提供饮食消费服务的业务。《国家税务总局关于饮食业征收流转税问题的通知》（国税发〔1996〕202号）第一条规定，饮食店、餐馆（厅）、酒店（家）、宾馆、饭店等单位发生属于营业税"饮食业"应税行为，同时销售货物给顾客的，不论顾客是否在现场消费，其货物部分的收入均应并入营业税的应税收入征收营业税。第二条规定，饮食店、餐馆（厅）、酒店（家）、宾馆、饭店等单位附设门市部、外卖点等对外销售货物的，仍按《增值税暂行条例实施细则》第七条和《营业税暂行条例实施细则》第八条关于兼营行为的征税规定征收增值税。因此，该饭店为顾客提供饮食业服务的收入应该缴纳营业税，委托超市销售的烧卤熟制食品，属于销售货物，应当缴纳增值税。

2.2.8 融资租赁业务的征税问题

对经中国人民银行批准经营融资租赁业务的单位所从事的融资租赁业务，无论租赁的货物的所有权是否转让给承租方,均按《中华人民共和国营业税暂行条例》的有关规定征收营业税,不征收增值税。其他单位从事的融资租赁业务,租赁的货物的所有权转让给承租方,征收增值税,不征收营业税;租赁的货物的所有权未转让给承租方,征收营业税,不征收增值税。

融资租赁是指具有融资性质和所有权转移特点的设备租赁业务。即出租人根据承租人所要求的规格、型号、性能等条件购入设备租赁给承租人,合同期内设备所有权属于出租人,承租人只拥有使用权,合同期满付清租金后,承租人有权按残值购入设备,以拥有设备的所有权。

(国家税务总局关于融资租赁业务征收流转税问题的通知,国税函〔2000〕第514号,发文日期:2000-07-07)

2.2.9 医疗机构的征税问题

一、关于非营利性医疗机构的税收政策

对非营利性医疗机构按照国家规定的价格取得的医疗服务收入,免征各项税收。对非营利性医疗机构自产自用的制剂,免征增值税。

二、关于营利性医疗机构的税收政策

(一)对营利性医疗机构取得的收入,按规定征收各项税收。但为了支持营利性医疗机构的发展,对营利性医疗机构取得的收入,直接用于改善医疗卫生条件的,自其取得执业登记之日起,3年内对其自产自用的制剂免征增值税,3年免税期满后恢复征税。

(二)对营利性医疗机构的药房分离为独立的药品零售企业,应按规定征收各项税收。

三、关于疾病控制机构和妇幼保健机构等卫生机构的税收政策

(一)对疾病控制机构和妇幼保健机构等卫生机构按照国家规定的价格取得的卫生服务收入(含疫苗接种和调拨、销售收入),免征各项税收。

不按照国家规定的价格取得的卫生服务收入不得享受这项政策。对疾病控制机构和妇幼保健等卫生机构取得的其他经营收入如直接用于改善本卫生机构卫生服务条件的,经税务部门审核批准可抵扣其应纳税所得额,就其余额征收企业所得税。

(财政部 国家税务总局关于医疗卫生机构有关税收政策的通知,财税字〔2000〕第042号,发文日期:2000-07-10)

政策解析

此文件有关营业税规定已被《财政部 国家税务总局关于公布若干废止和失效的营业税规范性文件的通知》(财税〔2009〕61号)废止。

四、卫生防疫站调拨生物制品和药械

卫生防疫站调拨生物制品和药械,属于销售货物行为,应当按照现行税收法规的规定征收增值税。根据《中华人民共和国增值税暂行条例实施细则》第二十九条及有关规定,对卫生防疫站调拨生物制品和药械,可按照小规模商业企业3%的增值税征收率征收增值税。对卫生防疫站调拨或发放的由政府财政负担的免费防疫苗不征收增值税。

（国家税务局关于卫生防疫站调拨生物制品及药械征收增值税的批复，国税函〔1999〕第191号，发文日期：1999-04-19；国家税务总局关于修改若干增值税规范性文件引用法规规章条款依据的通知，国税发〔2009〕10号，发文日期：2009-02-05）

2.2.10 罚没物品征免增值税问题

对各级行政执法机关、政法机关和经济管理部门（以下简称执罚部门和单位）依照国家有关法律、法规查处各类违法、违章案件的罚没物品变价收入，征收增值税的政策分为下列三种情形：

一、执罚部门和单位查处的属于一般商业部门经营的商品，具备拍卖条件的，由执罚部门或单位商同级财政部门同意后，公开拍卖。其拍卖收入作为罚没收入由执罚部门和单位如数上缴财政，不予征税。对经营单位购入拍卖物品再销售的应照章征收增值税。

二、执罚部门和单位查处的属于一般商业部门经营的商品，不具备拍卖条件的，由执罚部门、财政部门、国家指定销售单位会同有关部门按质论价，交由国家指定销售单位纳入正常销售渠道变价处理。执罚部门按商定价格所取得的变价收入作为罚没收入如数上缴财政，不予征税。国家指定销售单位将罚没物品纳入正常销售渠道销售的，应照章征收增值税。

三、执罚部门和单位查处的属于专管机关管理或专管企业经营的财物，如金银（不包括金银首饰）、外币、有价证券、非禁止出口文物，应交由专管机关或专营企业收兑或收购。执罚部门和单位按收兑或收购价所取得的收入作为罚没收入如数上缴财政，不予征税。专管机关或专营企业经营上述物品中属于应征增值税的货物，应照章征收增值税。

（财政部 国家税务总局关于罚没物品征免增值税问题的通知，财税字〔1995〕第069号，发文日期：1995-09-04）

2.2.11 拍卖行拍卖货物的征税问题

一、对拍卖行受托拍卖增值税应税货物，向买方收取的全部价款和价外费用，应当按照4%的征收率征收增值税。拍卖货物属免税货物范围的，经拍卖行所在地县级主管税务机关批准，可以免征增值税。

二、对拍卖行向委托方收取的手续费征收营业税。

（国家税务总局关于拍卖行取得的拍卖收入征收增值税、营业税有关问题的通知，国税发〔1999〕第040号，发文日期：1999-03-11）

2.2.12 林木销售或管护的征税问题

纳税人销售林木以及销售林木的同时提供林木管护劳务的行为，属于增值税征收范围，应征收增值税。纳税人单独提供林木管护劳务行为属于营业税征收范围，其取得的收入中，属于提供农业机耕、排灌、病虫害防治、植保劳务取得的收入，免征营业税；属于其他收入的，应照章征收营业税。

（国家税务总局关于林木销售和管护征收流转税问题的通知，国税函〔2008〕第212号，发文日期：2008-02-27）

2.3 不征增值税的行为

2.3.1 执照、牌照的工本费收入

对国家管理部门行使其管理职能，发放的执照、牌照和有关证书等取得的工本费收入，不征收增值税。

（国家税务总局关于印发《增值税问题解答（之一）》的通知，国税函〔1995〕第288号，发文日期：1995-06-02）

2.3.2 会员费收入

对增值税纳税人收取的会员费收入不征收增值税。

（财政部 国家税务总局关于增值税若干政策的通知，财税〔2005〕第165号，发文日期：2005-11-28）

2.3.3 体育彩票的发行收入

根据现行《中华人民共和国增值税暂行条例》及其实施细则等有关规定，对体育彩票的发行收入不征增值税。

（财政部 国家税务总局关于体育彩票发行收入税收问题的通知，财税字〔1996〕第077号，发文日期：1996-11-07）

2.3.4 资产重组中的整体资产转让行为

《国家税务总局关于纳税人资产重组有关增值税问题的公告》作如下规定：

纳税人在资产重组过程中，通过合并、分立、出售、置换等方式，将全部或者部分实物资产以及与其相关联的债权、负债和劳动力一并转让给其他单位和个人，不属于增值税的征税范围，其中涉及的货物转让，不征收增值税。

本公告自2011年3月1日起执行。此前未作处理的，按照本公告的规定执行。《国家税务总局关于转让企业全部产权不征收增值税问题的批复》（国税函〔2002〕420号）、《国家税务总局关于纳税人资产重组有关增值税政策问题的批复》（国税函〔2009〕585号）、《国家税务总局关于中国直播卫星有限公司转让全部产权有关增值税问题的通知》（国税函〔2010〕350号）同时废止。

（国家税务总局关于纳税人资产重组有关增值税问题的公告，国家税务总局公

告〔2011〕第13号，发文日期：2011-02-18）

2.3.5 受托种植植物、饲养动物的行为

单位和个人受托种植植物、饲养动物的行为，应按照营业税"服务业"税目征收营业税，不征收增值税。上述单位和个人受托种植植物、饲养动物的行为是指，委托方向受托方提供其拥有的植物或动物，受托方提供种植或饲养服务并最终将植物或动物归还给委托方的行为。

（国家税务总局关于受托种植植物饲养动物征收流转税问题的通知，国税发〔2007〕第017号，发文日期：2007-02-15）

2.3.6 供电企业收取的供电工程贴费

供电工程贴费是指在用户申请用电或增加用电容量时，供电企业向用户收取的用于建设110千伏及以下各级电压外部供电工程建设和改造等费用的总称，包括供电和配电贴费两部分。经国务院批准同意的国家计委《关于调整供电贴费标准和加强贴费管理的请示》（计投资〔1992〕2569号）附件一规定："根据贴费的性质和用途，凡电力用户新建的工程项目所支付的贴费，应从该工程的基建投资中列支；凡电力用户改建、扩建的工程项目所支付的贴费，从单位自有资金中列支"。同时，用贴费建设的工程项目由电力用户交由电力部门统一管理使用。根据贴费和用贴费建设的工程项目的性质以及增值税、营业税有关法规政策的规定，供电工程贴费不属于增值税销售货物和收取价外费用的范围，不应当征收增值税。

（财政部 国家税务总局关于供电工程贴费不征收增值税和营业税的通知，财税字〔1997〕第102号，发文日期：1997-09-05）

2.3.7 水利工程水费不征收增值税

《财政部 国家计委关于将部分行政事业性收费转为经营服务性收费（价格）的通知》（财综〔2001〕94号）规定，水利工程水费由行政事业性收费转为经营服务性收费。因此，水利工程单位向用户收取的水利工程水费，属于其向用户提供天然水供应服务取得的收入，按照现行流转税政策规定，不征收增值税，应按"服务业"税目征收营业税。

（国家税务总局关于水利工程水费征收流转税问题的批复，国税函〔2007〕第461号，发文日期：2007-04-29）

2.3.8 提供泥浆工程劳务不征增值税

《国家税务总局关于合作开采海洋石油提供应税劳务适用营业税税目、税率问题的通知》（国税发〔1997〕42号）所称"泥浆工程"，是指为钻井作业提供泥浆和工程技术服务的行为。纳税人按照客户要求，为钻井作业提供泥浆和工程技术服务的行为，应按提供泥浆工程劳务项目，照章征收营业税，不征收增值税。无论纳税人与建设单位如

何核算，其营业额均包括工程所用原材料及其他物资和动力价款在内。

（国家税务总局关于纳税人提供泥浆工程劳务征收流转税问题的批复，国税函〔2005〕第375号，发文日期：2005-04-27）

2.3.9 融资性售后回租的征税问题

《国家税务总局关于融资性售后回租业务中承租方出售资产行为有关税收问题的公告》作如下规定：

融资性售后回租业务是指承租方以融资为目的将资产出售给经批准从事融资租赁业务的企业后，又将该项资产从该融资租赁企业租回的行为。融资性售后回租业务中承租方出售资产时，资产所有权以及与资产所有权有关的全部报酬和风险并未完全转移。根据现行增值税和营业税有关规定，融资性售后回租业务中承租方出售资产的行为，不属于增值税和营业税征收范围，不征收增值税和营业税。本公告自2010年10月1日起施行，此前因与本公告规定不一致而已征的税款予以退税。

（国家税务总局关于融资性售后回租业务中承租方出售资产行为有关税收问题的公告，国家税务总局公告〔2010〕第13号，发文日期：2010-09-08）

重点难点即时练8

1. 下列拍卖行为中应当征收增值税的是（　　）。
   A. 拍卖行向买方收取的全部价款和价外费用
   B. 执法部门将拍卖收入全部上缴财政的
   C. 经营单位购入拍卖物品再销售的
   D. 拍卖行向委托方收取的手续费
2. 下列项目应当征收增值税的是（　　）。
   A. 纳税人销售软件产品并随同销售一并收取的软件安装费、维护费、培训费
   B. 对软件产品交付使用后，按期或按次收取的维护、技术服务费、培训费
   C. 对增值税纳税人收取的会员费收入
   D. 受托开发软件产品，著作权属于委托方或属于双方共同拥有的
3. 按照现行政策规定，下列项目应当征收增值税的是（　　）。
   A. 银行经营融资租赁收取的业务优质费
   B. 生产企业销售货物时收取的优质服务费
   C. 招待所预定车票收取的手续费
   D. 邮政部门的报刊发行费
4. 基本建设单位和从事建筑安装业务的企业附设的工厂、车间在建筑现场制造的下列货物，凡直接用于本单位或本企业建筑工程的，不征增值税的有（　　）。
   A. 铝合金门窗　　　　　　　　B. 金属网架
   C. 水泥预制构件　　　　　　　D. 钢结构产品
5. 下列行为或项目应当征收增值税的有（　　）。

A. 体育彩票发行收入
B. 货物期货
C. 农电管理站向用户收取的电工经费
D. 农电公司向用户收取的低压电网维护费

6. 下列项目或行为应当征收增值税的有（　　）。
A. 拍卖行向委托方收取的手续费
B. 邮政部门销售集邮商品
C. 航空食品公司为航空公司提供的航空配餐收入
D. 电信部门销售集邮簿

7. A公司委托B公司购入一批货物，预付给B公司80万元周转金，B公司代购后按实际购进价格与A公司结算，并将销货方开具给A公司的专用发票转交，共计支付价税合计80万元，另按3‰收取手续费2.4万元，并单独开具手续费发票，对B公司应（　　）。
A. 按80万元计算缴纳增值税　　B. 按68.37万元计算缴纳增值税
C. 按82.4万元计算缴纳增值税　　D. 按2.4万元计算缴纳营业税

8. 下列关于融资性售后回租业务中承租方出售资产的征税方式说法正确的有（　　）。
A. 征收增值税
B. 不征收增值税和营业税
C. 征收营业税
D. 经过中国人民银行批准的不征收增值税和营业税

9. 下列关于林木的销售与管护说法正确的有（　　）。
A. 纳税人销售林木应征收增值税
B. 委托方向受托方提供其拥有的林木，受托方提供种植服务并最终将林木归还给委托方的行为征收增值税
C. 委托方向受托方提供其拥有的林木，受托方提供种植服务并最终将林木归还给委托方的行为征收营业税
D. 纳税人销售林木的同时提供林木管护劳务的行为，应征收增值税

10. 纳税人通过下列（　　）方式，将全部或者部分实物资产以及与其相关联的债权、负债和劳动力一并转让给其他单位和个人，其中涉及的货物转让，不征收增值税。
A. 合并　　　　B. 分立　　　　C. 出售　　　　D. 置换

11. 根据现行增值税的规定，以下属于增值税征税范围的有（　　）。
A. 邮政部门销售集邮商品
B. 农民专业合作社销售非本社成员生产的农业产品
C. 生产销售热力
D. 转让企业全部资产、负债、劳动力涉及的应税货物的转让

政策解析

增值税的征税范围采用了正向列举的方式，只有被列入征税范围的才征收增值税，没列入征税范围的不征收增值税，如纳税人把自产的货物用于管理部门或除在建工程以外的非生产机构。

案例解析

某机床生产企业将自产的机床转作本企业的固定资产，是否需要按视同销售处理，缴纳增值税？

答：《中华人民共和国增值税暂行条例实施细则》第四条所列的视同销售货物的行为，不包括将自产的货物用于本企业的应税项目，因此该企业的行为不属于视同销售行为，也不属于销售货物、提供应税劳务、进口货物等其他增值税的征税范围，不征增值税；同时，此行为也不属于《中华人民共和国增值税暂行条例》第十条所规定的进项税额不得抵扣的情形，生产机床的进项税额可以抵扣。

第3章 增值税税率及征收率

增值税实行两档税率，一档是基本税率17%，一档是低税率13%，同时对出口货物实行零税率。

3.1 基本税率

一、纳税人销售或者进口货物，除低税率的外，税率为17%。
二、纳税人提供加工、修理修配劳务（以下简称应税劳务），税率为17%。

3.1.1 金属矿采选产品、非金属矿采选产品

自2009年1月1日起，金属矿采选产品、非金属矿采选产品增值税税率由13%恢复到17%。金属矿采选产品，包括黑色和有色金属矿采选产品；非金属矿采选产品，包括除金属矿采选产品以外的非金属矿采选产品、煤炭和盐。

（财政部 国家税务总局关于金属矿、非金属矿采选产品增值税税率的通知，财税〔2008〕第171号，发文日期：2008-12-19）

3.1.2 薄荷油

根据《国家税务总局关于〈增值税部分货物征税范围注释〉的通知》（国税发〔1993〕151号）对"食用植物油"的注释，薄荷油未包括在内，因此，薄荷油应按17%的税率征收增值税。

（国家税务总局关于增值税若干税收政策问题的批复，国税函〔2001〕248号，发文日期：2001-04-05）

3.1.3 亚麻油

亚麻油系亚麻籽经压榨或溶剂提取制成的干性油，不属于《农业产品征税范围注释》所规定的"农业产品"，适用的增值税税率应为17%。对出口企业出口的增值税按

13%税率征税的亚麻油，出口企业应到供货企业换开按17%税率征税的增值税专用发票，办理退税。否则，不予退税。

（国家税务总局关于亚麻油等出口货物退税问题的批复，国税函〔2005〕974号，发文日期：2005-10-14）

3.1.4　肉桂油、桉油、香茅油

自2010年9月1日起，肉桂油、桉油、香茅油不属于《财政部 国家税务总局关于印发〈农业产品征税范围注释〉的通知》（财税字〔1995〕52号）中农业产品的范围，其增值税适用税率为17%。

（国家税务总局关于肉桂油 桉油 香茅油增值税适用税率问题的公告，国家税务总局公告〔2010〕第5号，发文日期：2010-07-27）

3.1.5　工业燃气

工业燃气不属于石油液化气范围，应按17%的税率征收增值税。

（国家税务总局关于工业燃气适用税率问题的批复，国税函〔1999〕第343号，发文日期：1999-05-25）

3.1.6　天然二氧化碳

天然二氧化碳不属于天然气，不应比照天然气征税，仍应按17%的适用税率征收增值税。

（国家税务总局关于天然二氧化碳适用增值税税率的批复，国税函〔2003〕第1324号，发文日期：2003-12-10）

3.1.7　桶装饮用水

根据《财政部 国家税务总局关于自来水征收增值税问题的通知》（财税字〔1994〕第014号）规定，增值税一般纳税人销售自来水可按6%征收率征收增值税。桶装饮用水不属于自来水，应按照17%的适用税率征收增值税。

（国家税务总局关于桶装饮用水生产企业征收增值税问题的批复，国税函〔2008〕第953号，发文日期：2008-11-24）

3.1.8　硝酸铵

自2007年2月1日起，硝酸铵适用的增值税税率统一调整为17%，同时不再享受化肥产品免征增值税政策。

（财政部 国家税务总局关于明确硝酸铵适用增值税税率的通知，财税〔2007〕第007号，发文日期：2007-01-10）

3.1.9　日用"卫生用药"

用于人类日常生活的各种类型包装的日用卫生用药（如卫生杀虫剂、驱虫剂、驱蚊

剂、蚊香、消毒剂等），不属于增值税"农药"的范围，应按17%的税率征税。

（国家税务总局关于加强增值税征收管理若干问题的通知，国税发〔1995〕第192号，发文日期：1995-10-18）

3.1.10 液氮容器

成都金凤液氮容器有限公司生产的液氮容器，是以液氮（-196℃）为制冷剂，主要用于畜牧、医疗、科研部门对家畜冷冻精液及疫苗、细胞、微生物等的长期超低温储存和运输，也可用于国防、科研、机械、医疗、电子、冶金、能源等部门，不属于农机的征税范围，应按17%的税率征收增值税。

（国家税务总局关于出口豆腐皮等产品适用征、退税率问题的批复，国税函〔2005〕944号，发文日期：2005-10-18）

3.1.11 豆腐皮

浙江浦江保康食品厂生产的豆腐皮，从生产过程看，经过磨浆、过滤、加热、结膜、捞制、成皮、包装等工艺流程，不属于农业产品的征税范围，应按17%的税率征收增值税。对出口企业已购买的按13%税率征税的用于出口的豆腐皮，税务机关应要求出口企业到供货企业换开按17%征税的增值税专用发票。否则，不予退税。

（国家税务总局关于出口豆腐皮等产品适用征、退税率问题的批复，国税函〔2005〕944号，发文日期：2005-10-18）

3.1.12 麦芽

麦芽不属于《财政部 国家税务总局关于印发〈农业产品征税范围注释〉的通知》（财税字〔1995〕52号）规定的农业产品范围，应适用17%的增值税税率。

（国家税务总局关于麦芽适用税率问题的批复，国税函〔2009〕第177号，发文日期：2009-04-07）

3.1.13 淀粉

从淀粉的生产工艺流程等方面看，淀粉不属于农业产品的范围，应按照17%的税率征收增值税。

（国家税务总局关于淀粉的增值税适用税率问题的批复，国税函〔1996〕第744号，发文日期：1996-12-31）

3.1.14 复合胶

复合胶是以新鲜橡胶液为主要原料，经过压片、造粒、烤干等工序加工生产的橡胶制品。因此，复合胶不属于《农业产品征税范围注释》（财税字〔1995〕52号）规定的"天然橡胶"产品，适用增值税税率应为17%。

（国家税务总局关于复合胶适用增值税税率问题的批复，国税函〔2009〕第

453号,发文日期:2009-08-21)

3.1.15 水洗猪鬃

根据《财政部 国家税务总局关于印发〈农业产品征税范围注释〉的通知》(财税字〔1995〕52号)有关规定,水洗猪鬃是生猪鬃经过浸泡(脱脂)、打洗、分绒等加工过程生产的产品,已不属于农业产品征税范围,应按"洗净毛、洗净绒"征收增值税。

(国家税务总局关于水洗猪鬃征收增值税问题的批复,国税函〔2006〕773号,发文日期:2006-08-15)

3.1.16 人发

人发不属于《财政部 国家税务总局关于印发〈农业产品征税范围注释〉的通知》(财税字〔1995〕52号)规定的农业产品范围,应适用17%的增值税税率。

(国家税务总局关于人发适用增值税税率问题的批复,国税函〔2009〕第625号,发文日期:2009-10-28)

3.1.17 人体血液

人体血液的增值税适用税率为17%。

(国家税务总局关于供应非临床用血增值税政策问题的批复,国税函〔2009〕第456号,发文日期:2009-08-24)

3.1.18 皂脚

皂脚是碱炼动植物油脂时的副产品,不能食用,主要用作化学工业原料。因此,皂脚不属于食用植物油,也不属于《财政部国家税务总局关于印发〈农业产品征税范围注释〉的通知》(财税字〔1995〕52号)中农业产品的范围,应按照17%的税率征收增值税。

(国家税务总局关于皂脚适用增值税税率问题的公告,国家税务总局公告〔2011〕第20号,发文日期:2011-03-16)

3.2 低税率

纳税人销售或者进口下列货物(有关货物具体范围见附件1和附件2),税率为13%:

3.2.1 粮食、食用植物油

一、关于棕榈油、棉籽油

棕榈油、棉籽油按照食用植物油13%的税率征收增值税。

(财政部 国家税务总局关于增值税、营业税若干政策规定的通知,财税字〔1994〕第026号,发文日期:1994-05-05)

二、橄榄油

根据《国家税务总局关于印发〈增值税部分货物征税范围注释〉的通知》(国税发

〔1993〕151号）的规定，橄榄油可按照食用植物油13％的税率征收增值税。

（国家税务总局关于橄榄油适用税率问题的批复，国税函〔2010〕第144号，发文日期：2010-04-08）

三、核桃油

核桃油按照食用植物油13％的税率征收增值税。

（国家税务总局关于核桃油适用税率问题的批复，国税函〔2009〕第455号，发文日期：2009-08-21）

四、茴油、毛椰子油

茴油是八角树枝叶、果实简单加工后的农业产品，毛椰子油是椰子经初加工而成的农业产品，二者均属于农业初级产品，可按13％的税率征收增值税。

（国家税务总局关于茴油、毛椰子油适用增值税税率的批复，国税函〔2003〕第426号，发文日期：2000-04-18）

3.2.2 居民生活用品

具体包括：自来水、暖气、冷气、热水、煤气、石油液化气、天然气、沼气、居民用煤炭制品。

对由石油伴生气加工压缩而成的石油液化气，应当按照13％的增值税税率征收增值税。

（国家税务总局关于由石油伴生气加工压缩成的石油液化气适用增值税税率的通知，国税发〔2005〕83号，发文日期：2005-05-18）

3.2.3 图书、报纸、杂志

教材配套产品与中小学课本辅助使用，包括各种纸制品或图片，是课本的必要组成部分。对纳税人生产销售的与中小学课本相配套的教材配套产品（包括各种纸制品或图片），应按照税目"图书"13％的增值税税率征税。

（国家税务总局关于中小学课本配套产品适用增值税税率的批复，国税函〔2006〕第770号，发文日期：2006-08-15）

3.2.4 饲料、化肥、农药、农机、农膜

一、骨粉、鱼粉

骨粉、鱼粉按照"饲料"征收增值税。

（财政部 国家税务总局关于金银首饰等货物征收增值税问题的通知，财税字〔1996〕第074号，发文日期：1996-09-14）

二、农用水泵、农用柴油机

农用水泵、农用柴油机按农机产品依13％的税率征收增值税。农用水泵是指主要用于农业生产的水泵，包括农村水井用泵、农田作业面潜水泵、农用轻便离心泵、与喷灌机配套的吸道自吸泵。其他水泵不属于农机产品征税范围。

农用柴油机是指主要配套于农田拖拉机、田间作业机具、农副产品加工机械以及排灌机械,以柴油为燃料,油缸数在3缸以下(含3缸)的往复式内燃动力机械。4缸以上(含4缸)柴油机不属于农机产品征税范围。

(财政部 国家税务总局关于增值税几个税收政策问题的通知,财税字〔1994〕第060号,发文日期:1994-10-18)

三、不带动力的手扶拖拉机和三轮农用运输车

自2002年6月1日起,不带动力的手扶拖拉机(也称"手扶拖拉机底盘")和三轮农用运输车(指以单缸柴油机为动力装置的三个车轮的农用运输车辆)属于"农机",应按有关"农机"的增值税政策规定征免增值税。

(财政部 国家税务总局关于不带动力的手扶拖拉机和三轮农用运输车增值税政策的通知,财税〔2002〕89号,发文日期:2002-06-06)

3.2.5 农业产品

自2009年1月1日起,农产品继续适用13%的增值税税率:

农产品,是指种植业、养殖业、林业、牧业、水产业生产的各种植物、动物的初级产品。具体征税范围暂继续按照《财政部 国家税务总局关于印发〈农业产品征税范围注释〉的通知》(财税字〔1995〕52号)及现行相关规定执行。

(财政部 国家税务总局关于部分货物适用增值税低税率和简易办法征收增值税政策的通知,财税〔2009〕第009号,发文日期:2009-01-19)

一、挂面

自发布之日起,挂面按照粮食复制品适用13%的增值税税率。

(国家税务总局关于挂面适用增值税税率问题的通知,国税函〔2008〕第1007号,发文日期:2008-12-08)

二、干姜、姜黄

自2010年10月1日起,干姜、姜黄属于《财政部 国家税务总局关于印发〈农业产品征税范围注释〉的通知》(财税字〔1995〕52号)中农业产品的范围,根据《财政部 国家税务总局关于部分货物适用增值税低税率和简易办法征收增值税政策的通知》(财税〔2009〕9号)规定,其增值税适用税率为13%。

干姜是将生姜经清洗、刨皮、切片、烘烤、晾晒、熏硫等工序加工后制成的产品。姜黄包括生姜黄,以及将生姜黄经去泥、清洗、蒸煮、晾晒、烤干、打磨等工序加工后制成的产品。

(国家税务总局关于干姜、姜黄增值税适用税率问题的公告,国家税务总局公告〔2010〕第9号,发文日期:2010-08-19)

三、添加微量元素生产的鲜奶

按照《食品营养强化剂使用卫生标准》(GB14880-94)添加微量元素生产的鲜奶,可依照《农业产品征税范围注释》中的"鲜奶"按13%的增值税税率征收增值税。

(国家税务总局关于营养强化奶适用增值税税率问题的批复,国税函〔2005〕第676号,发文日期:2005-07-05)

四、人工合成牛胚胎

人工合成牛胚胎属于《农业产品征税范围注释》(财税字〔1995〕52号) 第二条第（五）款规定的动物类"其他动物组织"，人工合成牛胚胎的生产过程属于农业生产，纳税人销售自产人工合成牛胚胎应免征增值税。

（国家税务总局关于人工合成牛胚胎适用增值税税率问题的通知，国税函〔2010〕第97号，发文日期：2010-03-04）

3.2.6 音像制品和电子出版物

自2009年1月1日起，音像制品和电子出版物继续适用13%的增值税税率：

音像制品，是指正式出版的录有内容的录音带、录像带、唱片、激光唱盘和激光视盘。

电子出版物，是指以数字代码方式，使用计算机应用程序，将图文声像等内容信息编辑加工后存储在具有确定的物理形态的磁、光、电等介质上，通过内嵌在计算机、手机、电子阅读设备、电子显示设备、数字音/视频播放设备、电子游戏机、导航仪以及其他具有类似功能的设备上读取使用，具有交互功能，用以表达思想、普及知识和积累文化的大众传播媒体。载体形态和格式主要包括只读光盘（CD只读光盘CD-ROM、交互式光盘CD-I、照片光盘Photo-CD、高密度只读光盘DVD-ROM、蓝光只读光盘HD-DVD ROM和BD ROM）、一次写入式光盘（一次写入CD光盘CD-R、一次写入高密度光盘DVD-R、一次写入蓝光光盘HD-DVD/R，BD-R）、可擦写光盘（可擦写CD光盘CD-RW、可擦写高密度光盘DVD-RW、可擦写蓝光光盘HDDVD-RW和BD-RW、磁光盘MO）、软磁盘（FD）、硬磁盘（HD）、集成电路卡（CF卡、MD卡、SM卡、MMC卡、RS-MMC卡、MS卡、SD卡、XD卡、T-Flash卡、记忆棒）和各种存储芯片。

（财政部 国家税务总局关于部分货物适用增值税低税率和简易办法征收增值税政策的通知，财税〔2009〕第009号，发文日期：2009-01-19）

3.2.7 二甲醚

自2009年1月1日起，二甲醚继续适用13%的增值税税率。

二甲醚，是指化学分子式为CH3OCH3，常温常压下为具有轻微醚香味，易燃、无毒、无腐蚀性的气体。

（财政部 国家税务总局关于部分货物适用增值税低税率和简易办法征收增值税政策的通知，财税〔2009〕第009号，发文日期：2009-01-19）

3.2.8 食用盐

自2009年1月1日起，食用盐仍适用13%的增值税税率，其具体范围是指符合《食用盐》（GB5461—2000）和《食用盐卫生标准》（GB2721—2003）两项国家标准的食用盐。

（财政部 国家税务总局关于金属矿、非金属矿采选产品增值税税率的通知，财税〔2008〕第171号，发文日期：2008-12-19）

3.3 零税率

《中华人民共和国增值税暂行条例》第二条第一款第三项规定，纳税人出口货物，税率为零；但是，国务院另有规定的除外。

3.4 特殊情况税率的确定

《中华人民共和国增值税暂行条例》第三条规定：纳税人兼营不同税率的货物或者应税劳务，应当分别核算不同税率货物或者应税劳务的销售额。未分别核算销售额的，从高适用税率。

政策解析

原细则规定"纳税人销售不同税率货物或应税劳务，并兼营应属一并征收增值税的非应税劳务的，其非应税劳务应从高适用税率"。新细则对纳税人兼营的非增值税应税劳务，无论是否分别核算，均不征收增值税，由于兼营的非增值税应税劳务不可能征收增值税，所以没有必要规定兼营的非增值税应税劳务的适用税率，此条款删除。

重点难点即时练9

1. 纳税人经营下列货物适用基本税率的是（　　）。
   A. 农机零部件　　　　　　　　　B. 居民煤炭产品
   C. 非金属矿采选产品　　　　　　D. 金属矿采选产品
2. 纳税人销售下列货物适用17%税率的是（　　）。
   A. 销售啤酒　　　　　　　　　　B. 销售煤炭
   C. 销售石油液化气　　　　　　　D. 销售农用拖拉机
3. 下列货物，适用17%税率的是（　　）。
   A. 某罐头厂生产鱼罐头销售　　　B. 某蛋禽厂加工松花蛋销售
   C. 某自来水公司生产自来水销售　D. 某煤气公司生产煤气销售
4. 增值税一般纳税人销售下列货物适用13%税率的有（　　）。
   A. 粮食复制品　　　　　　　　　B. 加工粮油的加工费
   C. 粮食加工的速冻食品　　　　　D. 熟食品
5. 下列货物适用13%税率的有（　　）。
   A. 机动渔船　　　　　　　　　　B. 卫生杀虫剂

C. 复式播种机   D. 蔬菜罐头

6. 进口下列货物应按13%的税率征收增值税的有（　　）。

A. 农机   B. 汽车   C. 家用电器   D. 办公用品

3.5 征收率

《中华人民共和国增值税暂行条例》第十二条规定：小规模纳税人增值税征收率为3%。征收率的调整，由国务院决定。

政策解析

修订后的增值税暂行条例不再划分小规模纳税人所从事的行业，无论是从事货物生产或提供应税劳务的小规模纳税人，还是从事货物批发、零售的小规模纳税人，征收率一率为3%。

第 4 章
增值税销售额

销售额是一般纳税人计算销项税额和小规模纳税人计算增值税的计税依据。《中华人民共和国增值税暂行条例》第六条规定：销售额为纳税人销售货物或者应税劳务向购买方收取的全部价款和价外费用，但是不包括收取的销项税额。

销售额以人民币计算。纳税人以人民币以外的货币结算销售额的，应当折合成人民币计算。

《中华人民共和国增值税暂行条例实施细则》第十五条规定，纳税人按人民币以外的货币结算销售额的，其销售额的人民币折合率可以选择销售额发生的当天或者当月 1 日的人民币汇率中间价。纳税人应在事先确定采用何种折合率，确定后 1 年内不得变更。

《中华人民共和国增值税暂行条例》第五条规定：纳税人销售货物或者应税劳务，按照销售额和本条例第二条规定的税率计算并向购买方收取的增值税额，为销项税额。销项税额计算公式：

$$销项税额 = 销售额 \times 税率$$

4.1 价外费用

《中华人民共和国增值税暂行条例实施细则》第十二条规定，价外费用包括价外向购买方收取的手续费、补贴、基金、集资费、返还利润、奖励费、违约金、滞纳金、延期付款利息、赔偿金、代收款项、代垫款项、包装费、包装物租金、储备费、优质费、运输装卸费以及其他各种性质的价外收费。但下列项目不包括在内：

（一）受托加工应征消费税的消费品所代收代缴的消费税；

（二）同时符合以下条件的代垫运输费用：

1. 承运部门的运输费用发票开具给购买方的；

2. 纳税人将该项发票转交给购买方的。

（三）同时符合以下条件代为收取的政府性基金或者行政事业性收费：

1. 由国务院或者财政部批准设立的政府性基金,由国务院或者省级人民政府及其财政、价格主管部门批准设立的行政事业性收费;

2. 收取时开具省级以上财政部门印制的财政票据;

3. 所收款项全额上缴财政。

(四)销售货物的同时代办保险等而向购买方收取的保险费,以及向购买方收取的代购买方缴纳的车辆购置税、车辆牌照费。

政策解析

1. 一般纳税人价外向购买方收取的返还利润应作为价外费用并入销售额计算销项税额,向供货企业收取的返还利润应按照平销行为的有关规定作进项税额转出处理。

2. 手续费、包装费、包装物租金、储备费、运输装卸费是纳税人的混合销售行为中涉及的相关非增值税应税劳务金额,对于以销售货物提供增值税应税劳务为主业的纳税人,必须计入销售额缴纳增值税,而不可作为兼营的非增值税应税劳务,分别核算货物及应税劳务销售额以及手续费、包装费、包装物租金、储备费、运输装卸费,分别缴纳增值税和营业税。

3. 国税发〔1996〕第155号文件规定了价外费用是含税的,应将其变为不含税价后并入销售额,计征增值税。

[例题] 灯具厂(一般纳税人)销售一批灯具给某商场,专用发票上注明的销售额为36 000元,另开普通发票收取了包装费560元,优质费300元。该笔销售行为的销项税额是多少?

答:销项税额=[36 000+(560+300)÷1.17]×17%=6 244.96(元)

4.1.1 未退还的经营保证金属于价外费用

根据《中华人民共和国增值税暂行条例》及实施细则有关价外费用的规定,福建雪津啤酒有限公司收取未退还的经营保证金,属于经销商因违约而承担的违约金,应当征收增值税;对其已退还的经营保证金,不属于价外费用,不征收增值税。

(国家税务总局关于对福建雪津啤酒有限公司收取经营保证金征收增值税问题的批复,国税函〔2004〕416号,发文日期:2004-03-30)

案例解析

某生产门窗的企业在销售门窗时收取经销商一定比例的保证金,用于保证经销商在销售门窗时的安装质量,如果经销商遭到投诉,此保证金就不再退还,若在保修期内没有投诉信息则把保证金退还给经销商,生产门窗的企业收取的这部分用于保证安装质量的保证金是否缴纳增值税?

答:《中华人民共和国增值税暂行条例》第六条规定,销售额为纳税人销售货物或者应税劳务向购买方收取的全部价款和价外费用,但是不包括收取的销项税额。根据《中华人民共和国增值税暂行条例实施细则》第十二条规定,条例第六条第一项所称价外费用,包括价外向购买方收取的手续费、补贴、基金、集资费、返还利润、奖励费、违约金、滞纳金、延期付款利息、赔偿金、代收款项、代垫款项、包装费、包装物租金、储备费、优质费、运输装卸费以及其他各种性质的价外收费。另外,根据《国家税务总局关于对福建雪津啤酒有限公司收取经营保证金征收增值税问题的批复》(国税函〔2004〕416号)规定,对收取经销商未退还的经营保证金,属于经销商因违约而承担的违约金,应当征收增值税。对其已退还的经营保证金,不属于价外费用,不征收增值税。因此,生产门窗的企业在销售门窗时收取的保证金,因经销商违约被没收时,应作为违约金,属于价外费用并入销售额征收增值税,若经销商未违约而退还的保证金则不征收增值税。

4.1.2 电费保证金属于价外费用

供电企业收取的电费保证金,凡逾期(超过合同约定时间)未退还的,一律并入价外费用缴纳增值税。

(国家税务总局电力产品增值税征收管理办法,国家税务总局令〔2004〕10号,发文日期:2004-12-22)

4.1.3 污水处理费免税

自2001年7月1日起,为了切实加强和改进城市供水、节水和水污染防治工作,促进社会经济的可持续发展,加快城市污水处理设施的建设步伐,根据《国务院关于加强城市供水节水和水污染防治工作的通知》(国发〔2000〕36号)的规定,对各级政府及主管部门委托自来水厂(公司)随水费收取的污水处理费,免征增值税。

(财政部 国家税务总局关于污水处理费有关增值税政策的通知,财税〔2001〕第097号,发文日期:2001-07-19)

4.1.4 铁路支线维护费属于价外费用

按照《中华人民共和国增值税暂行条例》的有关规定,纳税人销售货物或者应税劳务的销售额包括向购买方收取的全部价款和价外费用。煤炭生产企业用自备铁路专用线运输煤炭取得的"铁路支线维护费"是在销售煤炭环节收取的,属于增值税条例规定的价外费用,因此,应按增值税的有关规定征收增值税。

(国家税务总局关于铁路支线维护费征收增值税问题的通知,国税函〔1996〕561号,发文日期:1996-09-24)

4.1.5 燃油电厂从政府财政专户取得的发电补贴不属于价外费用

根据《中华人民共和国增值税暂行条例》第六条规定,应税销售额是指纳税人销售货物或者应税劳务向购买方收取的全部价款和价外费用。因此,各燃油电厂从政府财政专户取得的发电补贴不属于规定的价外费用,不计入应税销售额,不征收增值税。

(国家税务总局关于燃油电厂取得发电补贴有关增值税政策的通知,国税函〔2006〕第1235号,发文日期:2006-12-19)

4.1.6 农村电网维护费免税

从1998年1月1日起,对农村电管站在收取电价时一并向用户收取的农村电网维护费(包括低压线路损耗和维护费以及电工经费)给予免征增值税的照顾。对1998年1月1日前未征收入库的增值税税款,不再征收入库。

(财政部 国家税务总局关于免征农村电网维护费增值税问题的通知,财税字〔1998〕第047号,发文日期:1998-03-05)

根据《财政部 国家税务总局关于免征农村电网维护费增值税问题的通知》(财税字〔1998〕47号)规定,对农村电管站在收取电价时一并向用户收取的农村电网维护费(包括低压线路损耗和维护费以及电工经费)免征增值税。鉴于部分地区的农村电管站改制后,农村电网维护费原由农村电管站收取改为由电网公司或者农电公司等其他单位收取(以下称其他单位)后,只是收费的主体发生了变化,收取方法、对象以及使用用途均未发生变化,为保持政策的一致性,对其他单位收取的农村电网维护费免征增值税,不得开具增值税专用发票。

(国家税务总局关于农村电网维护费征免增值税问题的通知,国税函〔2009〕第591号,发文日期:2009-10-23)

4.1.7 热电企业向房地产商收取的"热源建设费"

根据《财政部 国家税务总局关于增值税若干政策的通知》(财税〔2005〕165号)第八条规定,热电企业向房地产商收取的"热源建设费"应作为价外费用征收增值税。对属于居民供热免税的,应作为免税收入参与计算进项转出。

(国家税务总局大企业税收管理司关于2009年度税收自查有关政策问题的函,企便函〔2009〕第033号,发文日期:2009-09-04)

重点难点即时练 10

1. 下列应征增值税的项目是( )。
A. 电力公司收取的与电力的销售数量有直接关系的一次性费用
B. 纳税人销售货物的同时代办保险而向购买方收取的保险费
C. 从事汽车销售的纳税人向购买方收取的代购买方缴纳的车辆购置税
D. 从事汽车销售的纳税人向购买方收取的代购买方缴纳的牌照费

2. 纳税人代有关行政管理部门收取的行政事业性收费,凡同时符合以下条件的,不属于价外费用,不征收增值税( )。
A. 由国务院或者省级人民政府及其财政、价格主管部门批准设立
B. 开具省级以上财政部门印制的财政票据
C. 所收款项全额上缴财政

D. 虽不上缴财政但由政府部门监管，专款专用
3. 下列项目应作为价外费用计征增值税的有（　　）。
A. 因购货额达到约定的金额而从供货方收取的返还利润
B. 价外向购买方收取的包装物租金
C. 价外向购买方收取的赔偿金
D. 燃油电厂从政府财政专户取得的发电补贴
4. 下列销货方收取的运输费用应作为价外费用，征收增值税的有（　　）。
A. 生产企业销售货物的同时负责运输而单独计价收取的运输装卸费
B. 合同约定运费由购买方负担，但承运部门的运输费用发票开具给销货方，此时销货方收取的代垫运输费用
C. 合同约定运费由购买方负担，承运部门的运输费用发票开具给购买方且销货方将该项发票转交给购买方时，销货方收取的代垫运输费用
D. 合同约定运费由销货方负担，承运部门向销售方收取的运输费用
5. 热电产品销售时收取的下列款项应征收增值税的有（　　）。
A. 供电企业收取的逾期未退电费保证金
B. 热电企业向房地产商收取商业店铺供热的"热源建设费"
C. 热电企业向房地产商收取属于居民供热的"热源建设费"
D. 农村电管站在收取电价时一并向用户收取的农村电网维护费

4.2　包装物押金

纳税人为销售货物而出租出借包装物收取的押金，单独记账核算，不并入销售额征税。但对因逾期未收回包装物不再退还的押金，应按所包装货物的适用税率征收增值税。

（国家税务总局关于印发《增值税若干具体问题的规定》的通知，国税发〔1993〕第154号，发文日期：1993-12-28）

4.2.1　逾期的掌握

包装物押金征税规定中"逾期"以1年为期限，对收取1年以上的押金，无论是否退还均并入销售额征税。个别包装物周转使用期限较长的，报经税务征收机关确定后，可适当放宽逾期期限。

（国家税务总局关于印发《增值税问题解答（之一）》的通知，国税函〔1995〕第288号，发文日期：1995-06-02）

根据《国务院关于第三批取消和调整行政审批项目的决定》（国发〔2004〕16号），《国家税务总局关于印发〈增值税问题解答（之一）〉的通知》（国税函发〔1995〕288号）第十一条"个别包装物周转使用期限较长的，报经税务征收机关确定后，可适当放宽逾期期限"的规定取消后，为了加强管理工作，国家税务总局规定：

自2004年7月1日起,纳税人为销售货物出租出借包装物而收取的押金,无论包装物周转使用期限长短,超过一年(含一年)以上仍不退还的均并入销售额征税。

(国家税务总局关于取消包装物押金逾期期限审批后有关问题的通知,国税函〔2004〕第827号,发文日期:2004-06-25)

政策解析

1. 综合上述两个文件,"逾期"的期限包括两种情况:合同中约定了包装物的返还期限并且期限不超过1年的,按合同约定的期限;合同中未约定包装物的返还期限或者合同中约定的包装物的返还期限超过1年的,期限为1年。

2. 增值税对逾期的期限规定与所得税有区别,对于纳税人向有固定购销关系的客户收取的可循环使用的包装物的押金或者周转周期较长的包装物的押金,超过1年未返还的不计入应纳税所得额,征收所得税,但是要征收增值税。

4.2.2 酒类产品包装物押金

从1995年6月1日起,对销售除啤酒、黄酒外的其他酒类产品而收取的包装物押金,无论是否返还以及会计上如何核算,均应并入当期销售额征税。

(国家税务总局关于加强增值税征收管理若干问题的通知,国税发〔1995〕第192号,发文日期:1995-10-18)

4.2.3 押金是含税收入

对增值税一般纳税人(包括纳税人自己或代其他部门)向购买方收取的价外费用和逾期包装物押金,应视为含税收入,在征税时换算成不含税收入并入销售额计征增值税。

(国家税务总局关于增值税若干征管问题的通知,国税发〔1996〕第155号,发文日期:1996-09-09)

4.3 含税销售额的换算

《中华人民共和国增值税暂行条例实施细则》第十四条规定,一般纳税人销售货物或者应税劳务,采用销售额和销项税额合并定价方法的,按下列公式计算销售额:

$$销售额 = \frac{含税销售额}{1+税率}$$

政策解析

在实际工作中,购货方实际支付给销货方的总款项为含税价,我们可以非常清晰地区分含税销售额与不含税销售额。但是在做题时涉及题目中的销售额,判断其是含税的还是不含税的，有时是个非常棘手的问题，我们一般掌握以下四项原则：

1. 一看发票，增值税专用发票上注明的销售额为不含税销售额，普通发票上注明的销售额为含税销售额。
2. 二看购买方，销售给一般纳税人的销售额为不含税销售额，因为作为一般纳税人的购买方会索取增值税专用发票；销售给消费者的销售额（零售额）为含税销售额，因为《中华人民共和国增值税暂行条例》第二十一条规定销售给消费者的货物不得开具增值税专用发票，所以只能开具普通发票。
3. 三看特殊规定，价外费用及逾期包装物押金为含税销售额。
4. 题目中未作上述说明的销售额为不含税销售额。

4.4 销售额的核定

《中华人民共和国增值税暂行条例》第七条规定，纳税人销售货物或者应税劳务的价格明显偏低并无正当理由的，由主管税务机关核定其销售额。

《中华人民共和国增值税暂行条例实施细则》第十六条规定，纳税人有条例第七条所称价格明显偏低并无正当理由或者有本细则第四条所列视同销售货物行为而无销售额者，按下列顺序确定销售额：

（一）按纳税人最近时期同类货物的平均销售价格确定；
（二）按其他纳税人最近时期同类货物的平均销售价格确定；
（三）按组成计税价格确定。组成计税价格的公式为：

$$组成计税价格 = 成本 \times (1 + 成本利润率)$$

属于应征消费税的货物，其组成计税价格中应加计消费税额。

公式中的成本是指销售自产货物的为实际生产成本，销售外购货物的为实际采购成本。公式中的成本利润率由国家税务总局确定。

公式中的成本利润率为10%。但属于应从价定率征收消费税的货物，其组价公式中的成本利润率，为《消费税若干具体问题的规定》中规定的成本利润率。

（国家税务总局关于印发《增值税若干具体问题的规定》的通知，国税发〔1993〕第154号，发文日期：1993-12-28）

政策解析

1. 纳税人某项交易中货物或应税劳务的销售价格比正常交易的价格低了，低到什么程度属于条例中所称的"价格明显偏低"；什么理由属于销售货物或劳务时价格明显偏低的"正当理由"；这两点在国家税务总局和财政部下发的税收规范性文件中并没有具体明确，它们是税务人员的自由裁量权。

2. 销售额核定的三种方式，排在前面的应优先选择，所以只要能取得纳税人同类货物平均销售价格资料，不可以用其他纳税人的同类货物平均销售价格资料和组成计税价格作为计税依据；只要能取得其他纳税人同类货物的平均销售价格资料，不可以用组成计税价格作为计税依据。但是在实务操作中，选择其他纳税人同类货物的平均售价作为计税依据时，要注意选取的其他纳税人与需要核定计税依据的纳税人的可比性。

3. 委托加工属于间接生产，委托加工收回的货物发生视同销售行为时，公式中的成本为实际生产成本，即委托加工货物在整个加工过程中所归集的成本，包括材料、加工费和代收代缴的消费税（不可抵扣部分）等。

4. 应税消费品只有在应该征收消费税的环节计算增值税的组成计税价格时才使用《消费税若干具体问题的规定》中规定的成本利润率，对于不征收消费税的环节计算增值税的组成计税价格，一律使用10%的成本利润率。如：百货商店将外购的化妆品无偿赠送他人，组成计税价格中的成本利润率应为10%，而不是5%。

5. 《中华人民共和国增值税暂行条例》规定的组成计税价格采用的是加法算式，《中华人民共和国消费税暂行条例》规定的组成计税价格的公式采用的是除法算式，应税消费品在生产或进口两个环节既要缴纳增值税也要缴纳消费税，实际上，无论对化妆品、汽车轮胎、高尔夫球及球具等采用从价定率办法征收消费税的应税消费品，还是对于卷烟和白酒这两类采用复合计税办法征收消费税的应税消费品，《中华人民共和国增值税暂行条例》规定的组成计税价格的加法算式与《中华人民共和国消费税暂行条例》规定的组成计税价格的除法算式都是完全等价的。

[例题] 某企业（一般纳税人）当月销售A产品（税率17%）10台给甲，开具专用发票注明的销售额为40 000元，税额为6 800元；销售A产品2台给乙，开具普通发票，注明含税销售额为10 062元；当月还将A产品3台捐赠给市福利院，新研制的B产品（税率17%）1台用于职工集体福利。已知A产品的生产成本为800元/台，B产品的生产成本为1 500元/台。试确定该企业相关业务的销项税额。

答： 销项税额＝(40 000＋10 062÷1.17)×17%＋(40 000＋10 062÷1.17)÷(10＋2)
×3×17%＋1 500×(1＋10%)×17%＝10 608（元）

[例题] 甲企业委托乙企业加工应税消费品，甲企业发出原材料实际成本为28 000元，乙企业加工完成时收取加工费10 000元（包括代垫辅助材料600元），增值税1 700元，开具了专用发票，并代收代缴了消费税，甲企业收回委托加工材料后用于分配职工个人消费。甲、乙企业均为增值税一般纳税人，适用的增值税率为17%，该消费品消费税率为5%。

计算： 1. 乙企业应交的增值税和代扣代缴的消费税。

2. 甲企业应纳增值税额。

解析： 1. 乙企业应交增值税＝10 000×17%＝1 700（元）

乙企业应代扣代缴的消费税＝[(28 000＋10 000)÷(1－5%)]×5%＝2 000（元）

2. 甲企业委托加工材料成本＝28 000＋10 000＋2 000＝40 000（元）

视同销售行为应纳税额＝40 000×(1＋10%)×17%＝7 480（元）

答： 乙企业应交增值税1 700元、代扣代缴消费税2 000元，甲企业应纳增值税7 480元。

重点难点即时练 11

1. 甲企业为一般纳税人，2010年6月发出一批材料委托乙企业加工，8月份加工完毕并验收入库，取得专用发票注明税款 3.4 万元，并于当日认证。8月份将该批加工货物用于投资，成本 50 万元，双方按甲企业同类货物的平均销售价格确认的评估价为 80 万元。10 月份支付乙企业加工费及税款。则甲企业正确的账务处理是（　　）。
   A. 8月份应提销项税额 13.6 万元　　B. 8月份准予抵扣进项税额 3.4 万元
   C. 8月份应提销项税额 9.35 万元　　D. 10 月份准予抵扣进项税 3.4 万元

2. 某小规模工业纳税人，2010 年销售自制桌椅不含税收入 100 万元，其中新型写字桌收入 25 万元经税务审查价格明显偏低且无正当理由，此部分成本为 50 万元，企业本期成本利润率为 8%，在无法确定其他企业同类写字桌平均销售价格情况下，该企业应纳增值税税额为（　　）万元。
   A. 22.1　　　　B. 3　　　　C. 3.9　　　　D. 3.87

3. 某商业企业外购一批汽车轮胎，取得增值税专用发票，注明的销售额为 10 万元，增值税额为 1.7 万元。企业将该批轮胎捐赠给联运公司。假设企业没有同类货物平均销售价格资料，其他纳税人有同类货物的销售价格资料。税务机关应依据（　　）核定销售额。
   A. 该批汽车轮胎的购入价
   B. 以 10% 为成本利润率计算的组成计税价格
   C. 其他纳税人同类货物的平均销售价格
   D. 以 5% 为成本利润率计算的组成计税价格

4. 下列（　　）情形下，税务机关可以核定纳税人的销售额。
   A. 将货物按高于同类货物平均售价抵偿债务
   B. 低价销售过季商品
   C. 以明显的低价销售商品给关系单位
   D. 将自产的设备用于对外出租

5. 下列关于增值税组成计税价格公式说法正确的有（　　）。
   A. 属于应税消费品的，其组成计税价格中应加计消费税额
   B. 公式中的成本利润率一律为 10%
   C. 销售自产货物的成本为实际生产成本，销售外购货物的成本为实际采购成本
   D. 属于应从价定率征收消费税的货物，其成本利润率，为《消费税若干具体问题的规定》中规定的成本利润率

4.5　混合销售行为的销售额

《中华人民共和国增值税暂行条例实施细则》第十三条规定，混合销售行为依照本细则第五条规定应当缴纳增值税的，其销售额为货物的销售额与非增值税应税劳务营业

额的合计。

4.6 虚开代开的增值税专用发票的销售额

对纳税人虚开代开的增值税专用发票，一律按票面所列货物的适用税率全额征补税款，并按《中华人民共和国税收征收管理法》的规定给予处罚；对纳税人取得虚开代开的增值税专用发票，不得作为增值税合法的抵扣凭证抵扣进项税额。

（国家税务总局关于加强增值税征收管理若干问题的通知，国税发〔1995〕第192号，发文日期：1995-10-18）

4.7 特殊销售方式的销售额

4.7.1 折扣销售

纳税人采取折扣方式销售货物，如果销售额和折扣额在同一张发票上分别注明的，可按折扣后的销售额征收增值税；如果将折扣额另开发票，不论其在财务上如何处理，均不得从销售额中减除折扣额。

（国家税务总局关于印发《增值税若干具体问题的规定》的通知，国税发〔1993〕第154号，发文日期：1993-12-28）

《国家税务总局关于印发〈增值税若干具体问题的规定〉的通知》（国税发〔1993〕154号）第二条第（二）项规定："纳税人采取折扣方式销售货物，如果销售额和折扣额在同一张发票上分别注明的，可按折扣后的销售额征收增值税"。纳税人采取折扣方式销售货物，销售额和折扣额在同一张发票上分别注明是指销售额和折扣额在同一张发票上的"金额"栏分别注明的，可按折扣后的销售额征收增值税。未在同一张发票"金额"栏注明折扣额，而仅在发票的"备注"栏注明折扣额的，折扣额不得从销售额中减除。

（国家税务总局关于折扣额抵减增值税应税销售额问题通知，国税函〔2010〕第56号，发文日期：2010-02-08）

4.7.2 以旧换新方式销售

纳税人采取以旧换新方式销售货物，应按新货物的同期销售价格确定销售额。

（国家税务总局关于印发《增值税若干具体问题的规定》的通知，国税发〔1993〕第154号，发文日期：1993-12-28）

考虑到金银首饰以旧换新业务的特殊情况，对金银首饰以旧换新业务，可以按销售方实际收取的不含增值税的全部价款征收增值税。

（财政部 国家税务总局关于金银首饰等货物征收增值税问题的通知，财税字

〔1996〕第074号，发文日期：1996-09-14）

4.7.3 还本销售

纳税人采取还本销售方式销售货物，不得从销售额中减除还本支出。

（国家税务总局关于印发《增值税若干具体问题的规定》的通知，国税发〔1993〕第154号，发文日期：1993-12-28）

[例题] 某钢琴厂（一般纳税人）采取还本销售方式销售钢琴，本月销售钢琴20架，开具普通发票20张，共收取货款25万元，企业扣除还本准备金后按规定的23万元做销售处理，则当月应税销售额为（　　）。

A. 25万元　　　B. 23万元　　　C. 21.37万元　　　D. 19.66万元

答案：C

4.7.4 销货退回或折让

《中华人民共和国增值税暂行条例实施细则》第十一条规定，小规模纳税人以外的纳税人（以下称一般纳税人）因销售货物退回或者折让而退还给购买方的增值税额，应从发生销售货物退回或者折让当期的销项税额中扣减；因购进货物退出或者折让而收回的增值税额，应从发生购进货物退出或者折让当期的进项税额中扣减。一般纳税人销售货物或者应税劳务，开具增值税专用发票后，发生销售货物退回或者折让、开票有误等情形，应按国家税务总局的规定开具红字增值税专用发票。未按规定开具红字增值税专用发票的，增值税额不得从销项税额中扣减。

实务中纳税人发生销货退回或折让，自2007年1月1日起，符合作废发票条件的，应按下列规定作废发票；不符合作废发票条件的，应按下列规定开具红字增值税专用发票：

一、作废发票

一般纳税人在开具专用发票当月，发生销货退回、开票有误等情形，收到退回的发票联、抵扣联符合作废条件的，按作废处理；开具时发现有误的，可即时作废。

（一）同时具有下列情形的，为《增值税专用发票使用规定》所称作废条件：

1. 收到退回的发票联、抵扣联时间未超过销售方开票当月；
2. 销售方未抄税并且未记账；
3. 购买方未认证或者认证结果为"纳税人识别号认证不符"、"专用发票代码、号码认证不符"。

（二）作废专用发票须在防伪税控系统中将相应的数据电文按"作废"处理，在纸质专用发票（含未打印的专用发票）各联次上注明"作废"字样，全联次留存。

二、开具红字专用发票

（一）《增值税专用发票使用规定》的规定

一般纳税人取得专用发票后，发生销货退回、开票有误等情形但不符合作废条件的，或者因销货部分退回及发生销售折让的，购买方应向主管税务机关填报《开具红字增值税专用发票申请单》（以下简称《申请单》）。

1.《申请单》所对应的蓝字专用发票应经税务机关认证。

经认证结果为"认证相符"并且已经抵扣增值税进项税额的,一般纳税人在填报《申请单》时不填写相对应的蓝字专用发票信息。

经认证结果为"纳税人识别号认证不符"、"专用发票代码、号码认证不符"的,一般纳税人在填报《申请单》时应填写相对应的蓝字专用发票信息。

2.《申请单》一式两联：第一联由购买方留存；第二联由购买方主管税务机关留存。

《申请单》应加盖一般纳税人财务专用章。

3. 主管税务机关对一般纳税人填报的《申请单》进行审核后,出具《开具红字增值税专用发票通知单》(以下简称《通知单》)。《通知单》应与《申请单》一一对应。

4.《通知单》一式三联：第一联由购买方主管税务机关留存；第二联由购买方送交销售方留存；第三联由购买方留存。

《通知单》应加盖主管税务机关印章。

《通知单》应按月依次装订成册,并比照专用发票保管规定管理。

5. 购买方必须暂依《通知单》所列增值税税额从当期进项税额中转出,未抵扣增值税进项税额的可列入当期进项税额,待取得销售方开具的红字专用发票后,与留存的《通知单》一并作为记账凭证。属于经认证结果为"纳税人识别号认证不符"、"专用发票代码、号码认证不符"的,不作进项税额转出。

6. 销售方凭购买方提供的《通知单》开具红字专用发票,在防伪税控系统中以销项负数开具。

红字专用发票应与《通知单》一一对应。

(国家税务总局关于修订《增值税专用发票使用规定》的通知,国税发〔2006〕第156号,发文日期：2006-10-17)

政策解析

国税发〔2006〕第156号规定的购买方必须暂依《通知单》所列增值税税额从当期进项税额中转出,待取得销售方开具的红字专用发票后,与留存的《通知单》一并作为记账凭证,严格地讲《通知单》与红字专用发票是作为原始凭证的,如果纳税人在取得《通知单》的当月没能取得销售方开具的红字增值税专用发票,在会计的实务操作中因为缺乏原始凭证,记账凭证的装订存在一定的困难。

(二)补充规定

1. 增值税一般纳税人开具增值税专用发票(以下简称专用发票)后,发生销货退回、销售折让以及开票有误等情况需要开具红字专用发票的,视不同情况分别按以下办法处理：

(1) 因专用发票抵扣联、发票联均无法认证的,由购买方填报《开具红字增值税专用发票申请单》(以下简称申请单),并在申请单上填写具体原因以及相对应蓝字专用发票的信息,主管税务机关审核后出具《开具红字增值税专用发票通知单》(以下简称通知单）。购买方不作进项税额转出处理。

（2）购买方所购货物不属于增值税扣税项目范围，取得的专用发票未经认证的，由购买方填报申请单，并在申请单上填写具体原因以及相对应蓝字专用发票的信息，主管税务机关审核后出具通知单。购买方不作进项税额转出处理。

（3）因开票有误购买方拒收专用发票的，销售方须在专用发票认证期限内向主管税务机关填报申请单，并在申请单上填写具体原因以及相对应蓝字专用发票的信息，同时提供由购买方出具的写明拒收理由、错误具体项目以及正确内容的书面材料，主管税务机关审核确认后出具通知单。销售方凭通知单开具红字专用发票。

（4）因开票有误等原因尚未将专用发票交付购买方的，销售方须在开具有误专用发票的次月内向主管税务机关填报申请单，并在申请单上填写具体原因以及相对应蓝字专用发票的信息，同时提供由销售方出具的写明具体理由、错误具体项目以及正确内容的书面材料，主管税务机关审核确认后出具通知单。销售方凭通知单开具红字专用发票。

（5）发生销货退回或销售折让的，除按照《国家税务总局关于修订〈增值税专用发票使用规定〉的通知》的规定进行处理外，销售方还应在开具红字专用发票后将该笔业务的相应记账凭证复印件报送主管税务机关备案。

2. 税务机关为小规模纳税人代开专用发票需要开具红字专用发票的，比照一般纳税人开具红字专用发票的处理办法，通知单第二联交代开税务机关。

3. 为实现对通知单的监控管理，税务总局正在开发通知单开具和管理系统。在系统推广应用之前，通知单暂由一般纳税人留存备查，税务机关不进行核销。红字专用发票暂不报送税务机关认证。

4. 对2006年开具的专用发票，在2007年4月30日前可按照原规定开具红字专用发票。

（国家税务总局关于修订增值税专用发票使用规定的补充通知，国税发〔2007〕第018号，发文日期：2007-02-16）

三、销售折扣与销售折让的补充规定

纳税人销售货物并向购买方开具增值税专用发票后，由于购货方在一定时期内累计购买货物达到一定数量，或者由于市场价格下降等原因，销货方给予购货方相应的价格优惠或补偿等折扣、折让行为，销货方可按现行《增值税专用发票使用规定》的有关规定开具红字增值税专用发票。

（国家税务总局关于纳税人折扣折让行为开具红字增值税专用发票问题的通知，国税函〔2006〕第1279号，发文日期：2006-12-29）

四、红字增值税专用发票通知单管理系统

为了加强增值税的征收管理，堵塞漏洞，税务总局决定全面推广应用红字增值税专用发票通知单管理系统（以下简称红字发票通知单管理系统）。

（一）2008年10月1日起，全国国税系统必须使用红字发票通知单管理系统开具《开具红字增值税专用发票通知单》（以下简称《通知单》），停止使用原方式开具《通知单》。企业必须在2008年11月30日前完成开票系统的升级工作，已经升级的企业自升

级之日起使用新的开票系统开具红字增值税专用发票。

（二）2008年10月1日起，各主管税务机关应指定相关岗位人员通过升级后的增值税防伪税控税务端系统开具、管理《通知单》。对《通知单》在开具校验、报税核销中发现的异常信息，应由相关岗位人员及时转审核检查岗位进行核查处理。

（三）经认证属于无法认证的增值税专用发票，认证岗位人员必须在认证子系统中确认并保存无法认证的结果。

（四）在企业申报时，申报征收岗位人员应严格审核已开具红字增值税专用发票是否取得有效的《通知单》，对未取得有效《通知单》的，应及时转审核检查岗位，由审核检查岗位人员按照相关规定进行核查处理。

（五）企业开票系统升级后，对其取得的按原方式开具的《通知单》，必须在2008年11月30日之前开具红字增值税专用发票，2008年12月1日之后不得再作为开具红字增值税专用发票的依据。

（国家税务总局关于红字增值税专用发票通知单管理系统推行工作的通知，国税函〔2008〕761号，发文日期：2008-08-25）

政策解析

1. 只有销货全部退回和开票有误并且符合三个条件的情况下才可以作废发票，销货全部退回和开票有误但是不符合三个条件、销货部分退回以及销售折让只能通过开具红字专用发票的方式冲减销售额。

2. 《申请单》所对应的蓝字专用发票需要经过认证，但是发票联与抵扣联均无法认证、纳税人购进的货物或劳务不属于抵扣范围的，两种特殊情形下，虽然蓝字发票未经认证，也可以申请开具红字专用发票。所以，当纳税人购进货物或劳务取得的专用发票超过认证期限成为费票时，不应批准纳税人开具红字专用发票的申请。

3. 国税函〔2006〕第1279号规定的销售折扣虽然与销售额不在同一张发票上注明，也可以从销售额中扣减。

第 5 章
增值税进项税额（上）
——扣税凭证

《中华人民共和国增值税暂行条例》第八条规定：纳税人购进货物或者接受应税劳务（以下简称购进货物或者应税劳务）支付或者负担的增值税额，为进项税额。

纳税人申报抵扣的进项税额，必须取得合法的扣税凭证。《中华人民共和国增值税暂行条例》第九条规定：纳税人购进货物或者应税劳务，取得的增值税扣税凭证不符合法律、行政法规或者国务院税务主管部门有关规定的，其进项税额不得从销项税额中抵扣。《中华人民共和国增值税暂行条例实施细则》第十九条规定，增值税扣税凭证，是指增值税专用发票、海关进口增值税专用缴款书、农产品收购发票和农产品销售发票以及运输费用结算单据。上述四种扣税凭证就是我们俗称的增值税专用发票和三小票。

5.1 增值税专用发票

纳税人从销售方取得的增值税专用发票上注明的增值税额准予从销项税额中抵扣。

5.1.1 抵扣时限

自 2010 年 1 月 1 日起，增值税一般纳税人取得 2010 年 1 月 1 日以后开具的增值税专用发票和机动车销售统一发票，应在开具之日起 180 日内到税务机关办理认证，并在认证通过的次月申报期内，向主管税务机关申报抵扣进项税额。纳税人取得 2009 年 12 月 31 日以前开具的增值税扣税凭证，仍按原规定执行。

增值税一般纳税人取得 2010 年 1 月 1 日以后开具的增值税专用发票、机动车销售统一发票，未在规定期限内到税务机关办理认证、申报抵扣，不得作为合法的增值税扣税凭证，不得计算进项税额抵扣。

（国家税务总局关于调整增值税扣税凭证抵扣期限有关问题的通知，国税函〔2009〕第 617 号，发文日期：2009-11-09）

自 2005 年 1 月 1 日起，纳税人当月申报抵扣的专用发票抵扣联，应在申报所属期内完成认证。

(国家税务总局关于印发《增值税一般纳税人纳税申报"一窗式"管理操作规程》的通知，国税发〔2005〕第061号，发文日期：2005-04-13)

政策解析

国税发〔1995〕第015号规定工业生产企业购进货物，必须在购进的货物已经验收入库后，才能申报抵扣进项税额；商业企业购进货物，必须在购进的货物付款后才能申报抵扣进项税额。该文件被国税发〔2006〕62号废止，纳税人只要取得增值税专用发票，无论付款、入库与否，都可以认证、抵扣。

案例解析

某单位购进原材料取得一张2010年7月13日开具的增值税专用发票，该发票认证期限的最后一天2011年1月9日是星期日。纳税人星期一到税务局认证时，税务人员说进项税发票已过认证期，专用发票认证期限节假日不顺延。税务人员的说法正确吗？

答：根据《国家税务总局关于调整增值税扣税凭证抵扣期限有关问题的通知》（国税函〔2009〕617号）规定，自2010年1月1日起，增值税一般纳税人取得2010年1月1日以后开具的增值税专用发票和机动车销售统一发票，应在开具之日起180日内到税务机关办理认证，并在认证通过的次月申报期内，向主管税务机关申报抵扣进项税额。根据上述规定，增值税专用发票的认证期限是180日而不是180个工作日，所以节假日不能顺延，税务人员的说法是正确的。

5.1.2 发票的要求

一、必须通过防伪税控系统开具专用发票

（一）2003年7月1日，增值税一般纳税人必须通过防伪税控系统开具专用发票，同时全国统一废止增值税一般纳税人所用的手写版专用发票。2003年10月1日起，增值税一般纳税人所用的手写版专用发票一律不得作为增值税的扣税凭证。

(国家税务总局关于进一步明确推行防伪税控系统和金税二期完善与拓展有关工作的通知，国税函〔2003〕第139号，发文日期：2003-02-14)

（二）从2005年1月1日起，凡税务机关代开增值税专用发票必须通过防伪税控系统开具，通过防伪税控报税子系统采集代开增值税专用发票开具信息，不再填报《代开发票开具清单》，同时停止使用非防伪税控系统为纳税人代开增值税专用发票（包括手写版增值税专用发票和计算机开具不带密码的电脑版增值税专用发票）。增值税一般纳税人取得的税务机关用非防伪税控系统代开的增值税专用发票，应当在2005年3月份纳税申报期结束以前向主管税务机关申报抵扣，并填报《代开发票抵扣清单》，逾期不得抵扣进项税额。

(国家税务总局关于加强税务机关代开增值税专用发票管理问题的通知，国税函〔2004〕第1404号，发文日期：2004-12-22)

（三）非防伪税控代开票系统开具的代开专用发票不得作为增值税进项税额抵扣凭证。

（国家税务总局关于印发《税务机关代开增值税专用发票管理办法（试行）》的通知，国税发〔2004〕153号，发文日期：2004-12-22）

二、应经税务机关认证相符

用于抵扣增值税进项税额的专用发票应经税务机关认证相符（国家税务总局另有规定的除外），即：纳税人识别号无误，专用发票所列密文解译后与明文一致。认证相符的专用发票应作为购买方的记账凭证，不得退还销售方。

（国家税务总局关于修订《增值税专用发票使用规定》的通知，国税发〔2006〕第156号，发文日期：2006-10-17）

三、账外经营部分进项税额抵扣问题

鉴于纳税人采用账外经营手段进行偷税，其取得的账外经营部分防伪税控专用发票，未按上述规定的时限进行认证，或者未在认证通过的当月按照增值税有关规定核算当期进项税额并申报抵扣，因此，不得抵扣其账外经营部分的销项税额。

（国家税务总局关于增值税一般纳税人取得的账外经营部分防伪税控增值税专用发票进项税额抵扣问题的批复，国税函〔2005〕第763号，发文日期：2005-08-24）

四、所支付款项的单位必须与开具抵扣凭证的单位一致

纳税人购进货物或应税劳务，支付运输费用，所支付款项的单位，必须与开具抵扣凭证的销货单位、提供劳务的单位一致，才能够申报抵扣进项税额，否则不予抵扣。

（国家税务总局关于加强增值税征收管理若干问题的通知，国税发〔1995〕第192号，发文日期：1995-10-18）

案例解析

某煤气具生产企业向A公司购买货物，取得A公司开具的增值税专用发票，但A公司却委托B公司收款，该煤气具生产企业将货款支付给B公司。请问，这张增值税专用发票能否抵扣？

答：根据《国家税务总局关于加强增值税征收管理若干问题的通知》（国税发〔1995〕192号）规定，纳税人购进货物或应税劳务，支付运输费用，所支付款项的单位，必须与开具抵扣凭证的销售单位、提供劳务的单位一致，才能申报抵扣进项税额，否则不予抵扣。煤气具生产企业将货款支付给B公司，与开具增值税专用发票的销售单位A公司不一致，因此不能抵扣进项税额。

五、期货交易取得的发票

对增值税一般纳税人在商品交易所通过期货交易购进货物，其通过商品交易所转付货款可视同向销货单位支付货款，对其取得的合法增值税专用发票允许抵扣。

（国家税务总局关于增值税一般纳税人期货交易进项税额抵扣问题的通知，国税发〔2002〕45号，发文日期：2002-04-29）

六、虚开代开的增值税专用发票

（一）取得虚开的发票不得抵扣

对纳税人虚开代开的增值税专用发票，一律按票面所列货物的适用税率全额征补税

款,并按《中华人民共和国税收征收管理法》的规定给予处罚;对纳税人取得虚开代开的增值税专用发票,不得作为增值税合法的抵扣凭证抵扣进项税额。

(国家税务总局关于加强增值税征收管理若干问题的通知,国税发〔1995〕第192号,发文日期:1995-10-18)

(二) 虚开发票的情形

为了严格贯彻执行《国家税务总局关于纳税人取得虚开的增值税专用发票处理问题的通知》(国税发〔1997〕134号,以下简称134号文件),严厉打击虚开增值税专用发票活动,保护纳税人的合法权益,国家税务总局明确:

有下列情形之一的,无论购货方(受票方)与销售方是否进行了实际的交易,增值税专用发票所注明的数量、金额与实际交易是否相符,购货方向税务机关申请抵扣进项税款或者出口退税的,对其均应按偷税或者骗取出口退税处理。

1. 购货方取得的增值税专用发票所注明的销售方名称、印章与其进行实际交易的销售方不符的,即134号文件第二条规定的"购货方从销售方取得第三方开具的专用发票"的情况。

2. 购货方取得的增值税专用发票为销售方所在省(自治区、直辖市和计划单列市)以外地区的,即134号文件第二条规定的"从销货地以外的地区取得专用发票"的情况。

3. 其他有证据表明购货方明知取得的增值税专用发票系销售方以非法手段获得的,即134号文件第一条规定的"受票方利用他人虚开的专用发票,向税务机关申报抵扣税款进行偷税"的情况。

(国家税务总局关于《国家税务总局关于纳税人取得虚开的增值税专用发票处理问题的通知》的补充通知,国税发〔2000〕182号,发文日期:2000-11-06)

(三) 善意取得虚开的发票

在购货方(受票方)不知道取得的增值税专用发票(以下简称专用发票)是销售方虚开的情况下,对购货方取得的增值税专用发票的处理如下:

购货方与销售方存在真实的交易,销售方使用的是其所在省(自治区、直辖市和计划单列市)的专用发票,专用发票注明的销售方名称、印章、货物数量、金额及税额等全部内容与实际相符,且没有证据表明购货方知道销售方提供的专用发票是以非法手段获得的,对购货方不以偷税或者骗取出口退税论处。但应按有关规定不予抵扣进项税款或者不予出口退税;购货方已经抵扣的进项税款或者取得的出口退税,应依法追缴。

购货方能够重新从销售方取得防伪税控系统开出的合法、有效专用发票的,或者取得手工开出的合法、有效专用发票且取得了销售方所在地税务机关或者正在依法对销售方虚开专用发票行为进行查处证明的,购货方所在地税务机关应依法准予抵扣进项税款或者出口退税。

(国家税务总局关于纳税人善意取得虚开的增值税专用发票处理问题的通知,国税发〔2000〕187号,发文日期:2000-11-16)

5.1.3 丢失已开具专用发票的处理

一般纳税人丢失已开具专用发票的发票联和抵扣联,如果丢失前已认证相符的,购买方凭销售方提供的相应专用发票记账联复印件及销售方所在地主管税务机关出具的《丢失增值税专用发票已报税证明单》，经购买方主管税务机关审核同意后，可作为增值税进项税额的抵扣凭证；如果丢失前未认证的，购买方凭销售方提供的相应专用发票记账联复印件到主管税务机关进行认证，认证相符的凭该专用发票记账联复印件及销售方所在地主管税务机关出具的《丢失增值税专用发票已报税证明单》，经购买方主管税务机关审核同意后，可作为增值税进项税额的抵扣凭证。

一般纳税人丢失已开具专用发票的抵扣联，如果丢失前已认证相符的，可使用专用发票发票联复印件留存备查；如果丢失前未认证的，可使用专用发票发票联到主管税务机关认证，专用发票发票联复印件留存备查。

一般纳税人丢失已开具专用发票的发票联，可将专用发票抵扣联作为记账凭证，专用发票抵扣联复印件留存备查。

（国家税务总局关于修订《增值税专用发票使用规定》的通知，国税发〔2006〕第156号，发文日期：2006-10-17）

自2010年1月1日起，增值税一般纳税人丢失已开具的增值税专用发票，应在开具之日起180日内，按照《国家税务总局关于修订〈增值税专用发票使用规定〉的通知》（国税发〔2006〕156号）第二十八条及相关规定办理。

（国家税务总局关于调整增值税扣税凭证抵扣期限有关问题的通知，国税函〔2009〕第617号，发文日期：2008-11-09）

5.2 海关进口增值税专用缴款书

纳税人从海关取得的海关进口增值税专用缴款书上注明的增值税额准予从销项税额中抵扣。

5.2.1 抵扣时限

自2010年1月1日起，实行海关进口增值税专用缴款书（以下简称海关缴款书）"先比对后抵扣"管理办法的增值税一般纳税人取得2010年1月1日以后开具的海关缴款书，应在开具之日起180日内向主管税务机关报送《海关完税凭证抵扣清单》（包括纸质资料和电子数据）申请稽核比对。

未实行海关缴款书"先比对后抵扣"管理办法的增值税一般纳税人取得2010年1月1日以后开具的海关缴款书，应在开具之日起180日后的第一个纳税申报期结束以前，向主管税务机关申报抵扣进项税额。纳税人取得2009年12月31日以前开具的增值税扣税凭证，仍按原规定执行。

增值税一般纳税人取得2010年1月1日以后开具的海关缴款书，未在规定期限内到税务机关申请稽核比对的，不得作为合法的增值税扣税凭证，不得计算进项税额抵扣。

（国家税务总局关于调整增值税扣税凭证抵扣期限有关问题的通知，国税函〔2009〕第617号，发文日期：2009-11-09）

纳税人进口货物，凡已缴纳了进口环节增值税的，不论其是否已经支付货款，其取得的海关完税凭证均可作为增值税进项税额抵扣凭证，在规定的期限内申报抵扣进项税额。

（国家税务总局关于增值税一般纳税人取得海关进口增值税专用缴款书抵扣进项税额问题的通知，国税发〔2004〕148号，发文日期：2004-11-11）

5.2.2 准予抵扣的进项税额

《中华人民共和国增值税暂行条例》第八条规定，纳税人从海关取得的海关进口增值税专用缴款书上注明的增值税额准予从销项税额中抵扣。

一、纳税人进口货物报关后，境外供货商向国内进口方退还或返还的资金，或进口货物向境外实际支付的货款低于进口报关价格的差额

《中华人民共和国增值税暂行条例》第八条规定，纳税人从海关取得的完税凭证上注明的增值税额准予从销项税额中抵扣。因此，纳税人进口货物取得的合法海关完税凭证，是计算增值税进项税额的唯一依据，其价格差额部分以及从境外供应商取得的退还或返还的资金，不作进项税额转出处理。

《国家税务总局关于纳税人进口货物增值税进项税额抵扣有关问题的通知》发布前纳税人已作进项税额转出处理的，可重新计入"应交税金——应交增值税——进项税额"科目，准予从销项税额中抵扣。

（国家税务总局关于纳税人进口货物增值税进项税额抵扣有关问题的通知，国税函〔2007〕第350号，发文日期：2007-03-22）

二、根据国务院有关文件的精神，按照现行增值税的有关规定，准予从销项税额中抵扣的进项税额，必须是取得合法的增值税扣税凭证上注明的增值税额。因此，对与周边国家易货贸易进口环节减征的增值税税款，不能作为下一道环节的进项税金抵扣。

（国家税务总局关于易货贸易进口环节减征的增值税税款抵扣问题的通知，国税函发〔1996〕550号，发文日期：1996-09-17）

5.2.3 申请抵扣人

一、对海关代征进口环节增值税开具的增值税专用缴款书上标明有两个单位名称，即，既有代理进口单位名称，又有委托进口单位名称的，只准予其中取得专用缴款书原件的一个单位抵扣税款。

二、申报抵扣税款的委托进口单位，必须提供相应的海关代征增值税专用缴款书原件、委托代理合同及付款凭证，否则，不予抵扣进项税款。

（国家税务总局关于加强进口环节增值税专用缴款书抵扣税款管理的通知，国税发〔1996〕32号，发文日期：1996-02-14）

5.2.4 进口环节与国内环节以及国内地区间增值税税率不一致的处理

对在进口环节与国内环节，以及国内地区间个别货物（如初级农产品、矿产品等）增值税适用税率执行不一致的，纳税人应按其取得的增值税专用发票和海关进口完税凭

证上注明的增值税额抵扣进项税额。

主管税务机关发现同一货物进口环节与国内环节以及地区间增值税税率执行不一致的，应当将有关情况逐级上报至共同的上一级税务机关，由上一级税务机关予以明确。

(财政部 国家税务总局关于增值税若干政策的通知，财税〔2005〕第165号，发文日期：2005-11-28)

5.2.5 停止海关代征进口产品增值税信息的人工录入工作

自2004年以来，各地税务机关人工录入海关代征进口产品增值税信息工作在增值税抵扣管理、纳税评估和税务稽查等方面发挥了重要作用，保证了税务总局与海关总署实现电子信息联网核查前工作的平稳过渡。鉴于目前联网核查机制已经正常运行，电子传输数据质量已经基本满足增值税抵扣管理工作的需要，从2010年6月1日起停止海关代征进口产品增值税信息的人工录入工作。

(国家税务总局关于停止海关代征进口产品增值税信息录入工作的通知，国税函〔2010〕第195号，发文日期：2010-05-12)

5.2.6 部分地区试行"先比对后抵扣"管理办法

为了进一步加强海关进口增值税专用缴款书(以下简称海关缴款书)的增值税抵扣管理，国家税务总局决定自2009年4月1日起在河北省、河南省、广东省和深圳市试行"先比对后抵扣"的管理办法。

一、每月申报期内，税务机关向纳税人提供上月《海关进口增值税专用缴款书稽核结果通知书》。

对稽核结果为相符的海关缴款书，纳税人应在税务机关提供稽核结果的当月申报期内申报抵扣，逾期不予抵扣。

对稽核结果为不符、缺联、重号的海关缴款书，属于纳税人数据采集错误的，纳税人可在税务机关提供稽核结果的当月申请数据修改，再次稽核比对，税务机关次月申报期内向其提供稽核比对结果，逾期未申请数据修改的不予抵扣进项税额；对不属于采集错误，纳税人仍要求申报抵扣的，由税务机关组织审核检查，经核查海关缴款书票面信息与纳税人真实进口货物业务一致的，纳税人应在收到税务机关书面通知的次月申报期内申报抵扣，逾期不予抵扣。

二、纳税人应在"应交税费"科目下设"待抵扣进项税额"明细科目，用于核算纳税人已申请稽核但尚未取得稽核相符结果的海关缴款书进项税额。纳税人取得海关缴款书后，应借记"应交税费——待抵扣进项税额"明细科目，贷记相关科目；稽核比对相符以及核查后允许抵扣的，应借记"应交税费——应交增值税(进项税额)"专栏，贷记"应交税费——待抵扣进项税额"科目。经核查不得抵扣的进项税额，红字借记"应交税费——待抵扣进项税额"，红字贷记相关科目。

三、增值税纳税申报表及"一窗式"比对项目的调整规定

(一)自2009年4月1日起，纳税人已申请稽核但尚未取得稽核相符结果的海关缴款书进项税额填入《增值税纳税申报表》附表二第28栏。

（二）自 2009 年 5 月 1 日起，海关缴款书"一窗式"比对项目调整为：审核《增值税纳税申报表》附表二第 5 栏税额是否等于或小于稽核系统比对相符和核查后允许抵扣的海关缴款书税额。

四、自 2009 年 5 月起，试点地区不再通过 FTP 上报海关缴款书第一联数据。自 2009 年 7 月起，税务总局不再通过 FTP 下发试点地区海关缴款书稽核比对结果。

（国家税务总局关于部分地区试行海关进口增值税专用缴款书"先比对后抵扣"管理办法的通知，国税函〔2009〕第 083 号，发文日期：2009-02-24）

政策解析

试行海关进口增值税专用缴款书"先比对后抵扣"地区的增值税一般纳税人，取得海关进口增值税专用缴款书稽核结果相符后，其进项税额应在税务机关提供稽核结果的当月申报期内申报抵扣，逾期不予抵扣。

5.2.7 丢失海关进口增值税专用缴款书的处理

自 2010 年 1 月 1 日起，增值税一般纳税人丢失海关缴款书，应在开具之日起 180 日内，凭报关地海关出具的相关已完税证明，向主管税务机关提出抵扣申请。主管税务机关受理申请后，应当进行审核，并将纳税人提供的海关缴款书电子数据纳入稽核系统进行比对。稽核比对无误后，方可允许计算进项税额抵扣。

（国家税务总局关于调整增值税扣税凭证抵扣期限有关问题的通知，国税函〔2009〕第 617 号，发文日期：2008-11-09）

5.3 农产品收购发票或销售发票

《中华人民共和国增值税暂行条例》第八条规定，购进农产品，除取得增值税专用发票或者海关进口增值税专用缴款书外，按照农产品收购发票或者销售发票上注明的农产品买价和 13% 的扣除率计算的进项税额。进项税额计算公式：

$$进项税额 = 买价 \times 扣除率$$

准予抵扣的项目和扣除率的调整，由国务院决定。

5.3.1 买价

《中华人民共和国增值税暂行条例实施细则》第十七条规定，买价包括纳税人购进农产品在农产品收购发票或者销售发票上注明的价款和按规定缴纳的烟叶税。

政策解析

修订后的《中华人民共和国增值税暂行条例》不再要求购买的农产品为免税农产

品，那么对购进农产品的来源也就不再限定为农业生产者销售自产的农产品，纳税人从农产品的批发商或零售商处购入的农产品，只要属于扣税范围，也可以抵扣进项税额。

纳税人购进农产品取得增值税专用发票、海关进口增值税专用缴款书是合法的扣税凭证，普通发票或者自行开具的收购发票也是合法的扣税凭证。

自2009年1月1日起，烟叶收购单位收购烟叶时按照国家有关规定以现金形式直接补贴烟农的生产投入补贴（以下简称价外补贴），属于农产品买价，为《中华人民共和国增值税暂行条例实施细则》（财政部 国家税务总局令第50号）第十七条中"价款"的一部分。烟叶收购单位，应将价外补贴与烟叶收购价格在同一张农产品收购发票或者销售发票上分别注明，否则，价外补贴不得计算增值税进项税额进行抵扣。

（财政部 国家税务总局关于收购烟叶支付的价外补贴进项税额抵扣问题的通知，财税〔2011〕21号，发文日期：2011-03-02）

政策解析

财税〔2006〕第140号规定：购进烟叶准予抵扣的增值税进项税额，按照烟叶收购金额和烟叶税及法定扣除率计算。烟叶收购金额包括纳税人支付给烟叶销售者的烟叶收购价款和价外补贴，价外补贴统一暂按烟叶收购价款的10%计算，即烟叶收购金额＝烟叶收购价款×（1＋10%）。该文件已被财税〔2009〕第17号废止。自2009年1月1日起，按照财税〔2011〕21号文件规定，购进烟叶应按照支付给农业生产者的价款及在同一张发票上注明的价外补贴和实际缴纳的烟叶税依13%的扣除率计算可抵扣的进项税额。

5.3.2 抵扣范围

一、对于农民个人按照竹器企业提供样品规格，自产或购买竹、芒、藤、木条等，再通过手工简单编织成竹制或竹芒藤柳混合坯具的，属于自产农业初级产品，应当免征销售环节增值税。收购坯具的竹器企业可以凭开具的农产品收购凭证计算进项税额抵扣。

（国家税务总局关于农户手工编织的竹制和竹芒藤柳坯具征收增值税问题的批复，国税函〔2005〕56号，发文日期：2005-01-18）

二、增值税一般纳税人购进人体血液不属于购进免税农产品，也不得比照购进免税农业产品按照买价和13%的扣除率计算抵扣进项税额。

（国家税务总局关于血液制品增值税政策的批复，国税函〔2004〕335号，发文日期：2004-03-08）

5.3.3 农产品收购凭证的管理

为防范利用农产品收购凭证偷骗税的违法犯罪活动，堵塞征管漏洞，强化增值税管理，加强农产品增值税抵扣管理，国家税务总局规定：

一、各级税务机关要进一步加强对农产品增值税抵扣管理,要经常深入企业,全面掌握和了解有关生产企业的生产经营特点、农产品原料的消耗、采购规律以及纳税申报情况,检查农产品收购凭证的开具情况是否正常,查找征管的薄弱环节,积极采取有针对性的管理措施,堵塞漏洞,切实加强管理。

二、对有条件的地区,税务机关可运用信息化管理手段促进农产品收购凭证的使用管理。

三、税务机关应当积极引导和鼓励纳税人通过银行或农村信用社等金融机构支付农产品货款,对采用现金方式结算且支付数额较大的,应作为重点评估对象,严格审核,防止发生虚假收购行为,骗取国家税款。

四、税务机关应对农产品经销和生产加工企业定期开展增值税纳税评估,特别是要加强以农产品为主要原料的生产企业的纳税评估,发现问题的,要及时移交稽查部门处理。

五、税务机关应根据日常管理掌握的情况,有计划地组织开展对农产品经销和生产加工企业的重点稽查,凡查有偷骗税问题的,应依法严肃查处。

(国家税务总局关于加强农产品增值税抵扣管理有关问题的通知,国税函〔2005〕545号,发文日期:2005-05-27)

5.4 运输发票

《中华人民共和国增值税暂行条例》第八条规定,购进或者销售货物以及在生产经营过程中支付运输费用的,按照运输费用结算单据上注明的运输费用金额和7%的扣除率计算的进项税额。进项税额计算公式:

$$进项税额 = 运输费用金额 \times 扣除率$$

准予抵扣的项目和扣除率的调整,由国务院决定。

5.4.1 抵扣时限

自2010年1月1日起,增值税一般纳税人取得2010年1月1日以后开具的公路内河货物运输业统一发票,应在开具之日起180日内到税务机关办理认证,并在认证通过的次月申报期内,向主管税务机关申报抵扣进项税额。纳税人取得2009年12月31日以前开具的增值税扣税凭证,仍按原规定执行。

增值税一般纳税人取得2010年1月1日以后开具的公路内河货物运输业统一发票,未在规定期限内到税务机关办理认证、申报抵扣,不得作为合法的增值税扣税凭证,不得计算进项税额抵扣。

(国家税务总局关于调整增值税扣税凭证抵扣期限有关问题的通知,国税函〔2009〕第617号,发文日期:2009-11-09)

5.4.2 运输发票的认证

自 2006 年 11 月 1 日起，货运发票税控系统推行到位的地区，增值税一般纳税人取得的新版货运发票，必须通过货运发票税控系统认证采集数据，认证相符的新版货运发票方可作为增值税进项税额的抵扣凭证；取得的其他运输发票仍通过现有清单方式采集数据。货运发票税控系统未推行到位的地区，仍通过现有清单方式采集运输发票数据。

总局每月对全国货运发票信息进行一级稽核比对，并将当月稽核结果下发。总局稽核比对结果分为"比对相符"、"比对不符"、"缺联"和"抵扣联重号"四种类型，其中比对不符又分为：金额不符、受票人识别号不符、承运人识别号不符、承运人受票人双方识别号不符合开票日期不符五种类型。

（国家税务总局关于全国范围内推行公路 内河货物运输业发票税控系统有关工作的通知，国税发〔2006〕第 163 号，发文日期：2006-11-06）

5.4.3 计算抵扣金额的基数

一、基本规定

《中华人民共和国增值税暂行条例实施细则》第十八条规定，运输费用金额，是指运输费用结算单据上注明的运输费用（包括铁路临管线及铁路专线运输费用）、建设基金，不包括装卸费、保险费等其他杂费。

自 2004 年 7 月 1 日起，准予抵扣的货物运费金额是指自开票纳税人和代开票单位为代开票纳税人开具的货运发票上注明的运费、建设基金和现行规定允许抵扣的其他货物运输费用；装卸费、保险费和其他杂费不予抵扣。货运发票应当分别注明运费和杂费，对未分别注明，而合并注明为运杂费的不予抵扣。

（国家税务总局关于货物运输业若干税收问题的通知，国税发〔2004〕88 号，发文日期：2004-07-08）

二、中铁快运

中国铁路包裹快运公司（简称中铁快运）为客户提供运输劳务，属于铁路运输企业。因此，对增值税一般纳税人购进或销售货物取得的《中国铁路小件货物快运运单》列明的铁路快运包干费、超重费、到付运费和转运费，可按 7% 的扣除率计算抵扣进项税额。

（国家税务总局关于铁路运费进项税额抵扣有关问题的补充通知，国税函〔2003〕第 970 号，发文日期：2003-08-22）

5.4.4 开票人的规定

一、自开票纳税人与代开票纳税人

提供货物运输劳务的单位和个人，根据其开具货物运输业发票的方式，分为自开票纳税人和代开票纳税人。

自开票纳税人，是指符合以下条件，向主管地方税务局申请领购并自行开具货物运输业发票的纳税人。

(一) 具有工商行政管理部门核发的营业执照，地方税务局核发的税务登记证。交通管理部门核发的道路运输经营许可证、水路运输许可证；

(二) 年提供货物运输劳务金额在20万元以上（新办企业除外）；

(三) 具有固定的办公场所，如是租用办公场所，则租期必须1年以上；

(四) 在银行开设结算账户；

(五) 具有自备运输工具，并提供货物运输劳务；

(六) 账簿设置齐全，能按发票管理办法规定妥善保管、使用发票及其他单证等资料，能按财务会计制度和税务局的要求正确核算营业收入、营业成本、税金、营业利润并能按规定向主管地方税务局正常进行纳税申报和缴纳各项税款。

自开票纳税人不包括个人、承包人、承租人以及挂靠人。

代开票纳税人，是指除自开票纳税人以外的需由代开票单位代开货物运输业发票的单位和个人。

以上所称代开票单位是指主管地方税务局。

经省级地方税务局批准也可以委托中介机构代开货物运输业发票。

除自开票纳税人和代开票单位以外，其他任何单位和个人均不得开具货物运输业发票。

（国家税务总局关于加强货物运输业税收征收管理的通知，国税发〔2003〕第121号，发文日期：2003-10-17）

二、不需要进行自开票纳税人资格认定的运输单位

铁路运输（包括中央、地方、工矿及其他单位所属铁路）、管道运输、国际海洋运输业务，装卸搬运以及公路、内河客运业务的纳税人不需要进行自开票纳税人资格认定，不需要报送货物运输业发票清单。

（国家税务总局关于货物运输业若干税收问题的通知，国税发〔2004〕88号，发文日期：2004-07-08）

三、联运单位

(一) 增值税一般纳税人外购货物和销售应税货物所取得的由自开票纳税人或代开票单位为代开票纳税人开具的货物运输业发票准予抵扣进项税额。

(二) 自2004年7月1日起，增值税一般纳税人取得税务机关认定为自开票纳税人的联运单位和物流单位开具的货物运输业发票准予计算抵扣进项税额。

（国家税务总局关于货物运输业若干税收问题的通知，国税发〔2004〕88号，发文日期：2004-07-08）

(三) 关于公路、内河联合货物运输业务开具货运发票问题

自2007年9月1日起，公路、内河联合货物运输业务，是指其一项货物运输业务由两个或两个以上的运输单位（或个人）共同完成的货物运输业务。运输单位（或个人）应以收取的全部价款向付款人开具货运发票，合作运输单位（或个人）以向运输单位（或个人）收取的全部价款向该运输单位（或个人）开具货运发票，运输单位（或个人）应以合作运输单位（或个人）向其开具的货运发票作为差额缴纳营业税的扣除凭证。

(国家税务总局关于新版公路 内河货物运输业统一发票有关使用问题的通知，国税发〔2007〕101号，发文日期：2007-08-26)

四、试点物流企业

（一）自2006年1月1日起，增值税一般纳税人外购货物和销售应税货物所取得的由试点物流企业开具的货物运输业发票准予抵扣进项税额。

（二）准予抵扣的货物运费金额是指试点物流企业开具的货运发票上注明的运输费用、建设基金；装卸费、保险费和其他杂费不予抵扣。货运发票应当分别注明运费和杂费，对未分别注明，而合并注明为运杂费的不予抵扣。

(国家税务总局关于试点物流企业有关税收政策问题的通知，国税发〔2005〕第208号，发文日期：2005-12-29)

政策解析

纳税人取得的联运单位开具的运输发票、航空货运单、试点物流企业开具的运输发票等可以抵扣进项税额，但是国际货物运输发票不得抵扣。

目前铁路货运发票尚未纳入金税工程管理，税务机关也未对铁路货运发票的信息进行采集和比对，因此，纳税人遗失铁路货运发票尚不具备比照遗失增值税专用发票、海关进口增值税专用缴款书的抵扣信息化管理条件，不得抵扣。增值税政策中没有遗失运输发票补办相应手续后，可以抵扣进项税额的规定。

5.4.5 运输发票的规定

一、新版税控货运发票

为了加强公路、内河货物运输行业的税收管理，适应使用税控器具开具发票的需要，总局决定从2006年8月1日起，统一使用新版《公路、内河货物运输业统一发票》(以下简称《货运发票》)。

（一）凡在中华人民共和国境内提供公路、内河货物运输劳务的单位和个人，在结算运输劳务费用、收取运费时，必须开具《货运发票》。

《货运发票》按使用对象不同分为《公路、内河货物运输业统一发票》（以下简称自开发票）和《公路、内河货物运输业统一发票（代开）》（以下简称代开发票）两种。自开发票由自开票纳税人领购和开具；代开发票由代开单位领购和开具。代开发票由税务机关代开或者由税务机关指定的单位代开。纳税人需要代开发票时，应当到税务机关及其指定的单位办理代开发票事宜。

（二）鉴于联运货物运输业务与公路、内河货物运输业务内容基本相同，为了便于统一管理，方便纳税人对发票的使用，凡从事货物运输业联运业务的纳税人可领购、使用《货运发票》。

（三）《货运发票》为一式四联的计算机发票，第一联为发票联，印色为棕色；第二联为抵扣联，印色为绿色；第三联为记账联，印色为红色；第四联为存根联，印色为黑色。发票规格为241mm×177mm。发票分类代码和发票号码按全国统一的编码规则印制；发票分类代码和发票号码（发票联）印色为黑色。

（国家税务总局关于使用新版公路、内河货物运输业统一发票有关问题的通知，国税发〔2006〕67号，发文日期：2006-05-16）

二、新版货运发票的抵扣时限

（一）自2007年1月1日起，增值税一般纳税人购进或销售货物，取得的作为增值税扣税凭证的货运发票，必须是通过货运发票税控系统开具的新版货运发票。纳税人取得的2007年1月1日以后开具的旧版货运发票，不再作为增值税扣税凭证抵扣进项税额。

（二）纳税人取得的2006年12月31日以前开具的旧版货运发票暂继续作为增值税扣税凭证，纳税人应在开具之日起90天后的第一个纳税申报期结束以前申报抵扣进项税额。自2007年4月1日起，旧版货运发票一律不得作为增值税扣税凭证抵扣进项税额。

（国家税务总局关于公路 内河货物运输业统一发票增值税抵扣有关问题的公告，国家税务总局公告〔2006〕2号，发文日期：2006-12-14）

5.4.6 运输发票开具要求

一、开具的基本要求

（一）《货运发票》必须采用计算机和税控器具开具，手写无效。开票软件由总局统一开发，免费供纳税人使用。

（二）填开《货运发票》时，需要录入的信息除发票代码和发票号码（一次录入）外，其他内容包括：开票日期、收货人及纳税人识别号、发货人及纳税人识别号、承运人及纳税人识别号、主管税务机关及代码、运输项目及金额、其他项目及金额、代开单位及代码（或代开税务机关及代码）、扣缴税额、税率、完税凭证（或缴款书）号码、开票人。在录入上述信息后，税控器具按规定程序自动生成并打印的信息包括：机打代码、机打号码、机器编号、税控码、运费小计、其他费用小计、合计（大写、小写）。录入和打印时应保证机打代码、机打号码与印刷的发票代码、发票号码相一致。

（三）为了保证在稽核比对时正确区分收货人、发货人中实际受票方（抵扣方、运费扣除方），在填开《货运发票》时应首先确认实际受票方，并在纳税人识别号前打印"＋"号标记。"＋"号与纳税人识别号之间不留空格。在填开收货人及纳税人识别号、发货人及纳税人识别号、承运人及纳税人识别号、主管税务机关及代码、代开单位及代码（或代开税务机关及代码）栏目时应分二行分别填开。

（四）《货运发票》应如实一次性填开，运费和其他费用要分别注明。"运输项目及金额"栏填开内容包括：货物名称、数量（重量）、单位运价、计费里程及金额等；"其他项目及金额"栏内容包括：装卸费（搬运费）、仓储费、保险费及其他项目和费用。备注栏可填写起运地、到达地和车（船）号等内容。

（五）开具《货运发票》时应在发票联左下角加盖财务印章或发票专用章或代开发票专用章；抵扣联一律不加盖印章。

（六）税控器具根据自开票纳税人和代开单位录入的有关开票信息和设定的参数，自动打印出×××位的税控码；税控码通过税控收款机管理系统可以还原成设定参数的打印信息。打印信息不完整及打印信息与还原信息不符的,为无效发票,国税机关在审核进项税额时不予抵扣。

设定参数包括:发票代码、发票号码、开票日期、承运人纳税人识别号、主管税务机关代码、收货人纳税人识别号或发货人纳税人识别号(即有"+"号标记的一方代码)、代开单位代码(或代开税务机关代码)、运费小计、扣缴税额。其中,自开发票7个参数(不包括上述代开单位代码或代开税务机关代码、扣缴税额等两个参数),代开发票9个参数。

(国家税务总局关于使用新版公路 内河货物运输业统一发票有关问题的通知,国税发〔2006〕67号,发文日期:2006-05-16)

二、货运发票填开内容的补充规定

自2007年9月1日起,一项运输业务无法明确单位运价和运费里程时,《国家税务总局关于使用新版公路 内河货物运输业统一发票有关问题的通知》(国税发〔2006〕67号)第五条第(五)款规定的"运输项目及金额"栏的填开内容中,"运价"和"里程"两项内容可不填列。

准予计算增值税进项税额扣除的货运发票,发货人、收货人、起运地、到达地、运输方式、货物名称、货物数量、运费金额等项目填写必须齐全,与货运发票上所列的有关项目必须相符,否则,不予抵扣。

(国家税务总局关于新版公路 内河货物运输业统一发票有关使用问题的通知,国税发〔2007〕101号,发文日期:2007-08-26)

案例解析

某企业购进煤炭取得一张公路运输发票,但运输发票上没有填写运价和里程。该张运输发票能否抵扣进项税额?

答:根据《国家税务总局关于新版公路 内河货物运输业统一发票有关使用问题的通知》(国税发〔2007〕101号)规定,自2007年9月1日起,一项运输业务无法明确单位运价和运费里程时,可以按照《国家税务总局关于使用新版公路 内河货物运输业统一发票有关问题的通知》(国税发〔2006〕67号)第五条第五项规定,"运价"和"里程"两项内容可不填列。准予计算增值税进项税额扣除的货运发票,发货人、收货人、起运地、到达地、运输方式、货物名称、货物数量、运费金额等项目必须填写齐全,与货运发票上所列的有关项目必须相符,否则,不予抵扣进项税额。因此,该企业取得的这张运输发票可以抵扣进项税额。

5.4.7 运输发票的作废或开具红字发票

自2007年9月1日起,开具货运发票后,发生取消运输合同、退回运费、开票有误等情形,应按下列规定处理。

一、货运发票作废

在开具货运发票的当月,发生取消运输合同、退回运费、开票有误等情形,开票方收到退回的发票联、抵扣联符合作废条件的,按作废处理;开具时发现有误的,可即时作废。

作废货运发票必须在公路、内河货物运输业发票税控系统(以下简称货运发票税控系统)开票软件(包括自开票软件和代开票软件)中将相应的数据电文按"作废"处理,在纸质货运发票(含未打印货运发票)各联次上注明"作废"字样,全部联次监制章部位做剪口处理,在领购新票时交主管税务机关查验。

上述作废条件,是指同时具有以下情形的:

(1) 收到退回发票联、抵扣联的时间未超过开票方开票的当月;

(2) 开票方未进行税控盘(或传输盘)抄税且未记账;

(3) 受票方为增值税一般纳税人的,该纳税人未将抵扣联认证或认证结果为"纳税人识别号认证不符"(指发票所列受票方纳税人识别号与申报认证企业的纳税人识别号不符)、"发票代码、号码认证不符"(指机打代码或号码与发票代码或号码不符)。

二、开具红字货运发票

(一) 受票方取得货运发票后,发生开票有误等情形但不符合作废条件或者因运费部分退回需要开具红字发票的,应按红字发票开具规定进行处理。开具红字发票时应在价税合计的大写金额第一字前加"负数"字,在小写金额前加"—"号。

(二) 在开具红字发票前,如受票方尚未记账、货运发票全部联次可以收回的,应对全部联次监制章部位做剪口处理后,再开具红字发票。开票方为公路、内河货物运输业自开票纳税人(以下简称自开票纳税人)或代开票中介机构的,开票方应在领购新货运发票时将剪口后的货运发票全部联次交税务机关查验并留存。

(三) 在开具红字发票前,如无法收回全部联次,受票方应向主管税务机关填报《开具红字公路、内河货物运输业发票申请单》(以下简称《申请单》)。受票方为营业税纳税人的,向主管地方税务局填报《申请单》,受票方为增值税纳税人的,向主管国家税务局填报《申请单》。

《申请单》一式两联:第一联由受票方留存,第二联由受票方主管税务机关留存。《申请单》应加盖受票方财务专用章或发票专用章。

主管税务机关对纳税人填报的《申请单》进行审核后,出具《开具红字公路、内河货物运输业发票通知单》(以下简称《通知单》)。《通知单》应与《申请单》一一对应。

《通知单》一式三联:第一联由受票方主管税务机关留存;第二联由受票方送交承运方留存;第三联由受票方留存。《通知单》应加盖主管税务机关印章。

开票方凭承运方提供的《通知单》开具红字货运发票,红字货运发票应与《通知单》一一对应。承运方为自开票纳税人的,开票方即为承运方。

开票方为自开票纳税人或代开票中介机构的,应于报送税控盘(或传输盘)数据时将《通知单》一并交主管税务机关审核。开票方主管税务机关应将纳税人税控盘(或传输盘)中开具红字货运发票情况与《通知单》进行审核、比对;比对不符的,不允许其开具红字货运发票并按有关规定进行处理。

税务机关应将《通知单》按月依次装订成册,并比照发票保管规定管理。

三、货运发票开具的有关要求

为提高货运发票的扫描识别率,自开票纳税人、代开票中介机构和税务机关在开具货运发票时必须严格执行《中华人民共和国发票管理办法》及其实施细则、国税发〔2006〕67号以及其他相关规定,保证发票字迹清晰、打印完整,不得压线和错位。自开票纳税人开具货运发票时,不再加盖开票人专章。

(国家税务总局关于新版公路 内河货物运输业统一发票有关使用问题的通知,国税发〔2007〕101号,发文日期:2007-08-26)

5.4.8 取得发票的纳税人与发票托运人或收货人名称不一致的处理

一般纳税人购进或销售货物通过铁路运输,并取得铁路部门开具的运输发票,如果铁路部门开具的铁路运输发票托运人或收货人名称与其不一致,但铁路运输发票托运人栏或备注栏注有该纳税人名称的(手写无效),该运输发票可以作为进项税额抵扣凭证,允许计算抵扣进项税额。

(财政部 国家税务总局关于增值税若干政策的通知,财税〔2005〕第165号,发文日期:2005-11-28)

5.4.9 不得抵扣的运输费用

一、购买或销售免税货物

纳税人购买或销售免税货物所发生的运输费用,不得计算进项税额抵扣。

(财政部 国家税务总局关于增值税几个税收政策问题的通知,财税字〔1994〕第060号,发文日期:1994-10-18)

二、邮寄费

增值税一般纳税人采取邮寄方式销售、购买货物所支付的邮寄费,不允许计算进项税额抵扣。

(国家税务总局关于印发《增值税问题解答(之一)》的通知,国税函〔1995〕第288号,发文日期:1995-06-02)

三、货运定额发票

1. 准予计算进项税额扣除的货运发票种类。根据规定,增值税一般纳税人外购和销售货物所支付的运输费用,准予抵扣的运费结算单据(普通发票),是指国营铁路、民用航空、公路和水上运输单位开具的货票,以及从事货物运输的非国有运输单位开具的套印全国统一发票监制章的货票。准予计算进项税额扣除的货运发票种类,不包括增值税一般纳税人取得的货运定额发票。

2. 准予计算进项税额扣除的货运发票,其发货人、收货人、起运人、到达地、运输方式、货物名称、货物数量、运输单价、运费金额等项目的填写必须齐全,与购货发票上所列的有关项目必须相符,否则不予抵扣。

3. 纳税人购进、销售货物所支付的运输费用明显偏高、经过审查不合理的,不予抵扣运输费用。

(国家税务总局关于加强增值税征收管理若干问题的通知,国税发〔1995〕第192号,发文日期:1995-10-18)

四、国际货物运输代理业发票和国际货物运输发票

（一）一般纳税人取得的国际货物运输代理业发票和国际货物运输发票，不得计算抵扣进项税额。

（二）一般纳税人取得的项目填写不齐全的运输发票（附有运输清单的汇总开具的运输发票除外）不得计算抵扣进项税额。

（三）一般纳税人取得的汇总开具的运输发票，凡附有运输企业开具并加盖财务专用章或发票专用章的运输清单，允许计算抵扣进项税额。

（财政部 国家税务总局关于增值税若干政策的通知，财税〔2005〕第165号，发文日期：2005-11-28）

国际货物运输代理业务是国际货运代理企业作为委托方和承运单位的中介人，受托办理国际货物运输和相关事宜并收取中介报酬的业务。因此，增值税一般纳税人支付的国际货物运输代理费用，不得作为运输费用抵扣进项税额。

（国家税务总局关于增值税一般纳税人支付的货物运输代理费用不得抵扣进项税额的批复，国税函〔2005〕54号，发文日期：2005-01-18）

五、非自开票及代开票纳税人开具的运输发票

运输单位提供运输劳务自行开具的运输发票，运输单位主管地方税务局及省级地方税务局委托的代开发票中介机构为运输单位和个人代开的运输发票准予抵扣。其他单位代运输单位和个人开具的运输发票一律不得抵扣。

（国家税务总局关于加强货物运输业税收征收管理的通知，国税发〔2003〕第121号，发文日期：2003-10-17）

六、未按照《增值税运费发票抵扣清单》的要求填写

自2004年7月1日起，增值税一般纳税人在2004年3月1日以后取得的货物运输业发票，必须按照《增值税运费发票抵扣清单》的要求填写全部内容，对填写内容不全的不得予以抵扣进项税额。

（国家税务总局关于货物运输业若干税收问题的通知，国税发〔2004〕88号，发文日期：2004-07-08）

目前，货运发票税控系统仅适用于公路 内河货运业务，尚不能开具"铁路运输、航空运输、管道运输、海洋运输"等运输发票，一般纳税人取得的货运发票既包括由货运发票税控系统开具的公路、内河货运发票，同时也包括不是由货运发票税控系统的铁路运输、航空运输、管道运输、海洋运输等货运发票，因此国税机关进行货运发票一窗式票表比对时，其运费发票数据采集存在两种方式。一是由货运发票税控系统开具并允许计算抵扣的公路、内河货运发票，由一般纳税人到主管税务机关进行认证采集，此类货运发票不填写在《增值税运输发票抵扣清单》中，以免造成重复采集。二是取得的不是由货运发票税控系统开具并允许计算抵扣的其他货运发票，一般纳税人仍按照现行《增值税一般纳税人纳税申报"一窗式"管理操作规程》的要求，填写《增值税运输发票抵扣清单》，随同其他申报资料向主管税务机关进行申报。

（国家税务总局关于进行公路 内河货运发票税控系统试点工作的通知，国税发〔2006〕第095号，发文日期：2006-06-30）

政策解析

国税发〔2007〕43号文件规定,2007年6月1日以后开具的废旧物资普通发票一律不得作为增值税扣税凭证;国家税务总局公告〔2008〕第1号规定,纳税人取得的2009年1月1日以后开具的注明"废旧物资"字样的专用发票不再作为增值税扣税凭证。纳税人购进废旧物资只能按照增值税专用发票注明的增值税额抵扣进项税额,凡未取得增值税专用发票的,一律不得抵扣进项税额。

重点难点即时练 12

1. 从（   ）起,一般纳税人购进货物取得的防伪税控系统开具的专用发票,只要通过认证,即使商业企业未付款、工业企业未入库,也可申报抵扣税款。
   A. 2003年1月1日   B. 2003年2月1日
   C. 2003年3月1日   D. 2003年5月1日

2. 某一般纳税人2009年3月15日从农业生产者手中购进一批免税粮食,收购发票注明价值为10 000元,则该纳税人可计提的进项税额是（   ）。
   A. 1 000元   B. 1 300元   C. 1 050元   D. 1 365元

3. 按照规定允许抵扣的货物运费金额包括（   ）。
   A. 货票上注明的运费   B. 货票上注明的建设基金
   C. 随运费支付的装卸费   D. 随运费支付的保险费

4. 纳税人销售或购买货物,支付的下列费用不得计提抵扣进项税额的有（   ）。
   A. 邮寄费
   B. 管道运输费用
   C. 中铁快运开具的中国铁路小件货物快运运单
   D. 货运定额发票

5. 一般纳税人发生的下列项目可以计算抵扣进项税额（   ）。
   A. 从小规模纳税人购买初级农业产品取得普通发票
   B. 收购废旧物资,开具主管税务机关统一印制的收购凭证
   C. 购进货物取得的国际货物运输代理业发票
   D. 购进免税货物发生的运输费用

6. 下列凭证不得作为扣税凭证的是（   ）。
   A. 客运发票   B. 货轮运输发票
   C. 联运单位开具的货物运输发票   D. 铁路运输发票

7. 增值税一般纳税人取得的下列票证,允许抵扣进项税额的是（   ）。
   A. 购进农业生产者销售的免税农业产品开具经税务机关批准使用的收购凭证
   B. 向小规模纳税人购买农产品取得普通发票
   C. 从国有粮食购销企业购进免税粮食取得增值税专用发票
   D. 从一般纳税人处购买农产品取得增值税专用发票

第6章 增值税进项税额（下）——抵扣范围

纳税人取得的合法的扣税凭证，只有在进项税额的抵扣范围内，在规定的抵扣时限内，经过了认证等规定的程序，才可以申报抵扣进项税额。增值税政策对进项税额的抵扣范围采用了反向列举的方式。

6.1 不得抵扣的进项税额的范围

6.1.1 基本规定

一、条例的规定

《中华人民共和国增值税暂行条例》第十条规定，下列项目的进项税额不得从销项税额中抵扣：

（一）用于非增值税应税项目、免征增值税项目、集体福利或者个人消费的购进货物或者应税劳务；

（二）非正常损失的购进货物及相关的应税劳务；

（三）非正常损失的在产品、产成品所耗用的购进货物或者应税劳务；

（四）国务院财政、税务主管部门规定的纳税人自用消费品；

（五）本条第（一）项至第（四）项规定的货物的运输费用和销售免税货物的运输费用。

二、细则的规定

（一）混用的固定资产进项税额可以抵扣

《中华人民共和国增值税暂行条例》第二十一条规定：条例第十条第（一）项所称购进货物，不包括既用于增值税应税项目（不含免征增值税项目）也用于非增值税应税项目、免征增值税（以下简称免税）项目、集体福利或者个人消费的固定资产。

前款所称固定资产，是指使用期限超过12个月的机器、机械、运输工具以及其他与生产经营有关的设备、工具、器具等。

政策解析

企业购入原材料和固定资产的进项税额抵扣的政策是不同的，购入既用于增值税应税项目又用于非增值税应税项目、免征增值税项目或集体福利及个人消费的固定资产，其进项税额准予抵扣；购入既用于应税货物又用于免税项目、非增值税应税劳务或者集体福利及个人消费的原材料，如果不能准确区分不得抵扣的进项税额，按下列公式计算：不得抵扣的进项税额＝当月无法划分的全部进项税额×当月免税项目销售额、非增值税应税劳务营业额合计÷当月全部销售额、营业额合计。

增值税制度中的固定资产与会计制度中的固定资产的范围是有区别的，前者不包括房屋、建筑物、构筑物等不动产；而后者包括不用于出租或增值目的而持有的房屋及土地使用权。因此，增值税转型后，企业购进的不动产以及用于不动产的附属设备和配套设施仍然不得抵扣进项税额。

（二）个人消费包括纳税人的交际应酬消费

《中华人民共和国增值税暂行条例》第二十二条规定：条例第十条第（一）项所称个人消费包括纳税人的交际应酬消费。

（三）非增值税应税项目

《中华人民共和国增值税暂行条例》第二十三条规定：条例第十条第（一）项和本细则所称非增值税应税项目，是指提供非增值税应税劳务、转让无形资产、销售不动产和不动产在建工程。

前款所称不动产是指不能移动或者移动后会引起性质、形状改变的财产，包括建筑物、构筑物和其他土地附着物。

纳税人新建、改建、扩建、修缮、装饰不动产，均属于不动产在建工程。

（四）非正常损失

《中华人民共和国增值税暂行条例》第二十四条规定：条例第十条第（二）项所称非正常损失，是指因管理不善造成被盗、丢失、霉烂变质的损失。

（五）纳税人自用的进项税额不得抵扣的消费品

《中华人民共和国增值税暂行条例》第二十五条规定：纳税人自用的应征消费税的摩托车、汽车、游艇，其进项税额不得从销项税额中抵扣。

三、资产评估减值而发生流动资产损失不作进项税额转出

《中华人民共和国增值税暂行条例实施细则》第二十四条规定，非正常损失是指因管理不善造成被盗、丢失、霉烂变质的损失。对于企业由于资产评估减值而发生流动资产损失，如果流动资产未丢失或损坏，只是由于市场发生变化，价格降低，价值量减少，则不属于《中华人民共和国增值税暂行条例实施细则》中规定的非正常损失，不作进项税额转出处理。

（国家税务总局关于企业改制中资产评估减值发生的流动资产损失进项税额抵扣问题的批复，国税函〔2002〕1103号，发文日期：2002-12-20；国家税务总局关于修改若干增值税规范性文件引用法规规章条款依据的通知，国税发〔2009〕10号，发文日期：2009-02-05）

政策解析

修订后的条例缩紧了非正常损失的范围，不再包括自然灾害损失以及生产经营过程中其他非正常损耗。因此纳税人货物价值的损失，如评估减值或因市场需求萎缩库存商品的销售价格降价销售，不属于非正常损失；货物实体的损失，如果不是因管理不善造成货物被盗窃、发生霉烂变质，也不属于非正常损失，不需要作进项税额转出，如期末盘存时因自然挥发导致的存货盘亏。

案例解析

某电子生产企业，产品更新换代较快，部分专用材料随着产品的更新失去了使用价值，企业作报废处理；有时由于产品质量问题，售后发生退回，企业也将产品进行报废处理。对于报废的原材料及产品，是否需要作进项税额转出处理？

答：《中华人民共和国增值税暂行条例》第十条第二项规定，非正常损失的购进货物及相关的应税劳务的进项税额不得从销项税额中抵扣，而依据《中华人民共和国增值税暂行条例实施细则》第二十四条规定，非正常损失是指因管理不善造成被盗、丢失、霉烂变质的损失。新细则对非正常损失采用的是限制型的解释，使非正常损失的范围仅包括列举出来的一项原因——管理不善，造成的三种结果。由于企业原料的更新换代和产品的质量问题而报废，都不属于新细则所规定的非正常损失的范围，所以不需作进项税额转出处理。

案例解析

某酒厂购进一批包装酒瓶，在运输途中发生交通意外，酒瓶全部毁损。这批酒瓶的进项税额可以抵扣吗？

答：《中华人民共和国增值税暂行条例》第十条第二项规定，非正常损失的购进货物及相关的应税劳务的进项税额不得从销项税额中抵扣，而依据《中华人民共和国增值税暂行条例实施细则》第二十四条规定，非正常损失是指因管理不善造成被盗、丢失、霉烂变质的损失。因此，交通意外导致的损失不属于非正常损失，交通事故中损失的外购货物可以抵扣进项税额。

案例解析

2009年8月12日某企业（一般纳税人）购入不需要安装可直接使用的机器设备用于生产经营，原价10万元，预计使用年限10年，预计净残值率5%。2011年2月28日，由于经营规模缩减将该项设备对外出租，该企业应对该项固定资产已抵扣的进项税额作何处理？

答：根据《中华人民共和国增值税暂行条例》第十条第一项规定，用于非增值税应税项目、免征增值税项目、集体福利或者个人消费的购进货物或者应税劳务，进项税额不得从销项税额中抵扣。另外，根据《财政部 国家税务总局关于全国实施增值税转型改革若干问题的通知》（财税〔2008〕170号）第五条规定，纳税人已抵扣进项税额的固定资产发生暂行条例第十条第一项至第三项所列情形的,应在当月按下列公式计算不得抵扣的进项税额,不得抵扣的进项税额=固定资产净值×适用税率。机器设备出租时已计提折旧 18 个月,已提折旧 100 000×(1－5%)÷10÷12×18＝14 250 元,净值为 100 000－14 250＝85 750 元,应作进项税额转出 85 750×17%＝14 577.5 元。

6.1.2 固定资产进项税额抵扣的规定

一、购进或者自制固定资产进项税额可以抵扣

(一) 自 2009 年 1 月 1 日起,增值税一般纳税人(以下简称纳税人)购进(包括接受捐赠、实物投资,下同)或者自制(包括改扩建、安装,下同)固定资产发生的进项税额(以下简称固定资产进项税额),可根据《中华人民共和国增值税暂行条例》和《中华人民共和国增值税暂行条例实施细则》的有关规定,凭增值税专用发票、海关进口增值税专用缴款书和运输费用结算单据(以下简称增值税扣税凭证)从销项税额中抵扣,其进项税额应当记入"应交税金——应交增值税(进项税额)"科目。

(二) 纳税人允许抵扣的固定资产进项税额,是指纳税人 2009 年 1 月 1 日以后(含 1 月 1 日,下同)实际发生,并取得 2009 年 1 月 1 日以后开具的增值税扣税凭证上注明的或者依据增值税扣税凭证计算的增值税税额。

(三) 东北老工业基地、中部六省老工业基地城市、内蒙古自治区东部地区已纳入扩大增值税抵扣范围试点的纳税人,2009 年 1 月 1 日以后发生的固定资产进项税额,不再采取退税方式,其 2008 年 12 月 31 日以前(含 12 月 31 日,下同)发生的待抵扣固定资产进项税额期末余额,应于 2009 年 1 月份一次性转入"应交税金——应交增值税(进项税额)"科目。

(财政部 国家税务总局关于全国实施增值税转型改革若干问题的通知,财税〔2008〕第 170 号,发文日期:2008-12-19)

二、固定资产与不动产的区分

《中华人民共和国增值税暂行条例实施细则》第二十三条第二款所称建筑物,是指供人们在其内生产、生活和其他活动的房屋或者场所,具体为《固定资产分类与代码》(GB/T14885—1994)中代码前两位为"02"的房屋;所称构筑物,是指人们不在其内生产、生活的人工建造物,具体为《固定资产分类与代码》(GB/T14885—1994)中代码前两位为"03"的构筑物;所称其他土地附着物,是指矿产资源及土地上生长的植物。

《固定资产分类与代码》(GB/T14885—1994)电子版可在财政部或国家税务总局网站查询。

以建筑物或者构筑物为载体的附属设备和配套设施,无论在会计处理上是否单独记账与核算,均应作为建筑物或者构筑物的组成部分,其进项税额不得在销项税额中抵扣。附属设备和配套设施是指:给排水、采暖、卫生、通风、照明、通讯、煤气、消防、中央空调、电梯、电气、智能化楼宇设备和配套设施。

(财政部 国家税务总局关于固定资产进项税额抵扣问题的通知,财税〔2009〕113 号,发文日期:2009-09-09)

政策解析

会计上纳税人当期新购进的固定资产，如果属于增值税政策中的固定资产，在抵扣范围内，进项税额是可以抵扣的；如果购进的是不动产，不属于增值税中的固定资产，不属于增值税中的货物，进项税额不得抵扣。因此，划分增值税中的固定资产与不动产的区别显得尤其重要。

案例解析

某新设立的企业在厂区内安装路灯，购进路灯钢杆、灯罩、灯泡等，取得增值税专用发票，其进项税额能否抵扣？

答：根据《中华人民共和国增值税暂行条例》第十条第一项规定，用于非增值税应税项目的购进货物或者应税劳务的进项税额不得从销项税额中抵扣。《中华人民共和国增值税暂行条例实施细则》第二十三条规定，条例第十条第一项和本细则所称非增值税应税项目，是指提供非增值税应税劳务、转让无形资产、销售不动产和不动产在建工程。前款所称不动产是指不能移动或者移动后会引起性质、形状改变的财产，包括建筑物、构筑物和其他土地附着物。纳税人新建、改建、扩建、修缮、装饰不动产，均属于不动产在建工程。根据《财政部 国家税务总局关于固定资产进项税额抵扣问题的通知》（财税〔2009〕113号）规定，以建筑物或者构筑物为载体的附属设备和配套设施，无论在会计处理上是否单独记账与核算，均应作为建筑物或者构筑物的组成部分，其进项税额不得在销项税额中抵扣。因道路属于构筑物，而路灯是以道路为载体的配套设施，属于不动产的范畴。因此，企业因安装路灯而采购的钢杆、灯罩、灯泡等，虽取得了增值税专用发票，但因用于不动产在建工程，其进项税额不能抵扣。

6.1.3 免税期间外购的货物

免税货物恢复征税后，其免税期间外购的货物，一律不得作为当期进项税额抵扣。恢复征税后收到的该项货物免税期间的增值税专用发票，应当从当期进项税额中剔除。

（国家税务总局关于增值税若干征管问题的通知，国税发〔1996〕第155号，发文日期：1996-09-09）

6.1.4 停止抵扣进项税额期间的进项税额

《中华人民共和国增值税暂行条例实施细则》第三十四条规定，有下列情形之一者，应按销售额依照增值税税率计算应纳税额，不得抵扣进项税额，也不得使用增值税专用发票：

（一）一般纳税人会计核算不健全，或者不能够提供准确税务资料的；

（二）除本细则第二十九条规定外，纳税人销售额超过小规模纳税人标准，未申请办理一般纳税人认定手续的。

此规定所称的不得抵扣进项税额是指纳税人在停止抵扣进项税额期间发生的全部进项税额，包括在停止抵扣期间取得的进项税额、上期留抵税额以及经批准允许抵扣的期初存货已征税款。

纳税人经税务机关核准恢复抵扣进项税额资格后,其在停止抵扣进项税额期间发生的全部进项税额不得抵扣。

(关于增值税一般纳税人恢复抵扣进项税额资格后有关问题的批复,国税函〔2000〕第584号,发文日期:2000-08-02)

重点难点即时练 13

1. 某单位下列已取得增值税专用发票的项目中,可以作为进项税额抵扣的是( )。
   A. 外购低值易耗品　　　　　　　B. 外购修理固定资产用的备件
   C. 外购办公用水电　　　　　　　D. 外购发给职工的节日慰问品

2. 某制药厂为增值税一般纳税人,其本期发生的下列经济业务中,外购原材料进项税额不得抵扣的是( )。
   A. 生产应税药品耗用的外购原材料
   B. 捐赠灾区的自产应税药品耗用外购原材料
   C. 生产免税药品耗用的外购原材料
   D. 变质药品耗用的本期外购原材料

3. 纳税人购进的货物如果发生了下列情况,应将已抵扣的进项税额转出的是( )。
   A. 雷击起火造成的损失　　　　　B. 暴雨造成的损失
   C. 货物被盗损失　　　　　　　　D. 生产过程中正常损耗损失

4. 下列不予抵扣进项税额的货物是( )。
   A. 一般纳税人采用简易办法征税的货物
   B. 新认定一般纳税人认定前购进的货物
   C. 免税货物恢复征税时在免税期间购进的货物
   D. 停止抵扣进项税期间所购的货物

5. 某饮料厂库存一批白糖,已抵扣进项税额,本月用于下列项目时,应作进项税额转出( )。
   A. 由厂设非独立核算门市部对外出售　　B. 本厂食堂领用
   C. 由厂设独立核算门市部对外出售　　　D. 用于换取色素

6. 下列哪些项目的进项税额可以抵扣( )。
   A. 购进固定资产
   B. 用于固定资产修理的外购货物
   C. 非正常损失的购进货物
   D. 用于免税项目的购进货物
   E. 用于集体福利或者个人消费的购进货物

7. 一般纳税人生产企业对车间厂房进行修缮,其耗用材料的进项税额( )。
   A. 将修理费列入生产费用的可以抵扣,列入在建工程的不得抵扣

B. 任何情况下均不得抵扣

C. 区别不同情况处理，数额较小的可以抵扣，较大的不予抵扣

D. 应予抵扣

8. 将购买的货物用于下列项目，其进项税额准予抵扣的是（　　）。

A. 用于修建展销厅　　　　　　B. 用于企业交际应酬

C. 无偿赠送给客户　　　　　　D. 作为发放职工的福利

9. 准予从销项税额中抵扣的进项税额有（　　）。

A. 海关开具的完税凭证上注明的增值税额

B. 农业产品收购发票依13%扣除率计算的进项税额

C. 维修厂房取得专用发票注明的进项税额

D. 购进货物支付运输费计算的进项税额

10. 纳税人购进的下列固定资产，不允许抵扣增值税税额的是（　　）。

A. 管理部门使用的属于消费税征税范围的汽车

B. 生产增值税免税货物所使用的固定资产

C. 既生产增值税应税货物又生产增值税免税货物所使用的固定资产

D. 既生产增值税应税货物又用于个人消费的固定资产

11. 纳税人购买的下列货物，不允许抵扣增值税税额的是（　　）。

A. 设备修理用备件　　　　　　B. 厂房改建用建筑材料

C. 招待用的烟酒　　　　　　　D. 管理部门车辆用油

12. 纳税人发生的下列运输费用，虽取得运输费用结算单据，但不允许抵扣进项税额的是（　　）。

A. 购进用于生产应税货物的原材料所发生的

B. 购进用于生产免税货物的原材料所发生的

C. 销售免税货物所发生的

D. 生产经营过程中所发生的

案例解析

某单位于2010年2月份被认定为一般纳税人，在此之前是小规模纳税人。转为一般纳税人时，库存的存货400多万元如何计算抵扣进项税额？

答：《中华人民共和国增值税暂行条例》第四条、第十三条规定：一般纳税人销售货物或者提供应税劳务，应纳税额为当期销项税额抵扣当期进项税额后的余额；小规模纳税人销售货物或者提供应税劳务按照销售额和规定的征收率计算应纳税额，不得抵扣进项税额。《国家税务总局关于印发〈增值税问题解答（之一）〉的通知》（国税函发〔1995〕288号）规定，新申请认定为增值税一般纳税人的，不得计算期初存货已征税款。因此，该单位在取得增值税一般纳税人资格之前所购进的货物不能抵扣进项税额。在认定为一般纳税人后，小规模纳税人期间购进的货物在销售时按货物适用税率征收增值税。

6.2 其他文件明确的可以抵扣的进项税额

6.2.1 混合销售行为涉及非增值税应税劳务的进项税额

《中华人民共和国增值税暂行条例》第二十条规定：混合销售行为依照本细则第五条规定应当缴纳增值税的，该混合销售行为所涉及的非增值税应税劳务所用购进货物的进项税额，符合条例第八条规定的，准予从销项税额中抵扣。

如：一家一般纳税人煤炭运销公司销售原煤时，运费已随销煤款开具增值税专用发票并计提销项税，则用于运输车辆的汽油可以抵扣增值税。

6.2.2 以物易物、以货抵债、以物投资取得的进项税额

对商业企业采取以物易物、以货抵债、以物投资方式交易的，收货单位可以凭以物易物、以货抵债、以物投资书面合同以及与之相符的增值税专用发票和运输费用普通发票，确定进项税额，报经税务征收机关批准予以抵扣。

(国家税务总局关于增值税若干征管问题的通知，国税发〔1996〕第155号，发文日期：1996-09-09)

6.2.3 税控设备

一、防伪税控设备

自2000年1月1日起，企业购置增值税防伪税控系统专用设备和通用设备发生的费用，准予在当期计算缴纳所得税前一次性列支；同时可凭购货所取得的专用发票所注明的税额从增值税销项税额中抵扣。增值税防伪税控专用设备包括税控金税卡、税控IC卡和读卡器；通用设备包括用于防伪税控系统开具专用发票的计算机和打印机。

(国家税务总局关于推行增值税防伪税控系统若干问题的通知，国税发〔2000〕第183号，发文日期：2000-11-09)

二、扫描器具和计算机

增值税一般纳税人用于采集增值税专用发票抵扣联信息的扫描器具和计算机，属于防伪税控通用设备，可以按照《国务院办公厅转发国家税务总局关于全面推广应用增值税防伪税控系统意见的通知》(国办发〔2000〕12号)和《国家税务总局关于推行增值税防伪税控系统若干问题的通知》(国税发〔2000〕183号)的规定，对纳税人购置上述设备发生的费用，准予在当期计算缴纳所得税前一次性列支；同时可按购置上述设备取得的增值税专用发票所注明的增值税税额，计入当期增值税进项税额。

(国家税务总局关于增值税专用发票抵扣联信息扫描器具等设备有关税收问题的通知，国税函〔2006〕第1248号，发文日期：2006-12-22)

三、税控收款机

(一)增值税一般纳税人购置税控收款机所支付的增值税税额(以购进税控收款机

取得的增值税专用发票上注明的增值税税额为准），准予在该企业当期的增值税销项税额中抵扣。

（二）增值税小规模纳税人或营业税纳税人购置税控收款机，经主管税务机关审核批准后，可凭购进税控收款机取得的增值税专用发票，按照发票上注明的增值税税额，抵免当期应纳增值税或营业税税额，或者按照购进税控收款机取得的普通发票上注明的价款，依下列公式计算可抵免税额：

$$可抵免税额 = \frac{价款}{1+17\%} \times 17\%$$

当期应纳税额不足抵免的，未抵免部分可在下期继续抵免。

（财政部 国家税务总局关于推广税控收款机有关税收政策的通知，财税〔2004〕167号，发文日期：2004-11-09）

四、税控加油机和税控装置

具有增值税一般纳税人资格的加油站外购税控加油机和税控装置，可凭购进税控装置和税控加油机取得的增值税专用发票所注明的增值税税额，计入该企业当期的增值税进项税额予以抵扣。具有增值税一般纳税人资格的加油站，2002年3月1日前外购税控加油机及税控装置未取得增值税专用发票的，可凭外购上述货物的普通发票，按照该货物的适用税率计算抵扣进项税额。

（财政部 国家税务总局关于加油机安装税控装置有关税收优惠政策的通知，财税〔2002〕15号，发文日期：2002-02-05）

6.2.4 项目运营方建设期间的进项税额

《国家税务总局关于项目运营方利用信托资金融资过程中增值税进项税额抵扣问题的公告》作如下规定：

项目运营方利用信托资金融资进行项目建设开发是指项目运营方与经批准成立的信托公司合作进行项目建设开发，信托公司负责筹集资金并设立信托计划，项目运营方负责项目建设与运营，项目建设完成后，项目资产归项目运营方所有。该经营模式下项目运营方在项目建设期内取得的增值税专用发票和其他抵扣凭证，允许其按现行增值税有关规定予以抵扣。

本公告自2010年10月1日起施行。此前未抵扣的进项税额允许其抵扣，已抵扣的不作进项税额转出。

（国家税务总局关于项目运营方利用信托资金融资过程中增值税进项税额抵扣问题的公告，国家税务总局公告〔2010〕第8号，发文日期：2010-08-09）

政策解析

理论上讲，用于增值税应税项目的购进货物和应税劳务进项税额准予抵扣。实务中，进项税额的抵扣范围采用了反向列举的方式，被列入不得抵扣范围内的购进货物或应税劳务进项税额不得抵扣，没有列入不得抵扣范围的进项税额可以抵扣，如：纳税人将外购的货物用于管理部门，进项税额可以抵扣。

案例解析

领导乘坐的汽车用油和购买的办公用品取得增值税专用发票，是否可以抵扣？装修产品展厅所耗用的装饰材料取得增值税专用发票，是否可以抵扣？

答：根据《中华人民共和国增值税暂行条例》第十条规定，不得抵扣进项税额有以下情况（一）用于非增值税应税项目、免征增值税项目、集体福利或者个人消费的购进货物或者应税劳务；（二）非正常损失的购进货物及相关的应税劳务；（三）非正常损失的在产品、产成品所耗用的购进货物或者应税劳务；（四）国务院财政、税务主管部门规定的纳税人自用消费品；（五）本条第（一）项至第（四）项规定的货物的运输费用和销售免税货物的运输费用。购进办公用品和汽油不属于上述不得抵扣的范围，取得的扣税凭证可以抵扣进项税额；《中华人民共和国增值税暂行条例实施细则》第二十三条规定，非增值税应税项目，是指提供非增值税应税劳务、转让无形资产、销售不动产和不动产在建工程。前款所称不动产是指不能移动或者移动后会引起性质、形状改变的财产，包括建筑物、构筑物和其他土地附着物。纳税人新建、改建、扩建、修缮、装饰不动产，均属于不动产在建工程。因此，公司装饰产品展厅所耗用的装饰材料，属于用于非增值税应税项目中的不动产在建工程，不得抵扣进项税额。

6.3 不得抵扣的进项税额的确定

纳税人发生条例第十条规定的不得抵扣进项税额的情形，应区别不同情形，确定不得抵扣的进项税额的多少。

6.3.1 基本规定

一、《中华人民共和国增值税暂行条例实施细则》第二十七条规定，已抵扣进项税额的购进货物或者应税劳务，发生条例第十条规定的情形的（免税项目、非增值税应税劳务除外），应当将该项购进货物或者应税劳务的进项税额从当期的进项税额中扣减；无法确定该项进项税额的，按当期实际成本计算应扣减的进项税额。

二、《中华人民共和国增值税暂行条例实施细则》第二十六条规定，一般纳税人兼营免税项目或者非增值税应税劳务而无法划分不得抵扣的进项税额的，按下列公式计算不得抵扣的进项税额：

$$\text{不得抵扣的进项税额} = \text{当月无法划分的全部进项税额} \times \frac{\text{当月免税项目销售额、非增值税应税劳务营业额合计}}{\text{当月全部销售额、营业额合计}}$$

[例题] 某白酒厂外购的粮食生产白酒和酒糟，已知当期购入的酒瓶取得增值税专用发票注明价款1 000元，税额170元，粮食收购单上的买价为1 020元，购入生产酒糟的添加剂增值税专用发票注明税额10元。当期销售的粮食白酒不含税销售额为2万元，酒糟为200元。计算当期应纳税额为多少。

解析：不予抵扣的进项税税额＝[(170＋1 020×13％＋10)－(170＋10)]×200
÷(20 000＋200)＋10＝11.3（元）
准予抵扣的进项税额＝(170＋1 020×13％＋10)－11.3＝301.3（元）
销项税额＝20 000×17％＝3 400（元）
应纳税额＝3 400－301.3＝3 098.7（元）
答： 白酒厂当期应纳增值税3 098.7元。

重点难点即时练 14

1. 制药厂（增值税一般纳税人）3月份销售抗生素药品117万元（含税），销售免税药品50万元，当月购入生产用原材料一批，取得增值税专用发票上注明税款6.8万元，抗生素药品与免税药品无法划分耗料情况，则该制药厂当月应纳增值税为（　　）。

　　A. 14.73万元　　　B. 12.47万元　　　C. 10.20万元　　　D. 17.86万元

2. 某企业2010年3月末盘点时发现，上月从农民手中购进的玉米（库存账面成本为117 500元，已申报抵扣进项税额）因管理不善发生霉烂，使账面成本减少38 140元（包括运费成本520元）；由于玉米市场价格下降，使存货发生跌价损失1 100元；因管理不善丢失去年购进未使用的过滤器一台，购进时取得增值税专用发票，固定资产账面成本5 600元。进项税额转出额为（　　）元。

　　A. 5 500　　　　B. 4 500　　　　C. 5 660.52　　　　D. 6 612.52

3. 某果酱厂某月外购水果10 000公斤，取得的增值税专用发票上注明的外购金额和增值税额分别为10 000元和1 300元（每公斤0.13元）。在运输途中因管理不善腐烂1 000公斤。水果运回后，用于发放职工福利200公斤，用于厂办三产招待所800公斤。其余全部加工成果酱400公斤（20公斤水果加工成1公斤果酱）。其中300公斤全部销售，单价20元；50公斤因管理不善被盗；50公斤用于厂办三产招待所。当月该厂允许抵扣的进项税额为（　　）。

　　A. 710元　　　　B. 780元　　　　C. 910元　　　　D. 1 010元

6.3.2 供电企业的规定

对供电企业收取的免征增值税的农村电网维护费，不应分摊转出外购电力产品所支付的进项税额。

（国家税务总局关于供电企业收取的免税农村电网维护费有关增值税问题的通知，国税函〔2005〕第778号，发文日期：2005-08-05）

6.3.3 热电企业的规定

根据《财政部 国家税务总局关于增值税若干政策的通知》（财税〔2005〕165号）第八条规定，热电企业向房地产商收取的"热源建设费"应作为价外费用征收增值税。对属于居民供热免税的，应作为免税收入参与计算进项转出。

（国家税务总局大企业税收管理司关于2009年度税收自查有关政策问题的函，

企便函〔2009〕第033号，发文日期：2009-09-04）

6.3.4 广告业务的规定

按照现行税法规定，利用图书、报纸、杂志等形式为客户作广告，介绍商品、经营服务、文化体育节目或通告、声明等事项的业务，属于营业税"广告业"的征税范围，其取得的广告收入应征收营业税。但纳税人为制作、印刷广告所用的购进货物不得计入进项税额抵扣，因此，纳税人应准确划分不得抵扣的进项税额；对无法准确划分不得抵扣的进项税额的，按《中华人民共和国增值税暂行条例实施细则》（以下简称增值税实施细则）第二十三条的规定划分不得抵扣的进项税额。

（国家税务总局关于印发《增值税问题解答（之一）》的通知，国税函〔1995〕第288号，发文日期：1995-06-02）

《国家税务总局关于印发〈增值税问题解答（之一）〉的通知》（国税发〔1995〕288号）规定，"纳税人为制作、印刷广告所用的购进货物不得计入进项税额抵扣，因此，纳税人应准确划分不得抵扣的进项税额；对无法准确划分不得抵扣的进项税额的，按《中华人民共和国增值税暂行条例实施细则》第二十三条的规定划分不得抵扣的进项税额"。由于该通知未明确应以何种标准进行"准确划分"，因此各地执行不尽一致。国家税务总局进一步明确：

自2000年12月1日起，确定文化出版单位用于广告业务的购进货物的进项税额，应以广告版面占整个出版物版面的比例为划分标准，凡文化出版单位能准确提供广告所占版面比例的，应按此项比例划分不得抵扣的进项税额。

此前一些地区的税务机关按照《中华人民共和国增值税暂行条例实施细则》第二十三条规定确定不得抵扣进项税额的，已征收入库的税款不再作纳税调整，凡征税不足的，一律按照上述规定计算应补征的税款。

（国家税务总局关于出版物广告收入有关增值税问题的通知，国税发〔2000〕188号，发文日期：2000-11-17）

6.3.5 固定资产改变用途或发生非正常损失时不得抵扣的进项税额

纳税人已抵扣进项税额的固定资产发生条例第十条（一）至（三）项所列情形的，应在当月按下列公式计算不得抵扣的进项税额：

$$不得抵扣的进项税额 = 固定资产净值 \times 适用税率$$

固定资产净值，是指纳税人按照财务会计制度计提折旧后计算的固定资产净值。

（财政部 国家税务总局关于全国实施增值税转型改革若干问题的通知，财税〔2008〕第170号，发文日期：2008-12-19）

政策解析

纳税人发生细则所规定的进项不得抵扣的五种情形时，应依次按照下列四种方法确定不得抵扣的进项税额：

1. 纳税人外购货物或应税劳务时知道所购进的项目是用于不得抵扣的用途（主要是一、四项用途），不得将相应的抵扣凭证注明的增值税额申报抵扣。

2. 纳税人外购货物或应税劳务时不知道所购进的项目是用于不得抵扣的用途，但是后来整批货物或应税劳务改变用途或者发生非正常损失，也就是说，能够准确确定不得抵扣的进项税额时，将该批货物或应税劳务当初计提进项税额的购进凭证上的进项税额全部转出。

3. 纳税人外购货物或应税劳务时不知道所购进的项目是用于不得抵扣的用途，但是后来部分货物或应税劳务改变用途或者发生非正常损失，或者纳税人分不清改变用途或发生非正常损失的货物是哪批购入的，不能准确确定不得抵扣的进项税额时，按照改变用途或发生非正常损失部分货物的实际成本计算不得抵扣的进项税额，作进项转出处理。

4. 纳税人兼营免税项目和非应税劳务，购进的用于免税项目和非增值税应税劳务的货物或应税劳务的实际成本不能准确确定时，应按公式计算划分不得抵扣的进项税额。

6.4 平销行为

一、平销行为的概念

平销行为，即生产企业以商业企业经销价或高于商业企业经销价的价格将货物销售给商业企业，商业企业再以进货成本或低于进货成本的价格进行销售，生产企业则以返还利润等方式弥补商业企业的进销差价损失。据调查，在平销活动中，生产企业弥补商业企业进销差价损失的方式主要有以下几种：一是生产企业通过返还资金方式弥补商业企业的损失，如有的对商业企业返还利润，有的向商业企业投资等。二是生产企业通过赠送实物或以实物投资方式弥补商业企业的损失。目前，平销行为基本上发生在生产企业和商业企业之间，但有可能进一步在生产企业与生产企业之间、商业企业与商业企业之间的经营活动中出现。

二、实物返利的处理

已发现有些生产企业赠送实物或商业企业进销此类实物不开发票、不记账，以此来达到偷税的目的。对于采取赠送实物或以实物投资方式进行平销经营活动的，要制定切实可行的措施，加强增值税征管稽查，大力查处和严厉打击有关的偷税行为。

三、现金返利的处理

自2004年7月1日起，凡增值税一般纳税人，无论是否有平销行为，因购买货物而从销售方取得的各种形式的返还资金，按照以下原则征收增值税或营业税：

（一）对商业企业向供货方收取的与商品销售量、销售额无必然联系，且商业企业向供货方提供一定劳务的收入，例如进场费、广告促销费、上架费、展示费、管理费等，不属于平销返利，不冲减当期增值税进项税金，应按营业税的适用税目税率征收营业税。

（二）对商业企业向供货方收取的与商品销售量、销售额挂钩（如以一定比例、金额、数量计算）的各种返还收入，均应依所购货物的增值税税率计算应冲减的进项税金，并从其取得返还资金当期的进项税金中予以冲减，不征收营业税。应冲减的进项税金计算公式如下：

$$当期应冲减进项税金 = 当期取得的返还资金 \div \left(1 + 所购货物适用增值税税率\right) \times 所购货物适用增值税税率$$

（三）商业企业向供货方收取的各种收入，一律不得开具增值税专用发票。

（国家税务总局关于平销行为征收增值税问题的通知，国税发〔1997〕第167号，发文日期：1997-10-31；国家税务总局关于商业企业向货物供应方收取的部分费用征收流转税问题的通知，国税发〔2004〕136号，发文日期：2004-10-13）

（四）与总机构实行统一核算的分支机构从总机构取得的日常工资、电话费、租金等资金，不应视为因购买货物而取得的返利收入，不应作冲减进项税额处理。

（国家税务总局关于增值税一般纳税人平销行为征收增值税问题的批复，国税函〔2001〕247号，发文日期：2001-04-05）

[例题] 三联家电商场（一般纳税人）1月份销售家电取得的不含税销售额为65 000元，购进电视机取得专用发票上注明的价款为30 000元，税款为5 100元。因三联家电商场上年度购进海信集团有限公司的家电产品金额达到200万元，本月还取得海信集团有限公司的返还资金5 400元。计算该月三联家电商场的应纳税额。

解析：当期应冲减进项税金 = 5 400 ÷ (1+17%) × 17% = 784.62（元）
进项税额 = 5 100 - 784.62 = 4 315.38（元）
应纳税额 = 65 000 × 17% - 4 315.38 = 6 734.62（元）

答：三联家电商场1月份应纳增值税6 734.62元。

6.5　进货退出或折让

《中华人民共和国增值税暂行条例实施细则》第十一条规定，小规模纳税人以外的纳税人（简称一般纳税人）因购进货物退出或者折让而收回的增值税额，应从发生购进货物退出或者折让当期的进项税额中扣减。

一般纳税人取得专用发票后，发生销货退回、开票有误等情形但不符合作废条件的，或者因销货部分退回及发生销售折让的，购买方向主管税务机关填报《开具红字增值税专用发票申请单》，主管税务机关对一般纳税人填报的《申请单》进行审核后，出具《开具红字增值税专用发票通知单》（以下简称《通知单》）。购买方必须暂依《通知单》所列增值税税额从当期进项税额中转出，未抵扣增值税进项税额的可列入当期进项税额，待取得销售方开具的红字专用发票后，与留存的《通知单》一并作为记账凭证。经认证结果为"纳税人识别号认证不符"、"专用发票代码、号码认证不符"的，不作进项税额转出，一般纳税人在填报《申请单》时应填写相对应的蓝字专用发票信息。

（国家税务总局关于修订《增值税专用发票使用规定》的通知，国税发〔2006〕

第156号，发文日期：2006-10-17)

6.6 进项留抵的处理

6.6.1 一般纳税人注销时留抵税额的处理

一般纳税人注销或被取消辅导期一般纳税人资格，转为小规模纳税人时，其存货不作进项税额转出处理，其留抵税额也不予以退税。

(财政部 国家税务总局关于增值税若干政策的通知，财税〔2005〕第165号，发文日期：2005-11-28)

6.6.2 留抵税额抵减欠税

对纳税人因销项税额小于进项税额而产生期末留抵税额的，应以期末留抵税额抵减增值税欠税。

(国家税务总局关于增值税一般纳税人用进项留抵税额抵减增值税欠税问题的通知，国税发〔2004〕112号，发文日期：2004-08-30)

一、关于税务文书的填开

当纳税人既有增值税留抵税额，又欠缴增值税而需要抵减的，应由县（含）以上税务机关填开《增值税进项留抵税额抵减增值税欠税通知书》（以下简称《通知书》）一式两份，纳税人、主管税务机关各一份。

二、关于抵减金额的确定

抵减欠缴税款时，应按欠税发生时间逐笔抵扣，先发生的先抵。抵缴的欠税包含呆账税金及欠税滞纳金。确定实际抵减金额时，按填开《通知书》的日期作为截止期，计算欠缴税款的应缴未缴滞纳金金额，应缴未缴滞纳金余额加欠税余额为欠缴总额。若欠缴总额大于期末留抵税额，实际抵减金额应等于期末留抵税额，并按配比方法计算抵减的欠税和滞纳金；若欠缴总额小于期末留抵税额，实际抵减金额应等于欠缴总额。

(国家税务总局关于增值税进项留抵税额抵减增值税欠税有关处理事项的通知，国税函〔2004〕第1197号，发文日期：2004-10-29)

三、会计处理

纳税人发生用进项留抵税额抵减增值税欠税时，按以下方法进行会计处理：

（一）增值税欠税税额大于期末留抵税额，按期末留抵税额红字借记"应交税金——应交增值税（进项税额）"科目，贷记"应交税金——未交增值税"科目。

（二）若增值税欠税税额小于期末留抵税额，按增值税欠税税额红字借记"应交税金——应交增值税（进项税额）"科目，贷记"应交税金——未交增值税"科目。

(国家税务总局关于增值税一般纳税人用进项留抵税额抵减增值税欠税问题的通知，国税发〔2004〕112号，发文日期：2004-08-30)

6.6.3 留抵税额抵减查补税款

一、增值税一般纳税人拖欠纳税检查应补缴的增值税税款,如果纳税人有进项留抵税额,可按照《国家税务总局关于增值税一般纳税人用进项留抵税额抵减增值税欠税问题的通知》(国税发〔2004〕112号)的规定,用增值税留抵税额抵减查补税款欠税。

二、为确保税务机关和国库入库数字对账一致,抵减的查补税款不能作为稽查已入库税款统计。考核查补税款入库率时,可将计算公式调整为:

$$\frac{查补税款}{入库率} = \left(\frac{实际缴纳入库的}{查补税款} + \frac{增值税进项留抵税额}{实际抵减的查补税款欠税}\right) \div \frac{应缴纳入库的}{查补税款} \times 100\%$$

其中,"增值税进项留抵税额实际抵减的查补税款欠税"反映考核期内实际抵减的查补税款欠税。

(国家税务总局关于增值税一般纳税人将增值税进项留抵税额抵减查补税款欠税问题的批复,国税函〔2005〕第169号,发文日期:2005-02-24)

第 7 章 增值税一般纳税人应纳税额的计算

增值税一般纳税人销售货物及提供应税劳务，除另有规定外，应按照销项税额扣减进项税额的办法计算应纳税额，另有规定可以按照简易办法依照征收率计算应纳税额，按照具体规定执行。

7.1 一般货物应纳税额的计算

《中华人民共和国增值税暂行条例》第四条规定：除本条例第十一条规定外，纳税人销售货物或者提供应税劳务（以下简称销售货物或者应税劳务），应纳税额为当期销项税额抵扣当期进项税额后的余额。应纳税额计算公式：

应纳税额＝当期销项税额－当期进项税额

当期销项税额小于当期进项税额不足抵扣时，其不足部分可以结转下期继续抵扣。

[例题] 某市轿车生产企业为增值税一般纳税人，2010年度相关经营情况如下：

(1) 外购原材料，取得防伪税控系统开具的增值税专业发票，注明金额5 000万元、增值税进项税额850万元，另支付购货运输费用200万元、装卸费用20万元、保险费用30万元，取得运费发票；

(2) 对外销售A型小轿车1 000辆，每辆含税金额17.55万元，共计取得含税金额17 550万元；支付销售小轿车的运输费用，运输发票上注明运费300万元、保险费用和装卸费用160万元；

(3) 销售A型小轿车40辆给本公司职工，以成本价核算取得销售金额400万元；该公司新设计生产B型小轿车5辆，每辆成本价12万元，为了检测其性能，将其转为基本建设部门自用。市场上无B型小轿车销售价格；

(4) 从废旧物资回收经营单位购入报废汽车部件，取得废旧物资回收经营单位开具的由税务机关监制的普通发票，注明金额500万元；另支付运输费用30万元。（小轿车的消费税税率为10%，《消费税若干具体问题的规定》中规定的成本利润率为8%。）

要求：计算该企业2010年应缴纳的增值税。

解析： 销项税额 17 550÷(1+17%)×17%+40×17.55÷(1+17%)×17%+5×12×(1+8%)÷(1-10%)×17%=2 550+102+12.24=2 664.24（万元）

进项税额=850+200×7%+300×7%+30×7%=850+14+21+2.1=887.1（万元）

应缴纳增值税=2 664.24-887.1=1 777.14（万元）

答： 企业 2010 年度应纳增值税 1 777.14 万元。

[例题] 某食品厂为增值税一般纳税人，2010 年 12 月份有关资料如下：

(1) 直接用收购发票从农民手中收购农产品，买价 100 000 元，运费 2 000 元，货已入库，取得运输发票。

(2) 从某企业购进生产用辅料（税率为 17%），买价为 100 000 元，取得增值税专用发票，支付运输企业运费 2 000 元，装卸费 200 元（有发票），货已入库。

(3) 9 月直接从农民手中收购的农产品，本月发生变质损失 5 400 元，损失自产食品成本 3 000 元，成本扣除率为 60%。（自产食品所用外购材料的税率均为 17%。）

(4) 批发食品的销售额为 100 万元，零售食品取得含税销售收入 11 700 元，赠送给关系单位自产货物 5 箱，每箱成本为 300 元，不含税售价为 500 元。

要求： 计算本月应纳增值税。

解析： 进项税额=100 000×13%+2 000×7%=13 140（元）

进项税额=100 000×17%+2 000×7%=17 140（元）

进项税额转出=5 400÷(1-13%)×13%+3 000×60%×17%=1 112.9（元）

销项税额=1 000 000×17%+11 700÷(1+17%)×17%+5×500×17%=172 125（元）

当月应纳增值税=172 125-(13 140+17 140-1 112.9)=142 957.9（元）

答： 食品厂 12 月应纳增值税 142 957.9 元。

[例题] 康华电器设备厂为增值税一般纳税人，生产某型号电机，该厂 2010 年 9 月发生如下业务：

(1) 销售电机 30 台，每台批发价 0.7 万元（不含税），开出增值税专用发票，另外收取包装费和售后服务费 3 万元，开出普通发票一张；

(2) 以出厂价销售给某专业商店电机 20 台，每台 0.65 万元（不含税），因该商店提前付款，康华厂决定给予其 5% 的销售折扣；

(3) 用"以旧换新"方式销售给某用户电机 4 台，开出普通发票注明价款 2.52 万元（已扣除收购旧货的成本 0.28 万元）；

(4) 以出厂价将电机 50 台发给实行统一核算的外省市所属机构用于销售，所属机构已开具发票，支付运杂费 1.2 万元，其中包括建设基金 0.05 万元，装卸费 0.02 万元，保险费 0.18 万元，并取得铁路运输发票（开具给康华电器设备厂）；

(5) 该厂用 2 台电机与某水泥厂兑换 250 袋水泥，价款为 1.3 万元（不含税），并将水泥用于房屋维修，双方都没有开具增值税专用发票；

(6) 当月购入钢材一批，增值税专用发票注明税款是 6.4 万元，已验收入库，在使用时，发现部分钢材规格不符合购货合同要求，经协商对方同意退货，退货钢材的不含税价为3万元，取得对方开出的红字增值税专用发票；

（7）当月委托某企业加工电机配件，原材料实际成本为1.8万元，加工后配件已收回，受托方开来的增值税专用发票注明的加工费为0.4万元，以银行存款支付；

（8）为加工某型号电机，从国外进口特种机床一台，到岸价格为10万元，关税税率为20%，已从海关取得完税凭证，货物已入库。

要求：计算康华厂当月应纳增值税。

解析：销项税额＝30×0.7×17%＋3÷（1＋17%）×17%＋20×0.65×17%＋（2.52＋0.28）÷1.17×17%＋50×0.65×17%＋1.3×17%＝12.37（万元）

进项税额＝（1.2－0.02－0.18）×7%＋（6.4－3×17%）＋0.4×17%＋10×（1＋20%）×17%＝8.07（万元）

应纳税额＝12.37－8.07＝4.30（万元）

答：康华电器设备厂9月应纳增值税4.30万元。

重点难点即时练 15

1. 某百货商场（一般纳税人）下设批发部、零售部和宾馆，该商场能正确核算各自的收入。2010年9月发生下列业务：

（1）从小规模纳税人企业购进日用品，普通发票上注明的价款35 800元；

（2）商场本月从某食品厂（小规模纳税人）购进食品，取得税务机关代开的增值税专用发票上注明价款为8 000元，贷款已经支付；

（3）从某汽车制造厂购进一辆载货汽车及配套的备用件，分别取得普通发票载明的汽车价款245 700元，备用件价款3 627元，货款已经支付，汽车已办理登记注册，并交付使用；

（4）从国外进口化妆品，关税完税价格为840 000元，关税税率为25%，款项已经支付（已取得海关开具的完税凭证），化妆品已验收入库；

（5）商场本月从一般纳税人企业购进商品取得的增值税专用发票上注明的增值税款为215 320元，支付运费9 600元（运费发票符合抵扣规定），购进商品货款尚未支付；

（6）该商场批发部本月批发商品取得不含税收入800 000元，按合同约定销售商品应由商场承担的运费支出10 490元，其中800元为定额运输发票，其余为国有运输企业开具的运费发票，货款已经收到，运费已经支付；

（7）该商场向消费者销售商品取得收入1 053 000元；

（8）上月售出的空调出现质量问题，消费者退回1台，收回原来开具的普通发票上注明的销售额为6 669元，该商场把空调返给厂家，并取得了厂家开具的增值税专用发票（红字），发票上注明的价款为4 800元；

（9）该商场所属的宾馆取得客房收入72 020元，餐饮收入32 000元，歌厅收入13 250元；本月宾馆领用商场上月购进的床上用品账面价值30 000元，宾馆餐饮部领用餐具账面价值12 000元（不考虑所负担运输成本）。

根据上述资料，计算该商场销售环节应纳增值税。

2. 甲、乙两企业均为生产企业（增值税一般纳税人），丙企业为商业企业（增值税一般纳税人），2011年3月发生下列业务：

（1）乙企业销售给甲企业原材料一批，开具普通发票，不含税销售额为46 700元，采用托收承付方式结算，货物已经发出，托收手续已经办妥，乙企业尚未收到货款，原材料在途；

（2）3月6日丙企业采用分期付款方式从甲企业购入家用电器，双方签订的合同中规定：购销金额120万元（不含税），货款分三次等额支付，每月16日为付款期。但本月内企业实际支付货款20万元，尚未收到增值税专用发票；

（3）本月初丙企业从甲企业购进小家电600件，不含税单价50元，货物已验收入库，货款已付清，收到增值税专用发票；

（4）丙企业本月向消费者销售商品取得零售收入760 500元，在销售家用电器时，采用买一赠一方式促销，赠送月初从甲企业购进的小家电300件，同时，在"三八"妇女节时，把100件小家电分给女职工作为节日礼物，小家电当月不含税的平均售价为55元；

（5）丙企业为甲企业代购原材料一批，代购资金由甲企业提供，原材料销售方为甲企业开具增值税专用发票，注明价款56万元，增值税额95 200元，甲企业已收到丙企业转交的专用发票，原材料已验收入库。甲企业支付给丙企业代购的手续费3.4万元；

（6）甲企业当月报关进口一台生产设备，关税完税价格为100万元，关税税率为15%，取得海关填开的进口增值税专用缴款书；

（7）丙企业出租一楼的门市房，本月取得租金收入5.3万元（分别核算）；

（8）乙企业本月购进并已验收入库原材料一批，取得的增值税专用发票上注明的价款为12 000元，并用其中的30%对某企业进行投资，乙企业和其他纳税人均无同类货物售价资料；

（9）丙企业本月从小规模纳税人购进日用小百货，普通发票上注明的价款为36 000元，从其他一般纳税人企业购进商品取得的增值税专用发票上注明的增值税额为87 340元，购进商品支付的运费14 500元（运费发票符合抵扣进项税规定）。

假设甲、乙、丙购销的货物适用税率均为17%，当月取得的扣税凭证均已正确地填开，并按规定申报抵扣，请计算：甲企业3月份应纳进口增值税和销售环节增值税额；乙企业、丙企业3月份应纳增值税。

3. 某工业企业为增值税一般纳税人，生产销售的产品适用增值税基本税率，**纳税人能够准确划分不得抵扣的进项税额**，2010年8月份发生以下经济业务：

（1）购进应税货物原材料一批，取得增值税专用发票注明的价款为400 000元，增值税68 000元，取得运输部门的运输发票注明的金额20 000元，其中运费16 000元，建设基金2 000元，保管费1 000元，装卸费1 000元；

（2）接受外单位投资转入用于生产免税货物材料一批，取得增值税专用发票注明的价款为100 000元，增值税17 000元，材料未到；

（3）购进小轿车一辆，取得增值税专用发票注明的价款为50 000元，增值税8 500元，款项已经支付，小轿车拨发给经理使用；

(4) 外购固定资产用于车间生产（应税货物与免税货物共用），价款30 000元，增值税专用发票注明税额5 100元；

(5) 从农业生产者手中收购高粱400吨，收购凭证上注明，每吨收购价为2 000元，收购凭证注明收购价款800 000元；

(6) 从废旧物资回收公司购入废旧钢铁，取得普通发票，注明的金额为30 000元；

(7) 报关进口一批用于生产应税货物的原材料，关税完税价格为60 000元，关税税率为20%；

(8) 销售应税货物给某商场取得不含税销售额4 680元，同时收取包装物押金585元，包装物租金300元；

(9) 将新研制的应税产品投资入股200 000元（成本价），该企业及其他纳税人均无同类产品售价；

(10) 采用分期收款结算方式销售给乙厂应税货物一批，价款100 000元（不含税），货已发出，并按该批货物全额开具了发票。合同规定本月到期货款40 000元，但实际只收回货款20 000元，并于收款时收取对方违约金2 000元；

(11) 销售免税货物，开具普通发票，取得销售额100 000元，合同约定运费由销售方承担，取得承运部门开具的运输发票，注明的运费为3 000元；

(12) 采用折扣方式销售应税货物给特约经销商，销售额为500 000元，折扣额为50 000元，在同一张发票上注明；

(13) 采用送货上门方式销售应税货物一批，合同约定不含税销售额为130 000元，运费为1 000元。货物已经发出，取得买方开具的商业汇票；

(14) 销售已使用过的一台设备，取得收入220 480元（含税价），设备账面原值200 000元（2008年购入，当时未抵扣进项税）；

(15) 由于管理不善被盗货物一批，账面成本为48 000元，其中耗用适用17%税率的原料2 000元，高粱30 000元（凭收购单购入），其他为人工成本。

根据上述资料，计算该企业8月份应纳进口增值税和销售环节增值税额（本月取得的相关发票均在本月认证并抵扣）。

7.2 简易征税办法

7.2.1 县以下小型水力发电单位生产的电力和部分建材产品

一、自2009年1月1日起，一般纳税人销售自产的下列货物，可选择按照简易办法依照6%征收率计算缴纳增值税，可自行开具增值税专用发票：

1. 县级及县级以下小型水力发电单位生产的电力。小型水力发电单位，是指各类投资主体建设的装机容量为5万千瓦以下（含5万千瓦）的小型水力发电单位。

2. 建筑用和生产建筑材料所用的砂、土、石料。

3. 以自己采掘的砂、土、石料或其他矿物连续生产的砖、瓦、石灰（不含粘土实心砖、瓦）。

4. 用微生物、微生物代谢产物、动物毒素、人或动物的血液或组织制成的生物制品。

5. 自来水。

6. 商品混凝土（仅限于以水泥为原料生产的水泥混凝土）。

一般纳税人选择简易办法计算缴纳增值税后，36个月内不得变更。

对属于一般纳税人的自来水公司销售自来水按简易办法依照6%征收率征收增值税，不得抵扣其购进自来水取得增值税扣税凭证上注明的增值税税款。

（财政部 国家税务总局关于部分货物适用增值税低税率和简易办法征收增值税政策的通知，财税〔2009〕第009号，发文日期：2009-01-19；国家税务总局关于增值税简易征收政策有关管理问题的通知，国税函〔2009〕90号，发文日期：2009-02-25）

案例解析

某箱包企业将部分厂房租赁给其他单位使用，但与承租单位共用水表，自来水公司向箱包企业收取水表计量的包括承租单位使用的全部水费，并按6%的征收率开具增值税专用发票。箱包企业向承租单位收取代垫的自来水费，是否需要缴纳增值税，可以开具增值税专用发票吗？

答：箱包企业向承租方收取代垫的自来水费，其业务本质是：自来水公司将自来水销售给箱包企业，箱包企业又将自来水销售给承租方。因此，箱包企业的行为属于销售货物，应当缴纳增值税。《财政部 国家税务总局关于部分货物适用增值税低税率和简易办法征收增值税政策的通知》（财税〔2009〕9号）规定，一般纳税人销售自产的自来水，可选择按照简易办法依照6%的征收率计算缴纳增值税。但是按简易办法征收仅适用于自来水公司销售的自产自来水，而企业转售自来水，不适用简易办法。《中华人民共和国增值税暂行条例》第二条规定，自来水的适用税率为13%。箱包企业应当按照13%的增值税税率缴纳增值税，可以开具增值税专用发票，从自来水公司取得的增值税专用发票也可以抵扣进项税额。

7.2.2 寄售业典当业等销售相关物品

自2009年1月1日起，一般纳税人销售货物属于下列情形之一的，暂按简易办法依照4%征收率计算缴纳增值税，可自行开具增值税专用发票：

1. 寄售商店代销寄售物品（包括居民个人寄售的物品在内）；
2. 典当业销售死当物品；
3. 经国务院或国务院授权机关批准的免税商店零售的免税品。

（财政部 国家税务总局关于部分货物适用增值税低税率和简易办法征收增值税政策的通知，财税〔2009〕第009号，发文日期：2009-01-19；国家税务总局关于增值税简易征收政策有关管理问题的通知，国税函〔2009〕90号，发文日期：2009-02-25）

7.2.3 拍卖行拍卖货物

对拍卖行受托拍卖增值税应税货物，向买方收取的全部价款和价外费用，应当按照4%的征收率征收增值税。拍卖货物属免税货物范围的，经拍卖行所在地县级主管税务机关批准，可以免征增值税。对拍卖行向委托方收取的手续费征收营业税。

（国家税务总局关于拍卖行取得的拍卖收入征收增值税、营业税有关问题的通知，国税发〔1999〕40号，发文日期：1999-03-11）

7.2.4 卫生防疫站调拨生物制品和药械

卫生防疫站调拨生物制品和药械，属于销售货物行为，应当按照现行税收法规的规定征收增值税。根据《中华人民共和国增值税暂行条例实施细则》第二十四条及有关规定，对卫生防疫站调拨生物制品和药械，可按照小规模商业企业3%的增值税征收率征收增值税。对卫生防疫站调拨或发放的由政府财政负担的免费防疫苗不征收增值税。

（国家税务局关于卫生防疫站调拨生物制品及药械征收增值税的批复，国税函〔1999〕第191号，发文日期：1999-04-19；国家税务总局关于修改若干增值税规范性文件引用法规规章条款依据的通知，国税发〔2009〕10号，发文日期：2009-02-05）

重点难点即时练 16

1. 某典当商行为一般纳税人，2010年5月份死当物品的销售额（不含税）10 000元，应纳增值税为（　　）。
   A. 600元　　　　B. 300元　　　　C. 400元　　　　D. 200元

2. 目前，适用4%征收率征收增值税的销售行为有（　　）。
   A. 拍卖行拍卖应税货物　　　　B. 卫生防疫站调拨生物制品
   C. 一般纳税人销售商品混凝土　　D. 一般纳税人自来水厂销售自来水

3. 一般纳税人销售的下列货物中，必须按简易办法征税，且不得开具专用发票的货物有（　　）。
   A. 销售自产的建筑用和生产建筑材料用的砂、土、石料
   B. 寄售店销售的寄售物品
   C. 销售自己使用过的价值不超过原值的汽车
   D. 典当业销售的死当物品

4. 一般纳税人生产销售下列货物可按6%的征收率计算纳税的有（　　）。
   A. 县以下小型火力发电单位生产的电力
   B. 经国务院或国务院授权机关批准的免税商店零售的免税品
   C. 用微生物制成的生物制品
   D. 供电部门供应的电力

5. 一般纳税人生产销售下列货物，可选择简易办法依6%的征收率征税并可开具专用发票的是（　　）。

A. 商品混凝土
B. 原料中含有70%的废渣生产的新型墙体材料
C. 沥青混凝土
D. 用微生物、人或动物的血液或组织制成的生物制品

6. 根据增值税有关规定，一般纳税人在哪种情况下，不可以开具增值税专用发票（　　）。
A. 销售旧货
B. 自来水公司销售自来水
C. 县以下小型水力发电单位生产销售电力
D. 销售大型机器设备

7. 对建筑用石料等货物一经选定采用简易办法按6%征收率征收增值税，则至少在（　　）内不得变更计税方法。
A. 三年　　　B. 36个月　　　C. 6个月　　　D. 一年

8. 某一般纳税人以自己采掘的砂、土、石料连续生产砖、瓦、石灰，本月取得含税销售额53万元，该企业本月应纳增值税额为（　　）。
A. 9.01万元　　　B. 6.09万元　　　C. 3.18万元　　　D. 3万元

7.2.5　单采血浆站销售非临床用人体血液

供应非临床用人体血液的纳税人系指单采血浆站，其经审批设立后可以采集非临床用的原料血浆并供应血液制品生产单位用于生产血液制品。单采血浆站执行如下增值税政策：

一、人体血液的增值税适用税率为17%。

二、属于增值税一般纳税人的单采血浆站销售非临床用人体血液，可以按照简易办法依照6%征收率计算应纳税额，但不得对外开具增值税专用发票；也可以按照销项税额抵扣进项税额的办法依照增值税适用税率计算应纳税额。

纳税人选择计算缴纳增值税的办法后，36个月内不得变更。

（国家税务总局关于供应非临床用血增值税政策问题的批复，国税函〔2009〕第456号，发文日期：2009-08-24）

7.2.6　销售自己使用过的物品

一、销售自己使用过固定资产的征税方式

自2009年1月1日起，纳税人销售自己使用过的固定资产（以下简称已使用过的固定资产），应区分不同情形征收增值税：

（一）销售自己使用过的2009年1月1日以后购进或者自制的固定资产，按照适用税率征收增值税；

（二）2008年12月31日以前未纳入扩大增值税抵扣范围试点的纳税人，销售自己使用过的2008年12月31日以前购进或者自制的固定资产，按照4%征收率减半征收增值税；

（三）2008年12月31日以前已纳入扩大增值税抵扣范围试点的纳税人，销售自己使用过的在本地区扩大增值税抵扣范围试点以前购进或者自制的固定资产，按照4%征

收率减半征收增值税;销售自己使用过的在本地区扩大增值税抵扣范围试点以后购进或者自制的固定资产,按照适用税率征收增值税。

本通知所称已使用过的固定资产,是指纳税人根据财务会计制度已经计提折旧的固定资产。

(财政部 国家税务总局关于全国实施增值税转型改革若干问题的通知,财税〔2008〕第170号,发文日期:2008-12-19)

二、销售自己使用过的物品的征税方式

纳税人销售自己使用过的物品,按简易办法征收增值税的优惠政策继续执行,不得抵扣进项税额,自2009年1月1日起按下列政策执行:

(一)一般纳税人

1. 一般纳税人销售自己使用过的属于条例第十条规定不得抵扣且未抵扣进项税额的固定资产,按简易办法依4%征收率减半征收增值税。

2. 一般纳税人销售自己使用过的其他固定资产,按照《财政部 国家税务总局关于全国实施增值税转型改革若干问题的通知》(财税〔2008〕170号)第四条的规定执行。

3. 一般纳税人销售自己使用过的除固定资产以外的物品,应当按照适用税率征收增值税。

(二)小规模纳税人

1. 小规模纳税人(除其他个人外,下同)销售自己使用过的固定资产,减按2%征收率征收增值税。

2. 小规模纳税人销售自己使用过的除固定资产以外的物品,应按3%的征收率征收增值税。

(财政部 国家税务总局关于部分货物适用增值税低税率和简易办法征收增值税政策的通知,财税〔2009〕第009号,发文日期:2009-01-19)

(三)其他个人销售自己使用过的物品

《中华人民共和国增值税暂行条例》第十五条第一款第(七)项规定,销售的自己使用过的物品免征增值税。

《中华人民共和国增值税暂行条例实施细则》第三十五条规定,所称自己使用过的物品,是指其他个人自己使用过的物品。

三、销售自己使用过的固定资产,发票的开具及应纳税额的计算

(一)纳税人销售自己使用过的固定资产发票的开具

1. 一般纳税人销售自己使用过的固定资产,凡根据《财政部 国家税务总局关于全国实施增值税转型改革若干问题的通知》(财税〔2008〕170号)和财税〔2009〕9号文件等规定,适用按简易办法依4%征收率减半征收增值税政策的,应开具普通发票,不得开具增值税专用发票。

2. 小规模纳税人销售自己使用过的固定资产,应开具普通发票,不得由税务机关代开增值税专用发票。

(二)关于销售额和应纳税额

1. 一般纳税人销售自己使用过的物品和旧货,适用按简易办法依4%征收率减半

征收增值税政策的,按下列公式确定销售额和应纳税额:

$$销售额=含税销售额÷(1+4\%)$$

$$应纳税额=销售额×4\%÷2$$

2. 小规模纳税人销售自己使用过的固定资产和旧货,按下列公式确定销售额和应纳税额:

$$销售额=含税销售额÷(1+3\%)$$

$$应纳税额=销售额×2\%$$

(三)申报表的填列

小规模纳税人销售自己使用过的固定资产和旧货,其不含税销售额填写在《增值税纳税申报表(适用于小规模纳税人)》第4栏,其利用税控器具开具的普通发票不含税销售额填写在第5栏。

(国家税务总局关于增值税简易征收政策有关管理问题的通知,国税函〔2009〕90号,发文日期:2009-02-25)

四、已使用过固定资产的视同销售行为

纳税人发生细则第四条规定固定资产视同销售行为,对已使用过的固定资产无法确定销售额的,以固定资产净值为销售额。

(财政部 国家税务总局关于全国实施增值税转型改革若干问题的通知,财税〔2008〕第170号,发文日期:2008-12-19)

[例题] 2010年3月某企业销售使用2年的机器设备一台,原值为45 000元,已提折旧8 900元,普通发票注明的金额为38 000元。另销售一辆小客车,原值为150 000元,已提折旧4 000元,普通发票注明的金额为152 000元。该企业应纳增值税是多少?

解析: 应纳税额=(38 000+152 000)÷(1+4%)×4%÷2=3 653.85(元)

答: 该企业销售自己使用过的固定资产应纳增值税3 653.85元。

案例解析

长城电器厂(一般纳税人)长期拖欠宏宇电子厂(一般纳税人)货款14万元,无力偿还。经双方协商,长城电器厂用一辆已使用两年的小汽车(未抵扣进项税额)抵顶所欠宏宇电子厂的债务。宏宇电子厂又将刚获得的小汽车抵偿自己拖欠供应商的15万元债务。在这项业务中,长城电器厂和宏宇电子厂是否需要纳增值税,应如何缴纳?

答: 长城电器厂将自己使用过的小汽车抵偿债务,属于销售货物的行为,应当缴纳增值税。根据《财政部 国家税务总局关于部分货物适用增值税低税率和简易办法征收增值税政策的通知》(财税〔2009〕第009号)规定,一般纳税人销售自己使用过的属于条例第十条规定不得抵扣且未抵扣进项税额的固定资产,按简易办法依4%征收率减半征收增值税。《国家税务总局关于增值税简易征收政策有关管理问题的通知》(国税函〔2009〕90号)规定,一般纳税人销售自己使用过的固定资产,凡适用按简易办法依4%征收率减半征收增值税政策的,应开具普通发票,不得开具增值税专用发票。长城电器厂应适用按简易办法依4%征收率减半征收增值税政策,且不得开具专用发票。宏宇电子厂将获得的小汽车抵偿债务,同样也属于销售货物的行为,但是由于小汽车不是自己使用过的,不可以按照销售自己使用过的固定资产进行增值税处理。对宏宇电子厂销售小汽车征收增值税的方式,有下列两种观点:一是,按照《财政部 国家税务总局关于部分货物适用增值税低税率和简易办法征收增值税政策的通知》(财税〔2009〕第009号)规定,一般纳税人销售旧货,自2009年1月1日起按照简易办法,依照4%征收率减半征收增值税。所称旧货,是指进入二次流通的具有部分使用价值的货物(含旧汽车、旧摩托车和旧游艇),但不包括自己使用过的物品。由于宏宇电子厂销售的小轿车是进入二次流通的具有部分使用价值的旧汽车,可以按照财税〔2009〕第009号文件规定的简易办法,依4%征收率减半征收增值税,但不得开具专用发票。二是,我国对销售旧货实行专营管理,只有旧货经营单位销售其收购的旧货,才可以适用财税〔2009〕第009号文件规定的简易办法,非旧货经营单位销售非自己使用过的旧货不得适用该政策,宏宇电子厂应按增值税税率计算销项税额,由于获得小汽车时,没有取得增值税专用发票,没有可以抵扣的进项税额。笔者主张,宏宇电子厂由于政策原因导致购入小汽车时无法取得扣税凭证,按照销售额和增值税税率计算销项税额显失公平,而且财税〔2009〕第009号文件没有限定采用简易办法征税的销售旧货政策销售主体应是旧货经营单位,宏宇电子厂可以主动与主管税务机关沟通,在单独、准确核算该笔业务的前提下,按照财税〔2009〕第009号文件,适用4%征收率减半征收增值税政策。

政策解析

从2009年1月1日起,纳税人销售自己使用过的固定资产,无论售价是否超过原值,一律要征收增值税,原财税〔2002〕29号文件规定的不超过原值免税的政策停止执行了。纳税人销售自己使用过的物品应按以下三种方式处理:

1. 一般纳税人销售自己使用过的物品,属于固定资产的,首先考虑该项固定资产购入时,进项税额是否抵扣了,如果抵扣了(包括转型前纳入试点地区的纳税人购入和转型后纳税人购入属于抵扣范围的),那么销售的时候自然应该按适用税率计算销项税额,不采用简易的征税办法;如果没有抵扣(包括转型前非试点地区纳税人购入和转型后不属于扣税范围的),销售时一律按照4%的征收率减半征收增值税。销售自己使用过不属于固定资产的物品,由于无论增值税转型前还是转型后,属于抵扣范围的,购入时进项税额都已经得到了抵扣,销售时应按适用税率征销项税。

2. 小规模纳税人销售自己使用过的物品,属于固定资产的,按照2%的征收率征收增值税,但是在将含税销售额变为不含税销售额时,"含税销售额÷(1+征收率)"公式中的征收率采用3%;不属于固定资产的,按照3%的征收率征收增值税,购进后直接销售与使用后再销售的政策是一致的。

3. 其他个人销售自己使用过的物品,包括游艇、摩托车、应征消费税的汽车在内,一律免税。

7.2.7 销售旧货

一、征税方式

一般纳税人销售旧货，自 2009 年 1 月 1 日起按照简易办法依照 4% 征收率减半征收增值税。

所称旧货，是指进入二次流通的具有部分使用价值的货物（含旧汽车、旧摩托车和旧游艇），但不包括自己使用过的物品。

（财政部 国家税务总局关于部分货物适用增值税低税率和简易办法征收增值税政策的通知，财税〔2009〕第 009 号，发文日期：2009-01-19）

二、发票的开具

纳税人销售旧货，应开具普通发票，不得自行开具或者由税务机关代开增值税专用发票。

（国家税务总局关于增值税简易征收政策有关管理问题的通知，国税函〔2009〕90 号，发文日期：2009-02-25）

三、关于销售额和应纳税额

1. 一般纳税人销售自己使用过的物品和旧货，适用按简易办法依 4% 征收率减半征收增值税政策的，按下列公式确定销售额和应纳税额：

$$销售额 = 含税销售额 \div (1 + 4\%)$$

$$应纳税额 = 销售额 \times 4\% \div 2$$

2. 小规模纳税人销售自己使用过的固定资产和旧货，按下列公式确定销售额和应纳税额：

$$销售额 = 含税销售额 \div (1 + 3\%)$$

$$应纳税额 = 销售额 \times 2\%$$

四、申报表的填列

小规模纳税人销售自己使用过的固定资产和旧货，其不含税销售额填写在《增值税纳税申报表（适用于小规模纳税人）》第 4 栏，其利用税控器具开具的普通发票不含税销售额填写在第 5 栏。

（国家税务总局关于增值税简易征收政策有关管理问题的通知，国税函〔2009〕90 号，发文日期：2009-02-25）

政策解析

销售旧货适用简易征税方式，但征收率视纳税人的身份而定，一般纳税人销售的，按照 4% 的征收率减半征收；小规模纳税人销售的，按照 2% 的征收率征收，含税销售额变为不含税销售额时，公式中的征收率用 3%。

重点难点即时练 17

1. 2010 年 3 月非试点地区某一般纳税人出售自己使用过的 2005 年购入的一台机

床，原价100万元，售价为105万元（均不含税），则该纳税人应（   ）。
   A. 按4%的征收率缴纳增值税   B. 按4%的征收率减半缴纳增值税
   C. 按2%的征收率缴纳增值税   D. 免征增值税

2. 非试点地区一般纳税人销售自己使用过的下列物品，一律按简易办法依4%的征收率减半征收增值税的有（   ）。
   A. 2009年购入的生产设备   B. 2009年购入的办公桌椅
   C. 2010年购入的自用小轿车   D. 2006年购入的生产设备

3. 有关旧机动车经营单位（一般纳税人）销售旧机动车正确表述的是（   ）。
   A. 销售价格超过原值的，按4%的征收率征税
   B. 销售价格未超过原值的，免征增值税
   C. 销售价格无论是否超过原值，一律按4%的征收率征税
   D. 销售价格无论是否超过原值，一律按4%的征收率减半征税

4. 某旧机动车经营单位（小规模纳税人）2010年3月销售旧汽车一辆，买价50 000元，含税销售价52 000元，并开具普通发票，则此项业务应缴增值税（   ）。
   A. 1 000元   B. 1 514.56元   C. 1 009.71元   D. 0元

5. 某小规模纳税人2010年2月销售自己使用过的桑塔纳轿车一辆，原值100 000元，含税售价62 400元，并开具普通发票，则该纳税人应缴增值税（   ）。
   A. 1 817.48元   B. 1 211.65元   C. 0元   D. 1 200元

6. 下列货物或行为征收增值税的有（   ）。
   A. 个体经营者销售自己使用过的摩托车
   B. 其他个人销售自己使用过的小汽车
   C. 旧机动车经营单位销售旧机动车
   D. 经国务院或国务院授权机关批准的免税商店零售的免税品

7. 2009年1月1日起，非试点地区一般纳税人处置2006年购入的下列物品按4%征收率减半征收增值税的有（   ）。
   A. 销售自己使用过的售价不超过原值的机动车
   B. 销售自己使用过的售价等于原值的机器设备
   C. 销售自己使用过的售价超过原值的房屋
   D. 将自己使用过的小汽车以超过原值的价格抵偿债务

7.3 简易办法征税的货物不得抵扣的进项税额的确定

根据增值税暂行条例的规定，按简易办法计算增值税额，不得抵扣进项税额。一般纳税人除生产可按简易办法征税货物外还生产其他货物或提供加工、修理修配劳务，并且选择简易办法计算上列货物应纳税额的，如果无法准确划分不得抵扣的进项税额，应按下列公式计算不得抵扣的进项税额：

$$\text{当月不得抵扣进项税额} = \text{当月全部进项税额} \times \frac{\text{按简易办法计税的货物销售额}}{\text{当月全部销售额}}$$

(财政部 国家税务总局关于调整农业产品增值税税率和若干项目征免增值税的通知,财税字〔1994〕第004号,发文日期:1994-03-29)

[例题] 某陶瓷厂(一般纳税人)生产陶瓷和石料两种产品,其中石料选择简易征税办法。某月份陶瓷的不含税销售额为15万元,石料的不含税销售额为1万元。当月购进共用原材料取得专用发票注明的进项税额为32 000元。计算陶瓷厂该月应纳的增值税额。

解析:(1)石料应纳税额=10 000×6%=600(元)
(2)不得抵扣的进项税额=32 000×10 000÷(150 000+10 000)=2 000(元)
进项税额=32 000-2 000=30 000(元)
销项税额=150 000×17%=25 500(元)
陶瓷应纳税额=25 500-30 000=-4 500(元)

答: 当月纳税人应纳税额为600元,并有4 500元进项留抵。

第 8 章 增值税小规模纳税人和进口货物应纳税额的计算

增值税小规模纳税人销售货物采用简易征税办法计算应纳增值税额。无论一般纳税人还是小规模纳税人进口货物都采用了同样的办法计算进口增值税额。

8.1 增值税小规模纳税人应纳税额的计算

《中华人民共和国增值税暂行条例》第十一条规定，小规模纳税人销售货物或者应税劳务，实行按照销售额和征收率计算应纳税额的简易办法，并不得抵扣进项税额。应纳税额计算公式：

$$应纳税额 = 销售额 \times 征收率$$

小规模纳税人的标准由国务院财政、税务主管部门规定。

一、《中华人民共和国增值税暂行条例实施细则》第三十条规定，小规模纳税人的销售额不包括其应纳税额。

小规模纳税人销售货物或者应税劳务采用销售额和应纳税额合并定价方法的，按下列公式计算销售额：

$$销售额 = \frac{含税销售额}{1 + 征收率}$$

二、《中华人民共和国增值税暂行条例实施细则》第三十一条规定，小规模纳税人因销售货物退回或者折让退还给购买方的销售额，应从发生销售货物退回或者折让当期的销售额中扣减。

[例题] 某非企业性单位销售货物一批，销售额 1 800 元，该批货物进价 1 230 元，同时销售货物一批，该批货物采用销售额和应纳税额合并定价方法计价，价值 2 690 元，该批货物进价 2 400 元。计算该单位应纳增值税税额（该单位为小规模纳税人，征收率为 3%）。

解析：销售额 = 1 800 + 2 690 ÷ (1 + 3%) = 4 411.65（元）

应纳税额＝4 411.65×3%＝132.35（元）

答：该非企业性单位应纳增值税 132.35 元。

重点难点即时练 18

1. 某厂（小规模工业企业）某月外购一批货物 1 000 件，取得的增值税专用发票上注明的价款和税款分别为 100 000 元和 17 000 元。当月销售产品 800 件给丙企业，请税务机关代开的增值税专用发票上注明的价款为 110 000 元；另外销售产品 200 件给批发商，取得含税收入 15 600 元。则该厂当月要缴纳的增值税为（　　）元。

   A. 7 483.02　　　B. 3 754.37　　　C. −9 516.98　　　D. 3 768

2. 某百货公司 2009 年销售额为 50 万元，2010 年 4 月销售给消费者适用基本税率的日用品一批，收取全部货款为 62 400 元，当月货物购进时取得增值税专用发票上注明价款为 30 000 元，则该百货公司 4 月份应纳增值税为（　　）元。

   A. 5 508　　　B. 3 966.67　　　C. 1 817.48　　　D. 1 872

3. 某汽车修理厂（小规模纳税人）2009 年 3 月份提供修理修配收入 110 000 元，销售修理配件取得收入 225 000 元。上述业务收入均为含税收入且能够分别核算，则该修理厂当月应纳增值税（　　）元。

   A. 12 884.62　　　B. 14 880.27　　　C. 6 844.66　　　D. 9 757.28

4. 某商业零售企业为增值税小规模纳税人，2009 年 9 月购进货物取得普通发票，共计支付金额 120 000 元；从小规模纳税人购进农产品，取得普通发票上注明价款 10 000 元；经主管税务机关核准购进税控收款机一台取得普通发票，支付金额 5 850 元；本月内销售货物取得零售收入共计 158 080 元。该企业本月应缴纳的增值税为（　　）元。

   A. 3 754.27　　　B. 6 080　　　C. 8 098　　　D. 8 948

5. 某生产企业属增值税小规模纳税人，2009 年 6 月对部分资产盘点后进行处理：销售边角废料，由税务机关代开增值税专用发票，取得不含税收入 30 000 元；销售使用过的小汽车 1 辆，取得含税收入 98 000 元（原值为 120 000 元）。该企业上述业务应缴纳的增值税为（　　）元。

   A. 2 784.62　　　B. 2 802.91　　　C. 3 754.37　　　D. 4 669.23

8.2　进口货物应纳税额的计算

《中华人民共和国增值税暂行条例》第十四条规定：纳税人进口货物，按照组成计税价格和本条例第二条规定的税率计算应纳税额。组成计税价格和应纳税额计算公式：

组成计税价格＝关税完税价格＋关税＋消费税

应纳税额＝组成计税价格×税率

政策解析

组成计税价格中关税完税价格指的是到岸价,即货物到达我国口岸的价格,包括货物的买价以及境外运输所发生的运输费和保险费。如果纳税人与销货方签订的合同中使用的是离岸价,在计征增值税时必须换算为到岸价。

[例题] 某外贸进出口公司(小规模纳税人)进口一批化妆品,到岸价格10万元,关税为4万元,消费税税率30%,则该公司应纳增值税多少元?

解析:组成计税价格=(10+4)÷(1-30%)=20(万元)

应纳增值税=20×17%=3.4(万元)

答:外贸进出口公司应纳进口增值税3.4万元。

重点难点即时练19

1. 某外贸企业(一般纳税人)进口一批小汽车(消费税税率为5%,关税税率为110%),合同约定的离岸价为500美元,运输过程中发生的运费为2美元,保险费为3美元。货物运抵我国后发生的国内运输费为3 000元人民币,挑选整理费为1 000元人民币。问:该批进口货物应缴纳的进口增值税为多少?(已知美元与人民币的汇率为1:8。)

2. 某进口公司(小规模纳税人)进口一批货物,该批货物不征消费税,关税完税价格25万元,进口关税4.8万元。计算该公司应纳进口环节增值税(适用税率17%)。

3. 某有进口经营权的企业(一般纳税人,经营的货物适用税率均为17%),2010年7月进口一台作为企业固定资产的机器设备和一批用于加工生产的原材料。机器设备的关税完税价格为50 000元,已纳关税20 000元;原材料的关税完税价格为100 000元,已纳关税40 000元。企业当月在国内销售自产的产品,取得不含税收入150 000元。试计算企业当月应该申报缴纳增值税。

第 9 章 增值税税收优惠

为了支持某些行业、企业的发展，我国在增值税方面制定了一系列的优惠政策，对纳税人销售货物或提供加工、修理修配劳务的应纳税额予以免征或减征。目前，增值税减免优惠的具体实施主要采取直接减免、即征即退或先征后退、先征后返等形式，按照税务机关对优惠政策的管理分类，分为备案类减免税和报批类减免税。

《中华人民共和国增值税暂行条例》第十六条规定：纳税人兼营免税、减税项目的，应当分别核算免税、减税项目的销售额；未分别核算销售额的，不得免税、减税。

9.1 起征点

9.1.1 条例的基本规定

《中华人民共和国增值税暂行条例》第十七条规定：纳税人销售额未达到国务院财政、税务主管部门规定的增值税起征点的，免征增值税；达到起征点的，依照本条例规定全额计算缴纳增值税。

9.1.2 细则的规定

一、起征点

《中华人民共和国增值税暂行条例实施细则》第三十七条规定，增值税起征点的适用范围限于个人。

增值税起征点的幅度规定如下：

（一）销售货物的，为月销售额 2 000～5 000 元；

（二）销售应税劳务的，为月销售额 1 500～3 000 元；

（三）按次纳税的，为每次（日）销售额 150～200 元。

前款所称销售额，是指本细则第三十条第一款所称小规模纳税人的销售额。

省、自治区、直辖市财政厅（局）和国家税务局应在规定的幅度内，根据实际情况确定本地区适用的起征点，并报财政部、国家税务总局备案。

二、未达起征点户的管理

（一）规范纳税申报管理

为有效实施对未达起征点户的动态管理，主管税务机关应定期开展巡查，尤其是要加大对临近起征点业户的巡查力度，及时掌握其生产、经营变化情况。同时，应明确要求未达起征点户如实按期向主管税务机关申报其与纳税有关的生产、经营情况。为提高管理效率和方便纳税人，未达起征点户可实行按季、半年或年申报一次。具体申报内容和申报期限由省级税务机关确定。

对月度实际经营额超过起征点的未达起征点户，主管税务机关应要求其按照税务机关依照法律、法规规定确定的期限申报纳税。实行定期定额方式缴纳税款的未达起征点户，如其实际经营额连续一定期限超过起征点的，主管税务机关应及时调整其定额。具体期限由省级税务机关确定。

（二）严格发票管理

主管税务机关应按照发票管理办法的有关规定供应未达起征点户生产、经营所需的发票，同时，应对其发票领购的数量和版面实行有效控制，对其发票开具、保管和缴销应制定严格的管理措施。对发票开具金额达到起征点的，税务机关应按其发票开具金额进行征税。各地应加大对未达起征点户发票使用情况的检查力度，依法处理为其他纳税人代开发票或转借、倒卖发票的行为，维护正常的税收秩序。

（国家税务总局关于规范未达增值税营业税起征点的个体工商户税收征收管理的通知，国税发〔2005〕第123号，发文日期：2005-07-20）

9.2 条例规定的免税项目

《中华人民共和国增值税暂行条例》第十五条规定了下列七类免税项目：

一、农业生产者销售的自产农业产品

《中华人民共和国增值税暂行条例实施细则》第三十五条规定，农业是指种植业、养殖业、林业、牧业、水产业。

农业生产者，包括从事农业生产的单位和个人。

农产品，是指初级农产品，具体范围由财政部、国家税务总局确定。

关于农业生产者销售自产农产品的免税政策的补充文件：

（一）自产农业产品

"农业生产者销售的自产农业产品"，是指直接从事植物的种植、收割和动物的饲养、捕捞的单位和个人销售的注释所列的自产农业产品；对上述单位和个人销售的外购的农业产品，以及单位和个人外购农业产品生产、加工后销售的仍然属于注释所列的农业产品，不属于免税的范围，应当按照规定税率征收增值税。

（财政部 国家税务总局关于印发《农业产品征税范围注释》的通知，财税字〔1995〕第052号，发文日期：1995-06-15）

（二）竹制或竹芒藤柳混合坯具

对于农民个人按照竹器企业提供样品规格，自产或购买竹、芒、藤、木条等，再通过手工简单编织成竹制或竹芒藤柳混合坯具的，属于自产农业初级产品，应当免征销售环节增值税。收购坯具的竹器企业可以凭开具的农产品收购凭证计算进项税额抵扣。

（国家税务总局关于农户手工编织的竹制和竹芒藤柳坯具征收增值税问题的批复，国税函〔2005〕第056号，发文日期：2005-01-18）

（三）农民专业合作社

自2008年7月1日起，农民专业合作社有关税收政策通知如下：

1. 对农民专业合作社销售本社成员生产的农业产品，视同农业生产者销售自产农业产品免征增值税。

2. 增值税一般纳税人从农民专业合作社购进的免税农业产品，可按13%的扣除率计算抵扣增值税进项税额。

3. 对农民专业合作社向本社成员销售的农膜、种子、种苗、化肥、农药、农机，免征增值税。

4. 对农民专业合作社与本社成员签订的农业产品和农业生产资料购销合同，免征印花税。

农民专业合作社，是指依照《中华人民共和国农民专业合作社法》规定设立和登记的农民专业合作社。

（财政部 国家税务总局关于农民专业合作社有关税收政策的通知，财税〔2008〕第081号，发文日期：2008-06-24）

（四）制种企业

自2010年12月1日起，制种企业在下列生产经营模式下生产销售种子，属于农业生产者销售自产农业产品，应根据《中华人民共和国增值税暂行条例》有关规定免征增值税。

1. 制种企业利用自有土地或承租土地，雇佣农户或雇工进行种子繁育，再经烘干、脱粒、风筛等深加工后销售种子。

2. 制种企业提供亲本种子委托农户繁育并从农户手中收回，再经烘干、脱粒、风筛等深加工后销售种子。

（国家税务总局关于制种行业增值税有关问题的公告，国家税务总局公告〔2010〕第17号，发文日期：2010-10-25）

二、避孕药品和用具

三、古旧图书

《中华人民共和国增值税暂行条例实施细则》第三十五条规定，古旧图书，是指向社会收购的古书和旧书。

四、直接用于科学研究、科学试验和教学的进口仪器、设备

五、外国政府、国际组织无偿援助的进口物资和设备

六、由残疾人组织直接进口供残疾人专用的物品

七、销售的自己使用过的物品

《中华人民共和国增值税暂行条例实施细则》第三十五条规定，自己使用过的物品，是指其他个人自己使用过的物品。

9.3 残疾人用品及劳务

9.3.1 残疾人用品

供残疾人专用的假肢、轮椅、矫型器（包括上肢矫型器、下肢矫型器、脊椎侧弯矫型器），免征增值税。

（财政部 国家税务总局关于增值税几个税收政策问题的通知，财税字〔1994〕第060号，发文日期：1994-10-18）

9.3.2 残疾个人提供的劳务

对残疾人个人提供的加工、修理修配劳务免征增值税。

（财政部 国家税务总局关于促进残疾人就业税收优惠政策的通知，财税〔2007〕92号，发文日期：2007-06-15）

9.4 抗艾滋病病毒药品

为确保有效阻断艾滋病病毒的传播，继续推进艾滋病防治工作的顺利开展，抗艾滋病病毒药品有关增值税政策如下：

一、自2007年1月1日起至2010年12月31日止，对国内定点生产企业生产的国产抗艾滋病病毒药品继续免征生产环节和流通环节增值税。

二、抗艾滋病病毒药品的生产企业和流通企业对于免税药品和征税药品应分别核算，不分别核算的不得享受增值税免税政策。

定点企业名单：东北制药总厂、上海迪赛诺生物医药有限公司、浙江华海药业股份有限公司、厦门迈克制药有限公司。

抗艾滋病病毒药物品种清单：齐多夫定及其制剂、司他夫定及其制剂、去羟肌苷及其制剂、奈韦拉平及其制剂、硫酸茚地那韦及其制剂、甲磺酸沙奎那韦及其制剂、利托那韦及其制剂。

（财政部 国家税务总局关于继续免征国产抗艾滋病病毒药品增值税的通知，财税〔2007〕第049号，发文日期：2007-04-17）

9.5 农业生产资料

9.5.1 免征增值税的农业生产资料范围

一、农膜

二、生产销售氮肥、磷肥以及免税化肥为主要原料的复混肥（企业生产复混肥产品所用的免税化肥成本占原料中全部化肥成本的比重高于70%)。"复混肥"是指用化学方法或物理方法加工制成的氮、磷、钾三种养分中至少有两种养分标明量的肥料，包括仅用化学方法制成的复合肥和仅用物理方法制成的混配肥（也称掺合肥）。

三、批发和零售的种子、种苗、化肥、农药、农机

（财政部 国家税务总局关于农业生产资料征免增值税政策的通知，财税〔2001〕第113号，发文日期：2001-07-20；财政部 海关总署 国家税务总局关于农药税收政策的通知，财税〔2003〕第186号，发文日期：2003-09-24；财政部 国家税务总局关于暂免征收尿素产品增值税的通知，财税〔2005〕87号，发文日期：2005-05-23；财政部 国家税务总局关于免征磷酸二铵增值税的通知，财税〔2007〕第171号，发文日期：2007年12月28日）

经国务院批准，自2008年1月1日起，免征磷酸氢二铵（税号：31053000）的进口环节增值税。

（财政部 国家税务总局关于免征磷酸二铵进口环节增值税的通知，财关税〔2007〕第158号，发文日期：2007-12-20）

政策演变：2001年财税〔2001〕第113号实施之初尿素在生产环节享受先征后返的优惠政策，磷酸二铵在生产环节不享受优惠政策；部分列名农药在生产环节免税。财税〔2005〕87号规定自2005年7月1日起，对国内企业生产销售的尿素产品增值税由先征后返50%调整为暂免征收增值税。财税〔2007〕第171号规定自2008年1月1日起，对纳税人生产销售的磷酸二铵产品免征增值税。财税〔2003〕第186号规定自2004年1月1日起，对部分国产农药免征生产环节增值税的政策停止执行，对部分列名进口农药（成药、原药）免征进口环节增值税的政策停止执行。

9.5.2 氨化硝酸钙

氨化硝酸钙属于氮肥。根据《财政部 国家税务总局关于若干农业生产资料征免增值税政策的通知》（财税〔2001〕113号）第一条第二款规定，对氨化硝酸钙免征增值税。

（国家税务总局关于氨化硝酸钙免征增值税问题的批复，国税函〔2009〕第430号，发文日期：2009-08-13）

9.5.3 钾肥

经研究决定，自2004年12月1日起，对化肥生产企业生产销售的钾肥，由免征增值税改为实行先征后返。具体返还由财政部驻各地财政监察专员办事处按照（94）财预字第55号文件的规定办理。

（财政部 国家税务总局关于钾肥增值税有关问题的通知，财税〔2004〕197号，发文日期：2004-12-14）

9.5.4 硝酸铵

自2007年2月1日起，硝酸铵适用的增值税税率统一调整为17%，同时不再享受

化肥产品免征增值税政策。

（财政部 国家税务总局关于明确硝酸铵适用增值税税率的通知，财税〔2007〕第007号，发文日期：2007-01-10）

9.5.5 有机肥产品

为科学调整农业施肥结构，改善农业生态环境，有机肥产品增值税政策如下：

一、自2008年6月1日起，纳税人生产销售和批发、零售有机肥产品免征增值税。

二、享受上述免税政策的有机肥产品是指有机肥料、有机—无机复混肥料和生物有机肥。

（一）有机肥料

指来源于植物和（或）动物，施于土壤以提供植物营养为主要功能的含碳物料。

（二）有机—无机复混肥料

指由有机和无机肥料混合和（或）化合制成的含有一定量有机肥料的复混肥料。

（三）生物有机肥

指特定功能微生物与主要以动植物残体（如禽畜粪便、农作物秸秆等）为来源并经无害化处理、腐熟的有机物料复合而成的一类兼具微生物肥料和有机肥效应的肥料。

三、纳税人销售免税的有机肥产品，应按规定开具普通发票，不得开具增值税专用发票。

四、纳税人申请免征增值税，应向主管税务机关提供以下资料，凡不能提供的，一律不得免税。

（一）生产有机肥产品的纳税人

1. 由农业部或省、自治区、直辖市农业行政主管部门批准核发的在有效期内的肥料登记证复印件，并出示原件。

2. 由肥料产品质量检验机构一年内出具的有机肥产品质量技术检测合格报告原件。出具报告的肥料产品质量检验机构须通过相关资质认定。

3. 在省、自治区、直辖市外销售有机肥产品的，还应提供在销售使用地省级农业行政主管部门办理备案的证明原件。

（二）批发、零售有机肥产品的纳税人

1. 生产企业提供的在有效期内的肥料登记证复印件。

2. 生产企业提供的产品质量技术检验合格报告原件。

3. 在省、自治区、直辖市外销售有机肥产品的，还应提供在销售使用地省级农业行政主管部门办理备案的证明复印件。

五、主管税务机关应加强对享受免征增值税政策纳税人的后续管理，不定期对企业经营情况进行核实。凡经核实所提供的肥料登记证、产品质量技术检测合格报告、备案证明失效的，应停止其享受免税资格，恢复照章征税。

（财政部 国家税务总局关于有机肥产品免征增值税的通知，财税〔2008〕56

号，发文日期：2008-04-29)

9.5.6 滴灌带和滴灌管产品

自 2007 年 7 月 1 日起，纳税人生产销售和批发、零售滴灌带和滴灌管产品免征增值税。

一、滴灌带和滴灌管产品是指农业节水滴灌系统专用的、具有制造过程中加工的孔口或其他出流装置、能够以滴状或连续流状出水的水带和水管产品。滴灌带和滴灌管产品按照国家有关质量技术标准要求进行生产，并与 PVC 管（主管）、PE 管（辅管）、承插管件、过滤器等部件组成为滴灌系统。

二、享受免税政策的纳税人应按照《中华人民共和国增值税暂行条例》及其实施细则等规定，单独核算滴灌带和滴灌管产品的销售额。未单独核算销售额的，不得免税。

三、纳税人销售免税的滴灌带和滴灌管产品，应一律开具普通发票，不得开具增值税专用发票。

四、生产滴灌带和滴灌管产品的纳税人申请办理免征增值税时，应向主管税务机关报送由产品质量检验机构出具的质量技术检测合格报告，出具报告的产品质量检验机构须通过省以上质量技术监督部门的相关资质认定。批发和零售滴灌带和滴灌管产品的纳税人申请办理免征增值税时，应向主管税务机关报送由生产企业提供的质量技术检测合格报告原件或复印件。未取得质量技术检测合格报告的，不得免税。

五、税务机关应加强对享受免税政策纳税人的后续管理，不定期对企业经营情况进行核实，凡经核实产品质量不符合有关质量技术标准要求的，应停止其继续享受免税政策的资格，依法恢复征税。

（财政部 国家税务总局关于免征滴灌带和滴灌管产品增值税的通知，财税〔2007〕83 号，发文日期：2007-05-30）

9.6 饲 料

9.6.1 免税饲料产品的范围

自 2001 年 8 月 1 日起，免税饲料产品范围如下：

一、免税饲料产品范围包括：

（一）单一大宗饲料。指以一种动物、植物、微生物或矿物质为来源的产品或其副产品。其范围仅限于糠麸、酒糟、鱼粉、草饲料、饲料级磷酸氢钙及除豆粕以外的菜子粕、棉子粕、向日葵粕、花生粕等粕类产品。

（二）混合饲料。指由两种以上单一大宗饲料、粮食、粮食副产品及饲料添加剂按照一定比例配置，其中单一大宗饲料、粮食及粮食副产品的掺兑比例不低于 95% 的饲料。

（三）配合饲料。指根据不同的饲养对象，饲养对象的不同生长发育阶段的营养需要,将多种饲料原料按饲料配方经工业生产后,形成的能满足饲养动物全部营养需要(除水分外)的饲料。

(四)复合预混料。指能够按照国家有关饲料产品的标准要求量,全面提供动物饲养相应阶段所需微量元素(4种或以上)、维生素(8种或以上),由微量元素、维生素、氨基酸和非营养性添加剂中任何两类或两类以上的组分与载体或稀释剂按一定比例配置的均匀混合物。

(五)浓缩饲料。指由蛋白质、复合预混料及矿物质等按一定比例配制的均匀混合物。

二、饲料生产企业申请免征增值税的饲料除单一大宗饲料、混合饲料以外,配合饲料、复合预混料和浓缩饲料均应由省一级税务机关确定的饲料检测机构进行检测。新办饲料生产企业或原饲料生产企业新开发的饲料产品申请免征增值税应出具检测证明。

符合免税条件的饲料生产企业,取得有计量认证资质的饲料质量检测机构(名单由省级国家税务局确认)出具的饲料产品合格证明后即可按规定享受免征增值税优惠政策,并将饲料产品合格证明报其所在地主管税务机关备案。

三、饲料生产企业应于每月纳税申报期内将免税收入如实向其所在地主管税务机关申报。

四、主管税务机关应加强对饲料免税企业的监督检查,凡不符合免税条件的要及时纠正,依法征税。对采取弄虚作假手段骗取免税资格的,应依照《中华人民共和国税收征收管理法》及有关税收法律、法规的规定予以处罚。

(财政部 国家税务总局关于饲料产品免征增值税问题的通知,财税〔2001〕第121号,发文日期:2001-07-12;国家税务总局关于调整饲料生产企业饲料免征增值税审批程序的通知,国税发〔2003〕114号,发文日期:2003-10-10)

骨粉、鱼粉按照"饲料"征收增值税。

(财政部 国家税务总局关于金银首饰等货物征收增值税问题的通知,财税字〔1996〕第074号,发文日期:1996-09-14)

9.6.2 矿物质微量元素舔砖属于免税饲料

矿物质微量元素舔砖,是以四种以上微量元素、非营养性添加剂和载体为原料,经高压浓缩制成的块状预混物,可供牛、羊等牲畜直接食用,应按照"饲料"免征增值税。

(国家税务总局关于矿物质微量元素舔砖免征增值税问题的批复,国税函〔2005〕1127号,发文日期:2005-11-30)

9.6.3 饲料级磷酸二氢钙产品属于免税饲料

饲料级磷酸二氢钙产品用于水产品饲养、补充水产品所需的钙、磷等微量元素,与饲料级磷酸氢钙产品的生产用料、工艺等基本相同。

自2007年1月1日起,对饲料级磷酸二氢钙产品可按照现行"单一大宗饲料"的增值税政策规定,免征增值税。纳税人销售饲料级磷酸二氢钙产品,不得开具增值税专用发票;凡开具专用发票的,不得享受免征增值税政策,应照章全额缴纳增值税。

（国家税务总局关于饲料级磷酸二氢钙产品增值税政策问题的通知，国税函〔2007〕第010号，发文日期：2007-01-08）

9.6.4 饲用鱼油属于免税饲料

饲用鱼油是鱼粉生产过程中的副产品，主要用于水产养殖和肉鸡饲养，属于单一大宗饲料。自2003年1月1日起，对饲用鱼油产品按照现行"单一大宗饲料"的增值税政策规定，免予征收增值税。

（国家税务总局关于饲用鱼油产品免征增值税的批复，国税函〔2003〕1395号，发文日期：2003-12-29）

9.6.5 豆粕不属于免税饲料

自2000年6月1日起，豆粕属于征收增值税的饲料产品，进口或国内生产豆粕，均按13%的税率征收增值税。其他粕类属于免税饲料产品，免征增值税，已征收入库的税款做退库处理。

（财政部 国家税务总局关于豆粕等粕类产品征免增值税政策的通知，财税字〔2001〕第030号，发文日期：2001-08-07）

自2010年1月1日起，豆粕属于征收增值税的饲料产品，除豆粕以外的其他粕类饲料产品，均免征增值税。

（国家税务总局关于粕类产品征免增值税问题的通知，国税函〔2010〕第75号，发文日期：2010-02-20）

9.6.6 膨化血粉、膨化肉粉、水解羽毛粉不属于免税饲料

根据《财政部 国家税务总局关于饲料产品免征增值税问题的通知》（财税〔2001〕121号）及相关文件的规定，单一大宗饲料产品仅限于财税〔2001〕121号文件所列举的糠麸等饲料产品。膨化血粉、膨化肉粉、水解羽毛粉不属于现行增值税优惠政策所定义的单一大宗饲料产品，应对其照章征收增值税。混合饲料是指由两种以上单一大宗饲料、粮食、粮食副产品及饲料添加剂按照一定比例配置，其中单一大宗饲料、粮食及粮食副产品的掺兑比例不低于95%的饲料。添加其他成分的膨化血粉、膨化肉粉、水解羽毛粉等饲料产品，不符合现行增值税优惠政策有关混合饲料的定义，应对其照章征收增值税。

（国家税务总局关于部分饲料产品征免增值税政策问题的批复，国税函〔2009〕第324号，发文日期：2009-06-15）

9.6.7 宠物饲料产品不属于免税饲料

宠物饲料产品不属于免征增值税的饲料，应按照饲料产品13%的税率征收增值税。

（国家税务总局关于宠物饲料征收增值税问题的批复，国税函〔2002〕812号，发文日期：2002-09-12）

9.6.8 免税饲料的管理办法

根据《国务院关于第三批取消和调整行政审批项目的决定》(国发〔2004〕16号），《财政部 国家税务总局关于饲料产品免征增值税的通知》(财税〔2001〕121号）第二条有关饲料生产企业向所在地主管税务机关提出申请，经省级国家税务局审核批准后办理免税的规定予以取消。为了加强对免税饲料产品的后续管理，《国家税务总局关于取消饲料产品免征增值税审批程序后加强后续管理的通知》作如下规定：

一、符合免税条件的饲料生产企业，取得有计量认证资质的饲料质量检测机构（名单由省级国家税务局确认）出具的饲料产品合格证明后即可按规定享受免征增值税优惠政策，并将饲料产品合格证明报其所在地主管税务机关备案。

二、饲料生产企业应于每月纳税申报期内将免税收入如实向其所在地主管税务机关申报。

三、主管税务机关应加强对饲料免税企业的监督检查，凡不符合免税条件的要及时纠正，依法征税。对采取弄虚作假手段骗取免税资格的，应依照《中华人民共和国税收征收管理法》及有关税收法律、法规的规定予以处罚。

（国家税务总局关于取消饲料产品免征增值税审批程序后加强后续管理的通知，国税函〔2004〕第884号，发文日期：2004-07-07）

9.7 资源综合利用产品

9.7.1 部分资源综合利用产品优惠政策的基本规定

为了进一步推动资源综合利用工作，促进节能减排，经国务院批准，决定调整和完善部分资源综合利用产品的增值税政策。

一、对销售下列自产货物实行免征增值税政策

（一）再生水。再生水是指对污水处理厂出水、工业排水（矿井水）、生活污水、垃圾处理厂渗透（滤）液等水源进行回收，经适当处理后达到一定水质标准，并在一定范围内重复利用的水资源。再生水应当符合水利部《再生水水质标准》（SL368—2006）的有关规定。

（二）以废旧轮胎为全部生产原料生产的胶粉。胶粉应当符合GB/T19208—2008规定的性能指标。

（三）翻新轮胎。翻新轮胎应当符合GB7037—2007.GB14646—2007或者HG/T3979—2007规定的性能指标，并且翻新轮胎的胎体100%来自废旧轮胎。

（四）生产原料中掺兑废渣比例不低于30%的特定建材产品。

特定建材产品，是指砖（不含烧结普通砖）、砌块、陶粒、墙板、管材、混凝土、砂浆、道路井盖、道路护栏、防火材料、耐火材料、保温材料、矿（岩）棉。

二、对污水处理劳务免征增值税。污水处理是指将污水加工处理后符合GB18918—2002有关规定的水质标准的业务。

三、对销售下列自产货物实行增值税即征即退的政策:

(一)以工业废气为原料生产的高纯度二氧化碳产品。高纯度二氧化碳产品,应当符合 GB10621—2006 的有关规定。

(二)以垃圾为燃料生产的电力或者热力,包括利用垃圾发酵产生的沼气生产销售的电力或者热力。垃圾用量占发电燃料的比重不低于 80%,并且生产排放达到 GB13223—2003 第 1 时段标准或者 GB18485—2001 的有关规定。

所称垃圾,是指城市生活垃圾、农作物秸秆、树皮废渣、污泥、医疗垃圾。

(三)以煤炭开采过程中伴生的舍弃物油母页岩为原料生产的页岩油。

(四)以废旧沥青混凝土为原料生产的再生沥青混凝土。废旧沥青混凝土用量占生产原料的比重不低于 30%。

(五)采用旋窑法工艺生产的水泥(包括水泥熟料,下同)或者外购水泥熟料采用研磨工艺生产的水泥,水泥生产原料中掺兑废渣比例不低于 30%。

1. 对采用旋窑法工艺经生料烧制和熟料研磨阶段生产的水泥,其掺兑废渣比例计算公式为:

$$掺兑废渣比例=(生料烧制阶段掺兑废渣数量+熟料研磨阶段掺兑废渣数量)\div(除废渣以外的生料数量+生料烧制和熟料研磨阶段掺兑废渣数量+其他材料数量)\times 100\%$$

2. 对外购水泥熟料采用研磨工艺生产的水泥,其掺兑废渣比例计算公式为:

$$掺兑废渣比例=熟料研磨阶段掺兑废渣数量\div(熟料数量+熟料研磨阶段掺兑废渣数量+其他材料数量)\times 100\%$$

四、销售下列自产货物实现的增值税实行即征即退 50% 的政策:

(一)以退役军用发射药为原料生产的涂料硝化棉粉。退役军用发射药在生产原料中的比重不低于 90%。

(二)对燃煤发电厂及各类工业企业产生的烟气、高硫天然气进行脱硫生产的副产品。副产品,是指石膏(其二水硫酸钙含量不低于 85%)、硫酸(其浓度不低于 15%)、硫酸铵(其总氮含量不低于 18%)和硫磺。

(三)以废弃酒糟和酿酒底锅水为原料生产的蒸汽、活性炭、白碳黑、乳酸、乳酸钙、沼气。废弃酒糟和酿酒底锅水在生产原料中所占的比重不低于 80%。

(四)以煤矸石、煤泥、石煤、油母页岩为燃料生产的电力和热力。煤矸石、煤泥、石煤、油母页岩用量占发电燃料的比重不低于 60%。

(五)利用风力生产的电力。

(六)部分新型墙体材料产品。具体范围按 9.7.2 享受增值税优惠政策的新型墙体材料目录执行。

五、对销售自产的综合利用生物柴油实行增值税先征后退政策。

综合利用生物柴油,是指以废弃的动物油和植物油为原料生产的柴油。废弃的动物油和植物油用量占生产原料的比重不低于 70%。

六、对增值税一般纳税人生产的粘土实心砖、瓦，一律按适用税率征收增值税，不得采取简易办法征收增值税。2008年7月1日起，以立窑法工艺生产的水泥（包括水泥熟料），一律不得享受上述增值税即征即退政策。

七、申请享受上述第一条、第三条、第四条第一项至第四项、第五条规定的资源综合利用产品增值税优惠政策的纳税人，应当按照《国家发展改革委 财政部 国家税务总局关于印发〈国家鼓励的资源综合利用认定管理办法〉的通知》（发改环资〔2006〕1864号）的有关规定，申请并取得《资源综合利用认定证书》，否则不得申请享受增值税优惠政策。

八、增值税免税和即征即退政策由税务机关，增值税先征后退政策由财政部驻各地财政监察专员办事处及相关财政机关分别按照现行有关规定办理。

九、废渣，是指采矿选矿废渣、冶炼废渣、化工废渣和其他废渣。废渣的具体范围，按9.7.2享受增值税优惠政策的废渣目录执行。

废渣掺兑比例和利用原材料占生产原料的比重，一律以重量比例计算，不得以体积计算。

十、上述第一条、第二条规定的政策自2009年1月1日起执行，第三条至第五条规定的政策自2008年7月1日起执行。

9.7.2 享受增值税优惠政策的新型墙体材料和废渣目录

一、享受增值税优惠政策的新型墙体材料目录

（一）砖类

1. 非粘土烧结多孔砖（符合GB13544—2000技术要求）和非粘土烧结空心砖（符合GB13545—2003技术要求）。
2. 混凝土多孔砖（符合JC943—2004技术要求）。
3. 蒸压粉煤灰砖（符合JC239—2001技术要求）和蒸压灰砂空心砖（符合JC/T637—1996技术要求）。
4. 烧结多孔砖（仅限西部地区，符合GB13544—2000技术要求）和烧结空心砖（仅限西部地区，符合GB13545—2003技术要求）。

（二）砌块类

1. 普通混凝土小型空心砌块（符合GB8239—1997技术要求）。
2. 轻集料混凝土小型空心砌块（符合GB15229—2002技术要求）。
3. 烧结空心砌块（以煤矸石、江河湖淤泥、建筑垃圾、页岩为原料，符合GB13545—2003技术要求）。
4. 蒸压加气混凝土砌块（符合GB/T11968—2006技术要求）。
5. 石膏砌块（符合JC/T698—1998技术要求）。
6. 粉煤灰小型空心砌块（符合JC862—2000技术要求）。

（三）板材类

1. 蒸压加气混凝土板（符合GB15762—1995技术要求）。
2. 建筑隔墙用轻质条板（符合JG/T169—2005技术要求）。

3. 钢丝网架聚苯乙烯夹芯板（符合 JC623—1996 技术要求）。
4. 石膏空心条板（符合 JC/T829—1998 技术要求）。
5. 玻璃纤维增强水泥轻质多孔隔墙条板（简称 GRC 板，符合 GB/T19631—2005 技术要求）。
6. 金属面夹芯板。其中：金属面聚苯乙烯夹芯板（符合 JC689—1998 技术要求）；金属面硬质聚氨酯夹芯板（符合 JC/T868—2000 技术要求）；金属面岩棉、矿渣棉夹芯板（符合 JC/T869—2000 技术要求）。
7. 建筑平板。其中：纸面石膏板（符合 GB/T9775—1999 技术要求）；纤维增强硅酸钙板（符合 JC/T564—2000 技术要求）；纤维增强低碱度水泥建筑平板（符合 JC/T626—1996 技术要求）；维纶纤维增强水泥平板（符合 JC/T671—1997 技术要求）；建筑用石棉水泥平板（符合 JC/T412 技术要求）。

（四）符合国家标准、行业标准和地方标准的混凝土砖、烧结保温砖（砌块）、中空钢网内模隔墙、复合保温砖（砌块）、预制复合墙板（体）、聚氨酯硬泡复合板及以专用聚氨酯为材料的建筑墙体。

二、享受增值税优惠政策的废渣目录

《财政部 国家税务总局关于资源综合利用及其他产品增值税政策的通知》所述废渣，是指采矿选矿废渣、冶炼废渣、化工废渣和其他废渣。

（一）采矿选矿废渣，是指在矿产资源开采加工过程中产生的废石、煤矸石、碎屑、粉末、粉尘和污泥。

（二）冶炼废渣，是指转炉渣、电炉渣、铁合金炉渣、氧化铝赤泥和有色金属灰渣，但不包括高炉水渣。

（三）化工废渣，是指硫铁矿渣、硫铁矿煅烧渣、硫酸渣、硫石膏、磷石膏、磷矿煅烧渣、含氰废渣、电石渣、磷肥渣、硫磺渣、碱渣、含钡废渣、铬渣、盐泥、总溶剂渣、黄磷渣、柠檬酸渣、脱硫石膏、氟石膏和废石膏模。

（四）其他废渣，是指粉煤灰、江河（湖、海、渠）道淤泥、淤沙、建筑垃圾、城镇污水处理厂处理污水产生的污泥。

（财政部 国家税务总局关于资源综合利用及其他产品增值税政策的通知，财税〔2008〕第 156 号，发文日期：2008-12-09）

9.7.3 三剩物和次小薪材为原料生产加工的综合利用产品

以农林剩余物为原料生产加工的综合利用产品增值税政策如下：

一、自 2009 年 1 月 1 日起至 2010 年 12 月 31 日，对纳税人销售的以三剩物、次小薪材、农作物秸秆、蔗渣等 4 类农林剩余物为原料自产的综合利用产品（见 9.7.4）由税务机关实行增值税即征即退办法，具体退税比例 2009 年为 100%，2010 年为 80%。

二、申请办理增值税即征即退的纳税人，必须同时符合以下条件：

1. 2008 年 1 月 1 日起，未因违反《中华人民共和国环境保护法》等环境保护法律法规受到刑事处罚或者县级以上环保部门相应的行政处罚。
2. 综合利用产品送交由省级以上质量技术监督部门资质认定的产品质量检验机构

进行质量检验,并取得该机构出具的符合产品质量标准要求的检测报告。

3. 纳税人应单独核算综合利用产品的销售额和增值税销项税额、进项税额以及应纳税额。

三、纳税人申请退税时,除按有关规定提交的相关资料外,应提交下列材料:

1. 自2008年1月1日起未因违反《中华人民共和国环境保护法》等环境保护法律法规受到刑事处罚或者县级以上环保部门相应的行政处罚的书面申明。

2. 省级以上质量技术监督部门资质认定的产品质量检验机构出具的相关产品符合产品质量标准要求的检测报告。

四、税务机关应加强增值税即征即退管理,不定期对企业生产经营情况和退税申报资料的真实性进行核实,凡经核实有虚报资料、骗取退税等行为的,追缴其此前骗取的退税款,并取消其以后享受上述增值税优惠政策的资格。

五、"三剩物",是指采伐剩余物(指枝丫、树梢、树皮、树叶、树根及藤条、灌木等)、造材剩余物(指造材截头)和加工剩余物(指板皮、板条、木竹截头、锯末、碎单板、木芯、刨花、木块、篾黄、边角余料等)。

"次小薪材",是指次加工材(指材质低于针、阔叶树加工用原木最低等级但具有一定利用价值的次加工原木,其中东北、内蒙古地区按LY/T1505—1999标准执行,南方及其他地区按LY/T1369—1999标准执行)、小径材(指长度在2米以下或径级8厘米以下的小原木条、松木杆、脚手杆、杂木杆、短原木等)和薪材。

"农作物秸秆",是指农业生产过程中,收获了粮食作物(指稻谷、小麦、玉米、薯类等)、油料作物(指油菜籽、花生、大豆、葵花籽、芝麻籽、胡麻籽等)、棉花、麻类、糖料、烟叶、药材、蔬菜和水果等以后残留的茎秆。

"蔗渣",是指以甘蔗为原料的制糖生产过程中产生的含纤维50%左右的固体废弃物。生产原料中蔗渣掺兑比例不低于70%的各类纸制品。

六、《财政部 国家税务总局关于以三剩物和次小薪材为原料生产加工的综合利用产品增值税即征即退政策的通知》(财税〔2006〕102号)和《国家税务总局关于沙柳箱纸板实行增值税即征即退政策的批复》(国税函〔2003〕840号)相应废止。

(财政部 国家税务总局关于以农林剩余物为原料的综合利用产品增值税政策的通知,财税〔2009〕148号,发文日期:2009-12-07)

对纳税人外购的已享受综合利用增值税优惠政策的木片为原料生产的中密度纤维板不属于财税〔2001〕72号文件规定的综合利用产品,不实行增值税即征即退优惠政策。

(国家税务总局关于以外购木片为原料生产的产品享受增值税优惠政策问题的批复,国税函〔2005〕第826号,发文日期:2005-08-24)

9.7.4 以三剩物、次小薪材等4类农林剩余物为原料自产的综合利用产品目录

2009年1月1日至2010年12月31日实行增值税即征即退的4类农林剩余物为原料自产的综合利用产品目录为:

1. 木(竹)、秸秆纤维板;
2. 木(竹)、秸秆、蔗渣刨花板;

3. 细木工板；
4. 活性炭；
5. 栲胶；
6. 水解酒精、炭棒；
7. 沙柳箱纸板；
8. 以蔗渣为原料生产的纸张，是指生产原料中蔗渣掺兑比例不低于70%的各类纸制品。

（财政部 国家税务总局关于以农林剩余物为原料的综合利用产品增值税政策的通知，财税〔2009〕148号，发文日期：2009-12-07；财政部 国家税务总局关于以蔗渣为原料生产综合利用产品增值税政策的补充通知，财税〔2010〕第114号，发文日期：2010-12-01）

9.7.5 煤层气

为加快推进煤层气资源的抽采利用，鼓励清洁生产、节约生产和安全生产，自2007年1月1日起，鼓励煤层气抽采税收政策如下：

一、对煤层气抽采企业的增值税一般纳税人抽采销售煤层气实行增值税先征后退政策。先征后退税款由企业专项用于煤层气技术的研究和扩大再生产，不征收企业所得税。

煤层气是指赋存于煤层及其围岩中与煤炭资源伴生的非常规天然气，也称煤矿瓦斯。

煤层气抽采企业应将享受增值税先征后退政策的业务和其他业务分别核算，不能分别准确核算的，不得享受增值税先征后退政策。

煤层气抽采企业增值税先征后退政策由财政部驻各地财政监察专员办事处根据财政部、国家税务总局、中国人民银行《关于税制改革后对某些企业实行"先征后退"有关预算管理问题的暂行规定的通知》（〔94〕财预字第55号）的规定办理。

二、对独立核算的煤层气抽采企业购进的煤层气抽采泵、钻机、煤层气监测装置、煤层气发电机组、钻井、录井、测井等专用设备，统一采取双倍余额递减法或年数总和法实行加速折旧，具体加速折旧方法可以由企业自行决定，但一经确定，以后年度不得随意调整。

三、对独立核算的煤层气抽采企业利用银行贷款或自筹资金从事技术改造项目国产设备投资，其项目所需国产设备投资的40%可从企业技术改造项目设备购置当年比前一年新增的企业所得税中抵免。具体管理办法按财政部、国家税务总局《关于印发〈技术改造国产设备投资抵免企业所得税暂行办法〉的通知》（财税字〔1999〕290号）、国家税务总局《关于印发〈技术改造国产设备投资抵免企业所得税审核管理办法〉的通知》（国税发〔2000〕13号）、财政部、国家税务总局《关于外商投资企业和外国企业购买国产设备投资抵免企业所得税有关问题的通知》（财税字〔2000〕49号）和国家税务总局《关于印发〈外商投资企业和外国企业购买国产设备投资抵免企业所得税管理办法〉的通知》（国税发〔2000〕90号）的规定执行。

四、对财务核算制度健全、实行查账征税的煤层气抽采企业研究开发新技术、新工艺发生的技术开发费，在按规定实行100％扣除基础上，允许再按当年实际发生额的50％在企业所得税税前加计扣除。具体管理办法按财政部、国家税务总局《关于企业技术创新有关企业所得税优惠政策的通知》（财税〔2006〕88号）第一条的有关规定执行。

五、对地面抽采煤层气暂不征收资源税。

（财政部 国家税务总局关于加快煤层气抽采有关税收政策问题的通知，财税〔2007〕第016号，发文日期：2007-02-07）

9.8 再生资源回收与利用的增值税政策

9.8.1 基本政策

为了促进再生资源的回收利用，促进再生资源回收行业的健康有序发展，节约资源，保护环境，促进税收公平和税制规范，自2009年1月1日起，再生资源回收与利用的增值税政策如下：

一、取消"废旧物资回收经营单位销售其收购的废旧物资免征增值税"和"生产企业增值税一般纳税人购入废旧物资回收经营单位销售的废旧物资，可按废旧物资回收经营单位开具的由税务机关监制的普通发票上注明的金额，按10％计算抵扣进项税额"的政策。

二、单位和个人销售再生资源，应当依照《中华人民共和国增值税暂行条例》（以下简称增值税条例）、《中华人民共和国增值税暂行条例实施细则》及财政部、国家税务总局的相关规定缴纳增值税。但个人（不含个体工商户）销售自己使用过的废旧物品免征增值税。增值税一般纳税人购进再生资源，应当凭取得的增值税条例及其细则规定的扣税凭证抵扣进项税额，原印有"废旧物资"字样的专用发票停止使用，不再作为增值税扣税凭证抵扣进项税额。

三、在2008年12月31日前，各地主管税务机关应注销企业在防伪税控系统中"废旧物资经营单位"的档案信息，收缴企业尚未开具的专用发票，重新核定企业增值税专用发票的最高开票限额和最大购票数量，做好增值税专用发票的发售工作。

四、在2010年底以前，对符合条件的增值税一般纳税人销售再生资源缴纳的增值税实行先征后退政策。

（一）适用退税政策的纳税人范围

适用退税政策的增值税一般纳税人应当同时满足以下条件：

1. 按照《再生资源回收管理办法》（商务部令2007年第8号）第七条、第八条规定应当向有关部门备案的，已经按照有关规定备案（自备案当月1日起享受退税政策）；

2. 有固定的再生资源仓储、整理、加工场地；

3. 通过金融机构结算的再生资源销售额占全部再生资源销售额的比重不低于80％。通过金融机构结算，是指纳税人销售再生资源时按照中国人民银行《关于印发

《支付结算办法》的通知》(银发〔1997〕393号)规定的票据、信用卡和汇兑、托收承付、委托收款等结算方式进行货币给付及其资金清算。

纳税人销售再生资源发生的应收账款,应在纳税人按照银发〔1997〕393号文件规定进行资金清算后方可计入通过金融机构结算的再生资源销售额。

纳税人销售再生资源按照银发〔1997〕393号文件规定取得的预收货款,应在销售实现后方可计入通过金融机构结算的再生资源销售额。

纳税人之间发生的互抵货款,不应计入通过金融机构计算的再生资源销售额。

纳税人通过金融机构结算的再生资源销售额占全部再生资源销售额的比重是否不低于80%的要求,应按纳税人退税申请办理时限(按月、按季等)进行核定。

4. 自2007年1月1日起,未因违反《中华人民共和国反洗钱法》、《中华人民共和国环境保护法》、《中华人民共和国税收征收管理法》、《中华人民共和国发票管理办法》或者《再生资源回收管理办法》受到刑事处罚或者县级以上工商、商务、环保、税务、公安机关相应的行政处罚(警告和罚款除外)。

(二)退税比例

对符合退税条件的纳税人2009年销售再生资源实现的增值税,按70%的比例退回给纳税人;对其2010年销售再生资源实现的增值税,按50%的比例退回给纳税人。

(三)纳税人申请退税时,除按有关规定提交的相关资料外,应提交下列资料:

1. 按照《再生资源回收管理办法》第七条、第八条规定应当向有关部门备案的,商务主管部门核发的备案登记证明的复印件;

2. 再生资源仓储、整理、加工场地的土地使用证和房屋产权证或者其租赁合同的复印件;

3. 通过金融机构结算的再生资源销售额及全部再生资源销售额的有关数据及资料。为保护纳税人的商业秘密,不要求纳税人提交其与客户通过银行交易的详细记录,对于有疑问的,可到纳税人机构所在地等场所进行现场核实。

4. 自2007年1月1日起,未因违反《中华人民共和国反洗钱法》、《中华人民共和国环境保护法》、《中华人民共和国税收征收管理法》、《中华人民共和国发票管理办法》或者《再生资源回收管理办法》受到刑事处罚或者县级以上工商、商务、环保、税务、公安机关相应的行政处罚(警告和罚款除外)的书面申明。

(四)退税业务由财政部驻当地财政监察专员办事处及负责初审和复审的财政部门除执行相关规定外还应按照以下规定办理。

1. 退税申请办理时限。(1)纳税人一般按季申请退税,申请退税金额较大的,也可以按月申请,具体时限由财政部驻当地财政监察专员办事处确定;(2)负责初审的财政机关应当在收到退税申请之日起10个工作日内,同时向负责复审和终审的财政机关提交初审意见;(3)负责复审的财政机关应当在收到初审意见之日起5个工作日内向负责终审的财政机关提交复审意见;(4)负责终审的财政机关是财政部驻当地财政监察专员办事处,其应当在收到复审意见之日的10个工作日内完成终审并办理妥当有关退税手续。

2. 负责初审的财政机关对于纳税人第一次申请退税的,应当在上报初审意见前派人到现场审核有关条件的满足情况；有特殊原因不能做到的，应在提交初审意见后2个月内派人到现场审核有关条件的满足情况，发现有不满足条件的，及时通知负责复审或者终审的财政机关。

3. 负责初审、复审的财政机关应当定期（自收到纳税人第一次退税申请之日起至少每12个月一次）向同级公安、商务、环保和税务部门及人民银行对纳税人申明的内容进行核实，对经查实的与申明不符的问题要严肃处理。凡问题在初次申请退税之日前发生的，应当追缴纳税人此前骗取的退税款，根据《财政违法行为处罚处分条例》的相关规定进行处罚，并取消其以后申请享受上述退税政策的资格；凡问题在初次申请退税之日后发生的，取消其刑事处罚和行政处罚生效之日起申请享受上述退税政策的资格。

五、报废船舶拆解和报废机动车拆解企业，适用上述的各项规定。

六、再生资源，是指《再生资源回收管理办法》（商务部令2007年第8号）第二条所称的再生资源，即在社会生产和生活消费过程中产生的，已经失去原有全部或部分使用价值，经过回收、加工处理，能够使其重新获得使用价值的各种废弃物。上述加工处理仅限于清洗、挑选、破碎、切割、拆解、打包等改变再生资源密度、湿度、长度、粗细、软硬等物理性状的简单加工。再生资源的具体范围，操作时按照2008年底以前税务机关批准适用免征增值税政策的再生资源的具体范围执行。

七、纳税人申请退税时提供的2009年10月1日以后开具的再生资源收购凭证、扣税凭证或销售发票，除符合现行发票管理有关规定外，还应注明购进或销售的再生资源的具体种类（从废旧金属、报废电子产品、报废机电设备及其零部件、废造纸原料、废轻化工原料、废塑料、废玻璃和其他再生资源等8类之中选择填写），否则不得享受退税。

八、负责初审的财政机关和税务主管机关应当加强联系，及时就纳税人的征税和退税等情况进行沟通。负责初审的财政机关应当定期向税务主管机关通报受理和审批的申请退税纳税人名单及批准的退税额，税务主管机关对在日常税收征管、纳税检查、纳税评估、稽查等过程中发现的纳税人的异常情况及时通报给负责初审的财政机关。

对于税务主管机关通报有异常情况的纳税人，负责初审的财政机关应将有关情况及时上报负责复审和终审的财政机关，各级财政机关应暂停办理该纳税人的退税，并会同税务主管机关进一步查明情况。对于查实存在将非再生资源混作再生资源购进或销售等骗取退税行为的，除追缴其此前骗取的退税款并根据《财政违法行为处罚处分条例》（国务院令第427号）的规定进行处罚外，取消其以后享受再生资源退税政策的资格。

九、各级国家税务机关要加强与财政、公安、商务、环保、人民银行等部门的信息沟通，加强对重点行业的纳税评估，采取有效措施，强化对再生资源的产生、回收经营、加工处理等各个环节的税收管理，堵塞偷逃税收的漏洞，保证增值税链条机制的正常运行。

十、《财政部 国家税务总局关于废旧物资回收经营业务有关增值税政策的通知》（财税〔2001〕78号）、《国家税务总局关于加强废旧物资回收经营单位和使用废旧物资生产企业增值税征收管理的通知》（国税发〔2004〕60号）、《国家税务总局关于中国再生资源开发公司废旧物资回收经营业务中有关税收问题的通知》（国税函〔2004〕736

号)、《国家税务总局关于中国再生资源开发公司废旧物资回收经营业务有关增值税问题的批复》(国税函〔2006〕1227号)、《国家税务总局关于加强海关进口增值税专用缴款书和废旧物资发票管理有关问题的通知》(国税函〔2004〕128号)关于废旧物资发票管理的规定、《国家税务总局关于加强废旧物资增值税管理有关问题的通知》(国税函〔2005〕544号)、《国家税务总局关于废旧物资回收经营企业使用增值税防伪税控一机多票系统开具增值税专用发票有关问题的通知》(国税发〔2007〕43号)同时废止。

(财政部 国家税务总局关于再生资源增值税政策的通知,财税〔2008〕第157号,发文日期:2008-12-09;财政部 国家税务总局关于再生资源增值税退税政策若干问题的通知,财税〔2009〕第119号,发文日期:2009-09-09)

9.8.2 退税审核程序

《财政部 国家税务总局关于再生资源增值税政策的通知》(财税〔2008〕157号)下发后,自2009年2月13日起,退税审核程序如下:

一、负责初审的财政部门原则上是指各地(市、区、州)财政局,实行"省直管县"财政管理体制的,各县(县级市、区、旗)财政局为初审部门;负责复审的财政部门是指各省(自治区、直辖市、计划单列市)财政厅(局);专员办负责终审,并按规定办理退税手续。

二、负责初审、复审的财政部门应当严格按照有关规定进行审核,专员办根据复审意见进行终审。除财税〔2008〕157号文件规定外,专员办办理一般增值税退税事项仍按照《财政监察专员办事处一般增值税退税行政审批管理程序暂行规定》(财监〔2003〕110号)执行。

三、专员办、负责初审和复审的财政部门应当严格遵守各项廉政制度与工作纪律,自觉接受有关部门对退税工作的监督,不断改进和完善增值税退税审批工作。财政部将定期或不定期对再生资源增值税退税行政审批工作进行监督检查,加强和规范退税工作管理。专员办、初审和复审财政部门工作人员滥用职权、玩忽职守、徇私舞弊的,将按照有关规定进行处理。

(财政部关于进一步明确办理再生资源增值税退税程序的补充通知,财监〔2009〕第007号,发文日期:2009-02-13)

9.9 修理业务

9.9.1 飞机维修劳务

为支持飞机维修行业的发展,决定自2000年1月1日起对飞机维修劳务增值税实际税负超过6%的部分实行由税务机关即征即退的政策。

(财政部 国家税务总局关于飞机维修增值税问题的通知,财税〔2000〕第102号,发文日期:2000-10-12)

9.9.2 对外修理修配飞机劳务

一、企业承接对外修理修配飞机业务，按照《财政部 国家税务总局关于进一步推进出口货物实行免抵退税办法的通知》（财税〔2002〕7号）有关规定实行免、抵、退税办法。

二、承接对外修理修配飞机业务的企业，以出口发票上的实际收入为准计算免、抵、退税额。凡使用保税进口料件的，企业须如实申报对外修理修配飞机收入中所耗用的保税进口料件金额，并在计算免、抵、退税额时作相应扣减。

三、承接对外修理修配飞机业务的企业申报免、抵、退税时，须向主管税务机关提供海关签发的以修理物品贸易方式报关出口的出口货物报关单（复印件）、对外修理修配合同、出口发票、维修工作单、外汇收入凭证及主管税务机关规定的其他凭证。

四、出口发票不能如实反映实际收入的，企业须按有关规定向主管税务机关申报实际收入。企业未如实申报实际收入的，主管税务机关应依照《中华人民共和国税收征收管理法》、《中华人民共和国增值税暂行条例》等有关规定核定企业实际销售收入。

五、税务机关要定期检查企业的免、抵、退税申报情况。企业未能及时、准确申报保税进口料件使用情况的，税务机关要依据有关法律法规的规定进行处理。

六、各地税务机关可结合本地实际情况制定具体管理操作规程。其他事项按现行有关规定执行。

（财政部 国家税务总局关于调整对外修理修配飞机免抵退税政策的通知，财税〔2009〕第054号，发文日期：2009-04-21）

9.9.3 承揽国内、国外航空公司飞机维修企业

近期部分地区反映，承揽国内、国外航空公司飞机维修业务的企业，因其从事的国外航空公司飞机维修业务增值税实行免、抵、退税办法，而减少了国内飞机维修业务的增值税应纳税额，进而无法足额享受国内飞机维修业务的增值税优惠政策。为此，《国家税务总局关于飞机维修业务增值税处理方式的公告》作出如下规定：

一、对承揽国内、国外航空公司飞机维修业务的企业（以下简称飞机维修企业）所从事的国外航空公司飞机维修业务，实行免征本环节增值税应纳税额、直接退还相应增值税进项税额的办法。

二、飞机维修企业应分别核算国内、国外飞机维修业务的进项税额；未分别核算或者未准确核算进项税额的，由主管税务机关进行核定。造成多退税款的，予以追回；涉及违法犯罪的，按有关法律法规规定处理。

本公告自2011年2月15日起施行。此前的税收处理与本公告规定不一致的，可按本公告规定予以调整。

（国家税务总局关于飞机维修业务增值税处理方式的公告，国家税务总局公告〔2011〕第5号，发文日期：2011-01-12）

9.9.4 铁路货车修理

为支持我国铁路建设，经国务院批准，从2001年1月1日起对铁路系统内部单位

为本系统修理货车的业务免征增值税。

（财政部 国家税务总局关于铁路货车修理免征增值税的通知，财税字〔2001〕第054号，发文日期：2001-04-03）

《财政部 国家税务总局关于铁路货车修理免征增值税的通知》（财税〔2001〕54号）中所指的"铁路系统内部单位"包括中国南方机车车辆工业集团公司所属企业，其为铁路系统修理铁路货车的业务免征增值税。

（国家税务总局关于中国南方机车车辆工业集团公司所属企业的铁路货车修理业务免征增值税的通知，国税函〔2001〕第1006号，发文日期：2001-12-29）

政策变更：国税函〔2002〕366号规定从2002年度起，中远集团的轮船修理业务免征增值税。国税函〔2009〕100号规定自2009年4月1日起，对中远集团的轮船修理业务，恢复征收增值税。

9.9.5 国产支线飞机

为支持我国支线飞机的生产和运营，《财政部 国家税务总局关于国产支线飞机免征增值税的通知》作出如下规定：

一、自2000年4月1日起，对生产销售的支线飞机（包括运十二、运七系列、运八、运五飞机）免征增值税。

二、对生产支线飞机所需进口尚不能国产化的零部件免征进口环节增值税问题财政部和国家税务总局另行通知。

（财政部 国家税务总局关于国产支线飞机免征增值税的通知，财税〔2000〕第051号，发文日期：2000-04-03）

经研究决定，农五系列飞机适用《关于国产支线飞机免征增值税的通知》（财税字〔2000〕51号）的规定免征国内销售环节增值税，其生产所需进口尚不能国产化的零部件免征进口环节增值税。

（财政部 国家税务总局关于农五飞机适用国产支线飞机免征增值税政策的通知，财税〔2002〕第097号，发文日期：2002-06-28）

9.10 国有粮食购销企业

9.10.1 国有粮食购销企业的增值税政策

为了加强国家对粮油市场的宏观调控，《国务院关于粮食部门深化改革实行两条线运行的通知》（国发〔1995〕15号）决定，将粮食企业的政策性业务和商业性经营业务分开，建立两条线运行机制。按照国务院对国有粮食企业销售的政策性粮油免征增值税的政策精神，自1996年6月1日起，国有粮食企业从事粮油经营业务增值税政策如下：

一、国有粮食购销储运企业，如农村粮管所（粮站）、军粮供应站、粮库、转运站等，按照国家统一规定的作价办法经营（包括批发、调拨、加工、零售）的政策性粮食免征增值税。进口粮、购进议价粮转作政策性粮食，按照国家统一规定的作价办法经营的，免征增值税。政策性粮食是指：国家定购粮、中央和地方储备粮、城镇居民口粮、农村需救助人口的粮食、军队用粮食、救灾救济粮、水库移民口粮、平抑市场粮价的吞吐粮食。

二、国有粮油加工企业购进的政策性粮食，企业加工后按照国家统一规定的作价办法经营的，免征增值税。对其加工政策性粮食取得的加工费收入，免征增值税。

三、国有粮油零售企业，受政府委托按照国家统一规定的作价办法销售的政策性粮食，免征增值税。

四、其他国有粮食企业接受政府委托，代理一部分粮食政策性业务，比照上述规定办理。

五、国有粮食企业经营的食用植物油，仍按财政部、国家税务总局财税字〔94〕第004号文件第二条的有关政策规定执行。但对政府储备食用植物油的调拨、销售免征增值税。

六、国有粮食企业应对从事的政策性粮食经营业务单独核算，凡未单独核算的，一律照章征收增值税。

七、免税粮食品种不包括粮食复制品。

八、国有粮食企业销售的非政策性粮油、粮油加工企业加工非政策性粮食取得的加工费收入以及国有粮食部门其他经营收入照章征收增值税。

九、考虑到粮油产区和销区，中心城市和非中心城市的情况有所不同，各省、自治区、直辖市、计划单列市国家税务局可根据以上规定，制定本地区的具体管理办法，并报财政部、国家税务总局备案。

（财政部 国家税务总局关于国有粮食企业征免增值税问题的通知，财税〔1996〕第049号，发文日期：1996-05-21）

9.10.2 粮食企业的增值税政策

粮食增值税政策调整的有关问题如下：

一、国有粮食购销企业必须按顺价原则销售粮食。对承担粮食收储任务的国有粮食购销企业销售的粮食免征增值税。免征增值税的国有粮食购销企业，由县（市）国家税务局会同同级财政、粮食部门审核确定。

二、对其他粮食企业经营粮食，除下列项目免征增值税外，一律征收增值税。

（一）军队用粮：指凭军用粮票和军粮供应证按军供价供应中国人民解放军和中国人民武装警察部队的粮食。

（二）救灾救济粮：指经县（含）以上人民政府批准，凭救灾救济粮票（证）按规定的销售价格向需救助的灾民供应的粮食。

（三）水库移民口粮：指经县（含）以上人民政府批准，凭水库移民口粮票（证）按规定销售价格供应给水库移民的粮食。

三、对销售食用植物油业务，除政府储备食用植物油的销售继续免征增值税外，一律照章征收增值税。

四、对粮油加工业务，一律照章征收增值税。

五、承担粮食收储任务的国有粮食购销企业和经营以上所列免税项目的其他粮食经营企业，以及有政府储备食用植物油销售业务的企业，均需经主管税务机关审核认定免税资格，未报经主管税务机关审核认定，不得免税。享受免税优惠的企业，应按期进行免税申报，违反者取消其免税资格。

粮食部门应向同级国家税务局提供军队用粮、救灾救济粮、水库移民口粮的单位、供应数量等有关资料，经国家税务局审核无误后予以免税。

(财政部 国家税务总局关于粮食企业增值税征免问题的通知，财税字〔1999〕198号，发文日期：1999-06-29)

9.11 军队物资供应机构

根据财税字〔1994〕011号《关于军队、军工系统所属单位征收流转税、资源税问题的规定》，军队物资部门也要按税法规定纳税。

一、军队物资供应机构（是指在银行开设账户，单独办理结算业务的各级物资主管部门、物资供应站、物资仓库、军需材料供应站、军需材料仓库，下同）可以持单位名称、业务范围、银行账号等有关证明材料到主管税务机关直接办理税务登记和增值税一般纳税人认定手续，领购、使用增值税专用发票和普通发票，并按规定缴纳增值税。

二、军队物资供应机构在军队系统（包括军队各级机关、部队、院校、医院、科研文化单位、干休所、仓库、供应站、企业化工厂、军办厂矿、农场、马场、招待所等各类单位）内部调拨供应物资，原则上使用军队的物资调拨计价单，军队内部调拨供应物资免征增值税。其中调拨供应给军队企业化工厂、军办厂矿等单位的生产用物资，购货方要求开具增值税专用发票的，可予开具增值税专用发票，但开具增值税专用发票的销售收入均应按规定缴纳增值税。

三、军队物资供应机构应根据要求对一九九三年十二月三十一日库存物资进行全面清理核实，作为一九九四年期初库存，于一九九四年六月一日前报主管税务部门备案。

四、一九九四年一月一日以后至军队物资供应机构办理一般纳税人认定前，购进货物所取得的普通进货发票，一律不再计算抵扣税款，但可向供货企业调换增值税专用发票，并可按增值税专用发票上注明的税款扣税。

五、办理一般纳税人认定的军队物资供应机构，必须对征、免税业务分别进行核算，否则按规定征税。

(国家税务总局关于军队物资供应机构征收增值税有关问题的通知，国税发〔1994〕第121号，发文日期：1994-05-07)

9.12 军工企业

对军队、军工系统所属单位生产、销售、供应的货物以及一般工业企业生产销售的

军品征、免增值税、消费税政策如下:

一、增值税

(一) 军队系统 (包括人民武装警察部队)

1. 军队系统的下列企事业单位，可以按本规定享受税收优惠照顾：

(1) 军需工厂 (指纳入总后勤部统一管理，由总后勤部授予代号经国家税务总局审查核实的企业化工厂)；

(2) 军马场；

(3) 军办农场 (林厂、茶厂)；

(4) 军办厂矿；

(5) 军队院校、医院、科研文化单位、物资供销、仓库、修理等事业单位。

2. 军队系统各单位生产、销售、供应的应税货物应当按规定征收增值税。但为部队生产的武器及其零配件、弹药、军训器材、部队装备 (指人被装、军械装备、马装具，下同)，免征增值税。军需工厂、物资供销单位生产、销售、调拨给公安系统和国家安全系统的民警服装，免征增值税；对外销售的，按规定征收增值税。供军内使用的应与对外销售的分开核算，否则，按对外销售征税。

3. 军需工厂之间为生产军品而互相协作的产品免征增值税。

4. 军队系统各单位从事加工、修理修配武器及其零配件、弹药、军训器材、部队装备的业务收入，免征增值税。

(二) 军工系统 (指电子工业部、中国核工业总公司、中国航天工业总公司、中国航空工业总公司、中国兵器工业总公司、中国船舶工业总公司)

1. 军工系统所属军事工厂 (包括科研单位) 生产销售的应税货物应当按规定征收增值税。但对列入军工主管部门军品生产计划并按照军品作价原则销售给军队、人民武装警察部队和军事工厂的军品，免征增值税。

2. 军事工厂生产销售给公安系统、司法系统和国家安全系统的武器装备免征增值税。

3. 军事工厂之间为了生产军品而相互提供货物以及为了制造军品相互提供的专用非标准设备、工具、模具、量具等免征增值税；对军工系统以外销售的，按规定征收增值税。

(三) 除军工、军队系统企业以外的一般工业企业生产的军品，只对枪、炮、雷、弹、军用舰艇、飞机、坦克、雷达、电台、舰艇用柴油机、各种炮用瞄准具和瞄准镜，一律在总装企业就总装成品免征增值税。

(四) 军队、军工系统各单位经总后勤部和国防科工委批准进口的专用设备、仪器仪表及其零配件，免征进口环节增值税；军队、军工系统各单位进口其他货物，应按规定征收进口环节增值税。

军队、军工系统各单位将进口的免税货物转售给军队、军工系统以外的，应按规定征收增值税。

(五) 军品以及军队系统各单位出口军需工厂生产或军需部门调拨的货物，在生产环节免征增值税，出口不再退税。

二、关于消费税

（一）军队、军工系统所属企业生产、委托加工和进口消费税应税产品，无论供军队内部使用还是对外销售，都应按规定征收消费税。

（二）军品以及军队系统所属企业出口军需工厂生产的应税产品在生产环节免征消费税，出口不再退税。

（财政部 国家税务总局关于军队、军工系统所属单位征收流转税、资源税问题的通知，财税字〔1994〕第011号，发文日期：1994-04-22）

自2008年1月1日起，对于原享受军品免征增值税政策的军工集团全资所属企业，按照《国防科工委关于印发〈军工企业股份制改造实施暂行办法〉的通知》（科工改〔2007〕1366号）的有关规定，改制为国有独资（或国有全资）、国有绝对控股、国有相对控股的有限责任公司或股份有限公司，所生产销售的军品可按照《财政部 国家税务总局关于军队、军工系统所属单位征收流转税、资源税问题的通知》（财税字〔1994〕11号）的规定，继续免征增值税。

（财政部 国家税务总局关于军工企业股份制改造有关增值税政策问题的通知，财税〔2007〕第172号，发文日期：2007-12-29）

9.13 软件企业

9.13.1 鼓励软件产业和集成电路产业发展的有关税收政策

一、关于鼓励软件产业发展的税收政策

（一）自2000年6月24日起至2010年底以前，对增值税一般纳税人销售其自行开发生产的软件产品，按17%的法定税率征收增值税后，对其增值税实际税负超过3%的部分实行即征即退政策。所退税款由企业用于研究开发软件产品和扩大再生产，不作为企业所得税应税收入，不予征收企业所得税。

增值税一般纳税人将进口的软件进行转换等本地化改造后对外销售，其销售的软件可按照自行开发生产的软件产品的有关规定享受即征即退的税收优惠政策。本地化改造是指对进口软件重新设计、改进、转换等工作，单纯对进口软件进行汉字化处理后再销售的不包括在内。

企业自营出口或委托、销售给出口企业出口的软件产品，不适用增值税即征即退办法。

（二）对我国境内新办软件生产企业经认定后，自开始获利年度起，第一年和第二年免征企业所得税，第三年至第五年减半征收企业所得税。

（三）对国家规划布局内的重点软件生产企业，如当年未享受免税优惠的，减按10%的税率征收企业所得税。

（四）软件生产企业的工资和培训费用，可按实际发生额在计算应纳税所得额时扣除。

（五）对经认定的软件生产企业进口所需的自用设备，以及按照合同随设备进口的

技术（含软件）及配套件、备件，不需出具确认书、不占用投资总额，除国务院国发〔1997〕37号文件规定的《外商投资项目不予免税的进口商品目录》和《国内投资项目不予免税的进口商品目录》所列商品外，免征关税和进口环节增值税。

（六）企事业单位购进软件，凡购置成本达到固定资产标准或构成无形资产，可以按照固定资产或无形资产进行核算。内资企业经主管税务机关核准；投资额在3 000万美元以上的外商投资企业，报由国家税务总局批准；投资额在3 000万美元以下的外商投资企业，经主管税务机关核准，其折旧或摊销年限可以适当缩短，最短可为2年。

（七）集成电路设计企业视同软件企业，享受软件企业的有关税收政策。

集成电路设计是将系统、逻辑与性能的设计要求转化为具体的物理版图的过程。

二、关于鼓励集成电路产业发展的税收政策

（一）自2000年6月24日起至2010年底以前，对增值税一般纳税人销售其自行生产的集成电路产品（含单晶硅片），按17%的法定税率征收增值税后，对其增值税实际税负超过6%的部分实行即征即退政策。所得税款由企业用于研究开发集成电路产品和扩大再生产，不作企业所得税应税收入，不予征收企业所得税。

集成电路产品是指通过特定加工将电器元件集成在一块半导体单晶片或陶瓷基片上，封装在一个外壳内，执行特定电路或系统功能的产品。

单晶硅片是呈单晶状态的半导体硅材料。

企业自营出口或委托、销售给出口企业出口的集成电路产品，不适用增值税即征即退办法。

（二）集成电路生产企业的生产性设备，内资企业经主管税务机关核准；投资额在3 000万美元以上的外商投资企业，报由国家税务总局批准；投资额在3 000万美元以下的外商投资企业，经主管税务机关核准，其折旧年限可以适当缩短，最短可为3年。

（三）投资额超过80亿元人民币或集成电路线宽小于0.25um的集成电路生产企业，可享受以下税收优惠政策：

1. 按鼓励外商对能源、交通投资的税收优惠政策执行。
2. 进口自用生产性原材料、消耗品，免征关税和进口环节增值税。

对符合上述规定的集成电路生产企业，海关应为其提供通关便利。

（四）对经认定的集成电路生产企业引进集成电路技术和成套生产设备，单项进口的集成电路专用设备与仪器，除国务院国发〔1997〕37号文件规定的《外商投资项目不予免税的进口商品目录》和《国内投资项目不予免税的进口商品目录》所列商品外，免征关税和进口环节增值税。

（五）集成电路设计企业设计的集成电路，如在境内确实无法生产，可在国外生产芯片，其加工合同（包括规格、数量）经行业主管部门认定后，进口时按优惠暂定税率征收关税。

三、关于税务管理

（一）软件企业的认定标准由信息产业部会同教育部、科技部、国家税务总局等有关部门制定。经由地（市）级以上软件行业协会或相关协会初选，报经同级信息产业主管部门审核，并会签同级税务部门批准后列入正式公布名单的软件企业，可以享受税收

优惠政策。

国家规划布局内的重点软件企业名单由国家计委、信息产业部、外经贸部和国家税务总局共同确定。

（二）经由集成电路项目审批部门征求同级税务部门意见后确定的集成电路生产企业，可以享受税收优惠政策。符合上述第二条第（三）款条件的集成电路免税商品目录由信息产业部会同国家计委、外经贸部、海关总署等有关部门拟定，报经国务院批准后执行。

（三）集成电路设计企业的认定和管理，按软件企业的认定管理办法执行。

（四）增值税一般纳税人在销售计算机软件、集成电路（含单晶硅片）的同时销售其他货物。其计算机软件、集成电路（含单晶硅片）难以单独核算进项税额的，应按照开发生产计算机件、集成电路（含单晶硅片）的实际成本或销售收入比例确定其应分摊的进项税额。

（五）软件企业和集成电路生产企业实行年审制度，年审不合格的企业，取消其软件企业或集成电路生产企业的资格，并不再享受有关税收优惠政策。

（财政部 国家税务总局 海关总署关于鼓励软件产业和集成电路产业发展有关税收政策问题的通知，财税〔2000〕第025号，发文日期：2000-11-12）

政策解析

财税〔2002〕70号文件第一条规定，自2002年1月1日起至2010年底，对增值税一般纳税人销售其自产的集成电路产品（含单晶硅片），按17%的税率征收增值税后，对其增值税实际税负超过3%的部分实行即征即退政策，所退税款由企业用于扩大再生产和研究开发集成电路产品。但是财税〔2004〕第174号文件规定，财税〔2002〕70号文件第一条有关增值税退税政策，自2005年4月1日起停止执行。因此，2005年4月1日以后纳税人销售自产的集成电路产品，仍然执行财税〔2000〕025号文件，增值税实际税负超过6%的部分实行即征即退政策。

[例题] 某软件企业（一般纳税人）2010年2月份销售自产软件产品取得不含税收入69万元，1月份留抵税额3.6万元，本月发生的允许抵扣的进项税4.52万元。本月软件企业应如何缴纳增值税。（保留两位小数）

解析：销项税额＝69×17%＝11.73（万元）

进项税额＝4.52＋3.6＝8.12（万元）

应纳增值税＝11.73－8.12＝3.61（万元）

应纳税额占销售额比例：3.61÷69×100%＝5.23%

实际税负超过3%，所以应退增值税：3.61－69×3%＝1.54（万元）

答：该软件企业当月应纳增值税为3.61万元，即征即退增值税1.54万元。

9.13.2 软件产品的优惠政策

一、基本规定

为了贯彻落实《中共中央 国务院关于加强技术创新，发展高科技，实现产业化的决定》(中发〔1999〕14号)的精神,鼓励技术创新和高新技术企业的发展,自1999年10月1日起,执行如下增值税政策:

(一)对随同计算机网络、计算机硬件、机器设备等一并销售的软件产品,应当分别核算销售额。如果未分别核算或核算不清,按照计算机网络或计算机硬件以及机器设备等的适用税率征收增值税,不予退税。

(二)计算机软件产品是指记载有计算机程序及其有关文档的存储介质(包括软盘、硬盘、光盘等)。对经过国家版权局注册登记,在销售时一并转让著作权、所有权的计算机软件征收营业税,不征收增值税。

(财政部 国家税务总局关于贯彻落实《中共中央 国务院关于加强技术创新,发展高科技,实现产业化的决定》有关税收问题的通知,财税字〔1999〕第273号,发文日期:1999-11-02)

二、对经过国家版权局注册登记的界定

财税字〔1999〕273号文件第一条第(四)款所称"经过国家版权局注册登记",是指经国家版权局中国软件登记中心核准登记并取得该中心发放的著作权登记证书。

(国家税务总局关于计算机软件征收流转税若干问题的通知,国税发〔2000〕133号,发文日期:2000-07-20)

三、电子出版物属于软件范畴

电子出版物属于软件范畴,应当享受软件产品的增值税优惠政策。

所谓电子出版物是指把应用软件和以数字代码方式加工的图文声像等信息存储在磁、光、电存储介质上,通过计算机或者具有类似功能的设备读取使用的大众传播媒体。电子出版物的标识代码为ISBN,其媒体形态为软磁盘FD、只读光盘(CD-ROM)、交互式光盘(CD-I)、照片光盘(Photo-CD)、高密度只读光盘(DVD-ROM)、集成电路卡(IC-Card)。

以录音带、录像带、唱片(LP)、激光唱盘(CD)和激光视盘(lD. VCD. DVD)等媒体形态的音像制品(标识代码为ISRC)不属于电子出版物,不得享受软件产品增值税优惠政策。

(国家税务总局关于明确电子出版物属于软件征税范围的通知,国税函〔2000〕168号,发文日期:2000-03-07)

9.13.3 嵌入式软件的范围及其税收政策

一、嵌入式软件的税收政策

(一)嵌入式软件不属于财政部 国家税务总局《关于鼓励软件产业和集成电路产业发展有关税收政策问题的通知》(财税〔2000〕25号)规定的享受增值税优惠政策的软件产品。

(二)纳税人销售软件产品并随同销售一并收取的软件安装费、维护费、培训费等收入,应按照增值税混合销售的有关规定征收增值税,并可享受软件产品增值税即征即退政策。

对软件产品交付使用后,按期或按次收取的维护、技术服务费、培训费等不征收增值税。

（财政部 国家税务总局关于增值税若干政策的通知，财税〔2005〕165号，发文日期：2005-11-28）

二、随同网络、硬件等一并销售其自行开发生产的嵌入式软件

为更好落实软件增值税优惠政策，促进软件产业发展，《财政部 国家税务总局关于嵌入式软件增值税政策的通知》作出如下规定：

（一）增值税一般纳税人随同计算机网络、计算机硬件和机器设备等一并销售其自行开发生产的嵌入式软件，如果能够按照《财政部 国家税务总局关于贯彻落实〈中共中央 国务院关于加强技术创新，发展高科技，实现产业化的决定〉有关税收问题的通知》（财税字〔1999〕273号）第一条第三款的规定，分别核算嵌入式软件与计算机硬件、机器设备等的销售额，可以享受软件产品增值税优惠政策。凡不能分别核算销售额的，仍按照《财政部 国家税务总局关于增值税若干政策的通知》（财税〔2005〕165号）第十一条第一款规定，不予退税。

（二）纳税人按照下列公式核算嵌入式软件的销售额：

$$嵌入式软件销售额＝嵌入式软件与计算机硬件、机器设备销售额合计\\-[计算机硬件、机器设备成本\times(1+成本利润率)]$$

上述公式中的成本，是指销售自产（或外购）的计算机硬件与机器设备的实际生产（或采购）成本。成本利润率，是指纳税人一并销售的计算机硬件与机器设备的成本利润率，实际成本利润率高于10%的，按实际成本利润率确定，低于10%的，按10%确定。

（三）税务机关应按下列公式计算嵌入式软件的即征即退税额，并办理退税：

$$即征即退税额＝嵌入式软件销售额\times17\%－嵌入式软件销售额\times3\%$$

（四）税务机关应定期对纳税人的生产（或采购）成本等进行重点检查，审核纳税人是否如实核算成本及利润。对于软件销售额偏高、成本或利润计算明显不合理的，应及时纠正，涉嫌偷骗税的，应移交税务稽查部门处理。

（五）本通知自《财政部 国家税务总局关于增值税若干政策的通知》（财税〔2005〕165号）发布之日起执行。《财政部 国家税务总局关于嵌入式软件增值税政策问题的通知》（财税〔2006〕174号）停止执行。本通知发布之前，纳税人销售软件产品符合本通知规定条件的，各地按本通知规定办理退税。

（财政部 国家税务总局关于嵌入式软件增值税政策的通知，财税〔2008〕第092号，发文日期：2008-07-18）

9.13.4 动漫产业发展有关税收政策

一、增值税政策

根据《国务院办公厅转发财政部等部门关于推动我国动漫产业发展若干意见的通知》（国办发〔2006〕32号）的精神，文化部会同有关部门于2008年12月下发了《动漫企业认定管理办法（试行）》（文市发〔2008〕51号）。为促进我国动漫产业健康快速发展，增强动漫产业的自主创新能力，从2009年1月1日起扶持动漫产业发展的增值税政策为：在2010年12月31日前，对属于增值税一般纳税人的动漫企业销售其自主开发生产的动漫软件，按17%的税率征收增值税后，对其增值税实际税负超过3%的部分，实行即征即退政策。退税数额的计算公式为：应退税额＝享受税收优惠的动漫软件当期已征税款－享受税收优惠的动漫软件当期不含税销售额×3%。动漫软件出口免征增值税。上述动漫软件的范围，按照《文化部 财政部 国家税务总局关于印发〈动漫企业认定管理办法（试行）〉的通知》（文市发〔2008〕51号）的规定执行。

（财政部 国家税务总局关于扶持动漫产业发展有关税收政策问题的通知，财税〔2009〕第065号，发文日期：2009-07-17）

二、动漫企业认定管理办法

自2009年1月1日起，按照《动漫企业认定管理办法》（以下简称《办法》）认定的动漫企业，方可申请享受《国务院办公厅转发财政部等部门关于推动我国动漫产业发展的若干意见的通知》（国办发（2006）332号，以下简称《通知》）规定的有关优惠和扶持政策。

（一）动漫企业

《办法》所称动漫企业包括：

1. 漫画创作企业；
2. 动画创作、制作企业；
3. 网络动漫（含手机动漫）创作、制作企业；
4. 动漫舞台剧（节）目制作、演出企业；
5. 动漫软件开发企业；
6. 动漫衍生产品研发、设计企业。

（二）动漫产品

《办法》所称动漫产品包括：

1. 漫画：单幅和多格漫画、插画、漫画图书、动画抓帧图书、漫画报刊、漫画原画等；
2. 动画：动画电影、动画电视剧、动画短片、动画音像制品、影视特效中的动画片段，科教、军事、气象、医疗等影视节目中的动画片段等；
3. 网络动漫（含手机动漫）：以计算机互联网和移动通信网等信息网络为主要传播平台，以电脑、手机及各种手持电子设备为接受终端的动画、漫画作品，包括FLASH动画、网络表情、手机动漫等；
4. 动漫舞台剧（节）目：改编自动漫平面与影视等形式作品的舞台演出剧（节）目、采用动漫造型或含有动漫形象的舞台演出剧（节）目等；
5. 动漫软件：漫画平面设计软件、动画制作专用软件、动画后期音视频制作工具软件等；
6. 动漫衍生产品：与动漫形象有关的服装、玩具、文具、电子游戏等。

自主开发、生产的动漫产品，是指动漫企业自主创作、研发、设计、生产、制作、表演的符合上述规定的动漫产品（不含动漫衍生产品）；仅对国外动漫创意进行简单外包、简单模仿或简单离岸制造，既无自主知识产权，也无核心竞争力的除外。

（三）认定管理机构

各省、自治区、直辖市文化行政部门与同级财政、税务部门组成本行政区域动漫企业认定管理机构（以下称省级认定机构），根据《办法》开展下列工作：

1. 负责本行政区域内动漫企业及其动漫产品的认定初审工作；
2. 负责向本行政区域内通过认定的动漫企业颁发"动漫企业证书"；
3. 负责对本行政区域内已认定的动漫企业进行监督检查和年审；
4. 受理、核实并处理本行政区域内有关举报，必要时向办公室报告；
5. 办公室委托的其他工作。

（四）认定标准

1. 申请认定为动漫企业的应同时符合以下标准：
（1）在我国境内依法设立的企业；
（2）动漫企业经营动漫产品的主营收入占企业当年总收入的60%以上；
（3）自主开发生产的动漫产品收入占主营收入的50%以上；
（4）具有大学专科以上学历的或通过国家动漫人才专业认证的、从事动漫产品开发或技术服务的专业人员占企业当年职工总数的30%以上，其中研发人员占企业当年职工总数的10%以上；
（5）具有从事动漫产品开发或相应服务等业务所需的技术装备和工作场所；
（6）动漫产品的研究开发经费占企业当年营业收入8%以上；
（7）动漫产品内容积极健康，无法律法规禁止的内容；
（8）企业产权明晰，管理规范，守法经营。

2. 重点动漫企业标准

符合上述标准的动漫企业申请认定为重点动漫企业的，应在申报前开发生产出1部以上重点动漫产品，并符合以下标准之一：

（1）注册资本1 000万元人民币以上的；
（2）动漫企业年营业收入500万元人民币以上，且连续2年不亏损的；
（3）动漫企业的动漫产品版权出口和对外贸易年收入200万元人民币以上，且自主知识产权动漫产品出口收入占总收入30%以上的；
（4）经省级认定机构、全国性动漫行业协会、国家动漫产业基地等推荐的在资金、人员规模、艺术创意、技术应用、市场营销、品牌价值、社会影响等方面具有示范意义的动漫企业。

3. 申请认定为重点动漫产品的应符合以下标准之一：

（1）漫画产品销售年收入在100万元（报刊300万元）人民币以上或年销售10万册（报纸1 000万份、期刊100万册）以上的，动画产品销售年收入在1 000万元人民币以上的，网络动漫（含手机动漫）产品销售年收入在100万元人民币以上的，动漫舞台剧（节）目演出年收入在100万元人民币以上或年演出场次50场以上的；
（2）动漫产品版权出口年收入100万元人民币以上的；

（3）获得国际、国家级专业奖项的；

（4）经省级认定机构、全国性动漫行业协会、国家动漫产业基地等推荐的在思想内涵、艺术风格、技术应用、市场营销、社会影响等方面具有示范意义的动漫产品。

（五）认定程序

动漫企业认定的程序如下：

1. 企业自我评价及申请

企业认为符合认定标准的，可向省级认定机构提出认定申请。

2. 提交下列申请材料

（1）动漫企业认定申请书；

（2）企业营业执照副本复印件、税务登记证复印件；

（3）法定代表人或者主要负责人的身份证明材料；

（4）企业职工人数、学历结构以及研发人员占企业职工的比例说明；

（5）营业场所产权证明或者租赁意向书（含出租方的产权证明）；

（6）开发、生产、创作、经营的动漫产品列表、销售合同及销售合同约定的款项银行入账证明；

（7）自主开发、生产和拥有自主知识产权的动漫产品的情况说明及有关证明材料（包括版权登记证书或专利证书等知识产权证书的复印件）；

（8）由有关行政机关颁发的从事相关业务所涉及的行政许可证件复印件；

（9）经具有资质的中介机构鉴证的企业财务年度报表（含资产负债表、损益表、现金流量表）等企业经营情况，以及企业年度研究开发费用情况表，并附研究开发活动说明材料；

（10）认定机构要求出具的其他材料。

3. 材料审查、认定与公布

省级认定机构根据《办法》，对申请材料进行初审，提出初审意见，将通过初审的动漫企业申请材料报送办公室。文化部会同财政部、国家税务总局依据《办法》第十条规定标准进行审核，审核合格的，由文化部、财政部、国家税务总局联合公布通过认定的动漫企业名单。省级认定机构根据通过认定的动漫企业名单，向企业颁发"动漫企业证书"并附其本年度动漫产品列表；并根据《办法》第五条、第十一条的规定，在动漫产品列表中，对动漫产品属性分类以及是否属于自主开发生产的动漫产品等情况予以标注。

（六）动漫企业的年审制度

动漫企业认定实行年审制度。各级认定机构应按《办法》规定的标准对已认定并发证的动漫企业、重点动漫企业进行年审。对年度认定合格的企业在证书和年度自主开发生产的动漫产品列表上加盖年审专用章。不提出年审申请或年度认定不合格的企业，其动漫企业、重点动漫企业资格到期自动失效。

（七）税收优惠政策的享受

经认定的动漫企业、重点动漫企业，凭本年度有效的"动漫企业证书"、"重点动漫企业证书"，以及本年度自主开发生产的动漫产品列表、"重点动漫产品文书"，向主管税务机关申请享受《通知》规定的有关税收优惠政策。

（八）违法行为的处理

申请认定和已认定的动漫企业有下述情况之一的，一经查实，认定机构停止受理其认定申请，或撤销其证（文）书，终止其资格并予以公布：

1. 在申请认定过程中提供虚假信息的；
2. 有偷税、骗税、抗税等税收违法行为的；
3. 从事制作、生产、销售、传播存在违法内容或盗版侵权动漫产品的，或者使用未经授权许可的动漫产品的；
4. 有其他违法经营行为，受到有关部门处罚的。

被撤销证书的企业，认定机构在3年内不再受理该企业的认定申请。

（文化部 财政部 国家税务总局关于印发《动漫企业认定管理办法（试行）》的通知，文市发〔2008〕第051号，发文日期：2008-12-18）

9.14 供热企业

为保障居民供热采暖，经国务院批准，三北地区供热企业（以下称供热企业）的增值税政策如下：

一、自2009年至2010年供暖期期间，对供热企业向居民个人（以下称居民）供热而取得的采暖费收入继续免征增值税。向居民供热而取得的采暖费收入，包括供热企业直接向居民收取的、通过其他单位向居民收取的和由单位代居民缴纳的采暖费。

免征增值税的采暖费收入，应当按照《中华人民共和国增值税暂行条例》第十六条的规定分别核算。通过热力产品经营企业向居民供热的热力产品生产企业，应当根据热力产品经营企业实际从居民取得的采暖费收入占该经营企业采暖费总收入的比例确定免税收入比例。

二、上述供热企业，是指热力产品生产企业和热力产品经营企业。热力产品生产企业包括专业供热企业、兼营供热企业和自供热单位。

三、三北地区，是指北京市、天津市、河北省、山西省、内蒙古自治区、辽宁省、大连市、吉林省、黑龙江省、山东省、青岛市、河南省、陕西省、甘肃省、青海省、宁夏回族自治区和新疆维吾尔自治区。

（财政部 国家税务总局关于继续执行供热企业增值税 房产税 城镇土地使用税优惠政策的通知，财税〔2009〕第011号，发文日期：2009-02-10）

案例解析

2010年，取得一般纳税人资格的某物业公司向小区内居民个人和一家加工厂供暖并收取采暖费，对小区内加工厂供暖也可以享受免征增值税优惠吗？

答：根据《财政部 国家税务总局关于继续执行供热企业增值税 房产税 城镇土地使

用税优惠政策的通知》(财税〔2009〕11号)规定,自2009年至2010年供暖期期间,对供热企业向居民个人(以下称居民)供热而取得的采暖费收入继续免征增值税。向居民供热而取得的采暖费收入,包括供热企业直接向居民收取的、通过其他单位向居民收取的和由单位代居民缴纳的采暖费。免征增值税的采暖费收入,应当按照《中华人民共和国增值税暂行条例》第十六条的规定分别核算。对于通过热力产品经营企业向居民供热的热力产品生产企业,财税〔2009〕11号文件明确了免税收入比例的计算办法,即根据热力产品经营企业实际从居民取得的采暖费收入占该经营企业采暖费总收入的比例确定。因此,该物业公司向居民供热而取得的采暖费收入可以免征增值税,向加工厂供暖则不属于免税范围,物业公司应将居民个人供暖与加工厂供暖的收入分别核算。

9.15 福利企业

9.15.1 促进残疾人就业税收优惠政策

为了更好地发挥税收政策促进残疾人就业的作用,进一步保障残疾人的切身利益,经国务院批准并商民政部、中国残疾人联合会同意,《财政部 国家税务总局关于促进残疾人就业税收优惠政策的通知》作出如下规定:

一、对安置残疾人单位的增值税和营业税政策

对安置残疾人的单位,实行由税务机关按单位实际安置残疾人的人数,限额即征即退增值税或减征营业税的办法。

(一)实际安置的每位残疾人每年可退还的增值税或减征的营业税的具体限额,由县级以上税务机关根据单位所在区县(含县级市、旗,下同)适用的经省(含自治区、直辖市、计划单列市,下同)级人民政府批准的最低工资标准的6倍确定,但最高不得超过每人每年3.5万元。

(二)主管国税机关应按月退还增值税,本月已交增值税额不足退还的,可在本年度(指纳税年度,下同)内以前月份已交增值税扣除已退增值税的余额中退还,仍不足退还的可结转本年度内以后月份退还。主管地税机关应按月减征营业税,本月应缴营业税不足减征的,可结转本年度内以后月份减征,但不得从以前月份已交营业税中退还。

(三)上述增值税优惠政策仅适用于生产销售货物或提供加工、修理修配劳务取得的收入占增值税业务和营业税业务收入之和达到50%的单位,但不适用于上述单位生产销售消费税应税货物和直接销售外购货物(包括商品批发和零售)以及销售委托外单位加工的货物取得的收入。上述营业税优惠政策仅适用于提供"服务业"税目(广告业除外)取得的收入占增值税业务和营业税业务收入之和达到50%的单位,但不适用于上述单位提供广告业劳务以及不属于"服务业"税目的营业税应税劳务取得的收入。

单位应当分别核算上述享受税收优惠政策和不得享受税收优惠政策业务的销售收入或营业收入,不能分别核算的,不得享受本通知规定的增值税或营业税优惠政策。

(四)兼营享受增值税和营业税税收优惠政策业务的单位,可自行选择退还增值税或减征营业税,一经选定,一个年度内不得变更。

（五）如果既适用促进残疾人就业税收优惠政策，又适用下岗再就业、军转干部、随军家属等支持就业的税收优惠政策的，单位可选择适用最优惠的政策，但不能累加执行。

（六）本条所述"单位"是指税务登记为各类所有制企业（包括个人独资企业、合伙企业和个体经营户）、事业单位、社会团体和民办非企业单位。

二、对安置残疾人单位的企业所得税政策

（一）单位支付给残疾人的实际工资可在企业所得税前据实扣除，并可按支付给残疾人实际工资的100%加计扣除。

单位实际支付给残疾人的工资加计扣除部分，如大于本年度应纳税所得额的，可准予扣除其不超过应纳税所得额的部分，超过部分本年度和以后年度均不得扣除。亏损单位不适用上述工资加计扣除应纳税所得额的办法。

单位在执行上述工资加计扣除应纳税所得额办法的同时，可以享受其他企业所得税优惠政策。

（二）对单位按照第一条规定取得的增值税退税或营业税减税收入，免征企业所得税。

（三）本条所述"单位"是指税务登记为各类所有制企业（不包括个人独资企业、合伙企业和个体经营户）、事业单位、社会团体和民办非企业单位。

三、对残疾人个人就业的增值税和营业税政策

（一）根据《中华人民共和国营业税暂行条例》（国务院令第136号）第六条第（二）项和《中华人民共和国营业税暂行条例实施细则》（财法字〔93〕第40号）第二十六条的规定，对残疾人个人为社会提供的劳务免征营业税。

（二）对残疾人个人提供的加工、修理修配劳务免征增值税。

四、对残疾人个人就业的个人所得税政策

根据《中华人民共和国个人所得税法》（主席令第四十四号）第五条和《中华人民共和国个人所得税法实施条例》（国务院令第142号）第十六条的规定，对残疾人个人取得的劳动所得，按照省（不含计划单列市）人民政府规定的减征幅度和期限减征个人所得税。具体所得项目为：工资薪金所得、个体工商户的生产和经营所得、对企事业单位的承包和承租经营所得、劳务报酬所得、稿酬所得、特许权使用费所得。

五、享受税收优惠政策单位的条件

安置残疾人就业的单位（包括福利企业、盲人按摩机构、工疗机构和其他单位），同时符合以下条件并经过有关部门的认定后，均可申请享受本通知第一条和第二条规定的税收优惠政策：

（一）依法与安置的每位残疾人签订了一年以上（含一年）的劳动合同或服务协议，并且安置的每位残疾人在单位实际上岗工作。

（二）月平均实际安置的残疾人占单位在职职工总数的比例应高于25%（含25%），并且实际安置的残疾人人数多于10人（含10人）。

月平均实际安置的残疾人占单位在职职工总数的比例低于25%（不含25%）但高于1.5%（含1.5%），并且实际安置的残疾人人数多于5人（含5人）的单位，可以享受本通知第二条第（一）项规定的企业所得税优惠政策，但不得享受本通知第一条规定

的增值税或营业税优惠政策。

（三）为安置的每位残疾人按月足额缴纳了单位所在区县人民政府根据国家政策规定的基本养老保险、基本医疗保险、失业保险和工伤保险等社会保险。

（四）通过银行等金融机构向安置的每位残疾人实际支付了不低于单位所在区县适用的经省级人民政府批准的最低工资标准的工资。

（五）具备安置残疾人上岗工作的基本设施。

六、其他有关规定

（一）经认定的符合上述税收优惠政策条件的单位，应按月计算实际安置残疾人占单位在职职工总数的平均比例，本月平均比例未达到要求的，暂停其本月相应的税收优惠。在一个年度内累计三个月平均比例未达到要求的，取消其次年度享受相应税收优惠政策的资格。

（二）《财政部 国家税务总局关于教育税收政策的通知》（财税〔2004〕39号）第一条第7项规定的特殊教育学校举办的企业，是指设立的主要为在校学生提供实习场所、并由学校出资自办、由学校负责经营管理、经营收入全部归学校所有的企业，上述企业只要符合第五条第（二）项条件，即可享受本通知第一条和第二条规定的税收优惠政策。这类企业在计算残疾人人数时可将在企业实际上岗工作的特殊教育学校的全日制在校学生计算在内，在计算单位在职职工人数时也要将上述学生计算在内。

（三）在除辽宁、大连、上海、浙江、宁波、湖北、广东、深圳、重庆、陕西以外的其他地区，2007年7月1日前已享受原福利企业税收优惠政策的单位，凡不符合本通知第五条第（三）项规定的有关缴纳社会保险条件，但符合本通知第五条规定的其他条件的，主管税务机关可暂予认定为享受税收优惠政策的单位。上述单位应按照有关规定尽快为安置的残疾人足额缴纳有关社会保险。2007年10月1日起，对仍不符合该项规定的单位，应停止执行本通知第一条和第二条规定的各项税收优惠政策。

（四）对安置残疾人单位享受税收优惠政策的各项条件实行年审办法，具体年审办法由省级税务部门会同同级民政部门及残疾人联合会制定。

七、有关定义

（一）本通知所述"残疾人"，是指持有《中华人民共和国残疾人证》上注明属于视力残疾、听力残疾、言语残疾、肢体残疾、智力残疾和精神残疾的人员和持有《中华人民共和国残疾军人证（1至8级）》的人员。

（二）本通知所述"个人"均指自然人。

（三）本通知所述"单位在职职工"是指与单位建立劳动关系并依法应当签订劳动合同或服务协议的雇员。

（四）本通知所述"工疗机构"是指集就业和康复为一体的福利性生产安置单位，通过组织精神残疾人员参加适当生产劳动和实施康复治疗与训练，达到安定情绪、缓解症状、提高技能和改善生活状况的目的，包括精神病院附设的康复车间、企业附设的工疗车间、基层政府和组织兴办的工疗站等。

八、对残疾人人数计算的规定

（一）允许将精神残疾人员计入残疾人人数享受本通知第一条和第二条规定的税收

优惠政策，仅限于工疗机构等适合安置精神残疾人就业的单位。具体范围由省级税务部门会同同级财政、民政部门及残疾人联合会规定。

（二）单位安置的不符合《中华人民共和国劳动法》（主席令第二十八号）及有关规定的劳动年龄的残疾人，不列入本通知第五条第（二）款规定的安置比例及第一条规定的退税、减税限额和第二条规定的加计扣除额的计算。

九、单位和个人采用签订虚假劳动合同或服务协议、伪造或重复使用残疾人证或残疾军人证、残疾人挂名而不实际上岗工作、虚报残疾人安置比例、为残疾人不缴或少缴规定的社会保险、变相向残疾人收回支付的工资等方法骗取本通知规定的税收优惠政策的，除依照法律、法规和其他有关规定追究有关单位和人员的责任外，其实际发生上述违法违规行为年度内实际享受到的减（退）税款应全额追缴入库，并自其发生上述违法违规行为年度起三年内取消其享受本通知规定的各项税收优惠政策的资格。

十、本通知规定的各项税收优惠政策的具体征收管理办法由国家税务总局会同民政部、中国残疾人联合会另行制定。福利企业安置残疾人比例和安置残疾人基本设施的认定管理办法由民政部商财政部、国家税务总局、中国残疾人联合会制定，盲人按摩机构、工疗机构及其他单位安置残疾人比例和安置残疾人基本设施的认定管理办法由中国残疾人联合会商财政部、民政部、国家税务总局制定。

十一、本通知自 2007 年 7 月 1 日起施行，但外商投资企业适用本通知第二条企业所得税优惠政策的规定自 2008 年 1 月 1 日起施行。财政部、国家税务总局《关于企业所得税若干优惠政策的通知》（财税字〔94〕第 001）号第一条第（九）项、财政部、国家税务总局《关于对福利企业、学校办企业征税问题的通知》（财税字〔94〕第 003 号）、《国家税务总局关于民政福利企业征收流转税问题的通知》（国税发〔1994〕155 号）、财政部、国家税务总局《关于福利企业有关税收政策问题的通知》（财税字〔2000〕35 号）、《财政部 国家税务总局关于调整完善现行福利企业税收优惠政策试点工作的通知》（财税〔2006〕111 号）、《国家税务总局 财政部 民政部 中国残疾人联合会关于调整完善现行福利企业税收优惠政策试点实施办法的通知》（国税发〔2006〕112 号）和《财政部 国家税务总局关于进一步做好调整现行福利企业税收优惠政策试点工作的通知》（财税〔2006〕135 号）自 2007 年 7 月 1 日起停止执行。

十二、各地各级财政、税务部门要认真贯彻落实本通知的各项规定，加强领导，及时向当地政府汇报，取得政府的理解与支持，并密切与民政、残疾人联合会等部门衔接、沟通。税务部门要牵头建立由上述部门参加的联席会议制度，共同将本通知规定的各项政策贯彻落实好。财政、税务部门之间要相互配合，省级税务部门每半年要将执行本通知规定的各项政策的减免（退）税数据及相关情况及时通报省级财政部门。

十三、各地在执行中有何问题，请及时上报财政部和国家税务总局。

（财政部 国家税务总局关于促进残疾人就业税收优惠政策的通知，财税〔2007〕92 号，发文日期：2007-06-15）

9.15.2 促进残疾人就业税收优惠政策具体征管办法

《国家税务总局 民政部 中国残疾人联合会关于促进残疾人就业税收优惠政策征管

办法的通知》作出如下规定：

一、资格认定

（一）认定部门

申请享受《财政部 国家税务总局关于促进残疾人就业税收优惠政策的通知》（财税〔2007〕92号）第一条、第二条规定的税收优惠政策的符合福利企业条件的用人单位，安置残疾人超过25％（含25％），且残疾职工人数不少于10人的，在向税务机关申请减免税前，应当先向当地县级以上地方人民政府民政部门提出福利企业的认定申请。

盲人按摩机构、工疗机构等集中安置残疾人的用人单位，在向税务机关申请享受《财政部 国家税务总局关于促进残疾人就业税收优惠政策的通知》（财税〔2007〕92号）第一条、第二条规定的税收优惠政策前，应当先向当地县级残疾人联合会提出认定申请。

申请享受《财政部 国家税务总局关于促进残疾人就业税收优惠政策的通知》（财税〔2007〕92号）第一条、第二条规定的税收优惠政策的其他单位，可直接向税务机关提出申请。

（二）认定事项

民政部门、残疾人联合会应当按照《财政部 国家税务总局关于促进残疾人就业税收优惠政策的通知》（财税〔2007〕92号）第五条第（一）、（二）、（五）项规定的条件，对前项所述单位安置残疾人的比例和是否具备安置残疾人的条件进行审核认定，并向申请人出具书面审核认定意见。

《中华人民共和国残疾人证》和《中华人民共和国残疾军人证》的真伪，分别由残疾人联合会、民政部门进行审核。

具体审核管理办法由民政部、中国残疾人联合会分别商有关部门另行规定。

（三）各地民政部门、残疾人联合会在认定工作中不得直接或间接向申请认定的单位收取任何费用。如果认定部门向申请认定的单位收取费用，则本条第（一）项前两款所述单位可不经认定，直接向主管税务机关提出减免税申请。

二、减免税申请及审批

（一）取得民政部门或残疾人联合会认定的单位（以下简称"纳税人"），可向主管税务机关提出减免税申请，并提交以下材料：

1. 经民政部门或残疾人联合会认定的纳税人，出具上述部门的书面审核认定意见；
2. 纳税人与残疾人签订的劳动合同或服务协议（副本）；
3. 纳税人为残疾人缴纳社会保险费缴费记录；
4. 纳税人向残疾人通过银行等金融机构实际支付工资凭证；
5. 主管税务机关要求提供的其他材料。

（二）不需要经民政部门或残疾人联合会认定的单位以及本通知第一条第（三）项规定的单位（以下简称"纳税人"），可向主管税务机关提出减免税申请，并提交以下材料：

1. 纳税人与残疾人签订的劳动合同或服务协议（副本）；
2. 纳税人为残疾人缴纳社会保险费缴费记录；

3. 纳税人向残疾人通过银行等金融机构实际支付工资凭证；

4. 主管税务机关要求提供的其他材料。

（三）申请享受《财政部 国家税务总局关于促进残疾人就业税收优惠政策的通知》（财税〔2007〕92号）第三条、第四条规定的税收优惠政策的残疾人个人（以下简称"纳税人"），应当出具主管税务机关规定的材料，直接向主管税务机关申请减免税。

（四）减免税申请由税务机关的办税服务厅统一受理，内部传递到有权审批部门审批。审批部门应当按照《财政部 国家税务总局关于促进残疾人就业税收优惠政策的通知》（财税〔2007〕92号）第五条规定的条件以及民政部门、残疾人联合会出具的书面审核认定意见，出具减免税审批意见。

减免税审批部门对民政部门或残疾人联合会出具的书面审核认定意见仅作书面审核确认，但在日常检查或稽查中发现民政部门或残疾人联合会出具的书面审核认定意见有误的，应当根据《国家税务总局关于印发〈税收减免管理办法（试行）〉的通知》（国税发〔2005〕129号）等有关规定作出具体处理。

如果纳税人所得税属于其他税务机关征收的，主管税务机关应当将审批意见抄送所得税主管税务机关，所得税主管税务机关不再另行审批。

（五）主管税务机关在受理本条（二）、（三）项减免税申请时，可就残疾人证件的真实性等问题，请求当地民政部门或残疾人联合会予以审核认定。

三、退税减税办法

（一）增值税和营业税

增值税实行即征即退方式。主管税务机关对符合减免税条件的纳税人应当按月退还增值税，本月已交增值税不足退还的，可在本年度内以前月份已交增值税扣除已退增值税的余额中退还，仍不足退还的可结转本年度内以后月份退还。本年度应纳税额小于核定的年度退税限额的，以本年度应纳税额为限；本年度应纳税额大于核定的年度退税限额的，以核定的年度退税限额为限。纳税人本年度应纳税额不足退还的，不得结转以后年度退还。纳税人本月应退增值税额按以下公式计算：

$$\text{本月应退增值税额} = \text{纳税人本月实际安置残疾人员人数} \times \text{县级以上税务机关确定的每位残疾人员每年可退还增值税的具体限额} \div 12$$

营业税实行按月减征方式。主管税务机关应按月减征营业税，本月应缴营业税不足减征的，可结转本年度以后月份减征。本年度应纳税额小于核定的年度减税限额的，以本年度应纳税额为限；本年度应纳税额大于核定的年度减税限额的，以核定的本年度减税限额为限。纳税人本年度应纳税额不足减征的，不得结转以后年度减征。纳税人本月应减征营业税额按以下公式计算：

$$\text{本月应减征营业税额} = \text{纳税人本月实际安置残疾人员人数} \times \text{县级以上税务机关确定的每位残疾人员每年可减征营业税的具体限额} \div 12$$

兼营营业税"服务业"税目劳务和其他税目劳务的纳税人，只能减征"服务业"税目劳务的应纳税额；"服务业"税目劳务的应纳税额不足扣减的，不得用其他税目劳务的应纳税额扣减。

缴纳增值税或营业税的纳税人应当在取得主管税务机关审批意见的次月起，随纳税申报一并书面申请退、减增值税或营业税。

经认定的符合减免税条件的纳税人实际安置残疾人员占在职职工总数的比例应逐月计算，本月比例未达到25%的，不得退还本月的增值税或减征本月的营业税。

年度终了，应平均计算纳税人全年实际安置残疾人员占在职职工总数的比例，一个纳税年度内累计3个月平均比例未达到25%的，应自次年1月1日起取消增值税退税、营业税减税和企业所得税优惠政策。

纳税人新安置残疾人员从签订劳动合同并缴纳基本养老保险、基本医疗保险、失业保险和工伤保险等社会保险的次月起计算，其他职工从录用的次月起计算；安置的残疾人员和其他职工减少的，从减少当月计算。

（二）所得税

1. 对符合《财政部 国家税务总局关于促进残疾人就业税收优惠政策的通知》（财税〔2007〕92号）第二条、第三条、第四条规定条件的纳税人，主管税务机关应当按照有关规定落实税收优惠政策。

2. 原福利企业在2007年1月1日至2007年7月1日期间的企业所得税，凡符合原福利企业政策规定的企业所得税减免条件的，仍可按原规定予以减征或免征企业所得税，计算方法如下：

按规定享受免征企业所得税的原福利企业，2007年1月1日至2007年7月1日免征应纳税所得额=（2007年度企业所得税应纳税所得额÷12）×6

按规定享受减半征收企业所得税的原福利企业，2007年1月1日至2007年7月1日减征应纳税所得额=（2007年度企业所得税应纳税所得额÷12÷2）×6

2007年度企业所得税应纳税所得额的确定，应按原规定计算，不包括福利企业残疾职工工资加计扣除部分。

3. 各地税务机关应当根据本次政策调整情况，按有关规定调整企业所得税就地预缴数额。

四、变更申报

（一）纳税人实际安置的残疾人员或在职职工人数发生变化，但仍符合退、减税条件的，应当根据变化事项按本通知第一、二条的规定重新申请认定和审批。

（二）纳税人因残疾人员或在职职工人数发生变化，不再符合退、减税条件时，应当自情况变化之日起15个工作日内向主管税务机关申报。

五、监督管理

（一）主管税务机关应当加强日常监督管理，并会同民政部门、残疾人联合会建立年审制度，对不符合退、减税条件的纳税人，取消其退、减税资格，追缴其不符合退、减税条件期间已退或减征的税款，并依照税收征管法的有关规定予以处罚。

对采取一证多用或虚构《财政部 国家税务总局关于促进残疾人就业税收优惠政策的通知》（财税〔2007〕92号）第五条规定条件，骗取税收优惠政策的，一经查证属实，主管税务机关应当追缴其骗取的税款，并取消其3年内申请享受《财政部 国家税务总局关于促进残疾人就业税收优惠政策的通知》（财税〔2007〕92号）规定的税收优惠政策的资格。

（二）税务机关和纳税人应当建立专门管理台账。在征管软件修改前，主管税务机关和纳税人都要建立专门管理台账，动态掌握纳税人年度退、减税限额及残疾人员变化等情况。

（三）各地税务机关应当加强与民政部门、劳动保障部门、残疾人联合会等有关部门的沟通，逐步建立健全与发证部门的信息比对审验机制。建立部门联席会议制度，加强对此项工作的协调、指导，及时解决出现的问题，保证此项工作的顺利进行。

本通知自 2007 年 7 月 1 日起执行，适用原政策的纳税人，一律按本通知规定执行。各省、自治区、直辖市、计划单列市税务机关可按本通知精神，制定具体实施办法。

（国家税务总局 民政部 中国残疾人联合会关于促进残疾人就业税收优惠政策征管办法的通知，国税发〔2007〕第 067 号，发文日期：2007-06-15）

（四）对福利企业未按规定进行申报，事后被税务机关查补的增值税应纳税额，不得按"即征即退"办法退还给企业。

（国家税务总局关于增值税若干征管问题的通知，国税发〔1996〕第 155 号，发文日期：1996-09-09）

9.16 民族贸易县县级国有民贸企业和供销社企业销售货物

9.16.1 基本政策

民族贸易企业销售的货物及国家定点企业生产和经销单位销售的边销茶增值税政策如下：

一、自 2009 年 1 月 1 日起至 2009 年 9 月 30 日，对民族贸易县内县级及其以下的民族贸易企业和供销社企业（以下简称民贸企业）销售货物（除石油、烟草外）继续免征增值税。

有关免税管理问题，仍按照《财政部 国家税务总局 国家民委关于民族贸易企业销售货物增值税有关问题的通知》（财税〔2007〕133 号）和《国家税务总局关于加强民族贸易企业增值税管理的通知》（国税函〔2007〕1289 号）的有关规定执行。

自 2009 年 10 月 1 日起，上述免征增值税政策停止执行，对民贸企业销售货物照章征收增值税。财税〔2007〕133 号、国税函〔2007〕1289 号文件同时废止。

二、自 2009 年 1 月 1 日起至 2010 年 12 月 31 日，对国家定点生产企业销售自产的边销茶及经销企业销售的边销茶免征增值税。上述国家定点生产企业，是指国家经贸委、国家计委、国家民委、财政部、工商总局、质检总局、全国供销合作社 2002 年第 53 号公告和商务部、发展改革委、国家民委、财政部、工商总局、质检总局、全国供销合作总社 2003 年第 47 号公告列名的边销茶定点生产企业。

三、纳税人销售上述规定的免税货物，如果已向购买方开具了增值税专用发票，应将专用发票追回后方可申请办理免税。凡专用发票无法追回的，一律照章征收增值税，不予免税。

四、《财政部 国家税务总局关于继续对民族贸易企业销售的货物及国家定点企业生产和经销单位经销的边销茶实行增值税优惠政策的通知》（财税〔2006〕103号）自2009年1月1日起废止。

（财政部 国家税务总局关于民贸企业和边销茶有关增值税政策的通知，财税〔2009〕141号，发文日期：2009-12-07）

9.16.2 民族贸易企业的范围

《财政部 国家税务总局关于民族贸易企业销售货物增值税有关问题的通知》作出如下规定：

一、民族贸易企业和供销社企业，是指在民族贸易县内经营少数民族生产生活用品销售额占企业全部销售额一定比例以上的商业企业。

少数民族生产生活用品包括少数民族特需用品和生产生活必需品。其中，少数民族特需用品为《国家民委关于印发少数民族特需用品目录（2001年修订）的通知》（民委发〔2001〕129号）所列商品；少数民族生产生活必需品的范围由民族贸易县民族工作部门牵头，商同级财政、税务部门确定，并可根据实际情况进行合理调整。

少数民族生产生活用品销售额占企业全部销售额的比例，由民族贸易县民族工作部门商同级财政、税务部门确定，具体不得低于20%。

二、民族贸易县内申请享受增值税优惠政策的商业企业，应向其所在地税务机关提请备案。

三、本通知自2007年10月1日起执行。此前不属于本通知规定享受优惠政策的企业，已免的税款不再补征。

（财政部 国家税务总局关于民族贸易企业销售货物增值税有关问题的通知，财税〔2007〕133号，发文日期：2007-09-30）

9.16.3 享受优惠政策的民族贸易企业的具体标准

自2007年10月1日起，《国家税务总局关于加强民族贸易企业增值税管理的通知》作出如下规定：

一、享受增值税优惠政策的民族贸易企业应同时具备以下条件：

（一）能够分别核算少数民族生产生活用品和其他商品的销售额；

（二）备案前三个月的少数民族生产生活用品累计销售额占企业全部销售额比例（以下简称"累计销售比例"）达到规定标准；

（三）有固定的经营场所。

二、新办企业预计其自经营之日起连续三个月的累计销售比例达到规定标准，同时能够满足上述第一条第（一）、（三）款规定条件的，可备案享受民族贸易企业优惠政策。

三、享受增值税优惠政策的民族贸易企业，应在每月1～7日内提请备案，并向主管税务机关提交以下资料：

（一）《民族贸易企业备案登记表》或《新办民族贸易企业备案登记表》；
（二）备案前三个月的月销售明细表（新办企业除外）；
（三）主管税务机关要求提供的其他材料。

主管税务机关受理备案后，民族贸易企业即可享受增值税优惠政策，并停止使用增值税专用发票。

主管税务机关应停止向备案企业发售增值税专用发票，同时按规定缴销其结存未用的专用发票。民族贸易企业备案当月的销售额，可全部享受免征增值税优惠政策。

四、对民族贸易企业（不包括本季度内备案的新办企业）实行季度审查制度。主管税务机关应在每季度结束后15个工作日内，对民族贸易企业进行审查。发现有下列情况之一的，取消其免税资格，并对当季销售额（本季度内备案的企业自享受优惠政策之月起到季度末的销售额）全额补征税款，同时不得抵扣进项税额。

（一）未分别核算少数民族生产生活用品和其他商品的销售额；
（二）企业备案前三个月至本季度末，累计销售比例未达到规定标准。

五、新办民族贸易企业自经营之日起满三个月后的次月前15个工作日内，主管税务机关应对其进行首次审查。发现有第四条第（一）款情况，或自开业起累计销售比例未达到规定标准的，取消其免税资格，并对销售额全额补征税款，同时不得抵扣进项税额。

新办企业首次审查通过之后，即为民族贸易企业，应按照第四条规定实行季度审查制度，其中，第四条第（二）款中累计销售比例自开办之日起计算。

六、被取消免税资格的企业，自取消之日起一年内，不得重新备案享受民族贸易企业增值税优惠政策。

对停止享受增值税优惠政策的企业，主管税务机关应允许其重新使用增值税专用发票。

七、享受免征增值税优惠政策的民族贸易企业，要求放弃免税权的，按照《财政部 国家税务总局关于增值税纳税人放弃免税权有关问题的通知》（财税〔2007〕127号）规定执行。

（国家税务总局关于加强民族贸易企业增值税管理的通知，国税函〔2007〕1289号，发文日期：2007-12-24）

9.17　血站供应给医疗机构的临床用血

自1999年11月1日起，对血站供应给医疗机构的临床用血免征增值税。本通知所称血站，是指根据《中华人民共和国献血法》的规定，由国务院或省级人民政府卫生行政部门批准的，从事采集、提供临床用血，不以营利为目的的公益性组织。

（财政部 国家税务总局关于血站有关税收问题的通知，财税〔1999〕264号，发文日期：1999-10-13）

9.18 医疗卫生机构

为了贯彻落实《国务院办公厅转发国务院体改办等部门关于城镇医药卫生体制改革指导意见的通知》（国办发〔2000〕16号），促进我国医疗卫生事业的发展，医疗卫生机构有关税收政策如下：

一、关于非营利性医疗机构的税收政策

（一）对非营利性医疗机构按照国家规定的价格取得的医疗服务收入，免征各项税收。

不按照国家规定价格取得的医疗服务收入不得享受这项政策。

医疗服务是指医疗服务机构对患者进行检查、诊断、治疗、康复和提供预防保健、接生、计划生育方面的服务，以及与这些服务有关的提供药品、医用材料器具、救护车、病房住宿和伙食的业务（下同）。

（二）对非营利性医疗机构从事非医疗服务取得的收入，如租赁收入、财产转让收入、培训收入、对外投资收入等应按规定征收各项税收。非营利性医疗机构将取得的非医疗服务收入，直接用于改善医疗卫生服务条件的部分，经税务部门审核批准可抵扣其应纳税所得额，就其余额征收企业所得税。

（三）对非营利性医疗机构自产自用的制剂，免征增值税。

（四）非营利性医疗机构的药房分离为独立的药品零售企业，应按规定征收各项税收。

（五）对非营利性医疗机构自用的房产、土地、车船，免征房产税、城镇土地使用税和车船使用税。

二、关于营利性医疗机构的税收政策

（一）对营利性医疗机构取得的收入，按规定征收各项税收。但为了支持营利性医疗机构的发展，对营利性医疗机构取得的收入，直接用于改善医疗卫生条件的，自其取得执业登记之日起，3年内给予下列优惠：对其取得的医疗服务收入免征营业税；对其自产自用的制剂免征增值税；对营利性医疗机构自用的房产、土地、车船免征房产税、城镇土地使用税和车船使用税。3年免税期满后恢复征税。

（二）对营利性医疗机构的药房分离为独立的药品零售企业，应按规定征收各项税收。

三、关于疾病控制机构和妇幼保健机构等卫生机构的税收政策

（一）对疾病控制机构和妇幼保健机构等卫生机构按照国家规定的价格取得的卫生服务收入（含疫苗接种和调拨、销售收入），免征各项税收。

不按照国家规定的价格取得的卫生服务收入不得享受这项政策。对疾病控制机构和妇幼保健等卫生机构取得的其他经营收入如直接用于改善本卫生机构卫生服务条件的，经税务部门审核批准可抵扣其应纳税所得额，就其余额征收企业所得税。

（二）对疾病控制机构和妇幼保健机构等卫生机构自用的房产、土地、车船，免征房产税、城镇土地使用税和车船使用税。

医疗机构需要书面向卫生行政主管部门申明其性质，按《医疗机构管理条例》进行设置审批和登记注册,并由接受其登记注册的卫生行政部门核定,在执业登记中注明"非营利性医疗机构"和"营利性医疗机构"。

上述医疗机构具体包括:各级各类医院、门诊部(所),社区卫生服务中心(站)、急救中心(站)、城乡卫生院、护理院(所)、疗养院、临床检验中心等。上述疾病控制、妇幼保健等卫生机构具体包括:各级政府及有关部门举办的卫生防疫站(疾病控制中心)、各种专科疾病防治站(所),各级政府举办的妇幼保健所(站)、母婴保健机构、儿童保健机构等,各级政府举办的血站(血液中心)。

(财政部 国家税务总局关于医疗卫生机构有关税收政策的通知,财税字〔2000〕第042号,发文日期:2000-07-10)

9.19 黄金、白银、铂金

9.19.1 黄金现货交易

一、黄金生产和经营单位销售黄金(不包括以下品种:成色为Au9999、Au9995、Au999、Au995;规格为50克、100克、1公斤、3公斤、12.5公斤的黄金,以下简称标准黄金)和黄金矿砂(含伴生金),免征增值税;进口黄金(含标准黄金)和黄金矿砂免征进口环节增值税。

二、黄金交易所会员单位通过黄金交易所销售标准黄金(持有黄金交易所开具的《黄金交易结算凭证》),未发生实物交割的,免征增值税;发生实物交割的,由税务机关按照实际成交价格代开增值税专用发票,并实行增值税即征即退的政策,同时免征城市维护建设税、教育费附加。增值税专用发票中的单价、金额和税额的计算公式分别为:

单价=实际成交单价÷(1+增值税税率)
金额=数量×单价
税额=金额×税率

实际成交单价是指不含黄金交易所收取的手续费的单位价格。

纳税人不通过黄金交易所销售的标准黄金不享受增值税即征即退和免征城市维护建设税、教育费附加政策。

三、对黄金交易所收取的手续费等收入照章征收营业税。

四、黄金交易所黄金交易的增值税征收管理办法及增值税专用发票管理办法由国家税务总局另行制定。

(财政部 国家税务总局关于黄金税收政策问题的通知,财税〔2002〕第142号,发文日期:2002-09-12;国家税务总局关于出口含金成份产品有关税收政策的通知,国税发〔2005〕第125号,发文日期:2005-7-29)

9.19.2 销售伴生金

《国家税务总局关于纳税人销售伴生金有关增值税问题的公告》作如下规定:

《财政部 国家税务总局关于黄金税收政策问题的通知》(财税〔2002〕142号)第一条所称伴生金,是指黄金矿砂以外的其他矿产品、冶炼中间产品和其他可以提炼黄金的原料中所伴生的黄金。

纳税人销售含有伴生金的货物并申请伴生金免征增值税的,应当出具伴生金含量的有效证明,分别核算伴生金和其他成分的销售额。

本公告自2011年2月1日起执行。此前执行与本公告不一致的,按照本公告的规定调整。

(国家税务总局关于纳税人销售伴生金有关增值税问题的公告,国家税务总局公告〔2011〕第8号,发文日期:2011-01-24)

9.19.3 黄金期货交易增值税政策

经国务院批准,自2008年1月1日起,上海期货交易黄金期货交易发生实物交割时,比照现行上海黄金交易所黄金交易的税收政策执行。

上海期货交易所会员和客户通过上海期货交易所销售标准黄金(持上海期货交易所开具的《黄金结算专用发票》),发生实物交割但未出库的,免征增值税;发生实物交割并已出库的,由税务机关按照实际交割价格代开增值税专用发票,并实行增值税即征即退的政策,同时免征城市维护建设税和教育费附加。增值税专用发票中的单价、金额和税额的计算公式分别如下:

$$单价 = 实际交割单价 \div (1 + 增值税税率)$$
$$金额 = 数量 \times 单价$$
$$税额 = 金额 \times 税率$$

实际交割单价是指不含上海期货交易所收取的手续费的单位价格。

其中,标准黄金是指:成色为AU9999、AU9995、AU999、AU995;规格为50克、100克、1公斤、3公斤、12.5公斤的黄金。

(财政部 国家税务总局关于黄金期货交易有关税收政策的通知,财税〔2008〕5号,发文日期:2008-01-29)

9.19.4 黄金期货交易的增值税征收管理办法

《上海期货交易所黄金期货交易增值税征收管理办法》(以下简称《办法》)对黄金期货交易的增值税政策规定如下:

一、《办法》所规定的"黄金"是指标准黄金,即成色与规格同时符合以下标准的金锭、金条及金块等黄金原料:

成色:AU9999,AU9995,AU999,AU995。

规格:50克,100克,1公斤,3公斤,12.5公斤。

非标准黄金,即成色与规格不同时符合以上标准的黄金原料,不适用《办法》。

二、上海期货交易所黄金期货交易增值税的征收管理按以下规定执行:

(一)上海期货交易所应向主管税务机关申请印制《黄金结算专用发票》(一式三

联，分为结算联、发票联和存根联）。

（二）上海期货交易所会员和客户，通过上海期货交易所进行黄金期货交易并发生实物交割的，按照以下规定办理：

1. 卖方会员或客户按交割结算价向上海期货交易所开具普通发票，对其免征增值税。上海期货交易所按交割结算价向卖方提供《黄金结算专用发票》结算联，发票联、存根联由交易所留存。

2. 买方会员或客户未提取黄金出库的，由上海期货交易所按交割结算价开具《黄金结算专用发票》并提供发票联，存根联、结算联由上海期货交易所留存。

3. 买方会员或客户提取黄金出库的，应向上海期货交易所主管税务机关出具期货交易交割结算单、标准仓单出库确认单、溢短结算单，由税务机关按实际交割价和提货数量，代上海期货交易所向具有增值税一般纳税人资格的买方会员或客户（提货方）开具增值税专用发票（抵扣联），增值税专用发票的发票联和记账联由上海期货交易所留存，抵扣联传递给提货方会员或客户。

买方会员或客户（提货方）不属于增值税一般纳税人的，不得向其开具增值税专用发票。

（三）上海期货交易所应对黄金期货交割并提货环节的增值税税款实行单独核算，并享受增值税即征即退政策，同时免征城市维护建设税、教育费附加。

三、会员和客户按以下规定核算增值税进项税额：

（一）上海期货交易所会员或客户（中国人民银行除外）应对在上海期货交易所或黄金交易所办理黄金实物交割提取出库时取得的进项税额实行单独核算，按取得的税务机关代开的增值税专用发票上注明的增值税税额（包括相对应的买入量）单独记账。

对会员或客户从上海期货交易所或黄金交易所购入黄金（指提货出库后）再通过上海期货交易所卖出的，应计算通过上海期货交易所卖出黄金进项税额的转出额，并从当期进项税额中转出，同时计入成本；对当期账面进项税额小于通过下列公式计算出的应转出的进项税额，其差额部分应当立即补征入库。

$$应转出的进项税额 = 单位进项税额 \times 当期黄金卖出量$$
$$单位进项税额 = 购入黄金的累计进项税额 \div 累计黄金购入额$$

（二）对上海期货交易所会员或客户（中国人民银行除外）通过上海期货交易所销售企业原有库存黄金，应按实际成交价格计算相应进项税额的转出额，并从当期进项税额中转出，计入成本。

$$应转出的进项税额 = 销售库存黄金实际成交价格 \div (1 + 增值税税率) \times 增值税税率$$

（三）买方会员或客户（提货方）取得增值税专用发票抵扣联后，应按发票上注明的税额从黄金材料成本科目中转入"应交税金——进项税额"科目，核算进项税额。

四、增值税专用发票的单价和金额、税额按以下规定确定：

上海期货交易所买方会员或客户（提货方）提货出库时，主管税务机关代开增值税专用发票上注明的单价,应由实际交割货款和提货数量确定,但不包括手续费、仓储费等其他费用。其中,实际交割货款由交割货款和溢短结算货款组成,交割货款按后进先出法原则确定。具体计算公式如下:

$$税额 = 金额 \times 增值税税率$$
$$金额 = 数量 \times 单价$$
$$单价 = 实际交割价 \div (1 + 增值税税率)$$
$$实际交割价 = 实际交割货款 \div 提货数量$$
$$实际交割货款 = 交割货款 + 溢短结算货款$$
$$交割货款 = 标准仓单张数 \times 每张仓单标准数量 \times 交割结算价$$
$$溢短结算货款 = 溢短 \times 溢短结算日前一交易日上海期货交易所挂牌交易的最近月份黄金期货合约的结算价$$

其中,单价小数点后至少保留6位。

五、会员和客户应将上海期货交易所开具的《黄金结算专用发票》(发票联)作为会计记账凭证进行财务核算;买方会员和客户(提货方)取得税务部门代开的增值税专用发票(抵扣联),仅作为核算进项税额的凭证。

六、卖方会员或客户应凭上海期货交易所开具的《黄金结算专用发票》(结算联),向卖方会员或客户主管税务机关办理免税手续。

七、上海期货交易所会员应分别核算自营黄金期货交易、代理客户黄金期货交易与黄金实物交割业务的销售额以及增值税销项税额、进项税额、应纳税额。

八、《办法》所规定的"提取黄金出库",是指期货交易所会员或客户从指定的金库中提取在期货交易所已交割的黄金的行为。

九、《办法》自2008年1月1日起执行。

(国家税务总局关于印发《上海期货交易所黄金期货交易增值税征收管理办法》的通知,国税发〔2008〕46号,发文日期:2008-05-04)

9.19.5 白银

自2000年1月1日起,对企业生产销售的银精矿含银、其他有色金属精矿含银、冶炼中间产品含银及成品银恢复征收增值税。

(国家税务总局关于白银生产环节征收增值税的通知,国税发〔2000〕第051号,发文日期:2000-03-17)

9.19.6 铂金

为规范铂金交易,加强铂金交易的税收管理,自2003年5月1日起,铂金及铂金制品的税收政策如下:

一、对进口铂金免征进口环节增值税。

二、对中博世金科贸有限责任公司通过上海黄金交易所销售的进口铂金,以上海黄金交易所开具的《上海黄金交易所发票》(结算联)为依据,实行增值税即征即退政策。

采取按照进口铂金价格计算退税的办法,具体如下:

即征即退的税额计算公式:

进口铂金平均单价=σ{[(当月进口铂金报关单价×当月进口铂金数量)+上月末库存进口铂金总价值]÷(当月进口铂金数量+上月末库存进口铂金数量)}

金额=销售数量×进口铂金平均单价÷(1+17%)

即征即退税额=金额×17%

中博世金科贸有限责任公司进口的铂金没有通过上海黄金交易所销售的,不得享受增值税即征即退政策。

三、中博世金科贸有限责任公司通过上海黄金交易所销售的进口铂金,由上海黄金交易所主管税务机关按照实际成交价格代开增值税专用发票。增值税专用发票中的单价、金额和税额的计算公式为:

单价=实际成交单价÷(1+17%)

金额=成交数量×单价

税额=金额×17%

实际成交单价是指不含黄金交易所收取的手续费的单位价格。

四、国内铂金生产企业自产自销的铂金也实行增值税即征即退政策。

五、对铂金制品加工企业和流通企业销售的铂金及其制品仍按现行规定征收增值税。

六、铂金出口不退税。

七、铂金首饰消费税的征收环节由现行在生产环节和进口环节征收改为在零售环节征收,消费税率调整为5%。具体征收管理比照财政部、国家税务总局《关于调整金银首饰消费税纳税环节有关问题的通知》(〔94〕财税字第095号)和国家税务总局关于印发《金银首饰消费税征收管理办法的通知》规定执行。

八、对黄金交易所收取的手续费等收入照章征收营业税。

九、黄金交易所铂金交易的增值税征收管理及增值税专用发票管理由国家税务总局另行制定。

(财政部 国家税务总局关于铂金及其制品税收政策的通知,财税〔2003〕第086号,发文日期:2003-04-28;国家税务总局关于含金产品出口实行免税政策有关问题的补充通知,国税发〔2006〕10号,发文日期:2006-01-20)

9.20 宣传文化单位

9.20.1 宣传文化单位的增值税政策

为支持我国宣传文化事业的发展,《财政部 国家税务总局关于继续实行宣传文化增值税和营业税优惠政策的通知》作出如下规定:

在2010年底以前，对宣传文化事业继续实行增值税和营业税税收优惠政策。

一、自2009年1月1日起至2010年12月31日，实行下列增值税先征后退政策：

（一）对下列出版物在出版环节实行增值税100%先征后退的政策：

1. 中国共产党和各民主党派的各级组织的机关报纸和机关期刊，各级人大、政协、政府、工会、共青团、妇联、科协、老龄委的机关报纸和机关期刊，新华社的机关报纸和机关期刊，军事部门的机关报纸和机关期刊。

上述各级组织的机关报纸和机关期刊，增值税先征后退范围掌握在一个单位一份报纸和一份期刊以内。

2. 专为少年儿童出版发行的报纸和期刊，中小学的学生课本。

3. 少数民族文字出版物。

4. 盲文图书和盲文期刊。

5. 经批准在内蒙古、广西、西藏、宁夏、新疆五个自治区内注册的出版单位出版的出版物。

6. 列入本通知附件1（略）的图书、报纸和期刊。

（二）对下列出版物在出版环节实行增值税先征后退50%的政策：

1. 除本通知第一条第（一）项规定实行增值税100%先征后退的图书和期刊以外的其他图书和期刊、音像制品。

2. 列入本通知附件2（略）的报纸。

（三）对下列印刷、制作业务实行增值税100%先征后退的政策：

1. 对少数民族文字出版物的印刷或制作业务。

2. 列入本通知附件3（略）的新疆维吾尔自治区印刷企业的印刷业务。

二、自2009年1月1日起至2010年12月31日，对下列新华书店实行增值税免税或先征后退政策：

（一）对全国县（含县级市、区、旗，下同）及县以下新华书店和农村供销社在本地销售的出版物免征增值税。对新华书店组建的发行集团或原新华书店改制而成的连锁经营企业，其县及县以下网点在本地销售的出版物，免征增值税。

县（含县级市、区、旗）及县以下新华书店包括地、县（含县级市、区、旗）两级合二为一的新华书店，不包括位于市（含直辖市、地级市）所辖的区中的新华书店。

（二）对新疆维吾尔自治区新华书店和乌鲁木齐市新华书店销售的出版物实行增值税100%先征后退的政策。

三、自2009年1月1日起至2010年12月31日，对科普单位的门票收入，以及县（含县级市、区、旗）及县以上党政部门和科协开展的科普活动的门票收入免征营业税。对境外单位向境内科普单位转让科普影视作品播映权取得的收入免征营业税。

四、自2009年1月1日起至2010年12月31日，对依本通知第一条规定退还的增值税税款应专项用于技术研发、设备更新、新兴媒体的建设和重点出版物的引进开发。对依本通知第二条规定免征或退还的增值税税款应专项用于发行网点建设和信息系统建设。

五、享受本通知第一条第（一）项、第（二）项规定的增值税先征后退政策的纳税人必须是具有国家新闻出版总署颁发的具有相关出版物的出版许可证的出版单位（含以"租型"方式取得专有出版权进行出版物的印刷发行的出版单位）。承担省级以上新闻出版行政部门指定出版、发行任务的单位，因各种原因尚未办理出版、发行许可的出版单位，经省级财政监察专员办事处商同级新闻出版主管部门核准，可以享受相应的增值税先征后退政策。

纳税人应将享受上述税收优惠政策的出版物在财务上实行单独核算，不进行单独核算的不得享受本通知规定的优惠政策。违规出版物和多次出现违规的出版单位不得享受本通知规定的优惠政策，上述违规出版物和出版单位的具体名单由省级及以上新闻出版行政部门及时通知相应省级财政监察专员办事处。

六、本通知的有关定义

（一）本通知所述"科普单位"，是指科技馆，自然博物馆，对公众开放的天文馆（站、台）、气象台（站）、地震台（站），以及高等院校、科研机构对公众开放的科普基地。

（二）本通知所述"出版物"，是指根据国家新闻出版总署的有关规定出版的图书、报纸、期刊、音像制品和电子出版物。所述图书、报纸和期刊，包括随同图书、报纸、期刊销售并难以分离的光盘、软盘和磁带等信息载体。

（三）图书、报纸、期刊（即杂志）的范围，仍然按照《国家税务总局关于印发〈增值税部分货物征税范围注释〉的通知》（国税发〔1993〕151号）的规定执行。

（四）本通知所述"专为少年儿童出版发行的报纸和期刊"，是指以初中及初中以下少年儿童为主要对象的报纸和期刊。

（五）本通知所述"中小学的学生课本"，是指普通中小学学生课本和中等职业教育课本。普通中小学学生课本是指根据教育部中、小学教学大纲的要求，由经国家新闻出版行政管理部门审定而具有"中小学教材"出版资质的出版单位出版发行的中、小学学生上课使用的正式课本，具体操作时按国家和省级教育行政部门每年春、秋两季下达的"中小学教学用书目录"中所列的"课本"的范围掌握；中等职业教育课本是指经国家和省级教育、人力资源社会保障行政部门审定，供中等专业学校、职业高中和成人专业学校学生使用的课本，具体操作时按国家和省级教育、人力资源社会保障行政部门每年下达的教学用书目录认定。中小学的学生课本不包括各种形式的教学参考书、图册、自读课本、课外读物、练习册以及其他各类辅助性教材和辅导读物。

（六）本通知第一条第（一）项和第（二）项规定的图书包括租型出版的图书。

七、办理和认定

（一）本通知规定的各项增值税先征后退政策由财政部驻各地财政监察专员办事处根据财政部、国家税务总局、中国人民银行《关于税制改革后对某些企业实行"先征后退"有关预算管理问题的暂行规定的通知》（财预字〔94〕第55号）的规定办理。各地财政监察专员办事处和负责增值税先征后退初审工作的财政机关要采取措施，按照本通知第四条规定的用途监督纳税人用好退税或免税资金。

（二）科普单位、科普活动和科普单位进口自用科普影视作品的认定仍按《科技部 财政部 国家税务总局 海关总署 新闻出版总署关于印发〈科普税收优惠政策实施办法〉

的通知》(国科发政字〔2003〕416号)的有关规定执行。

八、本通知自2009年1月1日起执行。《财政部 国家税务总局关于宣传文化增值税和营业税优惠政策的通知》(财税〔2006〕153号)同时废止。

按照本通知第二条和第三条规定应予免征的增值税或营业税，凡在接到本通知以前已经征收入库的，可抵减纳税人以后月份应缴纳的增值税、营业税税款或者办理税款退库。纳税人如果已向购买方开具了增值税专用发票，应将专用发票追回后方可申请办理免税。凡专用发票无法追回的，一律照章征收增值税。

(财政部 国家税务总局关于继续实行宣传文化增值税和营业税优惠政策的通知，财税〔2009〕第147号，发文日期：2009-12-10)

9.20.2 经营性文化事业单位转制为企业的税收政策

为了贯彻落实《国务院办公厅关于印发文化体制改革中经营性文化事业单位转制为企业和支持文化企业发展两个规定的通知》(国办发〔2008〕114号)，进一步推动文化体制改革，促进文化企业发展，《财政部 国家税务总局关于文化体制改革中经营性文化事业单位转制为企业的若干税收优惠政策的通知》作出如下规定：

一、经营性文化事业单位转制为企业，自转制注册之日起免征企业所得税。

二、由财政部门拨付事业经费的文化单位转制为企业，自转制注册之日起对其自用房产免征房产税。

三、党报、党刊将其发行、印刷业务及相应的经营性资产剥离组建的文化企业，自注册之日起所取得的党报、党刊发行收入和印刷收入免征增值税。

四、对经营性文化事业单位转制中资产评估增值涉及的企业所得税，以及资产划转或转让涉及的增值税、营业税、城建税等给予适当的优惠政策，具体优惠政策由财政部、国家税务总局根据转制方案确定。

五、本通知所称经营性文化事业单位是指从事新闻出版、广播影视和文化艺术的事业单位；转制包括文化事业单位整体转为企业和文化事业单位中经营部分剥离转为企业。

六、本通知适用于文化体制改革地区的所有转制文化单位和不在文化体制改革地区的转制企业。有关名单由中央文化体制改革工作领导小组办公室提供，财政部、国家税务总局发布。

本通知执行期限为2009年1月1日至2013年12月31日。

(财政部 国家税务总局关于文化体制改革中经营性文化事业单位转制为企业的若干税收优惠政策的通知，财税〔2009〕第034号，发文日期：2009-03-26)

9.21 放弃免税权

《中华人民共和国增值税暂行条例实施细则》第三十六条规定，纳税人销售货物或者应税劳务适用免税规定的，可以放弃免税，依照条例的规定缴纳增值税。放弃免税后，36个月内不得再申请免税。

自 2007 年 10 月 1 日起，增值税纳税人销售免税货物或劳务放弃免税权的有关规定如下：

一、生产和销售免征增值税货物或劳务的纳税人要求放弃免税权，应当以书面形式提交放弃免税权声明，报主管税务机关备案。纳税人自提交备案资料的次月起，按照现行有关规定计算缴纳增值税。

二、放弃免税权的纳税人符合一般纳税人认定条件尚未认定为增值税一般纳税人的，应当按现行规定认定为增值税一般纳税人，其销售的货物或劳务可开具增值税专用发票。

三、纳税人一经放弃免税权，其生产销售的全部增值税应税货物或劳务均应按照适用税率征税，不得选择某一免税项目放弃免税权，也不得根据不同的销售对象选择部分货物或劳务放弃免税权。

四、纳税人自税务机关受理纳税人放弃免税权声明的次月起 12 个月内不得申请免税。

五、纳税人在免税期内购进用于免税项目的货物或者应税劳务所取得的增值税扣税凭证，一律不得抵扣。

（财政部 国家税务总局关于增值税纳税人放弃免税权有关问题的通知，财税〔2007〕第 127 号，发文日期：2007-09-25）

9.22 减免税的管理

一、减免税的分类

减免税分为报批类减免税和备案类减免税。报批类减免税是指应由税务机关审批的减免税项目；备案类减免税是指取消审批手续的减免税项目和不需税务机关审批的减免税项目。

纳税人享受报批类减免税，应提交相应资料，提出申请，经按《税收减免管理办法（试行）》规定具有审批权限的税务机关（以下简称有权税务机关）审批确认后执行。未按规定申请或虽申请但未经有权税务机关审批确认的，纳税人不得享受减免税。

纳税人享受备案类减免税，应提请备案，经税务机关登记备案后，自登记备案之日起执行。纳税人未按规定备案的，一律不得减免税。

二、减免税的审批机关

减免税审批机关由税收法律、法规、规章设定。凡规定应由国家税务总局审批的，经由各省、自治区、直辖市和计划单列市税务机关上报国家税务总局；凡规定应由省级税务机关及省级以下税务机关审批的，由各省级税务机关审批或确定审批权限，原则上由纳税人所在地的县（区）税务机关审批；对减免税金额较大或减免税条件复杂的项目，各省、自治区、直辖市和计划单列市税务机关可根据效能与便民、监督与责任的原则适当划分审批权限。

各级税务机关应按照规定的权限和程序进行减免税审批，禁止越权和违规审批减免税。

三、减免税的核算要求

纳税人同时从事减免项目与非减免项目的，应分别核算，独立计算减免项目的计税依据以及减免税额度。不能分别核算的，不能享受减免税；核算不清的，由税务机关按合理方法核定。

四、减免税的申请

（一）纳税人的申请

纳税人申请报批类减免税的，应当在政策规定的减免税期限内，向主管税务机关提出书面申请，并报送以下资料：

1. 减免税申请报告，列明减免税理由、依据、范围、期限、数量、金额等。
2. 财务会计报表、纳税申报表。
3. 有关部门出具的证明材料。
4. 税务机关要求提供的其他资料。

纳税人报送的材料应真实、准确、齐全。税务机关不得要求纳税人提交与其申请的减免税项目无关的技术资料和其他材料。纳税人可以向主管税务机关申请减免税，也可以直接向有权审批的税务机关申请。由纳税人所在地主管税务机关受理、应当由上级税务机关审批的减免税申请，主管税务机关应当自受理申请之日起10个工作日内直接上报有权审批的上级税务机关。

（二）税务机关的处理

税务机关对纳税人提出的减免税申请，应当根据以下情况分别作出处理：

1. 申请的减免税项目，依法不需要由税务机关审查后执行的，应当即时告知纳税人不受理。
2. 申请的减免税材料不详或存在错误的，应当告知并允许纳税人更正。
3. 申请的减免税材料不齐全或者不符合法定形式的，应在5个工作日内一次告知纳税人需要补正的全部内容。
4. 申请的减免税材料齐全、符合法定形式的，或者纳税人按照税务机关的要求提交全部补正减免税材料的，应当受理纳税人的申请。

税务机关受理或者不予受理减免税申请，应当出具加盖本机关专用印章和注明日期的书面凭证。

五、减免税的审批

有审批权的税务机关对纳税人的减免税申请，应按以下规定时限及时完成审批工作，作出审批决定：

县、区级税务机关负责审批的减免税，必须在20个工作日作出审批决定；地市级税务机关负责审批的，必须在30个工作日内作出审批决定；省级税务机关负责审批的，必须在60个工作日内作出审批决定。在规定期限内不能作出决定的，经本级税务机关负责人批准，可以延长10个工作日，并将延长期限的理由告知纳税人。

减免税期限超过1个纳税年度的，进行一次性审批。

税务机关作出的减免税审批决定，应当自作出决定之日起10个工作日内向纳税人送达减免税审批书面决定。减免税批复未下达前，纳税人应按规定办理申报缴纳税款。

六、减免税条件发生变化

纳税人享受减免税的条件发生变化的，应自发生变化之日起15个工作日内向税务机关报告，经税务机关审核后，停止其减免税。

（国家税务总局关于印发《税收减免管理办法（试行）》的通知，国税发〔2005〕第129号，发文日期：2005-08-03）

9.23 随增值税附征的城市维护建设税和教育费附加

对增值税、营业税、消费税实行先征后返、先征后退、即征即退办法的，除另有规定外，对随"三税"附征的城市维护建设税和教育费附加，一律不予退（返）还。

（财政部 国家税务总局关于增值税营业税消费税实行先征后返等办法有关城建税和教育费附加政策的通知，财税〔2005〕72号，发文日期：2005-05-25）

重点难点即时练 20

1. 按照现行增值税制度的规定，下列表述中正确的是（　　）。
   A. 企业以次小薪材等为原料生产加工的综合利用产品，实行增值税先征后返政策
   B. 增值税一般纳税人销售其自行开发生产的软件产品，对其增值税实际税负超过3%的部分实行即征即退政策
   C. 增值税一般纳税人销售其自行生产的集成电路产品，对其增值税实际税负超过3%的部分实行先征后返政策
   D. 专门为少年儿童出版发行的刊物，免征增值税

2. 下列各项中，属于增值税即征即退政策范围的是（　　）。
   A. 新型墙体材料产品
   B. 利用石煤生产的电力
   C. 各级主管部门委托自来水厂收取的污水处理费
   D. 对利用城市生活垃圾生产的电力

3. 下列关于铂金制品征收增值税说法错误的是（　　）。
   A. 国内生产企业自产自销的铂金实行增值税即征即退政策
   B. 对铂金制品加工企业销售的铂金及其制品应征收增值税
   C. 铂金出口按3%退税
   D. 对铂金制品流通企业销售的铂金及其制品应征收增值税

4. 依照现行增值税制度的规定，下列表述中正确的是（　　）。
   A. 符合条件的残疾人就业单位享受增值税先征后退的优惠政策
   B. 增值税一般纳税人销售其自行开发生产的软件产品，对其增值税实际税负超过

3%的部分实行即征即退政策

C. 非营利性医疗机构的药房分离为独立的药品零售企业，免征增值税

D. 军需工厂之间为生产军品而互相协作的产品，不免征增值税

5. 下列关于增值税规定，表述正确的是（　　）。

A. 中小学的学生课本在出版环节实行即征即退

B. 对少数民族文字出版物的印刷或制作业务实行增值税先征后退50%的政策

C. 黄金冶炼企业生产销售的黄金免征增值税

D. 2010年对三北地区供热企业向居民个人供热而取得的采暖费收入继续免征增值税

6. 对销售下列自产货物实行免征增值税政策的是（　　）。

A. 以工业废气为原料生产的高纯度二氧化碳产品

B. 再生水

C. 以垃圾为燃料生产的电力或者热力

D. 以煤炭开采过程中伴生的舍弃物油母页岩为原料生产的页岩油

7. 对销售下列自产货物实行增值税即征即退的政策的是（　　）。

A. 以废旧轮胎为全部生产原料生产的胶粉

B. 翻新轮胎

C. 以垃圾为燃料生产的电力或者热力

D. 污水处理劳务

8. 某软件开发企业（一般纳税人）2009年3月销售自行开发生产的软件产品取得不含税销售额200 000元，已开具增值税专用发票，本月购进原材料取得增值税专用发票注明的增值税为14 000元。该企业上述业务实际应负担的增值税为（　　）。

A. 6 000元　　　B. 20 000元　　　C. 14 000元　　　D. 34 000元

9. 某军队军工系统的下列业务中，应当征收增值税的是（　　）。

A. 军需工厂对民众销售服装

B. 军工工厂为生产军需品而相互提供模具

C. 军队系统企业为部队生产弹药

D. 军队系统企业生产并按军品作价原则在系统内部销售钢材

10. 公安部下属一研究所2009年4月发生下述业务：将自产的警棍、电击枪（属于列明代号的侦察保卫器材产品）销售给某省公安系统，取得销售收入182万元，销售给某市监狱电击枪一批，取得收入5万元，销售给某公司警棍和电击枪取得收入18万元，上述业务均开具了普通发票，该研究所系小规模纳税人，本月应纳增值税为（　　）。

A. 0.67万元　　　B. 0.52万元　　　C. 5.83万元　　　D. 5.97万元

11. 根据现行增值税规定，下列业务免征增值税的有（　　）。

A. 经国务院或国务院授权机关批准的免税商店零售免税货物

B. 非营利性医疗机构自产自用的制剂

C. 血站供应医疗机构临床用血

D. 从事商业零售的民政福利企业销售货物

12. 下列关于增值税减免税的说法中,表述正确的有（　　）。
A. 外国政府、国际组织无偿援助的进口物资和设备免征增值税
B. 对血站供应给医疗机构的临床用血免征增值税
C. 对非营利性医疗机构按照国家规定的价格取得的医疗服务收入,免征各种税收
D. 利用风力生产的电力免征增值税

13. 下列项目中免征增值税的有（　　）。
A. 超市销售农业产品
B. 残疾人组成的福利工厂为社会提供的加工和修理、修配服务
C. 避孕药品和用具
D. 外国政府、国际组织无偿援助项目在华采购物资

14. 销售下列自产货物实现的增值税实行即征即退50%的政策的有（　　）。
A. 以垃圾为燃料生产的电力或者热力
B. 以退役军用发射药为原料生产的涂料硝化棉粉
C. 利用风力生产的电力
D. 以废旧沥青混凝土为原料生产的再生沥青混凝土

第 10 章
增值税的其他税制要素

本章主要介绍增值税的纳税义务发生时间、纳税期限和纳税地点。

10.1 增值税纳税义务发生时间

10.1.1 条例的基本规定

《中华人民共和国增值税暂行条例》第十九条规定：

增值税纳税义务发生时间：

（一）销售货物或者应税劳务，为收讫销售款项或者取得索取销售款项凭据的当天；先开具发票的，为开具发票的当天。

（二）进口货物，为报关进口的当天。

增值税扣缴义务发生时间为纳税人增值税纳税义务发生的当天。

10.1.2 细则的规定

《中华人民共和国增值税暂行条例实施细则》第三十八条规定，条例第十九条第一款第（一）项规定的收讫销售款项或者取得索取销售款项凭据的当天，按销售结算方式的不同，具体为：

（一）采取直接收款方式销售货物，不论货物是否发出，均为收到销售款或者取得索取销售款凭据的当天；

（二）采取托收承付和委托银行收款方式销售货物，为发出货物并办妥托收手续的当天；

（三）采取赊销和分期收款方式销售货物，为书面合同约定的收款日期的当天，无书面合同的或者书面合同没有约定收款日期的，为货物发出的当天；

（四）采取预收货款方式销售货物，为货物发出的当天，但生产销售生产工期超过 12 个月的大型机械设备、船舶、飞机等货物，为收到预收款或者书面合同约定的收款日期的当天；

（五）委托其他纳税人代销货物，为收到代销单位的代销清单或者收到全部或者部分货款的当天。未收到代销清单及货款的，为发出代销货物满180天的当天；

（六）销售应税劳务，为提供劳务同时收讫销售款或者取得索取销售款的凭据的当天；

（七）纳税人发生本细则第四条第（三）项至第（八）项所列视同销售货物行为，为货物移送的当天。

案例解析

某增值税小规模纳税人于4月3日签订了赊销合同并已发货，约定于6月3日收款，该纳税人于5月30日被认定为增值税一般纳税人。该纳税人就此笔业务是按一般纳税人还是按小规模纳税人计算缴纳增值税？

答：《中华人民共和国增值税暂行条例实施细则》第三十八条第一款第（三）项规定，采取赊销和分期收款方式销售货物，为书面合同约定的收款日期的当天，无书面合同的或者书面合同没有约定收款日期的，为货物发出的当天；因此，该纳税人采取赊销方式销售货物，应在6月3日收款时确认收入并计算缴纳增值税，此时已被认定为一般纳税人，所以应按一般纳税人"应纳税额＝销项税额－进项税额"的方式计算缴纳增值税。

案例解析

2009年4月8日，某造船厂与外商签订购船合同，约定造船厂在2010年12月8日交付船舶，并于2009年6月30日、2009年12月30日、2010年6月30日、2010年12月8日分四次平均收取全部价款200万元。造船厂如何确认增值税的纳税义务发生时间？

答：《中华人民共和国增值税暂行条例实施细则》第三十八条第四项规定，采取预收货款方式销售货物，为货物发出的当天，但生产销售生产工期超过12个月的大型机械设备、船舶、飞机等货物，为收到预收款或者书面合同约定的收款日期的当天。由于该船舶的生产工期超过12个月，造船厂应当按购船合同上约定的收款日期即2009年6月30日、2009年12月30日、2010年6月30日、2010年12月8日，分别确认销售额50万元并申报缴纳增值税。

案例解析

某公司每月业务量较大，每月所需增值税发票量也较大，税务机关核定专用发票量有时不能满足业务需要，可能会产生当月增值税发票不够开具的问题。公司在按照当月实现的销售额申报纳税的情况下，把当月实现的部分销售业务于次月开具发票，但是次月申报增值税时会发生开具发票的销售额大于实际申报销售额的情况。公司当月销售并且已经缴纳增值税的销售额，于次月开票时还需要再缴纳一次增值税吗？

答：由于核定发票量不能满足业务需要时，按政策规定，纳税人可以向主管税务机关申请提高发票版面或增加发票供应量，不会出现发票不够开具情况。纳税人因个别月份增值税发票量不够用，而次月开具发票是违反发票管理法规的。《发票管理办法实施细则》第二十六条规定,填开发票的单位和个人必须在发生经营业务确认营业收入时开具发票。未发生经营业务一律不准开具发票。《发票管理办法》第三十五条第一项规定,应当开具而未开具发票,或者未按照规定的时限、顺序、栏目、全部联次一次性开具发票,或者未加盖发票专用章的,由税务机关责令改正,可以处1万元以下的罚款;有违法所得的予以没收。

对纳税人因不了解政策而发生的上期已申报、次月开具发票业务,经税务机关核实确属上期已申报纳税的收入,次月开具发票的,不应再申报纳税。

重点难点即时练 21

1. A公司5月10日将货物运到B公司委托其销售,5月12日签订代销合同,A公司6月10日收到代销款,但直到6月20日才收到代销清单,A公司纳税义务发生时间为（　　）。

A. 5月10日　　B. 5月12日　　C. 6月10日　　D. 6月20日

2. A公司2010年1月10日将货物运到B公司委托其销售,1月12日签订代销合同,A公司8月10日收到代销清单,但直到8月20日才收到代销款,A公司纳税义务发生时间为（　　）。

A. 8月10日　　B. 7月9日　　C. 1月10日　　D. 8月20日

3. A公司采取预收货款方式向B公司销售货物,双方于2010年3月18日签订合同约定B公司于4月28日向A公司预付货款。但A公司在4月20日就收到B公司的预付货款,A公司于5月30日发出货物,A公司增值税纳税义务发生时间为（　　）。

A. 3月18日　　B. 4月28日　　C. 4月20日　　D. 5月30日

4. 采取托收承付和委托银行收款方式销售货物的,增值税纳税义务发生时间为（　　）。

A. 发出货物的当天
B. 收到销售款项的当天
C. 收到销售额或取得索取销售额凭据,并将提货单交给买方的当天
D. 发出货物并办妥托收手续的当天

5. 采取直接收款方式销售货物,增值税纳税义务发生时间为（　　）。

A. 收到销售额或取得索取销售额的凭据
B. 将提货单交给买方的当天
C. 收到销售额并开具发票的当天
D. 发出货物的当天

6. 纳税人发生了除代销行为以外的其他视同销售货物行为的,增值税纳税义务发生时间为（　　）。

A. 开具发票的当天　　　　　　B. 货物移送的当天
C. 办妥手续的当天　　　　　　D. 上述都有可能

7. 纳税人将自产的货物用于本单位在建工程的,增值税纳税环节为(　　)。
   A. 生产环节　　　　　　　　　B. 货物完工入库环节
   C. 移送使用环节　　　　　　　D. 在建工程竣工环节
8. 纳税人提供应税劳务的,增值税纳税义务发生时间为(　　)。
   A. 提供应税劳务的当天
   B. 合同约定收款日的当天
   C. 提供劳务同时收到销售额或取得索取销售额的凭据的当天
   D. 收到销售额的当天
9. 纳税人采取下列收款方式销售货物的,增值税纳税义务发生时间为书面合同约定的收款日期的当天(　　)。
   A. 赊销　　　　　　　　　　　B. 分期收款方式发出商品
   C. 预收货款　　　　　　　　　D. 委托他人代销货物
10. 下列行为中,增值税纳税义务发生时间为货物发出当天的有(　　)。
    A. 采用预收货款方式结算　　　B. 采用分期收款方式结算
    C. 将货物分配给股东　　　　　D. 将货物无偿赠送他人
11. 下列可确认为纳税义务已经发生的是(　　)。
    A. 货物已经发出并已取得了货款
    B. 货物已经发出并已取得了索取销售款的凭据
    C. 委托代销货物发出已超过180天
    D. 发票已开具

10.2　增值税的纳税期限

10.2.1　纳税人的纳税期限

《中华人民共和国增值税暂行条例》第二十三条规定:增值税的纳税期限分别为1日、3日、5日、10日、15日、1个月或者1个季度。纳税人的具体纳税期限,由主管税务机关根据纳税人应纳税额的大小分别核定;不能按照固定期限纳税的,可以按次纳税。

纳税人以1个月或者1个季度为1个纳税期的,自期满之日起15日内申报纳税;以1日、3日、5日、10日或者15日为1个纳税期的,自期满之日起5日内预缴税款,于次月1日起15日内申报纳税并结清上月应纳税款。

《中华人民共和国增值税暂行条例实施细则》第三十九条规定,条例第二十三条以1个季度为纳税期限的规定仅适用于小规模纳税人。小规模纳税人的具体纳税期限,由主管税务机关根据其应纳税额的大小分别核定。

10.2.2　扣缴义务人的纳税期限

《中华人民共和国增值税暂行条例》第二十三条规定:扣缴义务人解缴税款的期限,

依照纳税人的纳税期限规定执行。

10.2.3 进口货物的纳税期限

《中华人民共和国增值税暂行条例》第二十四条规定：纳税人进口货物，应当自海关填发海关进口增值税专用缴款书之日起15日内缴纳税款。

[例题] 按照现行增值税制度规定，下列有关增值税纳税人报缴税款期限叙述正确的是（ ）。

A. 以一个月为一期纳税的，应当自期满之日起15日内申报纳税
B. 进口货物，应当自海关填发税款缴纳凭证的次日起7日内缴纳税款
C. 进口货物，应当自海关填发税款缴纳凭证之日起10日内缴纳税款
D. 以15日为一期纳税的，应当自期满之日起5日内预缴税款

答案：AD

10.3 增值税纳税地点

10.3.1 条例的规定

《中华人民共和国增值税暂行条例》第二十二条规定增值税纳税地点：

（一）固定业户应当向其机构所在地的主管税务机关申报纳税。总机构和分支机构不在同一县（市）的，应当分别向各自所在地的主管税务机关申报纳税；经国务院财政、税务主管部门或者其授权的财政、税务机关批准，可以由总机构汇总向总机构所在地的主管税务机关申报纳税。

（二）固定业户到外县（市）销售货物或者应税劳务，应当向其机构所在地的主管税务机关申请开具外出经营活动税收管理证明，并向其机构所在地的主管税务机关申报纳税；未开具证明的，应当向销售地或者劳务发生地的主管税务机关申报纳税；未向销售地或者劳务发生地的主管税务机关申报纳税的，由其机构所在地的主管税务机关补征税款。

（三）非固定业户销售货物或者应税劳务，应当向销售地或者劳务发生地的主管税务机关申报纳税；未向销售地或者劳务发生地的主管税务机关申报纳税的，由其机构所在地或者居住地的主管税务机关补征税款。

（四）进口货物，应当向报关地海关申报纳税。

扣缴义务人应当向其机构所在地或者居住地的主管税务机关申报缴纳其扣缴的税款。

10.3.2 固定业户外出经营的纳税地点

自1995年7月1日起，固定业户（指增值税一般纳税人）临时到外省、市销售货物的，必须向经营地税务机关出示"外出经营活动税收管理证明"回原地纳税，需要向

购货方开具专用发票的，亦回原地补开。对未持"外出经营活动税收管理证明"的，经营地税务机关征收增值税。对擅自携票外出，在经营地开具专用发票的，经营地主管税务机关根据发票管理的有关规定予以处罚并将其携带的专用发票逐联注明"违章使用作废"字样。

（国家税务总局关于固定业户临时外出经营有关增值税专用发票管理问题的通知，国税发〔1995〕87号，发文日期：1995-05-16）

10.3.3 连锁经营的纳税地点

为支持连锁经营的发展，根据《增值税暂行条例》第二十二条的有关规定，连锁经营企业实行统一缴纳增值税的政策如下：

（一）在省、自治区、直辖市、计划单列市内跨区域经营的统一核算的直营连锁企业，即连锁店的门店均由总部全资或控股开设，在总部领导下统一经营的连锁企业，凡按照国内贸易部《连锁店经营管理规范意见》（内贸政体法字〔1997〕第24号）的要求，采取微机联网，实行统一采购配送商品，统一核算，统一规范化管理和经营，并符合以下条件的，可对总店和分店实行由总店向其所在地主管税务机关统一申报缴纳增值税：

1. 在直辖市范围内连锁经营的企业，报经直辖市国家税务局会同市财政局审批同意；

2. 在计划单列市范围内连锁经营的企业，报经计划单列市国家税务局会同市财政局审批同意；

3. 在省（自治区）范围内连锁经营的企业，报经省（自治区）国家税务局会同省财政厅审批同意；

4. 在同一县（市）范围内连锁经营的企业，报经县（市）国家税务局会同县（市）财政局审批同意。

（二）对自愿连锁企业，即连锁店的门店均为独立法人，各自的资产所有权不变的连锁企业和特许连锁企业，即连锁店的门店同总部签订合同，取得使用总部商标、商号、经营技术及销售总部开发商品的特许权的连锁企业，其纳税地点不变，仍由各独立核算门店分别向所在地主管税务机关申报缴纳增值税。

（财政部 国家税务总局关于连锁经营企业增值税纳税地点问题的通知，财税字〔1997〕第097号，发文日期：1997-11-11；财政部 国家税务总局关于连锁经营企业有关税收问题的通知，财税〔2003〕第001号，发文日期：2003-02-07）

重点难点即时练 22

1. 下列项目中，应在经营地缴纳增值税的有（　　）。
A. 非固定业户在经营地从事理发业务
B. 固定业户在经营地开设餐馆
C. 非固定业户在经营地从事加工业务

D. 固定业户持《外出经营活动税收管理证明》在经营地经营

2. 下列有关进口货物的纳税地点正确描述的是（   ）。

A. 应向报关地海关申报纳税
B. 应向报关地主管税务机关申报纳税
C. 应向机构所在地主管税务机关申报纳税
D. 应向货物运达地主管税务机关申报纳税

3. 关于外出经营的叙述正确的是（   ）。

A. 应向机构所在地主管税务机关申请开具《外出经营活动税收管理证明》，向销售地主管税务机关申报纳税
B. 未持有《外出经营活动税收管理证明》，且未向销售地主管税务机关申报纳税的，由其机构所在地主管税务机关补征税款
C. 销售地税务机关对未持有机构所在地主管税务机关开具的《外出经营活动税收管理证明》的经营者，征收增值税
D. 增值税一般纳税人临时到外县市销售货物，不需开具《外出经营活动税收管理证明》

4. 有关不在同一县（市）的总分支机构纳税地点正确表述的有（   ）。

A. 统一在总机构所在地纳税，分支机构不纳税
B. 各分支机构自行纳税，总机构不纳税
C. 总机构和分支机构分别在各自所在地纳税
D. 经有权税务机关批准，可由总机构汇总缴纳，分支机构不再纳税

5. 连锁经营店具备以下（   ）条件的，可由总店向其所在地主管税务机关统一申报缴纳增值税。

A. 门店由总部投资或控股开设　　　B. 采取微机联网
C. 实行统一采购配送商品　　　　　D. 统一核算，统一规范化管理和经营

第 11 章
特殊行业的增值税政策

本章主要介绍成品油加油站、电力产品生产和销售企业、油气田企业、核电企业等特殊行业的税收政策。

11.1 加 油 站

《成品油零售加油站增值税征收管理办法》(以下简称《办法》),自 2002 年 5 月 1 日起施行。凡经经贸委批准从事成品油零售业务,并已办理工商、税务登记,有固定经营场所,使用加油机自动计量销售成品油的单位和个体经营者(以下简称加油站),适用《办法》。

11.1.1 一般纳税人资格认定

加油站,一律按照《国家税务总局关于加油站一律按照增值税一般纳税人征税的通知》(国税函〔2001〕882 号)认定为增值税一般纳税人;并根据《中华人民共和国增值税暂行条例》有关规定进行征收管理。

11.1.2 计税依据

一、应税销售额

加油站无论以何种结算方式(如收取现金、支票、汇票、加油凭证(簿)、加油卡等)收取售油款,均应征收增值税。加油站销售成品油必须按不同品种分别核算,准确计算应税销售额。加油站应税销售额包括当月成品油应税销售额和其他应税货物及劳务的销售额。其中成品油应税销售额的计算公式为:

$$成品油应税销售额 = (当月全部成品油销售数量 - 允许扣除的成品油数量) \times 油品单价$$

二、允许扣除的成品油数量

加油站通过加油机加注成品油属于以下情形的,允许在当月成品油销售数量中扣除:

(一)经主管税务机关确定的加油站自有车辆自用油。

(二)外单位购买的,利用加油站的油库存放的代储油。

加油站发生代储油业务时,应凭委托代储协议及委托方购油发票复印件向主管税务机关申报备案。

(三)加油站本身倒库油。

加油站发生成品油倒库业务时,须提前向主管税务机关报告说明,由主管税务机关派专人实地审核监控。

(四)加油站检测用油(回罐油)。

上述允许扣除的成品油数量,加油站月终应根据《加油站月销售油品汇总表》统计的数量向主管税务机关申报。

三、收取加油凭证、加油卡方式销售成品油

发售加油卡、加油凭证销售成品油的纳税人(以下简称"预售单位")在售卖加油卡、加油凭证时,应按预收账款方法作相关账务处理,不征收增值税。

加油站以收取加油凭证(簿)、加油卡方式销售成品油,不得向用户开具增值税专用发票。预售单位在发售加油卡或加油凭证时可开具普通发票,如购油单位要求开具增值税专用发票,待用户凭卡或加油凭证加油后,根据加油卡或加油凭证回笼记录,向购油单位开具增值税专用发票。接受加油卡或加油凭证销售成品油的单位与预售单位结算油款时,接受加油卡或加油凭证销售成品油的单位根据实际结算的油款向预售单位开具增值税专用发票。

政策解析

收取加油凭证、加油卡方式销售成品油时涉及到三方主体,分别为预售单位、接受加油卡或加油凭证销售成品油的单位与购油单位。三方的业务关系为:预售单位采用预收账款方式将成品油销售给购油单位,纳税义务发生时间为购油单位实际加油时(相当于增值税暂行条例实施细则纳税义务发生时间条款所规定的货物发出的当天),增值税专用发票的开具时限也为购油单位实际加油时,只不过成品油可能不是预售单位直接交付购油单位的;接受加油卡或加油凭证销售成品油的单位形式上看直接为购油单位加油,但在业务处理上,认作接受加油卡或加油凭证销售成品油的单位将成品油销售给预售单位,又代替预售单位将成品油交付购油单位,因此,接受加油卡或加油凭证销售成品油的单位根据实际结算的油款向预售单位开具增值税专用发票。实际上,预售单位在发售加油卡或加油凭证时可开具普通发票的规定违反了《中华人民共和国发票管理办法实施细则》第二十六条的规定,即填开发票的单位和个人必须在发生经营业务确认营业收入时开具发票。未发生经营业务一律不准开具发票。同时按照《中华人民共和国增值税暂行条例》第十九条第一款第一项规定,销售货物或者应税劳务增值税纳税义务发生时间,为收讫销售款项或者取得索取销售款项凭据的当天;先开具发票的,为开具发票的当天。

11.1.3 加油站的核算资料与申报资料

一、核算资料

加油站必须按规定建立《加油站日销售油品台账》（以下简称台账）登记制度。加油站应按日登记台账，按日或交接班次填写，完整、详细地记录当日或本班次的加油情况，月终汇总登记《加油站月销售油品汇总表》。台账须按月装订成册，按会计原始账证的期限保管，以备主管税务机关检查。

二、申报资料

加油站除按月向主管税务机关报送增值税一般纳税人纳税申报办法规定的申报资料外，还应报送以下资料：

（一）《加油站_____月份加油信息明细表》或加油 IC 卡；

（二）《加油站月销售油品汇总表》；

（三）《成品油购销存数量明细表》。

11.1.4 纳税地点

采取统一配送成品油方式设立的非独立核算的加油站，在同一县市的，由总机构汇总缴纳增值税。在同一省内跨县市经营的，是否汇总缴纳增值税，由省级税务机关确定。跨省经营的，是否汇总缴纳增值税，由国家税务总局确定。

对统一核算，且经税务机关批准汇总缴纳增值税的成品油销售单位跨县市调配成品油的，不征收增值税。

11.1.5 征收管理

一、对财务核算不健全的加油站的管理

对财务核算不健全的加油站，如已全部安装税控加油机，应按照税控加油机所记录的数据确定计税销售额征收增值税。对未全部安装税控加油机（包括未安装）或税控加油机运行不正常的加油站，主管税务机关应要求其严格执行台账制度，并按月报送《成品油购销存数量明细表》。按月对其成品油库存数量进行盘点，定期联合有关执法部门对其进行检查。

主管税务机关应将财务核算不健全的加油站全部纳入增值税纳税评估范围，结合通过金税工程网络所掌握的企业购油信息以及本地区同行业的税负水平等相关信息，按照《国家税务总局关于加强商贸企业增值税纳税评估工作的通知》（国税发〔2001〕140号）的有关规定进行增值税纳税评估。对纳税评估有异常的，应立即移送稽查部门进行税务稽查。

主管税务机关对财务核算不健全的加油站可以根据所掌握的企业实际经营状况，核定征收增值税。

财务核算不健全的加油站，主管税务机关应根据其实际经营情况和专用发票使用管理规定限量供应专用发票。

二、税务机关的日常检查

主管税务机关每季度应对所辖加油站运用稽查卡进行 1 次加油数据读取，并将读出的数据与该加油站的《增值税纳税申报表》、《加油站日销售油品台账》、《加油站月销售油品汇总表》等资料进行核对,同时应对加油站的应扣除油量的确定、成品油购销存等情况进行全面纳税检查。

三、税务机关资料的传递

成品油生产、批发单位所在地税务机关应按月将其销售成品油信息通过金税工程网络传递到购油企业所在地主管税务机关。

(成品油零售加油站增值税征收管理办法,国家税务总局令〔2002〕2号,发文日期:2002-04-02)

11.2 电力产品

自2005年2月1日起,对电力产品的生产和销售企业实行下列政策:

11.2.1 征税方式

电力产品增值税的征收,区分不同情况,分别采取以下征税办法:

一、发电企业(电厂、电站、机组,下同)生产销售的电力产品,按照以下规定计算缴纳增值税:

1. 独立核算的发电企业生产销售电力产品,按照现行增值税有关规定向其机构所在地主管税务机关申报纳税;具有一般纳税人资格或具备一般纳税人核算条件的非独立核算的发电企业生产销售电力产品,按照增值税一般纳税人的计算方法计算增值税,并向其机构所在地主管税务机关申报纳税。

2. 不具有一般纳税人资格且不具有一般纳税人核算条件的非独立核算的发电企业生产销售的电力产品,由发电企业按上网电量,依核定的定额税率计算发电环节的预缴增值税,且不得抵扣进项税额,向发电企业所在地主管税务机关申报纳税。计算公式为:

$$预征税额 = 上网电量 \times 核定的定额税率$$

二、供电企业销售电力产品,实行在供电环节预征、由独立核算的供电企业统一结算的办法缴纳增值税,具体办法如下:

1. 独立核算的供电企业所属的区县级供电企业,凡能够核算销售额的,依核定的预征率计算供电环节的增值税,不得抵扣进项税额,向其所在地主管税务机关申报纳税;不能核算销售额的,由上一级供电企业预缴供电环节的增值税。计算公式为:

$$预征税额 = 销售额 \times 核定的预征率$$

2. 供电企业随同电力产品销售取得的各种价外费用一律在预征环节依照电力产品适用的增值税税率征收增值税,不得抵扣进项税额。

三、实行预缴方式缴纳增值税的发、供电企业按照隶属关系由独立核算的发、供电

企业结算缴纳增值税,具体办法为:

独立核算的发、供电企业月末依据其全部销售额和进项税额,计算当期增值税应纳税额,并根据发电环节或供电环节预缴的增值税税额,计算应补(退)税额,向其所在地主管税务机关申报纳税。计算公式为:

$$应纳税额=销项税额-进项税额$$
$$应补(退)税额=应纳税额-发(供)电环节预缴增值税额$$

独立核算的发、供电企业当期销项税额小于进项税额不足抵扣,或应纳税额小于发、供电环节预缴增值税税额形成多交增值税时,其不足抵扣部分和多交增值税额可结转下期抵扣或抵减下期应纳税额。

四、发、供电企业的增值税预征率(含定额税率,下同),应根据发、供电企业上期财务核算和纳税情况、考虑当年变动因素测算核定,具体权限如下:

1. 跨省、自治区、直辖市的发、供电企业增值税预征率由预缴增值税的发、供电企业所在地和结算增值税的发、供电企业所在地省级国家税务局共同测算,报国家税务总局核定。

2. 省、自治区、直辖市范围内的发、供电企业增值税预征率由省级国家税务局核定。

发、供电企业预征率的执行期限由核定预征率的税务机关根据企业生产经营的变化情况确定。

五、不同投资、核算体制的机组,由于隶属于各自不同的独立核算企业,应按上述规定分别缴纳增值税。

六、对其他企事业单位销售的电力产品,按现行增值税有关规定缴纳增值税。

七、实行预缴方式缴纳增值税的发、供电企业,销售电力产品取得的未并入上级独立核算发、供电企业统一核算的销售收入,应单独核算并按增值税的有关规定就地申报缴纳增值税。

11.2.2　销售其他货物

实行预缴方式缴纳增值税的发、供电企业生产销售电力产品以外的其他货物和应税劳务,如果能准确核算销售额的,在发、供电企业所在地依适用税率计算缴纳增值税。不能准确核算销售额的,按其隶属关系由独立核算的发、供电企业统一计算缴纳增值税。

发、供电企业销售电力产品以外其他货物,其纳税义务发生时间按《中华人民共和国增值税暂行条例》及其实施细则的有关规定执行。

11.2.3　计税依据

电力产品增值税的计税销售额为纳税人销售电力产品向购买方收取的全部价款和价外费用,但不包括收取的销项税额。价外费用是指纳税人销售电力产品在目录电价或上网电价之外向购买方收取的各种性质的费用。

供电企业收取的电费保证金,凡逾期(超过合同约定时间)未退还的,一律并入价外费用缴纳增值税。

11.2.4 纳税义务发生时间

发、供电企业销售电力产品的纳税义务发生时间的具体规定如下：

一、发电企业和其他企事业单位销售电力产品的纳税义务发生时间为电力上网并开具确认单据的当天。

二、供电企业采取直接收取电费结算方式的，销售对象属于企事业单位，为开具发票的当天；属于居民个人，为开具电费缴纳凭证的当天。

三、供电企业采取预收电费结算方式的，为发行电量的当天。

四、发、供电企业将电力产品用于非应税项目、集体福利、个人消费，为发出电量的当天。

五、发、供电企业之间互供电力，为双方核对计数量，开具抄表确认单据的当天。

11.2.5 税务管理方式

发、供电企业应按现行增值税的有关规定办理税务登记，进行增值税纳税申报。

实行预缴方式缴纳增值税的发、供电企业应按以下规定办理：

一、实行预缴方式缴纳增值税的发、供电企业在办理税务开业、变更、注销登记时，应将税务登记证正本复印件按隶属关系逐级上报其独立核算的发、供电企业所在地主管税务机关留存。

独立核算的发、供电企业也应将税务登记证正本复印件报其所属的采用预缴方式缴纳增值税的发、供电企业所在地主管税务机关留存。

二、采用预缴方式缴纳增值税的发、供电企业在申报纳税的同时，应将增值税进项税额和上网电量、电力产品销售额、其他产品销售额、价外费用、预征税额和查补税款分别归集汇总，填写《电力企业增值税销项税额和进项税额传递单》（以下简称《传递单》）报送主管税务机关签章确认后，按隶属关系逐级汇总上报给独立核算发、供电企业；预征地主管税务机关也必须将确认后的《传递单》于收到当月传递给结算缴纳增值税的独立核算发、供电企业所在地主管税务机关。

三、结算缴纳增值税的发、供电企业应按增值税纳税申报的统一规定，汇总计算本企业的全部销项税额、进项税额、应纳税额、应补（退）税额，于本月税款所属期后第二个月征期内向主管税务机关申报纳税。

四、实行预缴方式缴纳增值税的发、供电企业所在地主管税务机关应定期对其所属企业纳税情况进行检查。发现申报不实，一律就地按适用税率全额补征税款，并将检查情况及结果发函通知结算缴纳增值税的独立核算发、供电企业所在地主管税务机关。独立核算发、供电企业所在地主管税务机关收到预征地税务机关的发函后，应督促发、供电企业调整申报表。对在预缴环节查补的增值税，独立核算的发、供电企业在结算缴纳增值税时可以予以抵减。

（电力产品增值税征收管理办法，总局令〔2004〕第010号，发文日期：2004-12-22）

11.3 油气田企业

根据国务院批准的石油天然气企业增值税政策和增值税转型改革方案，财政部和国家税务总局对现行油气田企业增值税管理办法（以下简称办法）作了修改和完善，自2009年1月1日起执行。

11.3.1 适用办法油气田企业范围

办法适用于在中华人民共和国境内从事原油、天然气生产的企业。包括中国石油天然气集团公司（以下简称中石油集团）和中国石油化工集团公司（以下简称中石化集团）重组改制后设立的油气田分（子）公司、存续公司和其他石油天然气生产企业（以下简称油气田企业），不包括经国务院批准适用5%征收率缴纳增值税的油气田企业。存续公司是指中石油集团和中石化集团重组改制后留存的企业。其他石油天然气生产企业是指中石油集团和中石化集团以外的石油天然气生产企业。油气田企业持续重组改制继续提供生产性劳务的企业，以及2009年1月1日以后新成立的油气田企业参股、控股的企业，按照办法缴纳增值税。

11.3.2 油气田企业增值税征税范围

一、提供生产性劳务

油气田企业为生产原油、天然气提供的生产性劳务应缴纳增值税。生产性劳务是指油气田企业为生产原油、天然气，从地质普查、勘探开发到原油天然气销售的一系列生产过程所发生的劳务（具体范围见11.3.10增值税生产性劳务征税范围注释）。

缴纳增值税的生产性劳务仅限于油气田企业间相互提供属于《增值税生产性劳务征税范围注释》内的劳务。油气田企业与非油气田企业之间相互提供的生产性劳务不缴纳增值税。

二、油气田企业承包的生产性劳务

油气田企业将承包的生产性劳务分包给其他油气田企业或非油气田企业，应当就其总承包额计算缴纳增值税。非油气田企业将承包的生产性劳务分包给油气田企业或其他非油气田企业，其提供的生产性劳务不缴纳增值税。油气田企业分包非油气田企业的生产性劳务，也不缴纳增值税。

三、统一核算的油气田企业内部移送货物或者提供应税劳务不缴纳增值税

油气田企业与其所属非独立核算单位之间以及其所属非独立核算单位之间移送货物或者提供应税劳务，不缴纳增值税。应税劳务，是指加工、修理修配劳务和生产性劳务（下同）。

11.3.3 油气田企业兼营应税劳务与非应税劳务征税方式

油气田企业提供的应税劳务和非应税劳务应当分别核算销售额，未分别核算的，由主管税务机关核定应税劳务的销售额。

11.3.4 生产性劳务适用税率

油气田企业提供的生产性劳务，增值税税率为17%。

11.3.5 油气田企业进项税额的抵扣范围

一、油气田企业下列项目的进项税额不得从销项税额中抵扣：

（一）用于非增值税应税项目、免征增值税项目、集体福利或者个人消费的购进货物或者应税劳务。非增值税应税项目，是指提供非应税劳务、转让无形资产、销售不动产、建造非生产性建筑物及构筑物。非应税劳务，是指属于应缴营业税的交通运输业、建筑业、金融保险业、邮电通信业、文化体育业、娱乐业、服务业税目征收范围的劳务，但不包括上述生产性劳务。用于集体福利或个人消费的购进货物或者应税劳务，包括所属的学校、医院、宾馆、饭店、招待所、托儿所（幼儿园）、疗养院、文化娱乐单位等部门购进的货物或应税劳务。

（二）非正常损失的购进货物及相关的应税劳务。

（三）非正常损失的在产品、产成品所耗用的购进货物或者应税劳务。

（四）国务院财政、税务主管部门规定的纳税人自用消费品。

（五）本条第（一）项至第（四）项规定的货物的运输费用和销售免税货物的运输费用。

二、油气田企业为生产原油、天然气接受其他油气田企业提供的生产性劳务，可凭劳务提供方开具的增值税专用发票注明的增值税额予以抵扣。

11.3.6 纳税地点

一、汇总计算，就地缴纳

跨省、自治区、直辖市开采石油、天然气的油气田企业，由总机构汇总计算应纳增值税税额，并按照各油气田（井口）石油、天然气产量比例进行分配，各油气田按所分配的应纳增值税额向所在地税务机关缴纳。石油、天然气应纳增值税额的计算办法由总机构所在地省级税务部门商各油气田所在地同级税务部门确定。在省、自治区、直辖市内的油气田企业，其增值税的计算缴纳方法由各省、自治区、直辖市财政和税务部门确定。

二、劳务发生地预缴

油气田企业跨省、自治区、直辖市提供生产性劳务，应当在劳务发生地按3%预征率计算缴纳增值税。在劳务发生地预缴的税款可从其应纳增值税中抵减。

三、跨省提供生产性劳务纳税地点的补充规定

（一）油气田企业向外省、自治区、直辖市其他油气田企业提供生产性劳务，应当在劳务发生地税务机关办理税务登记或注册税务登记。在劳务发生地设立分（子）公司的，应当申请办理增值税一般纳税人认定手续，经劳务发生地税务机关认定为一般纳税

人后，按照增值税一般纳税人的计算方法在劳务发生地计算缴纳增值税。

子公司是指具有企业法人资格，实行独立核算的企业；分公司是指不具有企业法人资格，但领取了工商营业执照的企业。

（二）新疆以外地区在新疆未设立分（子）公司的油气田企业，在新疆提供的生产性劳务应按5%的预征率计算缴纳增值税，预缴的税款可在油气田企业的应纳增值税中抵减。

（财政部 国家税务总局关于油气田企业增值税问题的补充通知，财税〔2009〕第097号，发文日期：2009-07-09）

11.3.7 纳税义务发生时间

油气田企业为生产原油、天然气提供的生产性劳务的纳税义务发生时间为油气田企业收讫劳务收入款或者取得索取劳务收入款项凭据的当天；先开具发票的，为开具发票的当天。收讫劳务收入款的当天，是指油气田企业应税行为发生过程中或者完成后收取款项的当天；采取预收款方式的，为收到预收款的当天。取得索取劳务收入款项凭据的当天，是指书面合同确定的付款日期的当天；未签订书面合同或者书面合同未确定付款日期的，为应税行为完成的当天。

11.3.8 发票领购

油气田企业所需发票，经主管税务机关审核批准后，可以采取纳税人统一集中领购、发放和管理的方法，也可以由机构内部所属非独立核算单位分别领购。

11.3.9 申报缴纳

油气田企业应统一申报货物及应税劳务应缴纳的增值税。

11.3.10 增值税生产性劳务征税范围注释

一、地质勘探

是指根据地质学、物理学和化学原理，凭借各种仪器设备观测地下情况，研究地壳的性质与结构，借以寻找原油、天然气的工作。种类包括：地质测量；控制地形测量；重力法；磁力法；电法；陆地海滩二维（或三维、四维）地震勘探；垂直地震测井法（即VSP测井法）；卫星定位；地球化学勘探；井间地震；电磁勘探；多波地震勘探；遥感和遥测；探井；资料（数据）处理、解释和研究。

二、钻井（含侧钻）

是指初步探明储藏有油气水后，通过钻具（钻头、钻杆、钻铤）对地层钻孔，然后用套、油管联接并向下延伸到油气水层，并将油气水分离出来的过程。钻井工程分为探井和开发井。探井包括地质井、参数井、预探井、评价井、滚动井等；开发井包括采油井、采气井、注水（气）井以及调整井、检查研究井、扩边井、油藏评价井等，其有关过程包括：

（一）新老区临时工程建设。是指为钻井前期准备而进行的临时性工程。含临时房屋修建、临时公路和井场道路的修建、供水（电）工程的建设、保温及供热工程建设、维护、管理。

（二）钻前准备工程。指为钻机开钻创造必要条件而进行的各项准备工程。含钻机、井架、井控、固控设施、井口工具的安装及维修。

（三）钻井施工工程。包括钻井、井控、固控所需设备、材料及新老区临时工程所需材料的装卸及搬运。

（四）包括定向井技术、水平井技术、打捞技术、欠平衡技术、泥浆技术、随钻测量、陀螺测量、电子多点、电子单点、磁性单多点、随钻、通井、套管开窗、老井侧钻、数据处理、小井眼加深、钻井液、顶部驱动钻井、化学监测、分支井技术、气体（泡沫）钻井技术、套管钻井技术、膨胀管技术、垂直钻井技术、地质导向钻井技术、旋冲钻井技术、取芯、下套管作业、钻具服务、井控服务、固井服务、钻井工程技术监督、煤层气钻井技术等。

（五）海洋钻井：包括钻井船拖航定位、海洋环保、安全求生设备的保养检查、试油点火等特殊作业。

三、测井

是指在井孔中利用测试仪器，根据物理和化学原理，间接获取地层和井眼信息，包括信息采集、处理、解释和油（气）井射孔。根据测井信息，评价储（产）层岩性、物性、含油性、生产能力及固井质量、射孔质量、套管质量、井下作业效果等。按物理方法，主要有电法测井、声波测井、核（放射性）测井、磁测井、力测井、热测井、化学测井；按完井方式分裸眼井测井和套管井测井；按开采阶段分勘探测井和开发测井，开发测井包括生产测井、工程测井和产层参数测井。

四、录井

是指钻井过程中随着钻井录取各种必要资料的工艺过程。有关项目包括：地质设计；地质录井；气测录井；综合录井；地化录井；轻烃色谱录井；定量荧光录井；核磁共振录井；离子色谱录井；伽马录井；岩心扫描录井；录井信息传输；录井资料处理及解释；地质综合研究；测量工程；单井评价；古生物、岩矿、色谱分析；录井新技术开发；非地震方法勘探；油层工程研究；数据处理；其他技术服务项目。

五、试井

是指确定井的生产能力和研究油层参数及地下动态，对井进行的专门测试工作。应用试井测试手段可以确定油气藏压力系统、储层特性、生产能力和进行动态预测，判断油气藏边界、评价井下作业效果和估算储量等。包括高压试井和低压试井。

六、固井

是指向井内下入一定尺寸的套管柱，并在周围注入水泥，将井壁与套管的空隙固定，以封隔疏松易塌易漏等地层、封隔油气水层，防止互相窜漏并形成油气通道。具体项目包括：表面固井、技术套管固井、油层固井、套管固井、特殊固井。

七、试油（气）

是油气层评价的一种直接手段。是指在钻井过程中或完井后，利用地层测试等手段，获取储层油、气、水产量、液性、压力、温度等资料，为储层评价、油气储量计算和制定油气开发方案提供依据。包括：中途测试、原钻机试油（气）、完井试油（气）、压裂改造、酸化改造、地层测试和抽汲排液求产、封堵等特种作业。

八、井下作业

是指在油气开发过程中，根据油气田投产、调整、改造、完善、挖潜的需要，利用地面和井下设备、工具，对油、气、水井采取各种井下作业技术措施，以达到维护油气水井正常生产或提高注采量，改善油层渗透条件及井的技术状况，提高采油速度和最终采收率。具体项目包括：新井投产、投注、维护作业、措施作业、油水井大修、试油测试、试采、数据解释。

九、油（气）集输

是指把油（气）井生产的原油（天然气）收集起来，再进行初加工并输送出去而修建井（平）台、井口装置、管线、计量站、接转站、联合站、油库、油气稳定站、净化厂（站）、污水处理站、中间加热加压站、长输管线、集气站、增压站、气体处理厂等设施及维持设施正常运转发生的运行、保养、维护等劳务。

十、采油采气

是指为确保油田企业正常生产，通过自然或机械力将油气从油气层提升到地面并输送到联合站、集输站整个过程而发生的工程及劳务。主要包括采油采气、注水注气、三次采油、防腐、为了提高采收率采取的配套技术服务等。

（一）采油采气。是指钻井完钻后，通过试采作业，采取自然或机械力将油气从油气层提升到地面而进行的井场、生产道路建设、抽油机安装、采油树配套、单井管线铺设、动力设备安装、气层排液等工程及维持正常生产发生的运行、保养、维护等劳务。

（二）注水注气。是指为保持油气层压力而建设的水源井、取水设施、操作间、水源管线、配水间、配气站、注水注气站、注水增压站、注水注气管线等设施以及维持正常注水注气发生的运行、保养、维护等劳务。

（三）稠油注汽。是指为开采稠油而修建的向油层注入高压蒸汽的设施工程及维持正常注汽发生的运行、保养、维护等劳务。

（四）三次采油。是指为提高原油采收率，确保油田采收率而向油层内注聚合物、酸碱、表面活性剂、二氧化碳、微生物等其他新技术，进行相关的技术工艺配套和地面设施工程。包括修建注入和采出各场站、管网及相应的各系统工程；产出液处理的净化场（站）及管网工程等。

（五）防腐。是指为解决现场问题，保证油田稳产，解决腐蚀问题而进行的相关药剂、防腐方案、腐蚀监测网络等的配套工程。

（六）技术服务。是指为确保油气田的正常生产，为采油气工程提供的各种常规技术服务及新技术服务等。主要包括采油采气方案的编制、注水注气方案编制、三次采油方案的编制设计、油井管柱优化设计、相关软件的开发、采油气新工艺的服务、油气水井测试服务等。

十一、海上油田建设

是指为勘探开发海上油田而修建的人工岛、海上平台、海堤、滩海路、海上电力通讯、海底管缆、海上运输、应急系统、弃置等海上生产设施及维持正常生产发生的运行、保养、维护等劳务。

十二、供排水、供电、供热、通讯

（一）供排水。是指为维持油（气）田正常生产及保证安全所建设的调节水源、管线、泵站等系统工程以及防洪排涝工程以及运行、维护、改造等劳务。

（二）供电。是指为保证油（气）田正常生产和照明而建设的供、输、变电的系统工程以及运行、维护、改造等劳务。

（三）供热。是指为保证油气田正常生产而建设的集中热源、供热管网等设施以及运行、维护、改造等劳务。

（四）通讯。是指在油（气）田建设中为保持电信联络而修建的发射台、线路、差转台（站）等设施以及运行、维护、改造等劳务。

十三、油田基本建设

是指根据油气田生产的需要，在油气田内部修建的道路、桥梁、河堤、输卸油（气）专用码头、海堤、生产指挥场所建设等设施以及维护和改造。

十四、环境保护

是油气田企业为保护生态环境，落实环境管理而发生的生态保护、污染防治、清洁生产、污染处置、环境应急等项目建设的工程与劳务，及施工结束、资源枯竭后应及时恢复自然生态而建设的工程及劳务。

十五、其他

是指油气田企业之间为维持油气田的正常生产而互相提供的其他劳务。包括：运输、设计、提供信息、检测、计量、监督、监理、消防、安全、异体监护、数据处理、租赁生产所需的仪器、材料、设备等服务。

（财政部 国家税务总局关于印发《油气田企业增值税管理办法》的通知，财税〔2009〕8号，发文日期：2009-01-19）

11.4 核电行业

11.4.1 关于核力发电企业的增值税政策

一、核力发电企业生产销售电力产品，自核电机组正式商业投产次月起15个年度内，统一实行增值税先征后退政策，返还比例分三个阶段逐级递减。具体返还比例为：

1. 自正式商业投产次月起5个年度内，返还比例为已入库税款的75%；2. 自正式商业投产次月起的第6至第10个年度内，返还比例为已入库税款的70%；3. 自正式商业投产次月起的第11至第15个年度内，返还比例为已入库税款的55%；4. 自正式商业投产次月起满15个年度以后，不再实行增值税先征后退政策。

二、核力发电企业采用按核电机组分别核算增值税退税额的办法，企业应分别核算核电机组电力产品的销售额，未分别核算或不能准确核算的，不得享受增值税先征后退政策。单台核电机组增值税退税额可以按以下公式计算：

$$\frac{单台核电机组}{增值税退税额} = \frac{单台核电机组电力产品销售额}{核力发电企业电力产品销售额合计} \times \frac{核力发电企业实际}{缴纳增值税额} \times \frac{退税}{比例}$$

三、原已享受增值税先征后退政策但该政策已于 2007 年内到期的核力发电企业，自该政策执行到期后次月起按上述统一政策核定剩余年度相应的返还比例；对 2007 年内新投产的核力发电企业，自核电机组正式商业投产日期的次月起按上述统一政策执行。

11.4.2 关于大亚湾核电站和广东核电投资有限公司税收政策

大亚湾核电站和广东核电投资有限公司在 2014 年 12 月 31 日前继续执行以下政策：

（一）对大亚湾核电站销售给广东核电投资有限公司的电力免征增值税。

（二）对广东核电投资有限公司销售给广东电网公司的电力实行增值税先征后退政策，并免征城市维护建设税和教育费附加。

（三）对大亚湾核电站出售给香港核电投资有限公司的电力及广东核电投资有限公司转售给香港核电投资有限公司的大亚湾核电站生产的电力免征增值税。

（四）自 2008 年 1 月 1 日起财政部和国家税务总局《关于广东大亚湾核电站有关税收政策问题的通知》（财税字〔1998〕173 号）停止执行。

（财政部 国家税务总局关于核电行业税收政策有关问题的通知，财税〔2008〕38 号，发文日期：2008-04-03）

重点难点即时练 23

1. 下列关于成品油加油站增值税的说法正确的是（　　）。

A. 无论年销售额是否超过小规模纳税人标准，一律按一般纳税人征税

B. 在售卖加油卡时按预收账款处理，不征收增值税

C. 采取统一配送成品油方式设立的非独立核算加油站由总机构汇总缴纳增值税

D. 汇总缴纳增值税的成品油销售单位跨县市调配成品油的，不征收增值税

2. 加油站通过加油机加注成品油属于（　　）情形的，允许在当月成品油销售数量中扣除。

A. 经主管税务机关确定的加油站自有车辆自用油

B. 外单位购买的，利用加油站的油库存放的代储油

C. 加油站本身倒库油

D. 加油站检测用油（回罐油）

3. 下列关于加油站纳税地点的说法正确的有（　　）。

A. 采取统一配送成品油方式设立的非独立核算的加油站，在同一县市的，由总机构汇总缴纳增值税

B. 采取统一配送成品油方式设立的非独立核算的加油站，在同一省内跨县市经营的，由总机构汇总缴纳增值税

C. 采取统一配送成品油方式设立的非独立核算的加油站，跨省经营的，是否汇总

缴纳增值税，由国家税务总局确定

D. 对统一核算，且经税务机关批准汇总缴纳增值税的成品油销售单位跨县市调配成品油的，不征收增值税

4. 下列关于电力产品增值税的说法正确的是（　　）。

A. 对电力企业集团，以独立核算的电力公司为电力产品增值税纳税人
B. 在发电和供电环节分别预征，由电力公司统一结算
C. 电力公司所属企业生产销售的"热水"产品，在所属企业所在地纳税
D. 发、供电企业之间互供电力，纳税义务发生时间为双方核对计数量，开具抄表确认单据的当天

5. 下列说法正确的有（　　）。

A. 独立核算的供电企业所属的区县级供电企业，凡能够核算销售额的，依核定的预征率计算供电环节的增值税，不得抵扣进项税额
B. 供电企业收取的电费保证金，凡逾期（超过合同约定时间）未退还的，一律并入价外费用缴纳增值税
C. 不具有独立核算能力的供电局按销售额，依核定的征收率计算供电环节的增值税，不可抵扣进项税额
D. 发电厂按厂供电量，依核定的征收率计算发电环节的增值税

6. 下列关于发、供电企业销售电力产品的纳税义务发生时间的说法正确的有（　　）。

A. 发电企业和其他企事业单位销售电力产品的纳税义务发生时间为电力上网并收取销售额的当天
B. 供电企业采取直接收取电费结算方式的，为取得销售额的当天
C. 供电企业采取预收电费结算方式的，为发行电量的当天
D. 发、供电企业将电力产品用于非应税项目、集体福利、个人消费，为发出电量的当天

7. 下列企业提供属于《增值税生产性劳务征税范围注释》内的劳务（生产性劳务），应缴纳增值税的有（　　）。

A. 油气田企业为非油气田企业提供的生产性劳务
B. 油气田企业将承包的生产性劳务分包给其他油气田企业
C. 非油气田企业将承包的生产性劳务分包给油气田企业或其他非油气田企业
D. 油气田企业分包非油气田企业的生产性劳务

第 12 章
增值税发票的管理

2006 年 10 月 17 日国家税务总局发布的《国家税务总局关于修订〈增值税专用发票使用规定〉的通知》(国税发〔2006〕第 156 号),对增值税专用发票的领购、开具、认证、保管和缴销等作出明确的规定。修订后的《增值税专用发票使用规定》,自 2007 年 1 月 1 日起施行。

12.1 专用发票的联次

专用发票由基本联次或者基本联次附加其他联次构成,基本联次为三联:发票联、抵扣联和记账联。发票联,作为购买方核算采购成本和增值税进项税额的记账凭证;抵扣联,作为购买方报送主管税务机关认证和留存备查的凭证;记账联,作为销售方核算销售收入和增值税销项税额的记账凭证。其他联次用途,由一般纳税人自行确定。

12.2 专用发票的最高开票限额

最高开票限额,是指单份专用发票开具的销售额合计数不得达到的上限额度。

12.2.1 最高开票限额的审批
一、原规定
最高开票限额由一般纳税人申请,税务机关依法审批。最高开票限额为十万元及以下的,由区县级税务机关审批;最高开票限额为一百万元的,由地市级税务机关审批;最高开票限额为一千万元及以上的,由省级税务机关审批。防伪税控系统的具体发行工作由区县级税务机关负责。

税务机关审批最高开票限额应进行实地核查。批准使用最高开票限额为十万元及以下的,由区县级税务机关派人实地核查;批准使用最高开票限额为一百万元的,由地市级税务机关派人实地核查；批准使用最高开票限额为一千万元及以上的，由地市级税务机关派人实地核查后将核查资料报省级税务机关审核。

一般纳税人申请最高开票限额时，需填报《最高开票限额申请表》。

二、下放后专用发票最高开票限额审批权限

为了在加强管理的同时，提高工作效率，优化纳税服务，经研究，税务总局决定下放专用发票最高开票限额审批权限。现将有关问题通知如下：

1. 自2007年9月1日起，原省、地市税务机关的增值税一般纳税人专用发票最高开票限额审批权限下放至区县税务机关。地市税务机关对此项工作要进行监督检查。

2. 区县税务机关对纳税人申请的专用发票最高开票限额要严格审核，根据企业生产经营和产品销售的实际情况进行审批，既要控制发票数量以利于加强管理，又要保证纳税人生产经营的正常需要。

3. 区县税务机关应结合本地实际情况，从加强发票管理和方便纳税人的要求出发，采取有效措施，合理简化程序、办理专用发票最高开票限额审批手续。

4. 专用发票最高开票限额审批权限下放和手续简化后，各地税务机关要严格按照"以票控税、网络比对、税源监控、综合管理"的要求，落实各项管理措施，通过纳税申报"一窗式"管理、发票交叉稽核、异常发票检查以及纳税评估等日常管理手段，切实加强征管，做好增值税管理工作。

（国家税务总局关于下放增值税专用发票最高开票限额审批权限的通知，国税函〔2007〕第918号，发文日期：2007-08-28）

12.2.2 使用主机共享服务系统的最高开票限额

自2003年6月1日起，纳税人使用增值税防伪税控主机共享服务系统开具专用发票的最高开票限额为十万元（不含十万元）。

（国家税务总局关于印发《增值税防伪税控主机共享服务系统管理暂行办法》的通知，国税发〔2003〕67号，发文日期：2003-06-16）

12.3 专用发票设备的初始发行和变更发行

一般纳税人领购专用设备后，凭《最高开票限额申请表》、《发票领购簿》到主管税务机关办理初始发行。

初始发行，是指主管税务机关将一般纳税人的下列信息载入空白金税卡和IC卡的行为。

（一）企业名称；

（二）税务登记代码；

（三）开票限额；

（四）购票限量；

（五）购票人员姓名、密码；

（六）开票机数量；
（七）国家税务总局规定的其他信息。
一般纳税人发生上列第一、三、四、五、六、七项信息变化，应向主管税务机关申请变更发行；发生第二项信息变化，应向主管税务机关申请注销发行。

12.4 专用发票的领购

一、一般纳税人凭《发票领购簿》、IC卡和经办人身份证明领购专用发票。
二、一般纳税人有下列情形之一的，不得领购开具专用发票：
1. 会计核算不健全，不能向税务机关准确提供增值税销项税额、进项税额、应纳税额数据及其他有关增值税税务资料的。
上列其他有关增值税税务资料的内容，由省、自治区、直辖市和计划单列市国家税务局确定。
2. 有《税收征管法》规定的税收违法行为，拒不接受税务机关处理的。
3. 有下列行为之一，经税务机关责令限期改正而仍未改正的：
（1）虚开增值税专用发票；
（2）私自印制专用发票；
（3）向税务机关以外的单位和个人买取专用发票；
（4）借用他人专用发票；
（5）未按规定开具专用发票；
（6）未按规定保管专用发票和专用设备；
（7）未按规定申请办理防伪税控系统变更发行；
（8）未按规定接受税务机关检查。
有上列情形的，如已领购专用发票，主管税务机关应暂扣其结存的专用发票和IC卡。

12.5 专用发票的开具

12.5.1 基本要求

一、开具范围
（一）条例的规定
《中华人民共和国增值税暂行条例》第二十一条规定：纳税人销售货物或者应税劳务，应当向索取增值税专用发票的购买方开具增值税专用发票，并在增值税专用发票上分别注明销售额和销项税额。
属于下列情形之一的，不得开具增值税专用发票：
1. 向消费者个人销售货物或者应税劳务的；

2. 销售货物或者应税劳务适用免税规定的；
3. 小规模纳税人销售货物或者应税劳务的。

（二）专用发票使用办法的规定

一般纳税人销售货物或者提供应税劳务，应向购买方开具专用发票。增值税小规模纳税人（以下简称小规模纳税人）需要开具专用发票的，可向主管税务机关申请代开。

1. 商业企业一般纳税人零售的烟、酒、食品、服装、鞋帽（不包括劳保专用部分）、化妆品等消费品不得开具专用发票。
2. 销售免税货物不得开具专用发票，法律、法规及国家税务总局另有规定的除外。

（三）销售免税货物应当开具专用发票的情形

1. 国有粮食购销企业

（1）专用发票开票范围

凡享受免征增值税的国有粮食购销企业，均按增值税一般纳税人认定，并进行纳税申报、日常检查及有关增值税专用发票的各项管理。

经税务机关认定为增值税一般纳税人的国有粮食购销企业，1999年内要全部纳入增值税防伪税控系统管理，自2000年1月1日起，其粮食销售业务必须使用防伪税控系统开具增值税专用发票。对违反本规定，逾期未使用防伪税控系统，擅自开具增值税专用发票的，按照《中华人民共和国发票管理办法》及其实施细则的有关规定进行处罚。

（国家税务总局关于加强国有粮食购销企业增值税管理有关问题的通知，国税函〔1999〕560号，发文日期：1999-08-18）

（2）专用发票填写

自1999年8月1日起，凡国有粮食购销企业销售粮食，暂一律开具增值税专用发票。国有粮食购销企业开具增值税专用发票时，应当比照非免税货物开具增值税专用发票，企业记账销售额为"价税合计"数。属于增值税一般纳税人的生产、经营单位从国有粮食购销企业购进的免税粮食，可依照国有粮食购销企业开具的增值税专用发票注明的税额抵扣进项税额。

（国家税务总局关于国有粮食购销企业开具粮食销售发票有关问题的通知，国税明电〔1999〕10号，发文日期：1999-07-19）

2. 中国储备粮总公司及各分公司

自2002年6月1日起，对中国储备粮总公司及各分公司所属的政府储备食用植物油承储企业，按照国家指令计划销售的政府储备食用植物油，可比照国家税务总局《关于国有粮食购销企业开具粮食销售发票有关问题的通知》（国税明电〔1999〕10号）及国家税务总局《关于加强国有粮食购销企业增值税管理有关问题的通知》（国税函〔1999〕560号）的有关规定执行，允许其开具增值税专用发票并纳入增值税防伪税控系统管理。

（国家税务总局关于政府储备食用植物油销售业务开具增值税专用发票问题的通知，国税函〔2002〕531号，发文日期：2002-06-10）

（四）销售免税货物违法开具专用发票的处理

增值税一般纳税人（以下简称"一般纳税人"）销售免税货物，一律不得开具专用发票（国有粮食购销企业销售免税粮食除外）。如违反规定开具专用发票的，则对其开具的销售额依照增值税适用税率全额征收增值税，不得抵扣进项税额，并按照《中华人民共和国发票管理办法》及其实施细则的有关规定予以处罚。

一般纳税人销售的货物，由先征后返或即征即退改为免征增值税后，如果其销售的货物全部为免征增值税的，税务机关应收缴其结存的专用发票，并不得再对其发售专用发票。税务机关工作人员违反规定为其发售专用发票的，应按照有关规定予以严肃处理。

（国家税务总局关于加强免征增值税货物专用发票管理的通知，国税函〔2005〕780号，发文日期：2005-08-08）

（五）关于无偿赠送货物可否开具专用发票问题

一般纳税人将货物无偿赠送给他人，如果受赠者为一般纳税人，可以根据受赠者的要求开具专用发票。

（国家税务总局关于增值税若干征收问题的通知，国税发〔1994〕第122号，发文日期：1994-05-17）

二、专用发票开具要求

1. 项目齐全，与实际交易相符；
2. 字迹清楚，不得压线、错格；
3. 发票联和抵扣联加盖发票专用章；
4. 按照增值税纳税义务的发生时间开具。

对不符合上列要求的专用发票，购买方有权拒收。

三、专用发票的填写要求

（一）专用发票的"单价"栏，必须填写不含税单价。纳税人如果采用销售额和增值税额合并定价方法的，其不含税单价应按下列公式计算：

1. 一般纳税人按增值税税率计算应纳税额的，不含税单价计算公式为：

$$不含税单价 = 含税单价 / (1 + 税率)$$

2. 一般纳税人按简易办法计算应纳税额的和由税务所代开专用发票的小规模纳税人，不含税价计算公式为：

$$不含税单价 = 含税单价 / (1 + 征收率)$$

（二）专用发票"金额"栏的数字，应按不含税单价和数量相乘计算填写，计算公式为：

$$金额栏数字 = 不含税单价 \times 数量$$

不含税单价的尾数，"元"以下一般保留到"分"。特殊情况下也可以适当增加保留的位数。

（三）专用发票的"税率"栏，应填写销售货物或应税劳务的适用税率，"税额"栏的数字应按"金额"栏数字和"税率"相乘计算填写。计算公式为：

$$税额＝金额×税率$$

（国家税务总局关于增值税若干征收问题的通知，国税发〔1994〕第 122 号，发文日期：1994-05-07）

四、汇总开具专用发票

一般纳税人销售货物或者提供应税劳务可汇总开具专用发票。汇总开具专用发票的，同时使用防伪税控系统开具《销售货物或者提供应税劳务清单》，并加盖财务专用章或者发票专用章。

五、红字专用发票的开具

见 4.7.4 销货退回或折让。

案例解析

某灯具公司是一般纳税人企业，向客户销售了一批货物，客户要求灯具公司开具增值税专用发票。但是灯具公司在要求客户提供一般纳税人资格证明时，对方未能提供。灯具公司能否给未提供一般纳税人资格证明的购买方开具增值税专用发票？

答：《中华人民共和国增值税暂行条例》第二十一条规定，纳税人销售货物或者应税劳务，应当向索取增值税专用发票的购买方开具增值税专用发票，并在增值税专用发票上分别注明销售额和销项税额。属于下列情形之一的，不得开具增值税专用发票：1. 向消费者个人销售货物或者应税劳务的；2. 销售货物或者应税劳务适用免税规定的；3. 小规模纳税人销售货物或者应税劳务的。根据《国家税务总局关于修订〈增值税专用发票使用规定〉的通知》（国税发〔2006〕156 号）第十条规定，商业企业一般纳税人零售的烟、酒、食品、服装、鞋帽（不包括劳保专用部分）、化妆品等消费品不得开具专用发票。销售免税货物不得开具专用发票。因此，作为一般纳税人的灯具公司，销售的货物不是免税货物，也不是国税发〔2006〕156 号文件规定的不得开具专用发票的烟、酒等，只要购货单位索取，可以给对方开具增值税专用发票。

12.5.2 代开专用发票

一、代开范围

代开专用发票是指主管税务机关为所辖范围内的增值税纳税人〔是指已办理税务登记的小规模纳税人（包括个体经营者）以及国家税务总局确定的其他可予代开增值税专用发票的纳税人〕代开专用发票，其他单位和个人不得代开。

（国家税务总局关于印发《税务机关代开增值税专用发票管理办法（试行）》的通知，国税发〔2004〕153 号，发文日期：2004-12-22）

《中华人民共和国增值税暂行条例》第十七条规定销售额未达到起征点的纳税人免征增值税，第二十一条规定纳税人销售免税货物不得开具专用发票。对销售额未达到起征点的个体工商业户，税务机关不得为其代开专用发票。

（国家税务总局关于增值税起征点调整后有关问题的批复，国税函〔2003〕

1396号，发文日期：2003-12-29；国家税务总局关于修改若干增值税规范性文件引用法规规章条款依据的通知，国税发〔2009〕10号，发文日期：2009-02-05)

二、代开程序

（一）增值税纳税人申请代开专用发票时，应填写《代开增值税专用发票缴纳税款申报单》（以下简称《申报单》），连同税务登记证副本，到主管税务机关税款征收岗位按专用发票上注明的税额全额申报缴纳税款，同时缴纳专用发票工本费。

（二）增值税纳税人缴纳税款后，凭《申报单》和税收完税凭证及税务登记证副本，到代开专用发票岗位申请代开专用发票。按照《申报单》、完税凭证和专用发票一一对应即"一单一证一票"原则，为增值税纳税人代开专用发票。

三、填写要求

代开发票岗位应按下列要求填写专用发票的有关项目：

1. "单价"栏和"金额"栏分别填写不含增值税税额的单价和销售额；
2. "税率"栏填写增值税征收率；
3. 销货单位栏填写代开税务机关的统一代码和代开税务机关名称；
4. 销方开户银行及账号栏内填写税收完税凭证号码；
5. 备注栏内注明增值税纳税人的名称和纳税人识别号。

其他项目按照专用发票填开的有关规定填写。增值税纳税人应在代开专用发票的备注栏上，加盖本单位的发票专用章。

（国家税务总局关于印发《税务机关代开增值税专用发票管理办法（试行）》的通知，国税发〔2004〕153号，发文日期：2004-12-22）

四、代开发票的补充规定

（一）从2005年1月1日起，凡税务机关代开增值税专用发票必须通过防伪税控系统开具，通过防伪税控报税子系统采集代开增值税专用发票开具信息，不再填报《代开发票开具清单》，同时停止使用非防伪税控系统为纳税人代开增值税专用发票（包括手写版增值税专用发票和计算机开具不带密码的电脑版增值税专用发票）。

（二）增值税一般纳税人取得的税务机关用非防伪税控系统代开的增值税专用发票，应当在2005年3月份纳税申报期结束以前向主管税务机关申报抵扣，并填报《代开发票抵扣清单》，逾期不得抵扣进项税额。

增值税一般纳税人取得的税务机关通过防伪税控系统代开的增值税专用发票，通过防伪税控认证子系统采集抵扣联信息，不再填报《代开发票抵扣清单》，其认证、申报抵扣期限的有关规定按照《国家税务总局关于增值税一般纳税人取得防伪税控系统开具的增值税专用发票进项税额抵扣问题的通知》（国税发〔2003〕17号）文件规定执行，并按照现行防伪税控增值税专用发票比对内容进行"一窗式"比对。

（三）税务机关必须在一个窗口设置征收岗位和代开发票岗位。

（四）对实行定期定额征收方法的纳税人正常申报时，按以下方法进行清算：

1. 每月开票金额大于应征增值税税额的，以开票金额数为依据征收税款，并作为下一年度核定定期定额的依据。
2. 每月开票金额小于应征增值税税额的，按应征增值税税额数征收税款。

（五）在防伪税控代开票征收子系统未投入运行前，要加强对手工传递凭证的监控工作，要设置审核监控岗位专门负责核对开票税额、收款数额和入库税款是否一致。

（六）税务机关要加强对认证通过的代开增值税专用发票和纳税人申报表进行比对。对票表比对异常的要查清原因，依照有关规定分别进行处理。要对小规模纳税人申报的应纳税销售额进行审核，其当期申报的应纳税销售额不得小于税务机关为其代开的增值税专用发票上所注明的金额。

（国家税务总局关于加强税务机关代开增值税专用发票管理问题的通知，国税函〔2004〕第1404号，发文日期：2004-12-22）

政策解析

对达不到起征点的个体工商户因经营需要开具发票的，只要办理了税务登记，就可以办理领购普通发票的有关事宜，也可以由税务机关为其代开普通发票，但因为其享受免征增值税的优惠，销售的货物按免税货物对待，税务机关不得为其代开增值税专用发票。

12.5.3 防伪税控主机共享服务系统

为解决部分经营规模较小的一般纳税人使用防伪税控开票系统存在的实际困难，总局决定：自2003年6月1日起，由税务机关和税务代理机构使用增值税防伪税控主机共享服务系统为其开具增值税专用发票（以下简称集中开票方式）。共享系统是指能够为多户纳税人利用防伪税控系统开具专用发票提供服务（以下简称开票服务）的计算机应用系统。

一、是否采用集中开票方式遵循自愿原则，由纳税人自愿选择，税务机关不得强制要求纳税人使用此种开票方式。

二、采用集中开票方式的纳税人只购买金税卡（1 303元）、IC卡（105元），不需单独购买读卡器（173元）。

三、税务代理机构收取的开票费用，每张发票最高不超过5元。

四、纳税人使用共享系统开具专用发票的最高开票限额为十万元（不含十万元）。

五、纳税人的申请。

自2003年6月1日起，纳税人自愿选择使用共享系统开具专用发票。纳税人申请使用增值税防伪税控主机共享服务系统开具专用发票的，应报主管税务机关批准。纳税人停止使用共享系统开具专用发票的，应提前1个月向主管税务机关提出申请，办妥有关手续后便可退出。

六、中介机构的责任。

中介机构提供开票服务必须与纳税人签订服务协议，明确双方责任。中介机构应有以下责任：

（一）妥善保管纳税人的防伪税控专用设备；

（二）定期备份有关开票数据；

（三）为纳税人开票信息保密；

（四）纳税人未按规定抄报税的，应及时通知纳税人抄报税；

（五）与防伪税控系统技术服务单位及共享系统供应商签订服务协议，以保证共享系统正常运行。

七、纳税人应按照《增值税防伪税控系统管理办法》办理防伪税控开票系统的发行、专用发票的领购、抄税报税和专用设备的缴销等业务。

八、纳税人必须自行保管增值税专用发票和税控 IC 卡，不得委托任何单位和个人代管。

（国家税务总局关于印发《增值税防伪税控主机共享服务系统管理暂行办法》的通知，国税发〔2003〕67 号，发文日期：2003-06-16）

12.6 抄 报 税

一、一般纳税人开具专用发票应在增值税纳税申报期内向主管税务机关报税，在申报所属月份内可分次向主管税务机关报税。

报税，是纳税人持 IC 卡或者 IC 卡和软盘向税务机关报送开票数据电文。

二、因 IC 卡、软盘质量等问题无法报税的，应更换 IC 卡、软盘。

因硬盘损坏、更换金税卡等原因不能正常报税的，应提供已开具未向税务机关报税的专用发票记账联原件或者复印件，由主管税务机关补采开票数据。

12.7 专用发票的认证

认证，是税务机关通过防伪税控系统对专用发票所列数据的识别、确认。

用于抵扣增值税进项税额的专用发票应经税务机关认证相符（国家税务总局另有规定的除外）。认证相符，是指纳税人识别号无误，专用发票所列密文解译后与明文一致。认证相符的专用发票应作为购买方的记账凭证，不得退还销售方。

专用发票抵扣联无法认证的，可使用专用发票发票联到主管税务机关认证。专用发票发票联复印件留存备查。

12.7.1 税务机关退还原件的情形

经认证，有下列情形之一的，不得作为增值税进项税额的抵扣凭证，税务机关退还原件，购买方可要求销售方重新开具专用发票。

一、无法认证

无法认证，是指专用发票所列密文或者明文不能辨认，无法产生认证结果。

二、纳税人识别号认证不符

纳税人识别号认证不符，是指专用发票所列购买方纳税人识别号有误。

三、专用发票代码、号码认证不符

专用发票代码、号码认证不符,是指专用发票所列密文解译后与明文的代码或者号码不一致。

12.7.2 税务机关扣留原件的情形

经认证,有下列情形之一的,暂不得作为增值税进项税额的抵扣凭证,税务机关扣留原件,查明原因,分别情况进行处理。

一、重复认证

重复认证,是指已经认证相符的同一张专用发票再次认证。

二、密文有误

称密文有误,是指专用发票所列密文无法解译。

三、认证不符

认证不符,是指纳税人识别号有误,或者专用发票所列密文解译后与明文不一致。认证不符不含 12.7.1 纳税人识别号认证不符和专用发票代码号码认证不符。

四、列为失控专用发票

列为失控专用发票,是指认证时的专用发票已被登记为失控专用发票。

12.7.3 涉嫌违规增值税专用发票处理

金税工程增值税征管信息系统发现的涉嫌违规发票处理:

一、关于防伪税控认证系统发现涉嫌违规发票的处理

目前,防伪税控认证系统发现涉嫌违规发票分"无法认证"、"认证不符"、"密文有误"、"重复认证"、"认证时失控"、"认证后失控"和"纳税人识别号认证不符(发票所列购买方纳税人识别号与申报认证企业的纳税人识别号不符)"等类型。

(一)属于"无法认证"、"纳税人识别号认证不符"和"认证不符"中的"发票代码号码认证不符(密文与明文相比较,发票代码或号码不符)"的发票,不得作为增值税进项税额的抵扣凭证。税务机关应将发票原件退还企业,企业可要求销售方重新开具。

(二)属于"重复认证"、"密文有误"和"认证不符(不包括发票代码号码认证不符)"、"认证时失控"和"认证后失控"的发票,暂不得作为增值税进项税额的抵扣凭证,税务机关扣留原件,移送稽查部门作为案源进行查处。经税务机关检查确认属于税务机关责任以及技术性错误造成的,允许作为增值税进项税额的抵扣凭证;不属于税务机关责任以及技术性错误造成的,不得作为增值税进项税额的抵扣凭证。属于税务机关责任的,由税务机关误操作的相关部门核实后,区县级税务机关出具书面证明;属于技术性错误的,由税务机关技术主管部门核实后,区县级税务机关出具书面证明。

二、关于增值税专用发票稽核系统发现涉嫌违规发票的处理

目前,增值税专用发票稽核系统发现涉嫌违规发票分"比对不符"、"缺联"和"作废"等类型。

凡属于上述涉嫌违规的发票,暂不得作为增值税进项税额的抵扣凭证,由管理部门

按照审核检查的有关规定进行核查,并按有关规定进行处理。经税务机关检查确认属于税务机关责任以及技术性错误造成的,允许作为增值税进项税额的抵扣凭证;不属于税务机关责任以及技术性错误造成的,不得作为增值税进项税额的抵扣凭证。属于税务机关责任的,由税务机关误操作的相关部门核实后,区县级税务机关出具书面证明;属于技术性错误的,由税务机关技术主管部门核实后,区县级税务机关出具书面证明。

(国家税务总局关于金税工程增值税征管信息系统发现的涉嫌违规增值税专用发票处理问题的通知,国税函〔2006〕969号,发文日期:2006-10-13)

案例解析

某企业外购原材料时取得一张增值税专用发票,到税务机关认证时,结果为密文有误。企业应该如何处理,这张发票还能作为增值税进项税额的抵扣凭证吗?

答: 根据《国家税务总局关于修订增值税专用发票使用规定的通知》(国税发〔2006〕156号)第二十七条规定,经认证,有重复认证、密文有误、认证不符、列为失控专用发票四种情形的,暂不得作为增值税进项税额的抵扣凭证,税务机关扣留原件,查明原因,分别情况进行处理。《国家税务总局关于金税工程增值税征管信息系统发现的涉嫌违规增值税专用发票处理问题的通知》(国税函〔2006〕969号)第一条第二项规定,属于重复认证、密文有误和认证不符(不包括发票代码号码认证不符)、认证时失控和认证后失控的发票,暂不得作为增值税进项税额的抵扣凭证,税务机关扣留原件,移送稽查部门作为案源进行查处。经税务机关检查确认属于税务机关责任以及技术性错误造成的,允许作为增值税进项税额的抵扣凭证;不属于税务机关责任以及技术性错误造成的,不得作为增值税进项税额的抵扣凭证。属于税务机关责任的,由税务机关误操作的相关部门核实后,区县级税务机关出具书面证明;属于技术性错误的,由税务机关技术主管部门核实后,区县级税务机关出具书面证明。

12.8 专用发票的保管

一、有下列情形之一的,为未按规定保管专用发票和专用设备:
(一)未设专人保管专用发票和专用设备;
(二)未按税务机关要求存放专用发票和专用设备;
(三)未将认证相符的专用发票抵扣联、《认证结果通知书》和《认证结果清单》装订成册;
(四)未经税务机关查验,擅自销毁专用发票基本联次。
二、防伪税控企业未按规定使用保管专用设备,发生下列情形之一的,视同未按规定使用和保管专用发票处罚:
(一)因保管不善或擅自拆装专用设备造成系统不能正常运行;
(二)携带系统外出开具专用发票。

(国家税务总局关于印发《增值税防伪税控系统管理办法》的通知，国税发〔1999〕221号，发文日期：1999-12-01)

12.9 专用发票的缴销

专用发票的缴销，是指主管税务机关在纸质专用发票监制章处按"V"字剪角作废，同时作废相应的专用发票数据电文。被缴销的纸质专用发票应退还纳税人。

一般纳税人注销税务登记或者转为小规模纳税人，应将专用设备和结存未用的纸质专用发票送交主管税务机关。

主管税务机关应缴销其专用发票，并按有关安全管理的要求处理专用设备。

12.10 普通发票的规定

12.10.1 机动车销售统一发票

一、机动车销售

根据修订的《中华人民共和国增值税暂行条例》，增值税一般纳税人购进固定资产的进项税额可以从销项税额中抵扣。为做好机动车的增值税抵扣工作，国家税务总局决定在全国范围内推行机动车销售统一发票税控系统（以下简称税控系统）。

（一）自2009年1月1日起，增值税一般纳税人从事机动车（应征消费税的机动车和旧机动车除外）零售业务必须使用税控系统开具机动车销售统一发票。

（二）机动车零售企业向增值税一般纳税人销售机动车的，机动车销售统一发票"身份证号码/组织机构代码"栏统一填写购买方纳税人识别号，向其他企业或个人销售机动车的，仍按照《国家税务总局关于使用新版机动车销售统一发票有关问题的通知》（国税函〔2006〕479号）规定填写。

(国家税务总局关于推行机动车销售统一发票税控系统有关工作的紧急通知，国税发〔2008〕117号，发文日期：2008-12-15)

二、摩托车销售

凡从事机动车零售业务的纳税人（包括销售摩托车）收取款项时，都必须开具新式电脑版机动车销售统一发票。但是，目前仍有部分销售摩托车的增值税小规模纳税人未配备电脑及打印设备，无法开具新版机动车销售统一发票。

（一）凡不具备电脑开票条件的增值税小规模纳税人销售摩托车，其所需发票由主管税务机关代开。

（二）税务机关在为销售摩托车的增值税小规模纳税人代开机动车销售统一发票时，应在发票联加盖税务机关代开发票专用章。

(国家税务总局关于销售摩托车增值税小规模纳税人开具机动车销售统一发票有关问题的通知，国税函〔2006〕681号，发文日期：2006-06-05)

案例解析

某公司是增值税一般纳税人企业，2010年新购买一辆货车，收到销售方开具的机动车销售统一发票，在"身份证号码/组织机构代码"栏内填写的是该公司的组织机构代码，这张发票能否用做进项税额抵扣凭证？

答：根据《国家税务总局关于推行机动车销售统一发票税控系统有关工作的紧急通知》（国税发〔2008〕117号）规定，自2009年1月1日起，增值税一般纳税人从事机动车（应征消费税的机动车和旧机动车除外）零售业务必须使用税控系统开具机动车销售统一发票。机动车零售企业向增值税一般纳税人销售机动车的，机动车销售统一发票"身份证号码/组织机构代码"栏统一填写购买方纳税人识别号，向其他企业或个人销售机动车的，仍按照《国家税务总局关于使用新版机动车销售统一发票有关问题的通知》（国税函〔2006〕479号）规定填写。根据上述规定，在机动车销售统一发票的"身份证号码/组织机构代码"栏内应填写公司的纳税人识别号，而不是组织机构代码，该张发票不能申报抵扣进项税额。

12.10.2 推行使用税控收款机

《国家税务总局 财政部 信息产业部 国家质量监督检验检疫总局关于推广应用税控收款机加强税源监控的通知》作出如下规定：

随着我国经济发展和改革开放的不断深入，国家税收收入稳定增长，国家财力不断壮大，为国民经济持续、快速发展和社会进步提供了有力的保障。但是，在税收领域，依法纳税意识淡薄，偷税逃税现象依然比较严重；尤其是对财务核算不健全的纳税人，税务机关难以实施有效监控。这种现状不但严重扰乱正常的经济秩序，而且导致国家税收大量流失。为了进一步加强税源监控，堵塞税收漏洞，减少税收流失，根据《中华人民共和国税收征收管理法》第二十三条的规定，经国务院同意，决定在适用的行业推行使用税控收款机。

一、推行使用的范围和方法

（一）凡从事商业零售业、饮食业、娱乐业、服务业、交通运输业等适合使用税控收款机系列机具行业，具有一定规模和固定经营场所的纳税人（以下简称用户），必须按照本通知的规定购置使用税控收款机。具体推行适用行业及"具有一定规模和固定经营场所"的标准，由各省、自治区、直辖市和计划单列市人民政府确定。

（二）税控收款机的推广应用，采取统一标准、生产许可、政府推广、分步覆盖的原则实施。各地可根据本地区实际情况，精心组织，统筹规划，力争经济发达地区3年左右、其他地区5年左右，基本普及使用税控收款机。

二、使用管理

（一）凡符合本通知第一条（一）项范围内确定的用户，应按规定购置、使用税控收款机。

（二）对本通知下发前在用的收款机和非标准的税控收款机，首先应向当地主管税务机关进行备案，有条件的可以进行税控功能的改造；不易实施改造的，可采取逐步更换的方式加以解决。

（三）税控收款机使用前，由主管税务机关使用国家税务总局下发的《税控收款机管理系统》实施税控初始化。

（四）用户在经营过程中，不论以现金或非现金方式收取款项时（开具增值税专用发票的除外），都必须通过税控收款机如实录入经营数据，开具由税务机关统一印制的税控收款机发票（以下简称税控发票）。严禁损毁或者擅自改动税控收款机。

（五）税控发票的式样、规格、联次、鉴别方法及使用规定，由国家税务总局确定。

（六）用户应当按期向主管税务机关报送税控收款机记录的经营数据及相关资料。

（七）用户发生税控收款机丢失、被盗等情形时，应当立即向税务机关报告，并按规定重新购置税控收款机，以保证在经营活动中正常使用。

（八）有下列情形之一，造成用户申报的计税依据明显偏低，又无正当理由的，主管税务机关有权核定其应纳税额：

1. 未按规定使用税控收款机的；
2. 不如实录入销售或经营数据的；
3. 发生税控收款机丢失、被盗的；
4. 擅自拆卸、改动和破坏税控收款机的。

（九）当税控收款机发生故障时，用户应当立即通知售后服务网点维修。在机器维修期间，应使用《经营收入临时登记簿》，逐笔登记经营收入。机器修复后，应将维修期间的经营收入汇总录入税控收款机。

（十）用户应在变更、注销税务登记的同时，办理税控收款机变更、注销手续。

（国家税务总局 财政部 信息产业部 国家质量监督检验检疫总局关于推广应用税控收款机加强税源监控的通知，国税发〔2004〕第044号，发文日期：2004-04-04）

12.10.3 增值税防伪税控一机多票系统

一、推行增值税防伪税控一机多票系统的公告

根据《中华人民共和国税收征收管理法》第二十三条的规定并经国务院同意，2004年4月国家税务总局 财政部 信息产业部 国家质量监督检验检疫总局联合发布《关于推广应用税控收款机加强税源监控的通知》（国税发〔2004〕44号），规定凡具有一定规模和固定经营场所的纳税人，都要购置使用税控收款机。为了加强增值税普通发票的税源监控，同时不增加纳税人负担，国家税务总局决定将增值税一般纳税人（以下简称一般纳税人）开具的增值税普通发票纳入增值税防伪税控系统管理，统一推行防伪税控一机多票系统（以下简称一机多票系统）。

推行一机多票系统，就是将纳税人目前使用的防伪税控开票系统升级为一机多票系统，纳税人不需另外购置税控收款机，便可通过同一套设备（包括计算机、打印机等通用设备及金税卡和税控IC卡等专用设备）既能开具增值税专用发票，又能开具增值税普通发票，并可利用同一套计算机系统、相同的操作方法进行增值税专用发票和增值税普通发票的领购、开具、抄报税等项工作，避免了因税控装置（即防伪税控开票系统和税控收款机）的重复配置带来的培训、操作和管理等方面的麻烦。另外，根据广大纳税人多年来使用防伪税控开票系统的反映以及为适应公民身份证号码位数增加的变化需要，一机多票系统在购票、开票、统计、管理等方面新增或改进了二十多项功能，更加符合纳税人经营管理的需要。无论是增值税专用发票，还是增值税普通发票，纳税人的开票操作都更为便捷。利用此次推行一机多票系统的机会，防伪税控系统服务单位将对纳税人的计算机、金税卡、IC卡和开票软件免费进行一次检查和维护。

（国家税务总局关于印发《国家税务总局关于推行增值税防伪税控一机多票系统的公告》的通知，国税发〔2006〕第079号，发文日期：2006-05-19）

二、一机多票系统推行范围

为加强增值税管理，堵塞税收漏洞，总局决定将增值税一般纳税人开具的普通发票纳入增值税防伪税控系统管理，自2006年6月中旬开始统一推行增值税防伪税控一机多票系统（以下简称一机多票系统），具体推行范围：

（一）原则上已经使用防伪税控开票系统的企业全部推行一机多票系统；

（二）商业零售企业、经销水、电、气、暖的企业可自行决定是否使用一机多票系统；

（三）新认定的增值税一般纳税人直接推行一机多票系统（不纳入推行范围的除外）。

（国家税务总局关于推行增值税防伪税控一机多票系统的通知，国税发〔2006〕78号，发文日期：2006-06-05）

根据《中华人民共和国税收征收管理法》和《国家税务总局关于推行增值税防伪税控一机多票系统的通知》（国税发〔2006〕78号）的有关规定，《国家税务总局关于增值税防伪税控一机多票系统开具普通发票有关问题的公告》作出如下规定：

报刊自办发行、食品连锁以及药品批发行业的部分增值税一般纳税人销售对象多为消费者或者使用单位，开具普通发票零散且发票用量大。为解决这些特殊行业开具普通发票的实际困难，上述3个行业中的企业可依据国税发〔2006〕78号文件的规定，比照商业零售企业自行决定是否使用增值税防伪税控一机多票系统开具增值税普通发票。

本公告自2011年3月1日起施行。公告施行前发生的事项，可依据本公告执行。

（国家税务总局关于增值税防伪税控一机多票系统开具普通发票有关问题的公告，国家税务总局公告〔2011〕第15号，发文日期：2011-03-01）

重点难点即时练 24

1. 增值税专用发票的开具要求有（   ）。
   A. 项目填写齐全   B. 字迹清楚
   C. 不得开具伪造的专用发票   D. 全部联次一次填开
2. 下列行为不可以开具专用发票的有（   ）。
   A. 向消费者销售应税项目   B. 销售免税项目
   C. 将货物用于非应税项目   D. 将货物对外投资

E. 销售给小规模纳税人

3. 商业增值税一般纳税人零售的（　　）不得开具专用发票。
   A. 烟、酒　　　　　　　　　　　　B. 补品
   C. 化妆品　　　　　　　　　　　　D. 劳保用服装

4. 下列各项中，符合增值税专用发票开具时限规定的是（　　）。
   A. 采用预收货款结算方式的，为收到货款的当天
   B. 将货物分配给股东，为货物移送的当天
   C. 采用交款提货结算方式的，为发出货物的当天
   D. 将货物交付他人代销的，为货物移送的当天

5. 属于（　　）的增值税专用发票，税务机关应在认证后将发票原件退还企业。
   A. 无法认证　　　　　　　　　　　B. 纳税人识别号认证不符
   C. 发票代码号码认证不符　　　　　D. 密文有误

第2部分 消费税

第 13 章 消费税纳税人、征税范围及税率

本章主要介绍消费税的纳税人、征税范围和税率三个核心的税制要素。

13.1 消费税纳税人的基本规定

《中华人民共和国消费税暂行条例》第一条规定，在中华人民共和国境内生产、委托加工和进口本条例规定的消费品的单位和个人，以及国务院确定的销售本条例规定的消费品的其他单位和个人，为消费税的纳税人，应当依照本条例缴纳消费税。

《中华人民共和国消费税暂行条例实施细则》第二条规定，条例第一条所称单位，是指企业、行政单位、事业单位、军事单位、社会团体及其他单位。

条例第一条所称个人，是指个体工商户及其他个人。

13.2 消费税扣缴义务人

《中华人民共和国消费税暂行条例》第四条规定，委托加工的应税消费品，除受托方为个人外，由受托方在向委托方交货时代收代缴税款。

政策解析

委托加工应税消费品，当受托方为个人（包括个体经营者）时，不实行代收代缴，应由委托方向委托方机构所在地的主管税务机关申报缴纳。

13.3 消费税税目税率表

《中华人民共和国消费税暂行条例》第二条规定，消费税的税目、税率，依照本条

例所附的《消费税税目税率表》执行。消费税税目、税率的调整，由国务院决定。

《中华人民共和国消费税暂行条例实施细则》第三条规定，条例所附《消费税税目税率表》中所列应税消费品的具体征税范围，由财政部、国家税务总局确定。

消费税税目税率表

税目	子目	计税单位	税率	备注
一、烟	1. 卷烟	工业生产环节 (1) 甲类卷烟：每标准条（200支）对外调拨价格在70元以上的（含70元，不含增值税）	56%、0.003元/支	自2009年5月1日起，依照财税〔2009〕84号调整。
		(2) 乙类卷烟：每标准条（200支）对外调拨价格在70元以下的	36%、0.003元/支	
		批发环节	5%	
	2. 雪茄烟		36%	自2009年5月1日起，依照财税〔2009〕84号调整。
	3. 烟丝		30%	
二、酒及酒精	1. 粮食白酒	斤	20% 0.5元/斤或0.5元/毫升	自2001年5月1日起采用复合计税办法。自2006年4月1日起依财税〔2006〕第033号调整税率。粮食白酒含果木或谷物为原料的蒸馏酒。
	2. 薯类白酒	斤	20% 0.5元/斤或0.5元/毫升	
	3. 黄酒	吨	240元/吨	黄酒1吨=962升
	4. 啤酒	(1) 每吨出厂价格（含包装物及包装物押金）在3 000元（含3 000元，不含增值税）以上的	250元/吨	包括啤酒源、菠萝啤酒、饮食业、商业、娱乐业生产的啤酒和果啤等。啤酒税率自2001年5月1日起依照财税字〔2001〕第084号调整。啤酒1吨=988升
		(2) 每吨在3 000元以下的	220元/吨	
		(3) 娱乐业和饮食业自制的	250元/吨	
	5. 其他酒		10%	包括葡萄酒、以黄酒为酒基生产的配制或泡制酒。
	6. 酒精		5%	又名乙醇，是指酒精度数在95度以上，具体包括：工业酒精、医药酒精、食用酒精。
三、化妆品（含成套化妆品）			30%	包括原属于护肤护发品征税范围的高档护肤类化妆品。

续表

税目	子目	计税单位	税率	备注
四、贵重首饰及珠宝玉石			金银首饰5%，非金银首饰10%	包括金刚石（钻石）、宝石坯、各种金、银、珠宝首饰及珠宝玉石等。
五、鞭炮、焰火			15%	
六、成品油	1. 汽油	(1) 无铅汽油	1.0元/升	自2009年1月1日起，依财税〔2008〕167号调整成品油税率。以汽油、汽油组分调和生产的甲醇汽油、乙醇汽油也属于本税目征收范围。含铅汽油是指含铅量每升超过0.013克的汽油。汽油1吨＝1388升
		(2) 含铅汽油	1.4元/升	
	2. 柴油		0.8元/升	以柴油、柴油组分调和生产的生物柴油也属于本税目征收范围。柴油1吨＝1176升
	3. 石脑油		1.0元/升	石脑油的征收范围包括除汽油、柴油、航空煤油、溶剂油以外的各种轻质油。石脑油1吨＝1385升
	4. 溶剂油		1.0元/升	橡胶填充油、溶剂油原料，属于溶剂油征收范围。溶剂油1吨＝1282升
	5. 润滑油		1.0元/升	润滑油分为矿物性润滑油、植物性润滑油、动物性润滑油和化工原料合成润滑油。润滑油的征收范围包括矿物性润滑油、矿物性润滑油基础油、植物性润滑油、动物性润滑油和化工原料合成润滑油。润滑油1吨＝1126升
	6. 燃料油		0.8元/升	包括用于电厂发电、船舶锅炉燃料、加热炉燃料、冶金和其他工业炉燃料的各类燃料油。燃料油1吨＝1015升
	7. 航空煤油		0.8元/升	暂缓征收。航空煤油1吨＝1246升
七、汽车轮胎			3%	自2006年4月1日起依财税〔2006〕第033号调整税率。

续表

税目	子目	计税单位	税率	备注
八、摩托车		1. 气缸容量在 250 毫升（含）以下的	3%	自 2006 年 4 月 1 日起依财税〔2006〕第 033 号调整税率。
		2. 气缸容量在 250 毫升以上的	10%	
九、小汽车	1. 乘用车	（1）气缸容量（排气量，下同）在 1.0 升以下（含 1.0 升）的	1%	自 2006 年 4 月 1 日起，取消小汽车税目下的小轿车、越野车、小客车子目。在小汽车税目下分设乘用车、中轻型商用客车子目。乘用车包括含驾驶员座位在内最多不超过 9 个座位（含）的，在设计和技术特性上用于载运乘客和货物。自 2008 年 9 月 1 日起，按照财税〔2008〕第 105 号文件调整乘用车税率。中轻型商用客车含驾驶员座位在内的座位数在 10 至 23 座（含 23 座）的在设计和技术特性上用于载运乘客和货物。电动汽车不属于本税目征收范围。
		（2）气缸容量在 1.0 升以上至 1.5 升（含 1.5 升）的	3%	
		（3）气缸容量在 1.5 升以上至 2.0 升（含）的	5%	
		（4）气缸容量在 2.0 升以上至 2.5 升（含）的	9%	
		（5）气缸容量在 2.5 升以上至 3.0 升（含）的	12%	
		（6）气缸容量在 3.0 升以上至 4.0 升（含）的	25%	
		（7）气缸容量在 4.0 升以上的	40%	
	2. 中轻型商用客车		5%	
十、高尔夫球及球具			10%	包括高尔夫球、高尔夫球杆及高尔夫球包（袋）、高尔夫球杆的杆头、杆身和握把等。
十一、高档手表			20%	指销售价格（不含增值税）每只在 10 000 元（含）以上的各类手表。
十二、游艇			10%	艇身长度大于 8 米（含）小于 90 米（含），内置发动机。
十三、木制一次性筷子			5%	包括各种规格的木制一次性筷子和未经打磨、倒角的木制一次性筷子。
十四、实木地板			5%	包括各类规格的实木地板、实木指接地板、实木复合地板及用于装饰墙壁、天棚的侧端面为榫、槽的实木装饰板和未经涂饰的素板。

［例题］ 某啤酒厂（一般纳税人）2010 年 10 月销售啤酒 4 000 箱，每箱 24 瓶，每瓶 1 斤，不含税售价为 141 600 元，另外收取包装物押金 5 850 元，请计算：

1. 纳税人应纳的增值税销项税额和消费税额。

2. 如果纳税人销售的啤酒是每瓶 600 毫升，则应纳消费税和增值税销项税额为多少？

解析： 1.（1）增值税销项税额＝141 600×17％＝24 072（元）

（2）每吨啤酒的售价为：(141 600＋5 850÷1.17)÷(4 000×24)×2 000＝3 054.17（元）

3 054.17＞3 000，该啤酒适用的税率为 250 元/吨。

应纳消费税额＝(4 000×24)÷2 000×250＝12 000（元）

2.（1）增值税销项税额＝141 600×17％＝24 072（元）

（2）每吨啤酒的售价为：(141 600＋5 850÷1.17)÷(4 000×24×0.6)×988＝2 514.60（元）

2 514.60＜3 000，该啤酒适用的税率为 220 元/吨。

应纳消费税额＝(4 000×24×0.6)÷988×220＝12 825.91（元）

答： 如果每瓶啤酒为 1 斤，纳税人应纳增值税销项税额为 24 072 元、消费税 12 000 元；如果每瓶啤酒为 600 毫升，纳税人应纳增值税销项税额仍为 24 072 元，应纳消费税 12 825.91 元。

重点难点即时练 25

1. 目前，下列哪种产品不属于消费税的征收范畴（　　）。
   A. 酒精　　　　　　　　　　B. 润滑油
   C. 非高档护肤护发品　　　　D. 摩托车

2. 企业以黄酒为酒基生产的配制酒，按（　　）的税率征收消费税。
   A. 粮食白酒　　　　　　　　B. 黄酒
   C. 酒精　　　　　　　　　　D. 其他酒

3. 下列产品征收消费税的有（　　）。
   A. 一次性木筷子　　B. 图书　　C. 烟丝
   D. 啤酒　　　　　　E. 小汽车

4. 下列货物征收消费税的有（　　）。
   A. 金银首饰　　　　　　　　B. 汽车轮胎
   C. 保健食品　　　　　　　　D. 啤酒

5. 高档手表是指销售价格（不含增值税）每只在（　　）元（含）以上的各类手表。
   A. 1 000　　B. 5 000　　C. 10 000　　D. 50 000

6. 用甜菜配制的白酒按照（　　）征收消费税。
   A. 粮食白酒　B. 薯类白酒　C. 其他酒　D. 黄酒

7. 从 2006 年 4 月 1 日起，调整白酒税率，粮食白酒、薯类白酒的比例税率统一为（　　）。
   A. 20％　　B. 25％　　C. 15％　　D. 10％

13.4 某些税目具体范围的规定

13.4.1 啤酒

一、关于饮食业、商业、娱乐业生产啤酒的征税问题

对饮食业、商业、娱乐业举办的啤酒屋（啤酒坊）利用啤酒生产设备生产的啤酒，应当征收消费税。

（国家税务总局关于消费税若干征税问题的通知，国税发〔1997〕第084号，发文日期：1997-05-21）

二、"啤酒源"征收消费税

啤酒源是以大麦或其他粮食为原料，加入啤酒花，经糖化、发酵酿制而成的含二氧化碳的酒。在产品特性、使用原料和生产工艺流程上，啤酒源与啤酒一致，只缺少过滤过程。因此，对啤酒源应按啤酒征收消费税。

三、菠萝啤酒征收消费税

经向主管部门了解，菠萝啤酒是以大麦或其他粮食为原料，加入啤酒花，经糖化、发酵，并在过滤时加入菠萝精（汁）、糖酿制的含有二氧化碳的酒。其在产品特性、使用原料和生产工艺流程上与啤酒相同，只是在过滤时加上适量的菠萝精（汁）和糖，因此，对菠萝啤酒应按啤酒征收消费税。

（国家税务总局关于印发《消费税问题解答》的通知，国税函〔1997〕第306号，发文日期：1997-05-21）

四、果啤征收消费税

果啤是一种口味介于啤酒和饮料之间的低度酒精饮料，主要成份为啤酒和果汁。尽管果啤在口味和成份上与普通啤酒有所区别，但无论是从产品名称，还是从产品含啤酒的本质上看，果啤均属于啤酒，应按规定征收消费税。

（国家税务总局关于果啤征收消费税的批复，国税函〔2005〕第333号，发文日期：2005-04-18）

13.4.2 其他酒

一、关于配制酒、泡制酒征税问题

对企业以白酒和酒精为酒基，加入果汁、香料、色素、药材、补品、糖、调料等配制或泡制的酒，不再按"其他酒"子目中的"复制酒"征税，一律按照酒基所用原料确定白酒的适用税率。凡酒基所用原料无法确定的，一律按粮食白酒的税率征收消费税。

对以黄酒为酒基生产的配制或泡制酒，仍按"其他酒"10%的税率征收消费税。

（国家税务总局关于消费税若干征税问题的通知，国税发〔1997〕第084号，发文日期：1997-05-21）

二、调味料酒

鉴于国家已经出台了调味品分类国家标准，按照国家标准调味料酒属于调味品，不属于配置酒和泡制酒，对调味料酒不再征收消费税。调味料酒是指以白酒、黄酒或食用酒精为主要原料，添加食盐、植物香辛料等配制加工而成的产品名称标注（在食品标签上标注）为调味料酒的液体调味品。

（国家税务总局关于调味料酒征收消费税问题的通知，国税函〔2008〕742号，发文日期：2008-08-08）

三、葡萄酒

葡萄酒消费税适用《消费税税目税率（税额）表》"酒及酒精"税目下设的"其他酒"子目。葡萄酒是指以葡萄为原料，经破碎（压榨）、发酵而成的酒精度在1度（含）以上的葡萄原酒和成品酒（不含以葡萄为原料的蒸馏酒）。

（国家税务总局关于印发《葡萄酒消费税管理办法（试行）》的通知，国税发〔2006〕第066号，发文日期：2006-05-14）

13.4.3 酒精

根据《消费税征收范围注释》（国税发〔1993〕153号）（以下简称注释），酒精的征收范围包括用蒸馏法和合成法生产的各种工业酒精、医药酒精、食用酒精。对于以外购酒精为原料、经蒸馏脱水处理后生产的无水乙醇，属于本税目征收范围，应按规定征收消费税。

（国家税务总局关于购进乙醇生产销售无水乙醇征收消费税问题的批复，国税函〔2006〕第768号，发文日期：2006-08-20）

13.4.4 贵重首饰及珠宝玉石

一、"金刚石"征收消费税

金刚石又称钻石，属于贵重首饰及珠宝玉石的征收范围，应按规定征收消费税。

二、"宝石坯"征收消费税

根据《消费税征收范围注释》规定，珠宝玉石的征税范围为经采掘、打磨、加工的各种珠宝玉石。宝石坯是经采掘、打磨、初级加工的珠宝玉石半成品，因此，对宝石坯应按规定征收消费税。

（国家税务总局关于印发《消费税问题解答》的通知，国税函〔1997〕第306号，发文日期：1997-05-21）

13.4.5 成品油

一、润滑脂

根据润滑油消费税征收范围注释，用原油或其他原料加工生产的用于内燃机、机械加工过程的润滑产品均属于润滑油征税范围。润滑脂是润滑产品，属润滑油消费税征收范围，生产、加工润滑脂应当征收消费税。

（国家税务总局关于润滑脂产品征收消费税问题的批复，国税函〔2009〕709号，发文日期：2009-12-15）

二、变压器油、导热类油等绝缘油类产品

变压器油、导热类油等绝缘油类产品不属于《财政部 国家税务总局关于提高成品油消费税税率的通知》（财税〔2008〕167号）规定的应征消费税的"润滑油"，不征收消费税。

（国家税务总局关于绝缘油类产品不征收消费税问题的公告，国家税务总局公告〔2010〕第12号，发文日期：2010-08-30）

三、稳定轻烃产品

油气田企业在生产石油、天然气过程中，通过加热、增压、冷却、制冷等方法回收、以戊烷和以上重烃组分组成的稳定轻烃属于原油范畴，不属于成品油消费税征税范围。

（国家税务总局关于稳定轻烃产品征收消费税问题的批复，国税函〔2010〕205号，发文日期：2010-05-13）

13.4.6 汽车轮胎

自2010年12月1日起，农用拖拉机、收割机和手扶拖拉机专用轮胎不属于《中华人民共和国消费税暂行条例》（中华人民共和国国务院令第539号）规定的应征消费税的"汽车轮胎"范围，不征收消费税。

（国家税务总局关于农用拖拉机 收割机和手扶拖拉机专用轮胎不征收消费税问题的公告，国家税务总局公告〔2010〕第16号，发文日期：2010-10-19）

13.4.7 摩托车

根据《消费税征收范围注释》规定，轻便摩托车的征税范围为最大设计车速不超过50km/h，发动机气缸总工作容量不超过50ml的两轮摩托车。对最大设计车速不超过50km/h，发动机气缸总工作容量不超过50ml的三轮摩托车不征收消费税。

（国家税务总局关于印发《消费税问题解答》的通知，国税函〔1997〕第306号，发文日期：1997-05-21）

13.4.8 小汽车

一、改装改制车辆

（一）关于改装改制车辆的界定

改装改制车辆是指经省级发展改革委审核批准，并报国家发展改革委备案、列入国家发展改革委《车辆生产企业及产品公告》的公告车辆类别代码（产品型号或车辆型号代码数字字段的第一位数）为5的专用汽车（特种汽车）。

（财政部 国家税务总局关于消费税若干具体政策的通知，财税〔2006〕第125号，发文日期：2006-08-30）

（二）改装改制车辆适用税率

用排气量小于1.5升（含）的乘用车底盘（车架）改装、改制的车辆属于乘用车征收范围。用排气量大于1.5升的乘用车底盘（车架）或用中轻型商用客车底盘（车架）

改装、改制的车辆属于中轻型商用客车征收范围。

（财政部 国家税务总局关于调整和完善消费税政策的通知，财税〔2006〕第033号，2006-03-20）

（三）改装改制车辆征税范围

《财政部 国家税务总局关于调整和完善消费税政策的通知》（财税〔2006〕33号）中有关用车辆底盘（车架）改装、改制的车辆征收消费税的规定是为了解决用不同种类车辆的底盘（车架）改装、改制的车辆应按照何种子目（乘用车或中轻型商用客车）征收消费税的问题，并非限定只对这类改装车辆征收消费税。对于购进乘用车和中轻型商用客车整车改装生产的汽车，应按规定征收消费税。

（国家税务总局关于购进整车改装汽车征收消费税问题的批复，国税函〔2006〕第772号，发文日期：2006-08-15）

二、关于中轻型商用客车的征税范围

车身长度大于7米（含），并且座位在10至23座（含）以下的商用客车，不属于中轻型商用客车征税范围，不征收消费税。

（财政部 国家税务总局关于消费税若干具体政策的通知，财税〔2006〕第125号，发文日期：2006-08-30）

三、沙滩车、雪地车、卡丁车、高尔夫车

沙滩车、雪地车、卡丁车、高尔夫车不属于消费税征收范围，不征收消费税。

（国家税务总局关于沙滩车等车辆征收消费税问题的批复，国税函〔2007〕第1071号，发文日期：2007-11-02）

四、商务车、卫星通讯车

根据《财政部 国家税务总局关于调整和完善消费税政策的通知》（财税〔2006〕33号）规定，对于企业购进货车或厢式货车改装生产的商务车、卫星通讯车等专用汽车不属于消费税征税范围，不征收消费税。

（国家税务总局关于厢式货车改装生产的汽车征收消费税问题的批复，国税函〔2008〕452号，发文日期：2008-05-21）

13.4.9 实木复合地板

实木复合地板是以木材为原料，通过一定的工艺将木材刨切加工成单板（刨切薄木）或旋切加工成单板，然后将多层单板经过胶压复合等工艺生产的实木地板。目前，实木复合地板主要为三层实木复合地板和多层实木复合地板。

（财政部 国家税务总局关于消费税若干具体政策的通知，财税〔2006〕第125号，发文日期：2006-08-30）

重点难点即时练 26

1. 下列货物征收消费税的有（　　）。

A. 娱乐业举办的啤酒屋（啤酒坊）利用啤酒生产设备生产的啤酒

B. 啤酒源

C. 菠萝啤酒

D. 果啤

2. 关于配制酒、泡制酒征税问题，说法正确的有（　　）。

A. 对企业以白酒为酒基，加入果汁、香料、色素、药材、补品、糖、调料等配制或泡制的酒，按"其他酒"征税

B. 对企业以原料无法确定的酒精为酒基，加入果汁、香料、色素、药材、补品、糖、调料等配制或泡制的酒，按"其他酒"征税

C. 对以黄酒为酒基生产的配制或泡制酒，按"其他酒"征税

D. 按照医药卫生部门的标准，以白酒、黄酒为酒基，加入各种药材泡制或配制的酒，按"其他酒"征税

3. 下列货物属于其他酒的有（　　）。

A. 调味料酒

B. 以葡萄为原料，经破碎（压榨）、发酵而成的酒精度在1度（含）以上的葡萄原酒

C. 以葡萄为原料，经破碎（压榨）、发酵而成的酒精度在1度（含）以上的成品酒

D. 以葡萄为原料的蒸馏酒

4. 下列货物征收消费税的有（　　）。

A. 宝石坯

B. 金刚石

C. 以外购酒精为原料、经蒸馏脱水处理后生产的无水乙醇

D. 农用拖拉机、收割机和手扶拖拉机专用轮胎

5. 下列货物不属于小汽车征税范围的有（　　）。

A. 高尔夫车

B. 沙滩车

C. 企业购进货车或厢式货车改装生产的商务车、卫星通讯车

D. 车身长度大于7米（含），并且座位在10至23座（含）以下的商用客车

6. 下列改装、改制的车辆应按中轻型汽车征收消费税的有（　　）。

A. 用排气量小于1.5升（含）的乘用车底盘（车架）改装、改制的车辆

B. 用排气量大于1.5升的乘用车底盘（车架）改装、改制的车辆

C. 购进货车或厢式货车改装生产的商务车、卫星通讯车

D. 购进中轻型商用客车整车改装生产的汽车

7. 下列货物属于成品油的有（　　）。

A. 润滑脂

B. 变压器油、导热类油等绝缘油类产品

C. 油气田企业在生产石油、天然气过程中，通过加热、增压、冷却、制冷等方法回收、以戊烷和以上重烃组分组成的稳定轻烃

D. 植物性润滑油

8. 下列项目中，应该征收消费税的是（　　）。
A. 子午线轮胎　　　　　　　　B. 翻新轮胎
C. 农用拖拉机专用轮胎　　　　D. 收割机通用轮胎

13.5 征税范围

《中华人民共和国消费税暂行条例》第一条规定，在中华人民共和国境内生产、委托加工和进口本条例规定的消费品的单位和个人，以及国务院确定的销售本条例规定的消费品的其他单位和个人，为消费税的纳税人，应当依照本条例缴纳消费税。

《中华人民共和国消费税暂行条例实施细则》第二条规定，条例第一条所称在中华人民共和国境内，是指生产、委托加工和进口属于应当缴纳消费税的消费品的起运地或者所在地在境内。

13.5.1 生产销售

《中华人民共和国消费税暂行条例实施细则》第五条规定，条例第四条第一款所称销售，是指有偿转让应税消费品的所有权。有偿，是指从购买方取得货币、货物或者其他经济利益。

13.5.2 自产自用的应税消费品用于其他方面

《中华人民共和国消费税暂行条例》第四条规定，纳税人生产的应税消费品，于纳税人销售时纳税。纳税人自产自用的应税消费品，用于连续生产应税消费品的，不纳税；用于其他方面的，于移送使用时纳税。

《中华人民共和国消费税暂行条例实施细则》第六条规定，条例第四条第一款所称用于连续生产应税消费品，是指纳税人将自产自用的应税消费品作为直接材料生产最终应税消费品，自产自用应税消费品构成最终应税消费品的实体。

条例第四条第一款所称用于其他方面，是指纳税人将自产自用应税消费品用于生产非应税消费品、在建工程、管理部门、非生产机构、提供劳务、馈赠、赞助、集资、广告、样品、职工福利、奖励等方面。

例如：将自产石脑油用于本企业连续生产的纳税规定。

自2006年4月1日起，生产企业将自产石脑油用于本企业连续生产汽油等应税消费品的，不缴纳消费税。

（财政部 国家税务总局关于调整和完善消费税政策的通知，财税〔2006〕第033号，发文日期：2006-03-20）

政策解析

消费税中"自产自用的应税消费品用于其他方面的"语言简练，但是所界定的范围比增值税的视同销售行为更加全面，它不仅明确了自产应税消费品用于非增值税应税项目、集体福利和个人消费、无偿赠送属于消费税的征税范围，同时还明确了自产应税消费品用于管理部门、非生产机构、广告、样品等增值税中未作出规定的项目属于消费税的征税范围。

将自产的应税消费品用于投资和分配股利不属于消费税的"自产自用的应税消费品用于其他方面的"范围，而是生产销售应税消费品的范围，消费税政策中还特别规定了它们的计税依据为同类应税消费品的最高售价。

13.5.3 委托加工

《中华人民共和国消费税暂行条例实施细则》第七条规定，条例第四条第二款所称委托加工的应税消费品，是指由委托方提供原料和主要材料，受托方只收取加工费和代垫部分辅助材料加工的应税消费品。对于由受托方提供原材料生产的应税消费品，或者受托方先将原材料卖给委托方，然后再接受加工的应税消费品，以及由受托方以委托方名义购进原材料生产的应税消费品，不论在财务上是否作销售处理，都不得作为委托加工应税消费品，而应当按照销售自制应税消费品缴纳消费税。

委托加工的应税消费品直接出售的，不再缴纳消费税。

委托个人加工的应税消费品，由委托方收回后缴纳消费税。

政策解析

消费税政策中涉及的委托加工应税消费品与增值税政策中的提供加工劳务，本质上是一种业务，只是增值税以受托方为纳税人，消费税以委托方为纳税人。消费税政策中对委托加工应税消费品的业务范围作出了更明确的界定，指出受托方提供原材料等三种情况不属于委托加工应税消费品，而是受托方销售自制的应税消费品。但是，增值税中未对加工劳务的范围有这样的界定。原因在于消费税中必须把委托加工业务与销售自制消费品业务区分开来，这两种业务的纳税人不同，前者是委托方，后者是受托方；增值税中加工业务与销售货物业务的纳税人是相同的，都是受托方。虽然增值税政策中没有特别指出受托方提供原材料等三种情形不属于加工业务，但是细则中"加工"的定义明确要求委托方提供原料及主要材料，所以受托方提供原材料等三种情形在增值税中同样不属于提供加工劳务，而是受托方销售货物。

另外，因为消费税是单环节课征制的税种，委托加工的应税消费品在收回环节已经缴纳过消费税了，所以，委托加工的应税消费品收回后无论用于什么用途都不会再缴纳消费税。它只会涉及委托加工环节已经缴纳的消费税能否抵扣的问题，也就是说，用于连续生产应税消费品的，消费税可以抵扣；没有用于连续生产应税消费品或者直接出售的，不能抵扣。

13.5.4 进口

《中华人民共和国消费税暂行条例》第四条规定，进口的应税消费品，于报关进口时纳税。

《中华人民共和国消费税暂行条例》第十二条规定，消费税由税务机关征收，进口的应税消费品的消费税由海关代征。个人携带或者邮寄进境的应税消费品的消费税，连同关税一并计征。具体办法由国务院关税税则委员会会同有关部门制定。

政策解析

增值税把所有的流转环节包括生产销售和批发、零售都纳入了征税环节，而消费税是单环节课征制的税种，只把应税消费品制成后在我国市场上流转的第一道环节（国内直接生产的应税消费品为生产销售环节，国内间接生产也就是委托加工的应税消费品为委托方收回环节，进口应税消费品是进口环节），纳入了征税环节。

重点难点即时练 27

1. 下列应税消费品应纳消费税的有（　　）。
A. 委托加工的应税消费品（受托方已代收缴消费税），委托方收回后用于直接销售的
B. 自产自用的应税费品，用于连续生产应税消费品的
C. 委托非个体经营者加工的应税消费品（受托方已代收代缴消费税），委托方收回后用于连续加工生产应税消费品
D. 自产自用消费品，用于在建工程的

2. 下列属于征收消费税的业务有（　　）。
A. 炼油企业将自产汽油用于本单位接送员工上下班的客运汽车
B. 金银首饰经营单位为经营单位以外的单位和个人修理金银首饰
C. 卷烟企业将外购的烟丝用于生产卷烟
D. 白酒厂将委托加工收回的酒精用于销售

3. 下列行为中不需缴纳消费税的是（　　）。
A. 珠宝行销售金银首饰
B. 进口应税化妆品
C. 直接销售委托加工收回后的烟丝
D. 将自产的啤酒作为福利发放给本企业职工

4. 某酒厂以自产的白酒为酒基泡制药酒，则（　　）。
A. 白酒在移送时，应纳消费税　　B. 药酒在销售时，应纳消费税
C. 白酒在移送时，不纳消费税　　D. 药酒在销售时，不纳消费税

5. 下列情形需要交纳消费税的是（　　）。
A. 卷烟厂生产出用于卷烟的烟丝
B. 原油加工厂用生产出的汽油调合制成溶剂油
C. 摩托车厂把自己生产的摩托车赠送或赞助给摩托车拉力赛赛手使用
D. 汽车制造厂把自己生产的小汽车提供给上级主管部门使用

6. 下列情形不属于委托加工应税消费品的是（　　）。
   A. 委托方提供原料和主要材料，受托方只收取加工费和代垫部分辅助材料加工的应税消费品
   B. 由受托方提供原材料生产的应税消费品
   C. 受托方先将原材料卖给委托方，然后再接受加工的应税消费品
   D. 受托方以委托方名义购进原材料生产的应税消费品
7. 纳税人自产自用的消费品（　　），应按规定缴纳消费税。
   A. 用于连续生产应税消费品　　B. 用于集资
   C. 用于在建工程　　　　　　　D. 用于管理部门
8. 葡萄酒消费税的纳税环节是（　　）。
   A. 生产环节　　　　　　　　　B. 批发环节
   C. 进口环节　　　　　　　　　D. 零售环节
9. 下列项目属于消费税征税范围的是（　　）。
   A. 某单位销售已使用过的摩托车　B. 百货商店销售化妆品
   C. 酒厂非独立核算门市部销售白酒　D. 进口金银首饰
10. 下列应纳消费税的是（　　）。
    A. 自产化妆品赠送给客户　　　B. 用自产酒精生产勾兑种白酒
    C. 用委托加工收回的烟丝生产卷烟　D. 外购小轿车供领导使用
11. 下列环节对同一纳税人既征消费税又征增值税的有（　　）。
    A. 卷烟的生产销售和批发环节　B. 汽车轮胎的委托加工环节
    C. 金银饰品的零售环节　　　　D. 化妆品的进口环节

13.6　税率的具体规定

13.6.1　纳税人兼营不同税率的应税消费品的适用税率

《中华人民共和国消费税暂行条例》第三条规定，纳税人兼营不同税率的应当缴纳消费税的消费品（以下简称应税消费品），应当分别核算不同税率应税消费品的销售额、销售数量；未分别核算销售额、销售数量，或者将不同税率的应税消费品组成成套消费品销售的，从高适用税率。

《中华人民共和国消费税暂行条例实施细则》第四条规定，条例第三条所称纳税人兼营不同税率的应当缴纳消费税的消费品，是指纳税人生产销售两种税率以上的应税消费品。

13.6.2　啤酒适用税率的确定

一、啤酒消费税单位税额

啤酒消费税单位税额为：

（一）每吨啤酒出厂价格（含包装物及包装物押金）在3 000元（含3 000元，不含增值税）以上的，单位税额250元/吨；

（二）每吨啤酒出厂价格在3 000元（不含3 000元，不含增值税）以下的，单位税额220元/吨。

（三）娱乐业、饮食业自制啤酒，单位税额250元/吨。

（四）每吨啤酒出厂价格以2000年全年销售的每一牌号、规格啤酒产品平均出厂价格为准。2000年每一牌号、规格啤酒的平均出厂价格确定之后即作为确定各牌号、规格啤酒2001年适用单位税额的依据，无论2001年啤酒的出厂价格是否变动，当年适用单位税额原则上不再进行调整。

（财政部 国家税务总局关于调整酒类产品消费税政策的通知，财税字〔2001〕第084号，发文日期：2001-05-11）

二、啤酒的包装物押金

财政部和国家税务总局《关于调整酒类产品消费税政策的通知》（财税〔2001〕84号）规定啤酒消费税单位税额按照出厂价格（含包装物及包装物押金）划分档次，自2006年1月1日起，上述包装物押金不包括供重复使用的塑料周转箱的押金。

（财政部 国家税务总局关于明确啤酒包装物押金消费税政策的通知，财税〔2006〕第020号，发文日期：2006-03-08）

三、关联企业之间销售啤酒税率的确定

按照《中华人民共和国税收征收管理法》中"企业或者外国企业在中国境内设立的从事生产、经营的机构、场所与其关联企业之间的业务往来，应当按照独立企业之间的业务往来收取或者支付价款、费用；不按照独立企业之间的业务往来收取或者支付价款、费用，而减少其应纳税的收入或者所得额的，税务机关有权进行合理调整"和《财政部 国家税务总局关于调整酒类产品消费税政策的通知》（财税〔2001〕84号）的有关规定，对啤酒生产企业销售的啤酒，不得以向其关联企业的啤酒销售公司销售的价格作为确定消费税税额的标准，而应当以其关联企业的啤酒销售公司对外的销售价格（含包装物及包装物押金）作为确定消费税税额的标准，并依此确定该啤酒消费税单位税额。

（国家税务总局关于啤酒计征消费税有关问题的批复，国税函〔2002〕166号，发文日期：2002-02-22）

第 14 章 从价定率计征办法消费税的计算

《中华人民共和国消费税暂行条例》第五条规定，消费税实行从价定率、从量定额，或者从价定率和从量定额复合计税（以下简称复合计税）的办法计算应纳税额。应纳税额计算公式：

$$实行从价定率办法计算的应纳税额＝销售额×比例税率$$

纳税人销售的应税消费品，以人民币计算销售额。纳税人以人民币以外的货币结算销售额的，应当折合成人民币计算。

14.1 生产销售应税消费品

14.1.1 销售额的确定

《中华人民共和国消费税暂行条例》第六条规定，销售额为纳税人销售应税消费品向购买方收取的全部价款和价外费用。

《中华人民共和国消费税暂行条例实施细则》第十二条规定，条例第六条所称销售额，不包括应向购货方收取的增值税税款。如果纳税人应税消费品的销售额中未扣除增值税税款或者因不得开具增值税专用发票而发生价款和增值税税款合并收取的，在计算消费税时，应当换算为不含增值税税款的销售额。其换算公式为：

$$应税消费品的销售额＝含增值税的销售额÷(1＋增值税税率或者征收率)$$

14.1.2 价外费用的内容

《中华人民共和国消费税暂行条例实施细则》第十四条规定，条例第六条所称价外费用，是指价外向购买方收取的手续费、补贴、基金、集资费、返还利润、奖励费、违约金、滞纳金、延期付款利息、赔偿金、代收款项、代垫款项、包装费、包装物租金、储备费、优质费、运输装卸费以及其他各种性质的价外收费。但下列项目不包括在内：

（一）同时符合以下条件的代垫运输费用：
1. 承运部门的运输费用发票开具给购买方的；
2. 纳税人将该项发票转交给购买方的。
（二）同时符合以下条件代为收取的政府性基金或者行政事业性收费：
1. 由国务院或者财政部批准设立的政府性基金，由国务院或者省级人民政府及其财政、价格主管部门批准设立的行政事业性收费；
2. 收取时开具省级以上财政部门印制的财政票据；
3. 所收款项全额上缴财政。

政策解析

消费税的价外费用规定与增值税的价外费用的规定本质上是一致的。因为受托加工应征消费税的消费品时消费税的纳税人是委托方，所以价外费用的例外规定中没有"受托加工应征消费税的消费品所代收代缴的消费税"；同时汽车经销商不属于消费税的纳税人，所以价外费用的例外规定中也没有"销售货物的同时代办保险等而向购买方收取的保险费，以及向购买方收取的代购买方缴纳的车辆购置税、车辆牌照费"。

[例题] 一位客户向某汽车制造厂（增值税一般纳税人）订购自用汽车一辆，支付货款（含税）250 800 元，另付设计、改装费 30 000 元。该辆汽车征消费税的销售额为多少元？

解析：销售额＝(250 800＋30 000)÷1.17＝240 000（元）

答：该汽车消费税销售额为 240 000 元。

14.1.3 包装物的销售额以及押金

《中华人民共和国消费税暂行条例实施细则》第十三条规定，应税消费品连同包装物销售的，无论包装物是否单独计价以及在会计上如何核算，均应并入应税消费品的销售额中缴纳消费税。如果包装物不作价随同产品销售，而是收取押金，此项押金则不应并入应税消费品的销售额中征税。但对因逾期未收回的包装物不再退还的或者已收取的时间超过 12 个月的押金，应并入应税消费品的销售额，按照应税消费品的适用税率缴纳消费税。

对既作价随同应税消费品销售，又另外收取押金的包装物的押金，凡纳税人在规定的期限内没有退还的，均应并入应税消费品的销售额，按照应税消费品的适用税率缴纳消费税。

一、酒类产品包装物押金的规定

从 1995 年 6 月 1 日起，对酒类产品生产企业销售酒类产品而收取的包装物押金，无论押金是否返还与会计上如何核算，均需并入酒类产品销售额中，依酒类产品的适用税率征收消费税。

（财政部 国家税务总局关于酒类产品包装物押金征税问题的通知，财税字〔1995〕第 053 号，发文日期：1995-06-09）

二、酒类产品包装物押金的补充规定

根据《中华人民共和国消费税暂行条例》的规定，对啤酒和黄酒实行从量定额的办法征收消费税,即按照应税数量和单位税额计算应纳税额。按照这一办法征税的消费品的计税依据为应税消费品的数量,而非应税消费品的销售额,征税的多少与应税消费品的数量成正比,而与应税消费品的销售金额无直接关系。因此,对酒类包装物押金征税的规定只适用于实行从价定率办法征收消费税的粮食白酒、薯类白酒和其他酒,而不适用于实行从量定额办法征收消费税的啤酒和黄酒产品。

（国家税务总局关于印发《消费税问题解答》的通知,国税函〔1997〕第306号,发文日期：发文日期：1997-05-21）

政策解析

增值税中包装物押金延长逾期期限的审批项目取消后,增值税的包装物押金的政策与消费税的包装物押金的政策完全一致。

14.1.4 关于"品牌使用费"征税问题

白酒生产企业向商业销售单位收取的"品牌使用费"是随着应税白酒的销售而向购货方收取的,属于应税白酒销售价款的组成部分,因此,不论企业采取何种方式或以何种名义收取价款,均应并入白酒的销售额中缴纳消费税。

（国家税务总局关于酒类产品消费税政策问题的通知,国税发〔2002〕第109号,发文日期：2002-08-26）

14.1.5 价格明显偏低的计税依据

《中华人民共和国消费税暂行条例》第十条规定,纳税人应税消费品的计税价格明显偏低并无正当理由的,由主管税务机关核定其计税价格。

《中华人民共和国消费税暂行条例实施细则》第二十一条规定,条例第十条所称应税消费品的计税价格的核定权限规定如下：

（一）卷烟、白酒和小汽车的计税价格由国家税务总局核定,送财政部备案；

（二）其他应税消费品的计税价格由省、自治区和直辖市国家税务局核定；

（三）进口的应税消费品的计税价格由海关核定。

14.1.6 关于组成套装销售的计税依据

自2006年4月1日起纳税人将自产的应税消费品与外购或自产的非应税消费品组成套装销售的,以套装产品的销售额（不含增值税）为计税依据。

（财政部 国家税务总局关于调整和完善消费税政策的通知,财税〔2006〕第033号,发文日期：2006-03-20）

14.1.7 通过自设非独立核算门市部销售自产应税消费品

纳税人通过自设非独立核算门市部销售的自产应税消费品,应当按照门市部对外销售额或者销售数量征收消费税。

（国家税务总局关于印发《消费税若干具体问题的规定》的通知，国税发〔1993〕第156号，发文日期：1993-12-29）

《消费税若干具体问题规定》规定的"非独立核算门市部"的概念是一个大概念，它涵盖所有生产企业自设的非独立核算的应税消费品的销售单位。因此，脱普日用化学品（中国）有限公司生产的应税消费税，消费税的计税依据是该公司自设的非独立核算的上海销售公司的对外销售价格。

（国家税务总局转发《关于消费税有关政策问题的批复》的通知，国税函〔2000〕第248号，发文日期：2000-04-30）

14.1.8 按最高销售价格计税的情形

纳税人用于换取生产资料和消费资料，投资入股和抵偿债务等方面的应税消费品，应当以纳税人同类应税消费品的最高销售价格作为计税依据计算消费税。

（国家税务总局关于印发《消费税若干具体问题的规定》的通知，国税发〔1993〕第156号，发文日期：1993-12-29）

14.1.9 外币销售额

《中华人民共和国消费税暂行条例实施细则》第十一条规定，纳税人销售的应税消费品，以人民币以外的货币结算销售额的，其销售额的人民币折合率可以选择销售额发生的当天或者当月1日的人民币汇率中间价。纳税人应在事先确定采用何种折合率，确定后1年内不得变更。

14.1.10 销货退回

《中华人民共和国消费税暂行条例实施细则》第二十三条规定，纳税人销售的应税消费品，如因质量等原因由购买者退回时，经机构所在地或者居住地主管税务机关审核批准后，可退还已缴纳的消费税税款。

重点难点即时练 28

1. 对纳税人向购买方收取的下列款项，在计算应纳消费税时，可不列作计税依据的是（　　）。
   A. 增值税税款
   B. 返还利润
   C. 不作价随同除啤酒、黄酒以外的酒类产品销售收取的包装物押金
   D. 品牌使用费
2. 应税消费品生产企业向购买方收取的（　　）应并入销售额征收消费税。
   A. 包装费　　　　　　　　　　B. 仓储费
   C. 优质费　　　　　　　　　　D. 延期付款利息

3. 纳税人销售的应税消费品，如因质量等原因由购买者退回时，（　　）。
A. 不予退还已征收的消费税税款
B. 经所在地主管税务机关审批后可以退还已征收的消费税税款
C. 已征收的消费税税款抵减本期或以后期间应纳消费税额
D. 可退可不退已征收的消费税税款

4. 下列关于销售货物时，包装物的处理正确的是（　　）。
A. 应税消费品连同包装物销售的，如果包装物单独计价且单独核算，则不计入应税消费品的销售额不缴纳消费税
B. 应税消费品连同包装物销售的，如果包装物单独计价且单独核算，包装物的销售额应按包装物的适用税率缴纳消费税
C. 如果包装物不作价随同产品销售，而是收取押金，此项押金已收取的时间超过12个月的，应并入应税消费品的销售额，按照应税消费品的适用税率缴纳消费税
D. 对既作价随同应税消费品销售，又另外收取押金的包装物的押金，凡纳税人在规定的期限内没有退还的，均应并入应税消费品的销售额

5. 下列关于应税消费品销售价格明显偏低，计税价格的核定权限的说法正确的有（　　）。
A. 卷烟、白酒的计税价格由国家税务总局核定，送财政部备案
B. 小汽车的计税价格由省、自治区和直辖市国家税务局核定
C. 化妆品的计税价格由省、自治区和直辖市国家税务局核定
D. 成品油的计税价格由县级主管税务机关核定

6. 下列有关销售额的说法正确的有（　　）。
A. 纳税人将自产的应税消费品与外购或自产的非应税消费品组成套装销售的，以套装产品的不含税销售额为计税依据
B. 纳税人通过自设独立核算门市部销售的自产应税消费品，应当按照门市部对外销售额或者销售数量征收消费税
C. 化妆品厂用于换取化工原料的化妆品，应当以纳税人同类应税消费品的最高销售价格作为计税依据计算消费税
D. 纳税人销售的应税消费品，以人民币以外的货币结算销售额的，应按当天的人民币汇率中间价折合为人民币

14.2　自产自用应税消费品

《中华人民共和国消费税暂行条例》第七条规定，纳税人自产自用的应税消费品，按照纳税人生产的同类消费品的销售价格计算纳税；没有同类消费品销售价格的，按照组成计税价格计算纳税。

实行从价定率办法计算纳税的组成计税价格计算公式：

$$组成计税价格=(成本+利润)\div(1-比例税率)$$

14.2.1 同类消费品的销售价格

《中华人民共和国消费税暂行条例实施细则》第十五条规定，条例第七条第一款、第八条第一款所称同类消费品的销售价格，是指纳税人或者代收代缴义务人当月销售的同类消费品的销售价格，如果当月同类消费品各期销售价格高低不同，应按销售数量加权平均计算。但销售的应税消费品有下列情况之一的，不得列入加权平均计算：

（一）销售价格明显偏低并无正当理由的；

（二）无销售价格的。

如果当月无销售或者当月未完结，应按照同类消费品上月或者最近月份的销售价格计算纳税。

14.2.2 成本

《中华人民共和国消费税暂行条例实施细则》第十六条规定，条例第七条所称成本，是指应税消费品的产品生产成本。

14.2.3 全国平均成本利润率

《中华人民共和国消费税暂行条例实施细则》第十六条规定，条例第七条所称利润，是指根据应税消费品的全国平均成本利润率计算的利润。应税消费品全国平均成本利润率由国家税务总局确定。

应税消费品全国平均成本利润率规定如下：

1. 甲类卷烟 10%；
2. 乙类卷烟 5%；
3. 雪茄烟 5%；
4. 烟丝 5%；
5. 粮食白酒 10%；
6. 薯类白酒 5%；
7. 其他酒 5%；
8. 酒精 5%；
9. 化妆品 5%；
10. 鞭炮、焰火 5%；
11. 贵重首饰及珠宝玉石 6%；
12. 汽车轮胎 5%；
13. 摩托车 6%；
14. 乘用车为 8%；
15. 中轻型商用客车为 5%；
16. 高尔夫球及球具为 10%；

17. 高档手表为20%；
18. 游艇为10%；
19. 木制一次性筷子为5%；
20. 实木地板为5%。

（国家税务总局关于印发《消费税若干具体问题的规定》的通知，国税发〔1993〕第156号，发文日期：1993-12-29；财政部 国家税务总局关于调整和完善消费税政策的通知，财税〔2006〕第033号，发文日期：2006-03-20）

政策解析

对于生产销售和自产自用采用比例税率的应税消费品，大多数情况下，增值税的计税依据和消费税的计税依据相同，都是含消费税而不含增值税的销售额，销售额中都含有价外费用。组成计税价格的公式表面上看增值税采用的是加法算式，消费税采用的是除法算式，其实结果是一致的，都包括成本、利润和消费税三个部分，成本利润率都采用了《消费税若干具体问题的规定》中的成本利润率。但是有一个区别：纳税人用于换取生产资料和消费资料，投资入股和抵偿债务等方面的应税消费品，消费税以纳税人同类应税消费品的最高售价作为计税依据，增值税中没有按最高售价作为计税依据的规定。

14.3 委托加工应税消费品

14.3.1 委托加工计税依据的基本规定

《中华人民共和国消费税暂行条例》第八条规定，委托加工的应税消费品，按照受托方的同类消费品的销售价格计算纳税；没有同类消费品销售价格的，按照组成计税价格计算纳税。

实行从价定率办法计算纳税的组成计税价格计算公式：

$$组成计税价格＝(材料成本＋加工费)÷(1－比例税率)$$

一、同类消费品的销售价格

《中华人民共和国消费税暂行条例实施细则》第十五条规定，条例第七条第一款、第八条第一款所称同类消费品的销售价格，是指纳税人或者代收代缴义务人当月销售的同类消费品的销售价格，如果当月同类消费品各期销售价格高低不同，应按销售数量加权平均计算。但销售的应税消费品有下列情况之一的，不得列入加权平均计算：

（一）销售价格明显偏低并无正当理由的；
（二）无销售价格的。

如果当月无销售或者当月未完结，应按照同类消费品上月或者最近月份的销售价格计算纳税。

二、材料成本

《中华人民共和国消费税暂行条例实施细则》第十八条规定，条例第八条所称材料成本，是指委托方所提供加工材料的实际成本。

委托加工应税消费品的纳税人，必须在委托加工合同上如实注明（或者以其他方式提供）材料成本，凡未提供材料成本的，受托方主管税务机关有权核定其材料成本。

三、加工费

《中华人民共和国消费税暂行条例实施细则》第十九条规定，条例第八条所称加工费，是指受托方加工应税消费品向委托方所收取的全部费用（包括代垫辅助材料的实际成本）。

[例题] 某商业批发企业于 2010 年某月组织一批薯干委托酒精厂加工成 95 度酒精，薯干的成本价 18 000 元。加工完毕后，付给酒精厂加工费 4 000 元，增值税 680 元。计算其应代收代缴消费税额（酒精厂以前未生产过 95 度酒精，酒精的消费税税率为 5％）。

解析： 组成计税价格＝(18 000＋4 000)÷(1－5％)＝23 157.89（元）

代收代缴消费税额＝23 157.89×5％＝1 157.89（元）

答： 酒精厂应代收代缴消费税 1 157.89 元。

14.3.2 委托加工金银首饰及珠宝玉石的计税依据

对消费者个人委托加工的金银首饰及珠宝玉石，可暂按加工费征收消费税。

（国家税务总局关于消费税若干征税问题的通知，国税发〔1994〕第 130 号，发文日期：1994-05-26）

14.3.3 税款的抵扣规定

《中华人民共和国消费税暂行条例》第四条规定，委托加工的应税消费品，委托方用于连续生产应税消费品的，所纳税款准予按规定抵扣。

14.4 进口应税消费品

《中华人民共和国消费税暂行条例》第九条规定，进口的应税消费品，按照组成计税价格计算纳税。

实行从价定率办法计算纳税的组成计税价格计算公式：

组成计税价格＝(关税完税价格＋关税)÷(1－消费税比例税率)

《中华人民共和国消费税暂行条例实施细则》第二十条规定，条例第九条所称关税完税价格，是指海关核定的关税计税价格。

[例题] 某有出口经营权的外贸企业 2011 年 3 月进口一批摩托车 200 辆，每辆的关税完税价格为 20 000 元，已纳关税 10 000 元。当月在国内销售 100 辆，获得含税销

售收入4 500 000元;将50辆委托某商业企业代销,当月取得商业企业支付的含税代销收入300万元;另外50辆委托给某加工厂加工改造成三轮摩托车,支付加工改造费150 000元,已取得增值税专用发票。收回后直接销售,获得含税销售收入3 500 000元。试计算该外贸企业当月应纳的消费税税额和增值税税额,以及加工厂应代收代缴的消费税税额。(消费税率10%。)

解析: 1. 消费税:进口摩托车应纳消费税额=200×(20 000+10 000)÷(1-10%)×10%=666 666.67(元)

加工厂应代收代缴的消费税额=[(20 000+10 000+666 666.67÷200)×50+150 000]÷(1-10%)×10%=201 851.85(元)

2. 增值税:进口环节应纳增值税=200×(20 000+10 000)÷(1-10%)×17%=1 133 333.33(元)

国内销售摩托车应纳销项税额=(4 500 000+3 000 000+3 500 000)÷(1+17%)×17%=1 598 290.60(元)

国内销售摩托车可以抵扣的进项税额=1 133 333.33+150 000×17%=1 158 833.33(元)

国内销售应纳增值税额=1 598 290.60-1 158 833.33=439 457.27(元)

答: 外贸公司应纳进口消费税666 666.67元,委托加工被代收代缴消费税201 851.85元,应纳进口增值税1 133 333.33元,销售环节增值税439 457.27元。

重点难点即时练29

1. 某外贸进出口公司当月从日本进口140辆小轿车,每辆海关的关税完税价格为8万元,已知小轿车关税税率为110%,消费税税率为5%。进口这些轿车应缴纳多少消费税?

2. 手表厂(一般纳税人)2010年1月发生下列经济业务:

(1) 销售A型手表500只给商场,每只不含税售价8 000元;

(2) 销售B型手表80只给特约经销商,每只不含税售价15 000元,另外收取单独计价的包装盒(80个)价款,每个20元(含税),运输费2 000元;

(3) 通过自设的非独立核算的门市部对外零售B型手表8只(不带包装盒),每只含税售价18 000元。

(4) 将B型手表8只(不带包装盒)以明显的低价用于抵偿所欠机芯厂债务131 040元。

计算手表厂当月应纳增值税和消费税额。

3. 甲企业(增值税一般纳税人),2010年2月从国外进口一批化妆品,海关核定的关税完税价格为82 000元(关税税率为40%,消费税税率为30%),已取得海关开具的完税凭证,2月份该企业把进口的一部分化妆品直接在国内市场销售,取得不含税销售收入212 000元(能够分别核算)。生产加工一批新产品(化妆品)500件,每件成本价200元(甲无同类产品市场销售价格),全部按成本价出售给本企业职工,取得不含税销售额 100 000 元。(消费税率 30%，成本利润率 5%。)

假设同行乙企业当月销售同类产品不含税价为每件 300 元，计算甲企业应纳进口环节增值税、销售环节增值税和进口环节消费税、销售环节消费税额是多少？

14.5　卷烟批发环节消费税

自 2009 年 5 月 1 日起，在卷烟批发环节加征一道从价税：

一、纳税义务人：在中华人民共和国境内从事卷烟批发业务的单位和个人。

二、征收范围：纳税人批发销售的所有牌号规格的卷烟。

三、计税依据：纳税人批发卷烟的销售额（不含增值税）。

四、纳税人应将卷烟销售额与其他商品销售额分开核算，未分开核算的，一并征收消费税。

五、适用税率：5%。

六、纳税人销售给纳税人以外的单位和个人的卷烟于销售时纳税。纳税人之间销售的卷烟不缴纳消费税。

七、纳税义务发生时间：纳税人收讫销售款或者取得索取销售款凭据的当天。

八、纳税地点：卷烟批发企业的机构所在地，总机构与分支机构不在同一地区的，由总机构申报纳税。

九、卷烟消费税在生产和批发两个环节征收后，批发企业在计算纳税时不得扣除已含的生产环节的消费税税款。

(财政部 国家税务总局关于调整烟产品消费税政策的通知，财税〔2009〕84 号，发文日期：2009-05-26)

第15章 从量定额及复合计征办法消费税的计算

按照消费税政策规定，啤酒、黄酒、成品油采用从量定额的办法计算消费税应纳税额；卷烟、白酒采用复合计税的办法计算消费税应纳税额。

15.1 从量定额计征办法消费税的计算

《中华人民共和国消费税暂行条例》第五条规定，消费税实行从价定率、从量定额，或者从价定率和从量定额复合计税（以下简称复合计税）的办法计算应纳税额。应纳税额计算公式：

实行从量定额办法计算的应纳税额＝销售数量×定额税率

《中华人民共和国消费税暂行条例实施细则》第九条规定，条例第五条第一款所称销售数量，是指应税消费品的数量。具体为：

（一）销售应税消费品的，为应税消费品的销售数量；
（二）自产自用应税消费品的，为应税消费品的移送使用数量；
（三）委托加工应税消费品的，为纳税人收回的应税消费品数量；
（四）进口应税消费品的，为海关核定的应税消费品进口征税数量。

[例题] 某石油化工厂是增值税一般纳税人，2010年9月份，生产销售无铅汽油1 000吨，单价2 500元/吨；销售柴油500吨，单价2 000元/吨；本厂用30吨柴油换20吨大米用于职工福利；本月购进原料收到增值税专用发票注明税金为500 000元（已入库）；计算本月该厂应纳增值税、消费税税额。（计量单位换算标准：汽油1吨＝1 388升；柴油：1吨＝1 176升；柴油生产成本为1 500元/吨。）

解析：（1）应纳消费税＝1 000×1 388×1.0＋(500＋30)×1 176×0.8＝1 388 000＋498 624＝1 886 624（元）

（2）销项税额＝[1 000×2 500＋(500＋30)×2 000]×17％＝605 200（元）

（3）进项税额＝500 000（元）

（4）应纳增值税＝605 200－500 000＝105 200（元）

答：石油化工厂9月应纳增值税105 200元，消费税1 886 624元。

[例题] 某啤酒厂小规模纳税人，2010年3月发生以下经济业务：

（1）销售自产啤酒10吨，销售单价为2 900元/吨（含税）；随同啤酒销售出租包装桶10个，收取押金100元/个，租金20元/个，租期为一个月；

（2）收回啤酒桶30个，退回押金；确认逾期未收回啤酒桶15个。

请计算该厂本月应缴纳的增值税、消费税。

解析：（1）销售啤酒应纳增值税＝[10×(2 900+20)÷1.03]×3‰＝850.49（元）

（2）逾期未收回啤酒桶押金应补增值税＝(15×100÷1.03)×3‰＝43.69（元）

（3）应交增值税合计＝850.49+43.69＝894.18（元）

（4）因为每吨啤酒销售价格为(2 900+100)÷1.03＝2 912.62元<3 000元/吨

所以，单位税额为220元/吨

应交消费税＝10×220＝2 200（元）

答：啤酒厂3月应纳增值税894.18元，消费税2 200元。

重点难点即时练30

1. 某黄酒厂2010年12月共销售黄酒40吨，实现销售收入176 000元，其中委托外协单位加工收回后直接销售的10吨。当月用于本厂职工福利发放黄酒2吨，用于该厂产品订货会样品酒0.5吨。问该厂当月应纳消费税为多少元？

2. 某酒厂（一般纳税人）销售自产苹果啤酒20吨给某服务公司，开具税控专用发票注明的金额68 000元，收取包装物押金1 000元；销售苦瓜啤酒10吨给宾馆，开具普通发票取得收取价款30 760元，收取包装物押金2 500元。该啤酒厂应缴纳的消费税是多少元？

3. 某酒厂2009年5月生产销售无醇啤酒40吨，每吨不含税售价2 800元。另外，该厂生产一种新开发的药酒，广告样品使用0.2吨，已知该种药酒无同类产品出厂价，生产成本每吨35 000元，成本利润率为5％，该厂当月应纳消费税多少元？

15.2 复合计征办法应纳税额的计算方式

《中华人民共和国消费税暂行条例》第五条规定，消费税实行从价定率、从量定额，或者从价定率和从量定额复合计税（以下简称复合计税）的办法计算应纳税额。应纳税额计算公式：

实行复合计税办法计算的应纳税额＝销售额×比例税率＋销售数量×定额税率

纳税人销售的应税消费品，以人民币计算销售额。纳税人以人民币以外的货币结算销售额的，应当折合成人民币计算。

15.2.1 自产自用

《中华人民共和国消费税暂行条例》第七条规定，纳税人自产自用的应税消费品，按照纳税人生产的同类消费品的销售价格计算纳税；没有同类消费品销售价格的，按照组成计税价格计算纳税。

实行复合计税办法计算纳税的组成计税价格计算公式：

组成计税价格＝（成本＋利润＋自产自用数量×定额税率）÷（1－比例税率）

15.2.2 委托加工

《中华人民共和国消费税暂行条例》第八条规定，委托加工的应税消费品，按照受托方的同类消费品的销售价格计算纳税；没有同类消费品销售价格的，按照组成计税价格计算纳税。

实行复合计税办法计算纳税的组成计税价格计算公式：

组成计税价格＝（材料成本＋加工费＋委托加工数量×定额税率）÷（1－比例税率）

15.2.3 进口

《中华人民共和国消费税暂行条例》第九条规定，进口的应税消费品，按照组成计税价格计算纳税。

实行复合计税办法计算纳税的组成计税价格计算公式：

组成计税价格＝（关税完税价格＋关税＋进口数量×消费税定额税率）÷（1－消费税比例税率）

目前采用复合计税办法计征消费税的有白酒和卷烟两种应税消费品，下面介绍白酒和卷烟消费税的纳税办法。

15.3 白酒消费税计税办法

自2001年5月1日起，粮食白酒、薯类白酒计税办法由《中华人民共和国消费税暂行条例》规定的实行从价定率计算应纳税额的办法调整为实行从量定额和从价定率相结合计算应纳税额的复合计税办法。

15.3.1 计税办法的适用范围

凡在中华人民共和国境内生产、委托加工、进口粮食白酒、薯类白酒的单位和个人，都应缴纳从量定额消费税和从价定率消费税。

15.3.2 粮食白酒、薯类白酒消费税税率

一、白酒的定额税率与比例税率

粮食白酒（含果木或谷物为原料的蒸馏酒）、薯类白酒消费税的定额税率和比例税

率为：
（一）定额税率：粮食白酒、薯类白酒每斤（500克）0.5元。
（二）比例税率：粮食白酒和薯类白酒税率均为20%。
二、白酒税率的适用
（一）对以粮食原酒作为基酒与薯类酒精或薯类酒进行勾兑生产的白酒应按粮食白酒的税率征收消费税。
（二）对企业生产的白酒应按照其所用原料确定适用税率。凡是既有外购粮食、或者有自产或外购粮食白酒（包括粮食酒精），又有自产或外购薯类和其他原料酒（包括酒精）的企业其生产的白酒凡所用原料无法分清的，一律按粮食白酒征收消费税。
（国家税务总局关于酒类产品消费税政策问题的通知，国税发〔2002〕第109号，发文日期：2002-08-26）

15.3.3 粮食白酒、薯类白酒计税依据

一、基本规定
（一）生产销售粮食白酒、薯类白酒，从量定额计税办法的计税依据为粮食白酒、薯类白酒的实际销售数量。
（二）进口、委托加工、自产自用粮食白酒、薯类白酒，从量定额计税办法的计税依据分别为海关核定的进口征税数量、委托方收回数量、移送使用数量。
（三）生产销售、进口、委托加工、自产自用粮食白酒、薯类白酒从价定率计税办法的计税依据按《中华人民共和国消费税暂行条例》及其有关规定执行。
（财政部 国家税务总局关于调整酒类产品消费税政策的通知，财税字〔2001〕第084号，发文日期：2001-05-11；财政部 国家税务总局关于调整和完善消费税政策的通知，财税〔2006〕第033号，发文日期：2006-03-20）

二、关于"品牌使用费"征税问题
白酒生产企业向商业销售单位收取的"品牌使用费"是随着应税白酒的销售而向购货方收取的，属于应税白酒销售价款的组成部分，因此，不论企业采取何种方式或以何种名义收取价款，均应并入白酒的销售额中缴纳消费税。
（国家税务总局关于酒类产品消费税政策问题的通知，国税发〔2002〕第109号，发文日期：2002-08-26）

三、包装物押金
从1995年6月1日起，对酒类产品生产企业销售酒类产品而收取的包装物押金，无论押金是否返还与会计上如何核算，均需并入酒类产品销售额中，依酒类产品的适用税率征收消费税。
（财政部 国家税务总局关于酒类产品包装物押金征税问题的通知，财税字〔1995〕第053号，发文日期：1995-06-09）

15.3.4 加强白酒消费税征收管理

为落实《国家税务总局关于进一步加强税收征管工作的通知》（国税发〔2009〕16

号）文件精神，加强白酒消费税征收管理，《国家税务总局关于加强白酒消费税征收管理的通知》作出如下规定：

一、各地要组织开展白酒消费税政策执行情况检查，及时纠正税率适用错误等政策问题。

二、各地要加强白酒消费税日常管理，确保税款按时入库。加大白酒消费税清欠力度，杜绝新欠发生。

三、加强纳税评估，有效监控生产企业的生产、销售情况，堵塞漏洞，增加收入。

四、各地要加强小酒厂白酒消费税的征管，对账证不全的，采取核定征收方式。

五、为保全税基，对设立销售公司的白酒生产企业，税务总局制定了《白酒消费税最低计税价格核定管理办法（试行）》，对计税价格偏低的白酒核定消费税最低计税价格，自 2009 年 8 月 1 日起施行。

各地要集中力量做好白酒消费税最低计税价格核定工作，确保自 2009 年 8 月 1 日起，执行核定的白酒消费税最低计税价格。

（一）销售单位

销售单位，是指销售公司、购销公司以及委托境内其他单位或个人包销本企业生产白酒的商业机构。销售公司、购销公司，是指专门购进并销售白酒生产企业生产的白酒，并与该白酒生产企业存在关联性质。包销，是指销售单位依据协定价格从白酒生产企业购进白酒，同时承担大部分包装材料等成本费用，并负责销售白酒。

（二）税务机关核定消费税最低计税价格的情形

白酒生产企业销售给销售单位的白酒，生产企业消费税计税价格低于销售单位对外销售价格（不含增值税）70% 以下的，税务机关应核定消费税最低计税价格。

已核定最低计税价格的白酒，销售单位对外销售价格持续上涨或下降时间达到 3 个月以上、累计上涨或下降幅度在 20%（含）以上的白酒，税务机关重新核定最低计税。

（三）最低计税价格的核定权限

白酒消费税最低计税价格由白酒生产企业自行申报，税务机关核定。

主管税务机关应将白酒生产企业申报的销售给销售单位的消费税计税价格低于销售单位对外销售价格 70% 以下、年销售额 1 000 万元以上的各种白酒，在规定的时限内逐级上报至国家税务总局。税务总局选择其中部分白酒核定消费税最低计税价格。

除税务总局已核定消费税最低计税价格的白酒外，其他消费税计税价格低于销售单位对外销售价格（不含增值税，下同）70% 以下的生产企业，消费税最低计税价格由各省、自治区、直辖市和计划单列市国家税务局核定。

（四）白酒消费税最低计税价格核定标准如下：

1. 白酒生产企业销售给销售单位的白酒，生产企业消费税计税价格高于销售单位对外销售价格 70%（含 70%）以上的，税务机关暂不核定消费税最低计税价格。

2. 白酒生产企业销售给销售单位的白酒，生产企业消费税计税价格低于销售单位对外销售价格 70% 以下的，消费税最低计税价格由税务机关根据生产规模、白酒品牌、利润水平等情况在销售单位对外销售价格 50% 至 70% 范围内自行核定。其中生产规模较大、利润水平较高的企业生产的需要核定消费税最低计税价格的白酒,税务机关核价幅度原则上应选择在销售单位对外销售价格60%至70%范围内。

(五) 申报纳税的销售价格

已核定最低计税价格的白酒,生产企业实际销售价格高于消费税最低计税价格的,按实际销售价格申报纳税;实际销售价格低于消费税最低计税价格的,按最低计税价格申报纳税。

白酒生产企业未按上述规定上报销售单位销售价格的,主管国家税务局应按照销售单位销售价格征收消费税。

白酒生产企业在办理消费税纳税申报时,应附已核定最低计税价格白酒清单。

(国家税务总局关于加强白酒消费税征收管理的通知,国税函〔2009〕380号,发文日期:2009-07-06)

[例题] 某酒厂(一般纳税人)2010年6月销售自产薯类白酒2吨,每吨含税售价15 000元,收取包装物押金2 000元,期限为一年;外购酒精2吨,取得专用发票注明的销售额为8 000元,增值税额为1 360元,当月全部领用,勾兑白酒3吨,销售取得含税销货款20 000元(酒精所用原料无法确定);另外,该厂研制生产一种新的粮食白酒,广告样品使用0.2吨,已知该种白酒无同类产品出厂价,生产成本每吨35 000元,成本利润率为10%。请计算该厂当月应纳消费税额(小数点后保留两位小数)。

解析:应纳消费税额 = {(15 000×2+2 000)÷1.17+20 000÷1.17+[0.2×35 000×(1+10%)+0.2×2 000×0.5]÷(1−20%)}×20%+(2+3+0.2)×2 000×0.5 = 10 863.89+5 200 = 16 063.89(元)

答:酒厂6月应纳消费税为16 063.89元。

15.4 卷烟产品消费税计税办法

自2001年6月1日起,卷烟消费税计税办法由《中华人民共和国消费税暂行条例》规定的实行从价定率计算应纳税额的办法调整为实行从量定额和从价定率相结合计算应纳税额的复合计税办法。适用复合计税办法的烟类产品仅限于卷烟。雪茄烟、烟丝的仍采用从价定率的计征方式。

15.4.1 计税办法的适用范围

凡在中华人民共和国境内生产、委托加工、进口卷烟的单位和个人,都应当缴纳从量定额消费税和从价定率消费税。

15.4.2 卷烟消费税税率

卷烟消费税定额税率和比例税率为:

一、定额税率:卷烟的从量定额税率不变,即0.003元/支。

二、比例税率:

自 2009 年 5 月 1 日起，调整卷烟生产环节（含进口）消费税的从价税税率。

1. 甲类卷烟，即每标准条（200 支，下同）调拨价格在 70 元（不含增值税）以上（含 70 元）的卷烟，税率调整为 56%。

2. 乙类卷烟，即每标准条调拨价格在 70 元（不含增值税）以下的卷烟，税率调整为 36%。

（财政部 国家税务总局关于调整烟产品消费税政策的通知，财税〔2009〕84 号，发文日期：2009-05-26）

政策解析

财税〔2009〕84 号文件只是调整了卷烟生产和进口环节的比例税率，定额税率实际上没有发生变化，0.003 元/支相当于每标准箱（50 000 支）150 元。

3. 下列卷烟一律适用 56% 的比例税率：

白包卷烟；手工卷烟；自产自用没有同牌号、规格调拨价格的卷烟；委托加工没有同牌号、规格调拨价格的卷烟；未经国务院批准纳入计划的企业和个人生产的卷烟。

（财政部 国家税务总局关于调整烟类产品消费税政策的通知，财税〔2001〕91 号，发文日期：2001-06-04；财政部 国家税务总局关于调整烟产品消费税政策的通知，财税〔2009〕84 号，发文日期：2009-05-26）

4. 进口卷烟

自 2004 年 3 月 1 日起，进口卷烟消费税适用比例税率按以下办法确定：

（1）每标准条进口卷烟（200 支）确定消费税适用比例税率的价格＝（关税完税价格＋关税＋消费税定额税率）÷（1－消费税税率）。其中，关税完税价格和关税为每标准条的关税完税价格及关税税额；消费税定额税率为每标准条（200 支）0.6 元（依据现行消费税定额税率折算而成）；消费税税率固定为 36%。

（2）每标准条进口卷烟（200 支）确定消费税适用比例税率的价格≥70 元人民币的，适用比例税率为 56%；每标准条进口卷烟（200 支）确定消费税适用比例税率的价格＜70 元人民币的，适用比例税率为 36%。

（财政部 国家税务总局关于调整进口卷烟消费税税率的通知，财税〔2004〕第 022 号，发文日期：2004-01-29；财政部 国家税务总局关于调整烟产品消费税政策的通知，财税〔2009〕84 号，发文日期：2009-05-26）

15.4.3 卷烟的计税依据

一、生产销售卷烟

1. 从量定额计税办法的计税依据为卷烟的实际销售数量。

2. 自 2009 年 5 月 1 日起，卷烟工业环节纳税人销售的卷烟，应按实际销售价格申报纳税，实际销售价格低于最低计税价格的，按照最低计税价格申报纳税。

新牌号、新规格卷烟和价格变动卷烟仍按《卷烟消费税计税价格信息采集和核定管理办法》（国家税务总局令第 5 号）规定上报，新牌号、新规格卷烟未满 1 年且未经税务总局核定计税价格的,应按实际调拨价格申报纳税。

（国家税务总局关于卷烟消费税计税依据有关问题的通知,国税函〔2009〕第271号,发文日期:2009-05-25）

3. 计税价格和核定价格确定以后,执行计税价格的卷烟,国家每年根据卷烟实际交易价格的情况,对个别市场交易价格变动较大的卷烟,以交易中心或者交易会的调拨价格为基础对其计税价格进行适当调整。执行核定价格的卷烟,由税务机关按照零售价格变动情况进行调整。

4. 实际销售价格高于计税价格和核定价格的卷烟,按实际销售价格征收消费税;实际销售价格低于计税价格和核定价格的卷烟,按计税价格或核定价格征收消费税。

5. 非标准条包装卷烟应当折算成标准条包装卷烟的数量,依其实际销售收入计算确定其折算成标准条包装后的实际销售价格,并确定适用的比例税率。折算的实际销售价格高于计税价格的,应按照折算的实际销售价格确定适用比例税率;折算的实际销售价格低于计税价格的,应按照同牌号规格标准条包装卷烟的计税价格和适用税率征税。

非标准条包装卷烟是指每条包装多于或者少于200支的条包装卷烟。

（财政部 国家税务总局关于调整烟类产品消费税政策的通知,财税〔2001〕91号,发文日期:2001-06-04）

二、进口卷烟

依据相关规定确定的消费税适用比例税率,计算进口卷烟消费税组成计税价格和应纳消费税税额。

1. 进口卷烟消费税组成计税价格＝（关税完税价格＋关税＋消费税定额税）÷（1－进口卷烟消费税适用比例税率）。

2. 应纳消费税税额＝进口卷烟消费税组成计税价格×进口卷烟消费税适用比例税率＋消费税定额税。其中,消费税定额税＝海关核定的进口卷烟数量×消费税定额税率,消费税定额税率为每标准箱（50 000支）150元。

（财政部 国家税务总局关于调整进口卷烟消费税税率的通知,财税〔2004〕第022号,发文日期:2004-01-29）

三、委托加工卷烟、自产自用卷烟

委托加工卷烟、自产自用卷烟从量定额计税的依据分别为委托方收回数量、移送使用数量;从价定率计税的计税依据按《中华人民共和国消费税暂行条例》及其有关的规定执行。

（财政部 国家税务总局关于调整烟类产品消费税政策的通知,财税〔2001〕91号,发文日期:2001-06-04）

15.4.4 卷烟消费税计税价格信息采集和核定管理

自2003年3月1日起,《卷烟消费税计税价格信息采集和核定管理办法》作出如下规定:

一、信息采集范围

卷烟价格信息采集范围为卷烟生产企业生产销售的所有牌号、规格卷烟。

二、信息采集内容

卷烟价格信息采集的内容包括：调拨价格、消费税计税价格、销售价格、核定价格、零售价格及其他相关信息。

（一）调拨价格，是指卷烟生产企业通过卷烟交易市场与购货方签订的卷烟交易价格。

（二）消费税计税价格，是指已经国家税务总局公布的卷烟消费税计税价格。

（三）销售价格，是指生产企业实际销售卷烟价格。

（四）核定价格，是指不进入中烟烟草交易中心和省烟草交易（定货）会交易，由税务机关核定的卷烟价格。

（五）零售价格，是指零售单位零售地产卷烟或专销地零售单位零售专销卷烟的价格（含增值税，下同）。零售单位，是指烟草系统内三级卷烟批发零售兼营单位和商业零售单位（以下简称零售单位）。零售单位不包括宾馆、饭店和高档消费娱乐场所，以及个体经营者。

零售价格按照所有零售价格信息采集点在价格采集期内零售的该牌号卷烟的数量、销售额进行加权平均计算。其计算公式为：

$$某牌号、规格卷烟零售价格 = \frac{\sum 该牌号卷烟在各信息采集点的销售额}{\sum 该牌号卷烟在各信息采集点的销售数量}$$

三、价格信息的采集期间

（一）价格信息采集期间为一个会计年度，即从每年的1月1日起至12月31日止。

（二）新牌号、新规格卷烟价格信息的采集期间为该牌号、规格卷烟投放市场次月起连续12个月。

（三）已经国家税务总局核定计税价格、但市场交易价格发生变化需要重新调整计税价格的卷烟，价格信息的采集期间为6个月。即该牌号、规格卷烟从零售价格下降当月起的连续6个月。

生产企业必须在新牌号、新规格卷烟投放市场的当月将投放卷烟的牌号、规格、销售地区等情况向所在地主管国家税务局报告，以便于采集价格信息。申请新牌号、新规格卷烟消费税计税价格的卷烟生产企业，在新牌号、新规格卷烟试销期满（1年）后的1个月内，向其主管国家税务局提出书面申请，由主管国家税务局逐级上报至国家税务总局。

申请调整消费税计税价格的生产企业，在价格采集期满后的1个月内，向其主管国家税务局提出书面申请，由主管国家税务局逐级上报至国家税务总局。

四、计税价格的核定机关

新牌号、新规格以及已经国家税务总局核定计税价格、但交易价格发生变动需要重新调整计税价格的卷烟，消费税计税价格由国家税务总局核定。交易价格发生变动卷烟是指：零售价格持续下降时间达到6个月以上、零售价格下降20％以上的卷烟。

不进入中烟烟草交易中心和各省烟草交易会交易、没有调拨价格的卷烟，消费税计税价格由省国家税务局核定。

五、消费税计税价格的核定方法

消费税计税价格按照卷烟零售价格扣除卷烟流通环节的平均费用和利润核定。卷烟流通环节的平均费用率和平均利润率暂定为45%。消费税计税价格的核定公式为：

$$某牌号、规格卷烟消费税计税价格＝零售价格÷(1+45\%)$$

不进入中烟烟草交易中心和各省烟草交易会交易、没有调拨价格的卷烟，消费税计税价格核定公式：

$$某牌号规格卷烟计税价格＝该牌号规格卷烟市场零售价格÷(1+35\%)$$

六、计税价格的公示时间

已经国家税务总局核定计税价格的卷烟如无特殊情况不再核定计税价格。

国家税务总局在规定的新牌号 新规格卷烟上报价格信息期满后2个月内，公示新牌号、新规格卷烟计税价格。

国家税务总局分别在每年的4月和10月，公示交易价格发生变动需要重新调整消费税计税价格卷烟的消费税计税价格。

不进入中烟烟草交易中心和各省烟草交易会交易、没有调拨价格的卷烟，消费税计税价格的公示时间由省国家税务局自定。

七、生产销售卷烟的计税依据

已由各级国家税务局公示消费税计税价格的卷烟，生产企业实际销售价格高于消费税计税价格的，按实际销售价格征税；实际销售价格低于消费税计税价格的，按消费税计税价格征税。

（卷烟消费税计税价格信息采集和核定管理办法，总局令〔2003〕第005号，2003-01-23）

15.4.5 新牌号、新规格卷烟消费税计税价格的管理

为了加强新牌号、新规格卷烟消费税计税价格的管理，自2006年5月1日起，国家税务总局决定对新牌号、新规格卷烟增加报送卷烟样品和扫描图像的要求。

一、生产企业在新牌号、新规格卷烟投放市场的当月除按照国家税务总局第5号令有关规定向所在地主管税务机关报告外，应同时提供卷烟样品，包括实物样品、外包装（如条、筒及其他形式的外包装）、单包包装。提供样品的具体数量由所在地主管税务机关根据需要自行确定。

二、生产企业所在地主管税务机关应参照《卷烟样品图像扫描操作指南》为新牌号、新规格卷烟样品建立扫描图像，并将扫描图像及时传递至卷烟价格信息采集地主管税务机关。卷烟价格信息采集地主管税务机关应严格对照卷烟样品或扫描图像采集卷烟价格信息。

三、新牌号、新规格卷烟价格采集期满后申请核定消费税计税价格的，主管税务机关应将卷烟包装样品（外包装和单包包装各二套）和扫描图像（电子版）随同书面申请

逐级上报至国家税务总局。

四、各级国家税务局在办理新牌号、新规格卷烟消费税计税价格申请事宜时，应将书面申请和卷烟包装样品、扫描图像认真进行核对，确保无误。

（国家税务总局关于加强新牌号 新规格卷烟消费税计税价格管理有关事项的通知，国税函〔2006〕第373号，发文日期：2006-04-24）

15.4.6 烟类消费税纳税人的管理

为贯彻落实《财政部 国家税务总局关于调整烟产品消费税政策的通知》（财税〔2009〕84号）精神，加强烟类应税消费品消费税征收管理，《国家税务总局关于烟类应税消费品消费税征收管理有关问题的通知》作出如下规定：

一、卷烟批发环节消费税纳税人应按规定到主管税务机关办理消费税税种登记。

二、从事烟类应税消费品生产的纳税人，自2009年5月1日起，应按照本通知所附烟类应税消费品消费税纳税申报表及附报资料申报纳税，同时报送各牌号规格卷烟消费税计税价格。

从事卷烟批发的纳税人应按照卷烟消费税纳税申报表申报纳税。

三、主管税务机关应向烟类应税消费品生产企业和卷烟批发单位派驻驻厂组（员），深入企业了解生产经营情况，进行纳税辅导，核实消费税计税依据，监控纳税人之间的交易，加强消费税征收管理，确保消费税税款及时入库。

各省、自治区、直辖市和计划单列市国家税务局应充分利用本地区卷烟批发环节消费税纳税人信息，监管纳税人之间交易业务，准确划分应税与非应税项目。

四、本通知自2009年5月1日起实施。此前有关文件规定与本通知有抵触的，以本通知为准。

（国家税务总局关于烟类应税消费品消费税征收管理有关问题的通知，国税函〔2009〕272号，发文日期：2009-05-25）

15.4.7 卷烟生产企业购进卷烟直接销售征收消费税问题

对既有自产卷烟，同时又委托联营企业加工与自产卷烟牌号、规格相同卷烟的工业企业（以下简称卷烟回购企业），从联营企业购进后再直接销售的卷烟，对外销售时不论是否加价，凡是符合下述条件的，不再征收消费税；不符合下述条件的，则征收消费税：

一、回购企业在委托联营企业加工卷烟时，除提供给联营企业所需加工卷烟牌号外，还须同时提供税务机关已公示的消费税计税价格。联营企业必须按照已公示的调拨价格申报缴纳消费税。

二、回购企业将联营企业加工卷烟回购后再销售的卷烟，其销售收入应与自产卷烟的销售收入分开核算，以备税务机关检查；如不分开核算，则一并计入自产卷烟销售收入征收消费税。

（国家税务总局关于卷烟生产企业购进卷烟直接销售不再征收消费税的批复，国税函〔2001〕955号，发文日期：2001-12-20）

[例题] 2010年5月某卷烟厂销售卷烟50 000大箱（50 000支/箱），不含税销售额5 000万元，当月外购已税烟丝50吨，不含税价0.4万元/吨，计算当月应纳消费税（外购烟丝全部用于当月生产）。

解析：每条卷烟售价＝5 000×10 000÷50 000÷50 000×200＝4（元）

每条卷烟的出厂价4元＜70，所以卷烟适用税率为36%。

应纳税额＝50 000×0.015＋5 000×36%－50×0.4×30%＝2 544（万元）

答：卷烟厂5月份销售卷烟实际缴纳消费税为2 544万元。

[例题] 某卷烟厂为增值税一般纳税人，2011年3月份有关生产经营情况如下：

(1) 从某烟丝厂购进已税烟丝200吨，每吨不含税单价2万元，取得烟丝厂开具的增值税专用发票，注明货款400万元、增值税68万元，烟丝已验收入库。

(2) 向农业生产者收购烟叶30吨，收购凭证上注明支付收购价款40万元，价外补贴2万元，另支付运输费用3万元，取得运输公司开具的普通发票；烟叶验收入库后，又将其运往烟丝厂加工成烟丝，取得烟丝厂开具的增值税专用发票，注明支付加工费8万元、增值税1.36万元，卷烟厂收回烟丝时烟丝厂未代收代缴消费税。

(3) 卷烟厂生产领用外购已税烟丝150吨，生产卷烟20 000标准箱（每箱50 000支，每条200支），当月销售给卷烟专卖商18 000箱，取得不含税销售额36 000万元。

要求：计算卷烟厂10月份应缴纳的增值税、消费税。

解析：1. 增值税：(1) 进项税额＝68＋(40＋2)×13%＋3×7%＋1.36＝75.03（万元）

(2) 销项税额＝36 000×17%＝6 120（万元）

(3) 应纳增值税＝6 120－75.03＝6 044.97（万元）

2. 消费税：根据税法规定，卷烟厂将烟叶委托给烟丝厂加工烟丝，应在委托方提货时由烟丝厂代收代缴消费税，由于该题提供的资料中，卷烟厂收回烟丝时烟丝厂未代收代缴消费税，所以卷烟厂应补缴委托加工烟丝的消费税。

(1) 收回委托加工的烟丝时应纳消费税额＝[(40＋2)－(40＋2)×13%＋3－3×7%＋8]÷(1－30%)×30%＝20.28（万元）

(2) 销售卷烟每标准条售价为：36 000×10 000÷18 000÷50 000×200＝80（元）

80元＞70元，所以卷烟的适用税率为56%

卷烟厂10月份销售卷烟应纳消费税＝36 000×56%＋18 000×150÷10 000＝20 430（万元）

(3) 卷烟厂10月份销售卷烟实际缴纳的消费税＝20 430－150×2×30%＝20 340（万元）

答：卷烟厂10月份销售卷烟实际缴纳增值税6 044.97万元，消费税为20 340万元。同时卷烟厂10月份还应补缴委托加工烟丝的消费税为20.28万元。

重点难点即时练31

1. 某卷烟厂为增值税一般纳税人，2010年8月份有关生产经营情况如下：

(1) 卷烟厂当月生产甲牌号卷烟20 000标准箱（每箱50 000支，每条200支），销售给卷烟专卖商18 000箱，取得不含税销售额72 000万元。

(2) 将当月生产的甲牌号卷烟5大箱以明显低价抵偿债务15万元。

(3) 本厂新研制乙牌号卷烟，还未投放市场。当月将8大箱乙牌号卷烟用于发放样品。已知每大箱卷烟的生产成本为4 000元。

(4) 生产白包卷烟10大箱用于发放职工福利。每箱的对外不含税售价为1.2万元。

(5) 将烟叶30吨，加工合同注明的成本为42万元，运往异地卷烟厂加工成丙牌号卷烟（受托方不生产丙牌号卷烟），取得异地卷烟厂开具的增值税专用发票，注明支付加工费8万元、增值税1.36万元，卷烟厂收回丙牌号卷烟40大箱时异地卷烟厂未代收代缴消费税。

(6) 当月购进烟丝12吨，增值税专用发票注明的销售额为20万元，增值税为3.4万元。期初库存烟丝的成本为83万元，期末库存烟丝的成本为65万元。

要求：计算卷烟厂8月份应缴纳的增值税、消费税。

2. 某白酒厂一般纳税人，2010年7月生产果木酒100吨全部用于销售，当月取得商场含税销售额480万元，同时向商场收取品牌使用费20万元；当月销售自产甜菜白酒5吨，不含税销售价款60万元。计算该厂当月应纳的消费税。

3. 某酒厂（一般纳税人），2010年4月份销售业务如下：

(1) 销售A牌粮食白酒40吨，每吨不含税出厂价10 000元；通过厂属非独立核算门市部零售11.7吨，每吨含税零售价格为12 500元。

(2) 用外购薯类酒精10吨，勾兑生产B牌薯类白酒30吨，本月销售15吨，每吨不含税出厂价5 000元；外购酒精发票注明买价为每吨3 000元。

(3) 为商场加工生产C牌粮食白酒20吨，商场提供原材料成本70 000元，本月交货共收取加工费5 000元，增值税850元。

(4) 用委托加工收回的黄酒5吨，加工生产药酒15吨，每吨不含税出厂价6 000元，销售12吨，剩余3吨赠送他人。

计算该酒厂4月份应缴纳消费税。（粮食白酒税率为20%，薯类白酒税率为20%，其他酒税率为10%，定额税率为0.5元/斤。）

第 16 章
消费税额的扣减

消费税是单环节课征制的税种，在应税消费品（除金银首饰和卷烟外）的生产、委托加工和进口环节征税。纳税人将外购已税或委托加工已税的应税消费品作为原料，连续生产应税消费品时，原料应税消费品的价值转移到产成品应税消费品中，在产成品应税消费品销售或自用时应该征收消费税，必然会导致消费重复征税的现象。为了避免重复征税，消费税制定了已纳消费税款的抵扣制度。

16.1 抵扣范围

16.1.1 外购用于连续生产时扣除范围

下列应税消费品从应纳消费税税额中扣除原料已纳消费税税款：
一、外购已税烟丝生产的卷烟；
二、外购已税化妆品生产的化妆品；
三、外购已税珠宝玉石生产的贵重首饰及珠宝玉石；
四、外购已税鞭炮、焰火生产的鞭炮、焰火。

16.1.2 委托加工收回后用于连续生产时扣除范围

下列应税消费品准予从应纳消费税税额中扣除原料已纳消费税税款：
一、以委托加工收回的已税烟丝为原料生产的卷烟；
二、以委托加工收回的已税化妆品为原料生产的化妆品；
三、以委托加工收回的已税珠宝玉石为原料生产的贵重首饰及珠宝玉石；
四、以委托加工收回的已税鞭炮、焰火为原料生产的鞭炮、焰火。
已纳消费税税款是指委托加工的应税消费品由受托方代收代缴的消费税。

（国家税务总局关于印发《消费税若干具体问题的规定》的通知，国税发〔1993〕第156号，发文日期：1993-12-29；国家税务总局关于消费税若干征税问题的通知，国税发〔1994〕第130号，发文日期：1994-05-26；财政部 国家税务总局关于调整酒类产品消费税政策的通知,财税字〔2001〕第084号,发文日期:2001-05-11;国家税务总局关于发布已失效或废止的税收规范性文件目录的通知,国税发〔2006〕第062号,发文日期:2006-04-30)

6.1.3 补充的扣除范围

自2006年4月1日起下列应税消费品准予从消费税应纳税额中扣除原料已纳的消费税税款:

一、以外购或委托加工收回的已税杆头、杆身和握把为原料生产的高尔夫球杆。

二、以外购或委托加工收回的已税木制一次性筷子为原料生产的木制一次性筷子。

三、以外购或委托加工收回的已税实木地板为原料生产的实木地板。

四、以外购或委托加工收回的已税石脑油为原料生产的应税消费品。

五、以外购或委托加工收回的已税润滑油为原料生产的润滑油。

(财政部 国家税务总局关于调整和完善消费税政策的通知,财税〔2006〕第033号,发文日期:2006-03-20)

六、以进口葡萄酒为原料连续生产葡萄酒的纳税人,实行凭《海关进口消费税专用缴款书》抵减进口环节已纳消费税的管理办法。

以进口葡萄酒为原料连续生产葡萄酒的纳税人,在办理消费税纳税申报时,需填写消费税纳税申报表,提供《海关进口消费税专用缴款书》复印件。

以进口葡萄酒为原料连续生产葡萄酒的纳税人,准予从当期应纳消费税税额中抵减《海关进口消费税专用缴款书》注明的消费税。如当期应纳消费税不足抵减的,余额留待下期抵减。

(国家税务总局关于印发《葡萄酒消费税管理办法(试行)》的通知,国税发〔2006〕第066号,发文日期:2006-05-14)

七、自2008年1月1日起,以外购或委托加工收回的已税石脑油、润滑油、燃料油为原料生产的应税消费品,准予从消费税应纳税额中扣除原料已纳的消费税税款。抵扣税款的计算公式为:当期准予扣除的外购应税消费品已纳税款=当期准予扣除外购应税消费品数量×外购应税消费品单位税额。

(财政部 国家税务总局关于调整部分成品油消费税政策的通知,财税〔2008〕第019号,发文日期:2008-02-02)

八、自2009年1月1日起,对外购或委托加工收回的汽油、柴油用于连续生产甲醇汽油、生物柴油,准予从消费税应纳税额中扣除原料已纳的消费税税款。

(财政部 国家税务总局关于提高成品油消费税税率后相关成品油消费税政策的通知,财税〔2008〕168号,发文日期:2008-12-19)

九、自1995年1月1日起,金银首饰消费税改变纳税环节以后,用已税珠宝玉石生产的金银首饰范围内的镶嵌首饰,在计税时一律不得扣除买价或已纳的消费税税款。

(关于调整金银首饰消费税纳税环节有关问题的通知,财税字〔1994〕第095号,发文日期:1994-12-24)

政策解析

以外购或委托加工收回的已税酒精和白酒为原料生产的白酒抵扣消费税的政策,在财税字〔2001〕第084号文件中被取消;国税发〔1994〕第130号文件中补充了:对企业用外购或委托加工的已税汽车轮胎(内胎或外胎)连续生产汽车轮胎;用外购或委托加工的已税摩托车连续生产摩托车(如用外购两轮摩托车改装三轮摩托车),在计征消费税时,允许扣除外购或委托加工的已税汽车轮胎和摩托车的买价或已纳消费税税款计征消费税。此规定在国税发〔2006〕第062号文件中被废止。综上所列文件,消费税抵扣范围有且仅有下列12项:

1. 外购或委托加工收回的已税烟丝生产的卷烟;
2. 外购或委托加工收回的已税化妆品生产的化妆品;
3. 外购或委托加工收回的已税珠宝玉石生产的贵重首饰及珠宝玉石(不包括金银首饰);
4. 外购或委托加工收回的已税鞭炮、焰火生产的鞭炮、焰火;
5. 以外购或委托加工收回的已税杆头、杆身和握把为原料生产的高尔夫球杆;
6. 以外购或委托加工收回的已税木制一次性筷子为原料生产的木制一次性筷子;
7. 以外购或委托加工收回的已税实木地板为原料生产的实木地板;
8. 以外购或委托加工收回的已税石脑油为原料生产的应税消费品;
9. 以外购或委托加工收回的已税润滑油为原料生产的应税消费品;
10. 以外购或委托加工收回的已税燃料油为原料生产的应税消费品;
11. 对外购或委托加工收回的汽油、柴油用于连续生产甲醇汽油、生物柴油;
12. 以进口葡萄酒为原料连续生产葡萄酒的纳税人,实行凭《海关进口消费税专用缴款书》抵减进口环节已纳消费税的管理办法。

重点难点即时练32

1. 下列连续生产的应税消费品,在计税时准予按当期生产领用数量计算扣除外购的应税消费品已纳的消费税税款的是(　　)。

   A. 外购已税化妆品生产的化妆品
   B. 外购已税汽车轮胎生产的小汽车
   C. 外购已税化妆品生产的护肤护发品
   D. 以外购已税杆头、杆身和握把为原料生产的高尔夫球杆

2. 下列应税行为中,准予扣除外购或委托加工收回的应税消费品已纳消费税款计税的有(　　)。

   A. 用外购已税薯类白酒生产销售的白酒
   B. 用外购已税烟丝生产销售的卷烟
   C. 用委托加工收回的已税二轮摩托车生产销售的三轮摩托车
   D. 用外购已税珠宝玉石生产改在零售环节计税的金银镶嵌首饰

3. 下列连续生产的应税消费品,在计税时准予按当期生产领用数量计算扣除外购的应税消费品已纳的消费税税款的是(　　)。

A. 外购已税鞭炮、焰火生产的鞭炮、焰火
B. 以委托加工收回的已税木制一次性筷子为原料生产的木制一次性筷子
C. 外购已税小汽车生产的小汽车
D. 以外购已税实木地板为原料生产的实木地板

4. 下列连续生产的应税消费品，在计税时准予按当期生产领用数量计算扣除外购的应税消费品已纳的消费税税款的是（　　）。
A. 外购已税游艇生产的游艇
B. 外购已税高档手表生产的高档手表
C. 以委托加工收回的已税石脑油为原料生产的应税消费品
D. 以委托加工收回的已税润滑油为原料生产的应税消费品

5. 下列连续生产的应税消费品，在计税时准予按当期生产领用数量计算扣除外购的应税消费品已纳的消费税税款的是（　　）。
A. 以外购已税燃料油为原料生产的应税消费品
B. 以外购已税溶剂油为原料生产的应税消费品
C. 以外购已税汽油为原料生产的甲醇汽油
D. 以外购已税柴油为原料生产的生物柴油

16.1.4 关于工业企业从事应税消费品购销的征税问题

一、对既有自产应税消费品，同时又购进与自产应税消费品同样的应税消费品进行销售的工业企业，对其销售的外购应税消费品应当征收消费税，同时可以扣除外购应税消费品的已纳税款。

上述允许扣除已纳税款的外购应税消费品仅限于烟丝、酒、酒精、化妆品、护肤护发品、珠宝玉石、鞭炮焰火、汽车轮胎和摩托车。

二、对自己不生产应税消费品，而只是购进后再销售应税消费品的工业企业，其销售的粮食白酒、薯类白酒、酒精、化妆品、护肤护发品、鞭炮焰火和珠宝玉石，凡不能构成最终消费品直接进入消费品市场，而需进一步生产加工的（如需进一步加浆降度的白酒及食用酒精，需进行调香、调味和勾兑的白酒，需进行深加工、包装、贴标、组合的珠宝玉石、化妆品、酒、鞭炮焰火等），应当征收消费税，同时允许扣除上述外购应税消费品的已纳税款。

上述规定中允许扣除已纳税款的应税消费品只限于从工业企业购进的应税消费品，对从商业企业购进应税消费品的已纳税款一律不得扣除。

（国家税务总局关于消费税若干征税问题的通知，国税发〔1997〕第084号，发文日期：1997-05-21）

16.1.5 从商业企业购进的应税消费品抵扣问题

一、从商业企业购进应税消费品连续生产应税消费品，符合抵扣条件的，准予扣除外购应税消费品已纳消费税税款。

二、主管税务机关对纳税人提供的消费税申报抵扣凭证上注明的货物，无法辨别销

货方是否申报缴纳消费税的,可向销货方主管税务机关发函调查该笔销售业务缴纳消费税情况,销货方主管税务机关应认真核实并回函。经销货方主管税务机关回函确认已缴纳消费税的,可以受理纳税人的消费税抵扣申请,按规定抵扣外购项目的已纳消费税。

(国家税务总局关于进一步加强消费税纳税申报及税款抵扣管理的通知,国税函〔2006〕第769号,发文日期:2006-08-14)

16.1.6　外购润滑油大包装改小包装、贴商标等简单加工的征税问题

单位和个人外购润滑油大包装经简单加工改成小包装或者外购润滑油不经加工只贴商标的行为,视同应税消费品的生产行为。单位和个人发生的以上行为应当申报缴纳消费税。准予扣除外购润滑油已纳的消费税税款。

(财政部 国家税务总局关于消费税若干具体政策的通知,财税〔2006〕第125号,发文日期:2006-08-30)

16.1.7　啤酒生产集团间调拨啤酒液的征税问题

啤酒生产集团为解决下属企业之间糖化能力和包装能力不匹配,优化各企业间资源配置,将有糖化能力而无包装能力的企业生产的啤酒液销售(调拨)给异地企业进行灌装。

一、啤酒生产集团内部企业间调拨销售的啤酒液,应由啤酒液生产企业按现行规定申报缴纳消费税。

二、购入方企业应依据取得的销售方销售啤酒液所开具的增值税专用发票上记载的销售数量、销售额、销售单价确认销售方啤酒液适用的消费税单位税额,单独建立外购啤酒液购入使用台账,计算外购啤酒液已纳消费税额。

三、购入方使用啤酒液连续灌装生产并对外销售的啤酒,应依据其销售价格确定适用单位税额计算缴纳消费税,但其外购啤酒液已纳的消费税额,可以从其当期应纳消费税额中抵减。

(国家税务总局关于啤酒集团内部企业间销售(调拨)啤酒液征收消费税问题的批复,国税函〔2003〕第382号,发文日期:2003-04-09)

16.1.8　用购进已税烟丝生产的出口卷烟的抵扣问题

按照现行税收法规规定,国家对卷烟出口一律实行在生产环节免税的办法,即免征卷烟加工环节的增值税和消费税,而对出口卷烟所耗用的原辅材料已缴纳的增值税和消费税则不予退、免税。据此,为生产出口卷烟而购进的已税烟丝的已纳税款不能给予扣除。

(国家税务总局关于印发《消费税问题解答》的通知,国税函〔1997〕第306号,发文日期:1997-05-21)

16.2　抵扣税款的计算方法

上述规定的准予从消费税应纳税额中扣除原料已纳消费税税款的计算公式按照不同

行为分别规定如下：

16.2.1 外购应税消费品连续生产应税消费品

$$当期准予扣除外购应税消费品已纳税款 = 当期准予扣除外购应税消费品买价 \times 外购应税消费品适用税率$$

$$当期准予扣除外购应税消费品买价 = 期初库存外购应税消费品买价 + 当期购进的外购应税消费品买价 - 期末库存的外购应税消费品买价$$

外购应税消费品买价为纳税人取得的增值税专用发票（含销货清单）注明的应税消费品的销售额。

[例题] 某烟厂4月外购烟丝50吨，取得增值税专用发票上注明价款50万元，增值税款为8.5万元。期初尚有库存的外购烟丝2万元，期末库存烟丝12万元，该企业本月应纳消费税中可扣除的消费税是（　　）。

A. 6.8万元　　　B. 9.6万元　　　C. 12万元　　　D. 40万元

答案：C

解析：本月生产领用部分买价=2+50-12=40（万元），准予扣除的消费税=40×30%=12（万元）。

16.2.2 委托加工收回应税消费品连续生产应税消费品

$$当期准予扣除的委托加工应税消费品已纳税款 = 期初库存的委托加工应税消费品已纳税款 + 当期收回的委托加工应税消费品已纳税款 - 期末库存的委托加工应税消费品已纳税款$$

委托加工应税消费品已纳税款为代扣代收税款凭证注明的受托方代收代缴的消费税。

16.2.3 进口应税消费品

$$当期准予扣除的进口应税消费品已纳税款 = 期初库存的进口应税消费品已纳税款 + 当期进口应税消费品已纳税款 - 期末库存的进口应税消费品已纳税款$$

进口应税消费品已纳税款为《海关进口消费税专用缴款书》注明的进口环节消费税。

（国家税务总局关于印发《调整和完善消费税政策征收管理规定》的通知，国税发〔2006〕49号，发文日期：2006-03-31）

[例题] 某地板生产厂2010年6月发生下列业务：

（1）向某林场购入原木3 000立方米，规定的收购凭证注明支付款项300 000元，请运输公司将上述原木运送回厂，支付运输费1 000元，取得运费发票；

（2）外购生产用油漆一批，取得增值税发票，注明价款25 000元，增值税4 250元；

（3）从关系较好的供货方低价购入生产用粘胶一批，取得增值税发票，注明价款 10 000 元，增值税 1 700 元，将其中 10% 赠送给购买企业木质地板的老客户（地板生产厂和其他纳税人均无同类产品售价资料）；

（4）从其他木地板厂购入未涂漆的木地板 50 箱，取得增值税发票，价款 180 000 元，增值税 30 600 元，将 70% 投入生产上漆；

（5）数月前凭收购单购入的一批原木因保管不善被盗，账面成本 31 680 元（含运费 1 395 元）；

（6）销售自产实木地板取得不含税收入 560 000 元。

上述需要认证的发票均经过认证，实木地板税率 5%，根据以上资料回答下列问题：

（1）该企业当期进项税转出数为多少？
（2）该企业当期增值税的销项税额合计为多少？
（3）该企业当期应纳的增值税额为多少？
（4）该企业当期实际应纳的消费税为多少？

解析：（1）进项税额转出 = (31 680 − 1 395) ÷ (1 − 13%) × 13% + 1 395 ÷ (1 − 7%) × 7% = 4 630.34（元）

（2）增值税销项税额 = 10 000 × 10% × (1 + 10%) × 17% + 560 000 × 17% = 95 387（元）

（3）增值税进项税额 = 300 000 × 13% + 1 000 × 7% + 4 250 + 1 700 + 30 600 = 75 620（元）

应纳增值税额 = 95 387 − (75 620 − 4 630.34) = 24 397.34（元）

（4）6 月销售地板应纳消费税额 = 560 000 × 5% = 28 000（元）

6 月可抵扣消费税额 = 180 000 × 70% × 5% = 6 300（元）

6 月应纳消费税额 = 28 000 − 6 300 = 21 700（元）

答：该企业当期进项税转出 4 630.34 元，增值税的销项税额合计为 95 387 元，应纳的增值税额为 24 397.34 元，实际应纳的消费税为 21 700 元。

16.2.4 定额税率的抵扣

以外购或委托加工收回的已税石脑油、润滑油、燃料油为原料生产的应税消费品，准予从消费税应纳税额中扣除原料已纳的消费税税款。

抵扣税款的计算公式为：

$$\begin{matrix}\text{当期准予扣除的外购}\\\text{应税消费品已纳税款}\end{matrix} = \begin{matrix}\text{当期准予扣除外购}\\\text{应税消费品数量}\end{matrix} \times \begin{matrix}\text{外购应税}\\\text{消费品单位税额}\end{matrix}$$

$$\begin{matrix}\text{当期准予扣除外购}\\\text{应税消费品数量}\end{matrix} = \begin{matrix}\text{期初库存外购}\\\text{应税消费品数量}\end{matrix} + \begin{matrix}\text{当期购进外购}\\\text{应税消费品数量}\end{matrix} - \begin{matrix}\text{期末库存外购}\\\text{应税消费品数量}\end{matrix}$$

外购应税消费品数量为增值税专用发票（含销货清单）注明的应税消费品的销售数量。

（财政部 国家税务总局关于调整部分成品油消费税政策的通知，财税〔2008〕

第019号，发文日期：2008-02-02；国家税务总局关于印发《调整和完善消费税政策征收管理规定》的通知，国税发〔2006〕49号，发文日期：2006-03-31）

政策解析

财税〔2006〕第125号文件规定，以外购或委托加工收回石脑油为原料生产乙烯或其他化工产品，在同一生产过程中既可以生产出乙烯或其他化工产品等非应税消费品同时又生产出裂解汽油等应税消费品的，外购或委托加工收回石脑油允许抵扣的已纳税款计算公式如下：当期准予扣除外购石脑油已纳税款＝当期准予扣除外购石脑油数量×收率×单位税额×30%，收率＝当期应税消费品产出量÷生产当期应税消费品所有原料投入数量×100%；当期准予扣除的委托加工成品油已纳税款＝当期准予扣除的委托加工石脑油已纳税款×收率，收率＝当期应税消费品产出量÷生产当期应税消费品所有原料投入数量×100%。该规定已被《财政部 国家税务总局关于公布废止和失效的消费税规范性文件目录的通知》（财税〔2009〕18号）废止。

[例题] 炼油厂用外购石脑油为原料生产无铅汽油。2011年1月外购石脑油2 000升，增值税专用发票上注明的价款为10 000元。当月销售的无铅汽油为8 000升，每升不含税售价为7元。已知期初库存的石脑油为400升，账面成本为2 080元；期末库存的石脑油为900升，账面成本为4 500元。

炼油厂当月应纳的消费税为多少？

解析：1月销售无铅汽油应纳消费税＝8 000×1.0＝8 000（元）
1月可抵扣的消费税额＝(400＋2 000－900)×1.0＝1 500（元）
炼油厂1月应纳消费税额＝8 000－1 500＝6 500（元）

答：炼油厂1月应纳消费税额6 500元。

16.2.5 可抵扣的消费税大于当期应纳消费税的处理

在对当期投入生产的原材料可抵扣的已纳消费税大于当期应纳消费税情形的，目前消费税纳税申报表未增加上期留抵消费税填报栏目的情况下，采用按当期应纳消费税的数额申报抵扣，不足抵扣部分结转下一期申报抵扣的方式处理。

（财政部 国家税务总局关于消费税若干具体政策的通知，财税〔2006〕第125号，发文日期：2006-08-30）

16.3 抵扣税款的管理

自2006年4月1日起，消费税税款的抵扣实施下列管理措施：

16.3.1 申报资料

纳税人在办理纳税申报时，如需办理消费税税款抵扣手续，除应按有关规定提供纳税申报所需资料外，还应当提供以下资料：

（一）外购应税消费品连续生产应税消费品的，提供外购应税消费品增值税专用发票（抵扣联）原件和复印件。

如果外购应税消费品的增值税专用发票属于汇总填开的，除提供增值税专用发票（抵扣联）原件和复印件外，还应提供随同增值税专用发票取得的由销售方开具并加盖财务专用章或发票专用章的销货清单原件和复印件。

（二）委托加工收回应税消费品连续生产应税消费品的，提供"代扣代收税款凭证"原件和复印件。

（三）进口应税消费品连续生产应税消费品的，提供"海关进口消费税专用缴款书"原件和复印件。

主管税务机关在受理纳税申报后将以上原件退还纳税人，复印件留存。

16.3.2 抵扣凭证

准予从消费税应纳税额中扣除原料已纳消费税税款的凭证按照不同行为分别规定如下：

（一）外购应税消费品连续生产应税消费品

1. 纳税人从增值税一般纳税人购进应税消费品，外购应税消费品的抵扣凭证为外购应税消费品增值税专用发票（抵扣联）（含销货清单）。纳税人未提供外购应税消费品增值税专用发票（抵扣联）和销货清单的不予扣除外购应税消费品已纳消费税。

2. 纳税人从增值税小规模纳税人购进应税消费品，外购应税消费品的抵扣凭证为主管税务机关代开的增值税专用发票。主管税务机关在为纳税人代开增值税专用发票时，应同时征收消费税。

（二）委托加工收回应税消费品连续生产应税消费品

委托加工收回应税消费品的抵扣凭证为《代扣代收税款凭证》。纳税人未提供《代扣代收税款凭证》的，不予扣除受托方代收代缴的消费税。

（三）进口应税消费品连续生产应税消费品

进口应税消费品的抵扣凭证为《海关进口消费税专用缴款书》，纳税人不提供《海关进口消费税专用缴款书》的，不予抵扣进口应税消费品已缴纳的消费税。

2006年3月31日前库存的货物，如果属于新增征税范围且在2006年4月1日后用于连续生产应税消费品的，凡增值税专用发票（含销货清单）开票日期是2006年3月31日前的，一律不允许抵扣消费税。

16.3.3 抵扣税款台账

纳税人既可以根据规定的台账参考式样设置台账，也可以根据实际需要另行设置台账。另行设置的台账只能在规定台账内容基础上增加内容，不得删减内容。主管税务机关应加强对税款抵扣台账核算的管理。

（国家税务总局关于印发《调整和完善消费税政策征收管理规定》的通知，国税发〔2006〕49号，发文日期：2006-03-31）

第17章 消费税税收优惠

消费税列举了14类应税消费品作为征税对象，国家需要鼓励和照顾的行业或产业没有被纳入征税对象，所以消费税的税收优惠政策比较少见。

17.1 成品油

17.1.1 航空煤油

航空煤油暂缓征收消费税。

（财政部 国家税务总局关于调整和完善消费税政策的通知，财税〔2006〕第033号，发文日期：2006-03-20）

17.1.2 乙醇汽油

自2009年1月1日起，对用外购或委托加工收回的已税汽油生产的乙醇汽油免税。用自产汽油生产的乙醇汽油，按照生产乙醇汽油所耗用的汽油数量申报纳税。

（财政部 国家税务总局关于提高成品油消费税税率后相关成品油消费税政策的通知，财税〔2008〕168号，发文日期：2008-12-19）

17.1.3 石脑油

2008年1月1日至2010年12月31日，对国产的用作乙烯、芳烃类产品原料的石脑油免征消费税，生产企业直接对外销售的不作为乙烯、芳烃类产品原料的石脑油应按规定征收消费税；对进口的用作乙烯、芳烃类产品原料的石脑油已缴纳的消费税予以返还。

（财政部 国家税务总局关于提高成品油消费税税率后相关成品油消费税政策的通知，财税〔2008〕168号，发文日期：2008-12-19）

17.1.4 燃料油

2010年1月1日起到2010年12月31日止，对用作生产乙烯、芳烃等化工产品原料的国产燃料油免征消费税,对用作生产乙烯、芳烃等化工产品原料的进口燃料油返还消费税。对企业自2010年1月1日起至文到之日前购买的用作生产乙烯、芳烃等化工产品原料的燃料油所含的消费税予以退还。

用燃料油生产乙烯、芳烃等化工产品产量占本企业用燃料油生产产品总量50%以上(含50%)的企业,享受上述优惠政策。

(财政部 国家税务总局关于调整部分燃料油消费税政策的通知,财税〔2010〕66号,发文日期:2010-08-20)

17.1.5 利用废弃的动植物油生产纯生物柴油

从2009年1月1日起,《财政部 国家税务总局关于对利用废弃的动植物油生产纯生物柴油免征消费税的通知》作出如下规定:

经国务院批准,对利用废弃的动物油和植物油为原料生产的纯生物柴油免征消费税。

一、对同时符合下列条件的纯生物柴油免征消费税:

(一)生产原料中废弃的动物油和植物油用量所占比重不低于70%。

(二)生产的纯生物柴油符合国家《柴油机燃料调合生物柴油(BD100)》标准。

二、对不符合本通知第一条规定的生物柴油,或者以柴油、柴油组分调合生产的生物柴油照章征收消费税。

三、从2009年1月1日至本通知下发前,生物柴油生产企业已经缴纳的消费税,符合本通知第一条免税规定的予以退还。

(财政部 国家税务总局关于对利用废弃的动植物油生产纯生物柴油免征消费税的通知,财税〔2010〕第118号,发文日期:2010-12-17)

17.1.6 油(气)田企业生产自用成品油

经国务院批准,油(气)田企业生产自用成品油实行先征后返消费税政策。

一、自2009年1月1日起,对油(气)田企业在开采原油过程中耗用的内购成品油,暂按实际缴纳成品油消费税的税额,全额返还所含消费税。

二、享受税收返还政策的成品油必须同时符合以下三个条件:

(一)由油(气)田企业所隶属的集团公司(总厂)内部的成品油生产企业生产;

(二)从集团公司(总厂)内部购买;

(三)油(气)田企业在地质勘探、钻井作业和开采作业过程中,作为燃料、动力(不含运输)耗用。

三、油(气)田企业所隶属的集团公司(总厂)向财政部驻当地财政监察专员办事处统一申请税收返还。具体退税办法由财政部另行制定。

(财政部 国家税务总局关于对油(气)田企业生产自用成品油先征后返消费税的通知,财税〔2011〕7号,发文日期:2011-02-25)

17.1.7 成品油生产企业生产自用油

经国务院批准,对成品油生产企业生产自用油免征消费税。

一、从2009年1月1日起,对成品油生产企业在生产成品油过程中,作为燃料、动力及原料消耗掉的自产成品油,免征消费税。对用于其他用途或直接对外销售的成品油照章征收消费税。

二、从2009年1月1日到《关于对成品油生产企业生产自用油免征消费税的通知》下发前,成品油生产企业生产自用油已经缴纳的消费税,符合上述免税规定的,予以退还。

(关于对成品油生产企业生产自用油免征消费税的通知,财税〔2011〕第98号,发文日期:2010-11-08)

案例解析

生产成品油的炼油厂,将自产的汽油用于本单位的接送员工上下班的班车作为燃料,该部分汽油是否可以免缴消费税?

答:《财政部 国家税务总局关于对成品油生产企业生产自用油免征消费税的通知》(财税〔2010〕98号)规定,从2009年1月1日起,对成品油生产企业在生产成品油过程中,作为燃料、动力及原料消耗掉的自产成品油,免征消费税。对用于其他用途或直接对外销售的成品油照章征收消费税。该炼油厂接送员工上下班的汽车属于集体福利方面,其耗用的汽油不属于在生产成品油过程中作为燃料的成品油,不享受免征消费税的政策,应按规定缴纳消费税。

政策解析

原财税〔2006〕第033号文件规定,自2006年4月1日起,石脑油、溶剂油、润滑油、燃料油暂按应纳税额的30%征收消费税,但财税〔2008〕19号规定,自2008年1月1日起,对石脑油、溶剂油、润滑油按每升0.2元征收消费税,燃料油按每升0.1元征收消费税。因此,自2008年1月1日起,石脑油、溶剂油、润滑油、燃料油暂按应纳税额的30%征收消费税的优惠政策不执行了。财关税〔2008〕12号规定,自2008年3月1日起至2010年12月31日止,对进口石脑油暂免征收消费税,但是,财税〔2008〕168号规定,自2009年1月1日起对进口石脑油恢复征收消费税。因此,进口石脑油免税的政策自2009年1月1日起不执行了,只有用于生产乙烯、芳烃类产品的进口石脑油,可以享受先征后返进口消费税优惠政策。

17.2 轮 胎

17.2.1 子午线轮胎

自2006年4月1日起,子午线轮胎免征消费税。子午线轮胎,是指在轮胎结构中,胎体帘线按子午线方向排列,并有钢丝帘线排列几乎接近圆周方向的带束层束紧胎体的轮胎。

(财政部 国家税务总局关于调整和完善消费税政策的通知,财税〔2006〕第033号,发文日期:2006-03-20)

免征消费税的子午线轮胎仅指外胎。子午线轮胎的内胎与外胎成套销售的，依照《中华人民共和国消费税暂行条例》第三条规定执行。

（国家税务总局关于印发《调整和完善消费税政策征收管理规定》的通知，国税发〔2006〕49号，发文日期：2006-03-31）

17.2.2 翻新轮胎

自2001年1月1日起，对翻新轮胎停止征收消费税。

（财政部 国家税务总局关于香皂和汽车轮胎消费税政策的通知，财税〔2000〕第145号，发文日期：2000-12-28）

17.3 免征进口消费税

17.3.1 科学研究机构和学校进口科学研究和教学用品

自2007年2月1日起，科学研究机构和学校，以科学研究和教学为目的，在合理数量范围内进口国内不能生产或者性能不能满足需要的科学研究和教学用品，免征进口关税和进口环节增值税、消费税。

科学研究机构和学校，是指：

（一）国务院部委、直属机构和省、自治区、直辖市、计划单列市所属专门从事科学研究工作的各类科研院所；

（二）国家承认学历的实施专科及以上高等学历教育的高等学校；

（三）财政部会同国务院有关部门核定的其他科学研究机构和学校。

免税进口科学研究和教学用品的具体范围，按照《免税进口科学研究和教学用品清单》执行。

免税进口的科学研究和教学用品，应当直接用于本单位的科学研究和教学，不得擅自转让、移作他用或者进行其他处置。经海关核准的单位，其免税进口的科学研究和教学用品可用于其他单位的科学研究和教学活动。

（科学研究和教学用品免征进口税收规定，财政部 海关总署 国家税务总局令〔2007〕第045号，发文日期：2007-01-31）

17.3.2 科学研究、技术开发机构进口科技开发用品

自2007年2月1日起，下列科学研究、技术开发机构，在2010年12月31日前，在合理数量范围内进口国内不能生产或者性能不能满足需要的科技开发用品，免征进口关税和进口环节增值税、消费税：

（一）科技部会同财政部、海关总署和国家税务总局核定的科技体制改革过程中转制为企业和进入企业的主要从事科学研究和技术开发工作的机构；

（二）国家发展和改革委员会会同财政部、海关总署和国家税务总局核定的国家工

程研究中心；

（三）国家发展和改革委员会会同财政部、海关总署、国家税务总局和科技部核定的企业技术中心；

（四）科技部会同财政部、海关总署和国家税务总局核定的国家重点实验室和国家工程技术研究中心；

（五）财政部会同国务院有关部门核定的其他科学研究、技术开发机构。

免税进口科技开发用品的具体范围，按照《免税进口科技开发用品清单》执行。

免税进口的科技开发用品，应当直接用于本单位的科学研究和技术开发，不得擅自转让、移作他用或者进行其他处置。经海关核准的单位，其免税进口的科技开发用品可以用于其他单位的科学研究和技术开发活动。

（科技开发用品免征进口税收暂行规定，财政部 海关总署 国家税务总局令〔2007〕第044号，发文日期：2007-01-31）

17.4　符合欧洲Ⅲ号排放标准的小汽车减征消费税的政策暂缓执行

鉴于目前小汽车欧洲Ⅲ号排放标准正在制定中，符合欧洲Ⅲ号排放标准的车用油品质量尚未解决，经研究决定，《财政部 国家税务总局关于低污染排放小汽车减征消费税问题的通知》（财税〔2003〕266号）规定的符合欧洲Ⅲ号排放标准的小汽车可以减征消费税的政策暂缓执行。

（财政部 国家税务总局关于暂缓执行低污染排放小汽车减征消费税政策的通知，财税〔2004〕第142号，发文日期：2004-08-30）

第 18 章 消费税其他税制要素

本章主要介绍消费税的纳税地点、纳税期限和纳税义务发生时间。

18.1 纳税地点

《中华人民共和国消费税暂行条例》第十三条规定,纳税人销售的应税消费品,以及自产自用的应税消费品,除国务院财政、税务主管部门另有规定外,应当向纳税人机构所在地或者居住地的主管税务机关申报纳税。

委托加工的应税消费品,除受托方为个人外,由受托方向机构所在地或者居住地的主管税务机关解缴消费税税款。

进口的应税消费品,应当向报关地海关申报纳税。

18.1.1 外出经营、委托代销及总分机构等纳税地点的规定

《中华人民共和国消费税暂行条例实施细则》第二十四条规定,纳税人到外县(市)销售或者委托外县(市)代销自产应税消费品的,于应税消费品销售后,向机构所在地或者居住地主管税务机关申报纳税。

纳税人的总机构与分支机构不在同一县(市)的,应当分别向各自机构所在地的主管税务机关申报纳税;经财政部、国家税务总局或者其授权的财政、税务机关批准,可以由总机构汇总向总机构所在地的主管税务机关申报纳税。

委托个人加工的应税消费品,由委托方向其机构所在地或者居住地主管税务机关申报纳税。

进口的应税消费品,由进口人或者其代理人向报关地海关申报纳税。

18.1.2 受托方未代收代缴消费税款时管辖税务机关的规定

根据《中华人民共和国消费税暂行条例》的规定,委托加工应税消费品,应由受托方在向委托方交货时代收代缴税款。但是,据调查,目前有相当一部分受托加工应税消

费品的企业未履行代扣代缴义务，造成了税款的严重流失。为加强委托加工应税消费品的征收管理，总局决定：

自1995年1月1日起，为了有利于堵塞税收流失漏洞，各地除对受托加工应税消费品的企业加强监督检查外，对于委托方也应加强监督检查（不包括改在零售环节征收消费税的金银首饰）。对于受托方未按规定代扣代缴税款，并经委托方所在地国税机关发现的，则应由委托方所在地国税机关对委托方补征税款，受托方所在地国税机关不得重复征税。

（国家税务总局关于加强委托加工应税消费品征收管理的通知，国税发〔1995〕第122号，发文日期：1995-06-26）

18.2 纳税期限

《中华人民共和国消费税暂行条例》第十四条规定，消费税的纳税期限分别为1日、3日、5日、10日、15日、1个月或者1个季度。纳税人的具体纳税期限，由主管税务机关根据纳税人应纳税额的大小分别核定；不能按照固定期限纳税的，可以按次纳税。

纳税人以1个月或者1个季度为1个纳税期的，自期满之日起15日内申报纳税；以1日、3日、5日、10日或者15日为1个纳税期的，自期满之日起5日内预缴税款，于次月1日起15日内申报纳税并结清上月应纳税款。

《中华人民共和国消费税暂行条例》第十五条规定，纳税人进口应税消费品，应当自海关填发海关进口消费税专用缴款书之日起15日内缴纳税款。

18.3 消费税纳税义务发生时间

《中华人民共和国消费税暂行条例》第四条规定，纳税人生产的应税消费品，于纳税人销售时纳税。纳税人自产自用的应税消费品，用于连续生产应税消费品的，不纳税；用于其他方面的，于移送使用时纳税。

委托加工的应税消费品，除受托方为个人外，由受托方在向委托方交货时代收代缴税款。委托加工的应税消费品，委托方用于连续生产应税消费品的，所纳税款准予按规定抵扣。

进口的应税消费品，于报关进口时纳税。

《中华人民共和国消费税暂行条例实施细则》第八条规定，消费税纳税义务发生时间，根据条例第四条的规定，分列如下：

（一）纳税人销售应税消费品的，按不同的销售结算方式分别为：

1. 采取赊销和分期收款结算方式的，为书面合同约定的收款日期的当天，书面合同没有约定收款日期或者无书面合同的，为发出应税消费品的当天；

2. 采取预收货款结算方式的，为发出应税消费品的当天；

3. 采取托收承付和委托银行收款方式的，为发出应税消费品并办妥托收手续的当天；

4. 采取其他结算方式的，为收讫销售款或者取得索取销售款凭据的当天。

（二）纳税人自产自用应税消费品的，为移送使用的当天。

（三）纳税人委托加工应税消费品的，为纳税人提货的当天。

（四）纳税人进口应税消费品的，为报关进口的当天。

案例解析

2010年7月，某游艇制造公司与客户签订合同，按客户要求制造一艘机动游艇。合同约定：工期18个月，2010年8月1日买方预付全部货款80万元。2010年8月1日游艇制造公司收到了购货方的预付账款80万元。该笔业务中游艇制造公司应如何缴纳增值税和消费税？

答：《增值税暂行条例实施细则》第三十八条第四项规定，采取预收货款方式销售货物，为货物发出的当天，但生产销售生产工期超过12个月的大型机械设备、船舶、飞机等货物，为收到预收款或者书面合同约定的收款日期的当天。由于游艇的生产工期超过12个月，2010年8月1日合同约定的收取预付款的当天应确认80万元的增值税销售额，申报缴纳增值税。根据《中华人民共和国消费税暂行条例实施细则》第八条第一项规定，采取预收货款结算方式的，消费税纳税义务发生时间为发出应税消费品的当天。因此，游艇公司采取预收款结算方式销售游艇，应于完成机动游艇的建造、发出游艇时确认消费税销售额，申报缴纳消费税。

重点难点即时练33

1. 纳税人缴纳消费税的地点包括（　　）。

A. 纳税人销售应税消费品，在纳税人机构所在地或居住地主管税务机关申报纳税

B. 委托加工应税消费品，在委托方机构所在地或居住地主管税务机关申报纳税

C. 委托代销应税消费品，应在委托方机构所在地或居住地缴纳税款

D. 进口应税消费品由进口人或者其代理人在报关地海关申报纳税

2. 消费税纳税人发生下列行为，其具体纳税地点是（　　）。

A. 纳税人自产自用应税消费品的，应当向纳税人机构所在地或居住地主管税务机关申报纳税

B. 纳税人到外县（市）销售应税消费品的，应向销售地税务机关申报缴纳消费税

C. 委托个人加工的应税消费品，由委托方向其机构所在地或者居住地主管税务机关申报纳税

D. 纳税人的总机构与分支机构不在同一县（市）的，应由总机构汇总向总机构所在地的主管税务机关申报纳税

3. 下列有关消费税纳税期限叙述正确的有（　　）。

A. 纳税人以一个月为一期纳税的，自期满之日起15日内申报纳税

B. 纳税人以1日、3日、5日、10日、或15日为一期纳税的，自期满之日起10日内预缴税款，于次月1日起15日内申报纳税
C. 纳税人进口应税消费品，应当自海关填发税款缴纳证的次日起10日内缴纳税款
D. 不能按照固定期限纳税的，可以按次纳税

4. 根据《中华人民共和国消费税暂行条例实施细则》的规定，消费税纳税义务发生时间根据不同情况分别确定为（　　）。
A. 纳税人委托加工的应税消费品，其纳税义务发生时间，为纳税人提货的当天
B. 纳税人进口的应税消费品，其纳税义务发生时间，为报关进口的当天
C. 纳税人采取预收货款结算方式销售应税消费品的，其纳税义务发生时间，为收到预收货款的当天
D. 纳税人自产自用的应税消费品，用于生产非应税消费品的，其纳税义务发生时间，为移送使用的当天

5. 纳税人销售的应税消费品，其纳税义务的发生时间是（　　）。
A. 采取赊销和分期收款结算方式的，为书面合同规定的收款日期的当天
B. 采取赊销和分期收款结算方式的，无书面合同的，为实际收到销售款项的当天
C. 采取预收货款方式销售生产工期超过12个月的游艇，为收到预收款或者书面合同约定的收款日期的当天
D. 采用托收承付和委托银行收款方式销售的应税消费品，为发出应税消费品并办妥托收手续的当天

第 19 章
金银首饰消费税

《关于调整金银首饰消费税纳税环节有关问题的通知》(以下简称《通知》)规定,金银首饰消费税 1995 年 1 月 1 日起,由生产销售环节征收改为零售环节征收。金银首饰的消费税政策如下:

19.1 改为零售环节征收消费税的金银首饰范围

一、基本范围

改为零售环节征收消费税的金银首饰范围仅限于:金、银和金基、银基合金首饰,以及金、银和金基、银基合金的镶嵌首饰(以下简称金银首饰)。

二、采用包金、镀金工艺以外的其他工艺制成的含金、银首饰及镶嵌首饰

目前市场上销售的一些含金饰品如锻压金、铸金、复合金等,其生产工艺与包金、镀金首饰有明显区别,且这类含金饰品在进口环节均未征收消费税。为严密征税规定,公平税负,避免纳税人以饰品名称的不同钻空子,进行偷税、逃税,国家税务总局发布《关于锻压金首饰在零售环节征收消费税问题的批复》,对在零售环节征收消费税的金银首饰的范围规定如下:

在零售环节征收消费税的金银首饰的范围不包括镀金(银)、包金(银)首饰,以及镀金(银)、包金(银)的镶嵌首饰,凡采用包金、镀金工艺以外的其他工艺制成的含金、银首饰及镶嵌首饰,如锻压金、铸金、复合金首饰等,都应在零售环节征收消费税。

(国家税务总局关于锻压金首饰在零售环节征收消费税问题的批复,国税函〔1996〕第 027 号,发文日期:1996-12-23)

三、铂金首饰

自 2003 年 5 月 1 日起,铂金首饰消费税的征收环节由现行在生产环节和进口环节征收改为在零售环节征收,消费税税率调整为 5%。具体征收管理比照财政部、国家税务总局《关于调整金银首饰消费税纳税环节有关问题的通知》(财税字〔1994〕第 095

号）和国家税务总局关于印发《金银首饰消费税征收管理办法的通知》规定执行。

（财政部 国家税务总局关于铂金及其制品税收政策的通知，财税〔2003〕第086号，发文日期：2003-04-28）

政策解析

国税函〔1997〕第306号规定，"金银首饰的零售业务"是指将金银首饰销售给中国人民银行批准的金银首饰生产、加工、批发、零售单位（以下简称经营单位）以外的单位和个人的业务（另有规定者除外）。下列行为视同零售业务：

（一）为经营单位以外的单位和个人加工金银首饰。加工包括带料加工、翻新改制、以旧换新等业务，不包括修理、清洗业务。

（二）经营单位将金银首饰用于馈赠、赞助、集资、广告、样品、职工福利、奖励等方面。

（三）未经中国人民银行总行批准经营金银首饰批发业务的单位将金银首饰销售给经营单位。但该文件被国税发〔2006〕62号废止，金银首饰的经营单位也不必到税务机关办理金银首饰消费税纳税人登记了，这样零售与批发和生产厂家的出厂销售的区别缺乏依据，金银首饰征税范围界定的缺失，给实际征管工作带来不便。

19.2　税率、纳税义务人

金银首饰消费税税率为5%。在中华人民共和国境内从事金银首饰零售业务的单位和个人，为金银首饰消费税的纳税义务人（以下简称纳税人），应按《通知》的规定缴纳消费税，委托加工（另有规定者除外）、委托代销金银首饰的，受托方也是纳税人。

对既销售金银首饰，又销售非金银首饰的生产、经营单位，应将两类商品划分清楚，分别核算销售额。凡划分不清楚或不能分别核算的，在生产环节销售的，一律从高适用税率征收消费税；在零售环节销售的，一律按金银首饰征收消费税。

19.3　应税与非应税的划分

经营单位兼营生产、加工、批发、零售业务的，应分别核算销售额，未分别核算销售额或者划分不清的，一律视同零售征收消费税。

19.4　纳税环节

纳税人销售（指零售，下同）的金银首饰（含以旧换新），于销售时纳税；用于馈赠、赞助、集资、广告、样品、职工福利、奖励等方面的金银首饰，于移送时纳税；带料加工、翻新改制的金银首饰，于受托方交货时纳税。

金银首饰消费税改变征税环节后经营单位进口金银首饰的消费税，由进口环节征收改为在零售环节征收；出口金银首饰由出口退税改为出口不退消费税。

个人携带、邮寄金银首饰进境，仍按海关现行规定征税。

对出国人员免税商店销售的金银首饰应当征收消费税。

19.5 纳税义务发生时间

纳税人销售金银首饰，其纳税义务发生时间为收讫销货款或取得索取销货凭据的当天；用于馈赠、赞助、集资、广告、样品、职工福利、奖励等方面的金银首饰，其纳税义务发生时间为移送的当天；带料加工、翻新改制的金银首饰，其纳税义务发生时间为受托方交货的当天。

19.6 计税依据

1. 纳税人销售金银首饰，其计税依据为不含增值税的销售额。如果纳税人销售金银首饰的销售额中未扣除增值税税款，在计算消费税时，应按以下公式换算为不含增值税税款的销售额。

$$金银首饰的销售额 = 含增值税的销售额 \div (1 + 增值税税率或征收率)$$

金银首饰与其他产品组成成套消费品销售的，应按销售额全额征收消费税。

2. 金银首饰连同包装物销售的，无论包装物是否单独计价，也无论会计上如何核算，均应并入金银首饰的销售额，计征消费税。

3. 带料加工的金银首饰，应按受托方销售同类金银首饰的销售价格确定计税依据征收消费税。没有同类金银首饰销售价格的，按照组成计税价格计算纳税。组成计税价格的计算公式为：

$$组成计税价格 = (材料成本 + 加工费) \div (1 - 金银首饰消费税税率)$$

4. 纳税人采用以旧换新（含翻新改制）方式销售的金银首饰，应按实际收取的不含增值税的全部价款确定计税依据征收消费税。

5. 生产、批发、零售单位用于馈赠、赞助、集资、广告、样品、职工福利、奖励等方面的金银首饰，应按纳税人销售同类金银首饰的销售价格确定计税依据征收消费税；没有同类金银首饰销售价格的，按照组成计税价格计算纳税。组成计税价格的计算公式为：

组成计税价格＝购进原价×(1＋利润率)÷(1－金银首饰消费税税率)

纳税人为生产企业时，公式中的"购进原价"为生产成本。公式中的"利润率"一律定为6%。

[例题] 某珠宝金店为举行开业盛典，将不同品种的金银首饰共计200克，用做广告样品，当期无销售，该批首饰的购进单价为120元/克（不含税），问该店当期应纳的消费税额的计税依据是（　　）。（金银首饰的全国平均利润率为6%）

A. 28 266.67元　　B. 26 778.95元　　C. 26 526.32元　　D. 28 000元

答案：B

解析：200×120×(1＋6%)÷(1－5%)＝26 778.95（元）

6. 申报资料

纳税人办理纳税申报时，除应按《中华人民共和国税收征收管理法》（以下简称《征管法》）的规定报送有关资料外，还应报送《金银饰品购销存月报表》。

19.7 纳税地点

纳税人应向其核算地主管国家税务局申报纳税。

固定业户到外县（市）临时销售金银首饰，应当向其机构所在地主管国家税务局申请开具外出经营活动税收管理证明，回其机构所在地向主管国家税务局申报纳税。未持有其机构所在地主管国家税务局核发的外出经营活动税收管理证明的，销售地主管国家税务局一律按规定征收消费税。其在销售地发生的销售额，回机构所在地后仍应按规定申报纳税，在销售地缴纳的消费税款不得从应纳税额中扣减。

19.8 其他问题

19.8.1 抵扣范围

金银首饰消费税改变纳税环节以后，用已税珠宝玉石生产的《通知》范围内的镶嵌首饰，在计税时一律不得扣除买价或已纳的消费税税款。

（关于调整金银首饰消费税纳税环节有关问题的通知，财税字〔1994〕第095号，发文日期：1994-12-24；国家税务总局关于印发《金银首饰消费税征收管理办法》的通知，国税发〔1994〕第267号，发文日期：1994-12-26）

19.8.2 取消金银首饰消费税纳税人认定

根据《国务院关于第三批取消和调整行政审批项目的决定》（国发〔2004〕16号），"金银首饰消费税纳税人认定"属于被取消的行政审批项目。

一、停止执行《国家税务总局关于印发〈金银首饰消费税征收管理办法〉的通知》（国税发〔1994〕267号）中《金银首饰消费税征收管理办法》的第五条"金银首饰消费税纳税人的认定"。

二、"金银首饰消费税纳税人的认定"程序取消后，各级税务机关要加大征管力度，对金银首饰经营单位申报纳税情况进行经常性专项检查。

（国家税务总局关于取消金银首饰消费税纳税人认定行政审批后有关问题的通知，国税函〔2004〕第826号，发文日期：2004-06-25）

19.8.3 停止使用《金银首饰购货（加工）管理证明单》

根据《国家税务总局关于取消金银首饰消费税纳税人认定行政审批后有关问题的通知》（国税函〔2004〕826号）的规定，金银首饰消费税纳税人的认定程序已被取消。鉴于该认定程序取消后，《金银首饰购货（加工）管理证明单》（以下简称证明单）领用对象的确认已经失去了依据，停止执行《金银首饰消费税征收管理办法》（国税发〔1994〕267号）等文件中有关证明单的使用规定。

（国家税务总局关于停止执行《金银首饰购货（加工）管理证明单》使用规定的批复，国税函〔2005〕第193号，发文日期：2005-03-04）

[例题] 某珠宝厂当期从厂家购进珠宝坯100万元，取得增值税专用发票，注明增值税额17万元。当期生产领用80万元并全部形成珠宝成品（账面价值100万元），当月直接销售珠宝取得销售额120万元，领用珠宝成品（账面价值20万元）用于金银首饰生产。当月零售金银首饰不含税销售额为40万元，批发金银首饰10万元。纳税人能够分别核算不同产品的销售额，上述有关数额均不含税。试计算该厂本期应纳的消费税、增值税额。

解析：(1) 不得抵扣的消费税＝80×10％×20÷100＝1.6（万元）

本期应纳消费税＝120×10％＋40×5％－(80×10％－1.6)＝12＋2－6.4＝7.6（万元）

(2) 进项税额为17万元

销项税额＝(120＋40＋10)×17％＝28.9（万元）

应纳增值税额＝28.9－17＝11.9（万元）

答：该厂本期应纳的消费税7.6万元，增值税11.9万元。

[例题] 某珠宝店（一般纳税人），2011年2月份发生如下业务：

(1) 销售A牌金戒指给消费者，取得含税收入320 000元。其中包括单独计价核算的包装盒收入20 000元。

(2) 购进B牌金戒指200枚，专用发票注明的金额200 000元，税额34 000元，款项已付。入库后将其中的10枚发放给职工用于福利。

(3) 开展以旧换新业务，用24K金项链600克（含税售价100元/克）从消费者手中换回旧的金项链600克。另向消费者收取现金6 000元。

(4) 销售镀金耳环1 000克，不含税售价28元/克。

(5) 销售自己使用过的办公楼一栋，售价600 000元。

计算该店当月应纳增值税税额、消费税税额。（金银首饰的消费税税率为5%；全国平均成本利润率为6%。）

解析：应纳增值税＝(320 000÷1.17＋6 000÷1.17＋1 000×28)×17%－(34 000－10×200 000÷200×17%)＝19 827.52（元）

应纳消费税＝[320 000÷1.17＋10×200 000÷200×(1＋6%)÷(1－5%)＋6 000÷1.17]×5%＝14 489.52(元)

答：该店当月应纳增值税19 827.52元，消费税税14 489.52元。

重点难点即时练34

1. 某商业大厦将金银首饰与香水包装成礼盒销售，计征消费税的适用税率是（   ）。
   A. 5%　　　　B. 10%　　　　C. 17%　　　　D. 30%
2. 同时具备以下（   ）三个条件的为金银首饰消费税的纳税人。
   A. 经营范围为金银首饰
   B. 发生零售（包括视同零售）金银首饰的行为
   C. 零售金银首饰时收取货款
   D. 行为发生在我国境内
3. 改在零售环节征收消费税的金银首饰包括（   ）。
   A. 铂金首饰　　　　　　　　　B. 金基、银基合金首饰
   C. 金、银摆件　　　　　　　　D. 镀金、包金首饰
4. 下列关于金银首饰的说法正确的有（   ）。
   A. 金银首饰进口环节应当征收消费税
   B. 出口金银首饰实行出口退还消费税
   C. 固定业户到外县（市）临时销售金银首饰，未持有其机构所在地主管国家税务局核发的外出经营税收管理证明的，销售地主管国家税务局一律按规定征收消费税，业户回机构所在地后不再申报纳税
   D. 个人携带、邮寄金银首饰进境，应征消费税
5. 下列关于金银首饰的计税依据的说法正确的有（   ）。
   A. 金银首饰连同包装物销售的，无论包装物是否单独计价，也无论会计上如何核算，均应并入金银首饰的销售额，计征消费税
   B. 纳税人采用以旧换新方式销售的金银首饰，应按实际收取的不含增值税的全部价款确定计税依据征收消费税
   C. 对翻新改制的金银首饰，应按受托方销售同类金银首饰的销售价格确定计税依据征收消费税，没有同类金银首饰销售价格的，按照组成计税价格计算纳税
   D. 带料加工的金银首饰，应按受托方销售同类金银首饰的销售价格确定计税依据征收消费税，没有同类金银首饰销售价格的，按照组成计税价格计算纳税
6. 某金店（中国人民银行批准的金银首饰经营单位）为增值税一般纳税人，2010

年5月采取"以旧换新"方式向消费者销售金项链20条,每条新项链的零售价格为2 500元,每条旧项链作价800元,每条项链取得差价款1 700元;将同样的金项链5条用于节日馈赠主管部门。向消费者取得首饰修理费2 270元。当月还零售镀金首饰一批,收取含税零售收入30 000元(没有分别核算)。为某银行庆典加工金项链100条,由银行提供材料成本为10万元,收取不含税加工费1万元,金店没有同类项链的销售业务。计算该金店上述业务应纳增值税、消费税税额。

第 20 章 成品油消费税政策

经国务院批准,自 2009 年 1 月 1 日起,提高成品油消费税税率。财政部、国家税务总局联合下发了《财政部 国家税务总局关于提高成品油消费税税率的通知》(财税字〔2008〕167 号)和《财政部 国家税务总局关于调整和完善成品油消费税政策的通知》(财税字〔2008〕168 号)。有关成品油消费税征收管理规定如下:

20.1 成品油消费税纳税人登记政策

下列纳税人应于 2009 年 1 月 24 日前到所在地主管税务机关办理消费税税种管理事项。

一、以原油以外的其他原料加工汽油、柴油、石脑油、溶剂油、航空煤油、润滑油和燃料油的。

二、用外购汽油和乙醇调和乙醇汽油的。

(国家税务总局关于加强成品油消费税征收管理有关问题的通知,国税函〔2008〕1072 号,发文日期:2008-12-30)

20.2 成品油已纳消费税抵扣的规定

20.2.1 以石脑油、润滑油、燃料油为原料生产的应税消费品

一、抵扣公式

自 2008 年 1 月 1 日起,以外购或委托加工收回的已税石脑油、润滑油、燃料油为原料生产的应税消费品,准予从消费税应纳税额中扣除原料已纳的消费税税款。抵扣税款的计算公式为:当期准予扣除的外购应税消费品已纳税款=当期准予扣除外购应税消费品数量×外购应税消费品单位税额。

(财政部 国家税务总局关于调整部分成品油消费税政策的通知,财税〔2008〕19 号,发文日期:2008-02-02)

二、2009年提高税率时期初库存石脑油、润滑油、燃料油抵扣税款办法

1. 2008年12月31日以前生产企业库存的用于生产应税消费品的外购或委托加工收回的石脑油、润滑油、燃料油原料,其已缴纳的消费税,准予在2008年12月税款所属期按照石脑油、润滑油每升0.2元和燃料油每升0.1元一次性计算扣除。

(财政部 国家税务总局关于提高成品油消费税税率后相关成品油消费税政策的通知,财税〔2008〕168号,发文日期:2008-12-19)

2. 2008年12月31日以前生产企业库存的外购或委托加工收回的用于连续生产应税消费品的已税原料(石脑油、润滑油、燃料油),在2008年12月税款所属期内按照生产原料一次性领用处理。一次性计算的税款扣除金额大于当期应纳税额部分,可结转到下期扣。

2009年1月1日后,生产企业在记录前款一次性领用原料税款抵扣台账时,可按照先进先出法记录原料领用数量(领用数量不再作为计算扣税金额)。待一次性领用原料数量用完后,再将发生的原料领用数量作为当期计算税款抵扣的领用原料数量。

(国家税务总局关于加强成品油消费税征收管理有关问题的通知,国税函〔2008〕1072号,发文日期:2008-12-30)

20.2.2 以汽油、柴油为原料生产甲醇汽油、生物柴油

一、抵扣范围

自2009年1月1日起,对外购或委托加工收回的汽油、柴油用于连续生产甲醇汽油、生物柴油,准予从消费税应纳税额中扣除原料已纳的消费税税款。

(财政部 国家税务总局关于提高成品油消费税税率后相关成品油消费税政策的通知,财税〔2008〕168号,发文日期:2008-12-19)

二、抵扣税款管理制度

自2009年1月1日起,外购或委托加工收回的汽油、柴油用于连续生产甲醇汽油、生物柴油的,税款抵扣凭证依照《国家税务总局关于印发调整和完善消费税政策征收管理规定的通知》(国税发〔2006〕49号)第四条第(一)款执行。2009年1月1日前的增值税专用发票,不得作为抵扣凭证。抵扣税款的计算方法,依照国税发〔2006〕49号文件第四条第(二)款执行。纳税人应依照国税发〔2006〕49号文件第四条第(四)款规定建立抵扣税款台账。主管税务机关应加强对税款抵扣台账核算的管理。

(国家税务总局关于加强成品油消费税征收管理有关问题的通知,国税函〔2008〕1072号,发文日期:2008-12-30)

20.3 乙醇汽油消费税政策

自2009年1月1日起,对用外购或委托加工收回的已税汽油生产的乙醇汽油免税。用自产汽油生产的乙醇汽油,按照生产乙醇汽油所耗用的汽油数量申报纳税。

（财政部 国家税务总局关于提高成品油消费税税率后相关成品油消费税政策的通知，财税〔2008〕168号，发文日期：2008-12-19）

自2009年1月1日起，纳税人既生产销售汽油又生产销售乙醇汽油的，应分别核算，未分别核算的，生产销售的乙醇汽油不得按照生产乙醇汽油所耗用的汽油数量申报纳税，一律按照乙醇汽油的销售数量征收消费税。

（国家税务总局关于加强成品油消费税征收管理有关问题的通知，国税函〔2008〕1072号，发文日期：2008-12-30）

20.4 甲醇汽油、生物柴油消费税政策

自2009年1月1日起，对外购或委托加工收回的汽油、柴油用于连续生产甲醇汽油、生物柴油，准予从消费税应纳税额中扣除原料已纳的消费税税款。

（财政部 国家税务总局关于提高成品油消费税税率后相关成品油消费税政策的通知，财税〔2008〕168号，发文日期：2008-12-19）

自2009年1月1日起，外购或委托加工收回的汽油、柴油用于连续生产甲醇汽油、生物柴油的，税款抵扣凭证依照《国家税务总局关于印发调整和完善消费税政策征收管理规定的通知》（国税发〔2006〕49号）第四条第（一）款执行。2009年1月1日前的增值税专用发票，不得作为抵扣凭证。抵扣税款的计算方法，依照国税发〔2006〕49号文件第四条第（二）款执行。纳税人应依照国税发〔2006〕49号文件第四条第（四）款规定建立抵扣税款台账。主管税务机关应加强对税款抵扣台账核算的管理。

（国家税务总局关于加强成品油消费税征收管理有关问题的通知，国税函〔2008〕1072号，发文日期：2008-12-30）

20.5 石脑油消费税政策

20.5.1 石脑油的税收优惠政策

为促进以石脑油为原料的国产乙烯和芳烃类产品与进口同类产品的公平竞争，石脑油等部分成品油消费税政策如下：

（一）自2009年1月1日起对进口石脑油恢复征收消费税。

（二）2008年1月1日至2010年12月31日，对国产的用作乙烯、芳烃类产品原料的石脑油免征消费税，生产企业直接对外销售的不作为乙烯、芳烃类产品原料的石脑油应按规定征收消费税；对进口的用作乙烯、芳烃类产品原料的石脑油已缴纳的消费税予以返还，具体办法由财政部会同海关总署和国家税务总局另行制定。乙烯类产品具体是指乙烯、丙烯和丁二烯；芳烃类产品具体是指苯、甲苯、二甲苯。在2007年12月31日以前石脑油应缴未缴的消费税，各地主管税务机关应抓紧进行清缴。

（财政部 国家税务总局关于提高成品油消费税税率后相关成品油消费税政策的通知，财税〔2008〕168号，发文日期：2008-12-19；财政部 国家税务总局关于调整部分成品油消费税政策的通知，财税〔2008〕19号，发文日期：2008-02-02）

20.5.2 石脑油消费税免税管理办法

自2008年1月1日起，《国家税务总局关于印发〈石脑油消费税免税管理办法〉的通知》（以下简称《通知》）作出下列规定：

（一）石脑油的范围

石脑油消费税适用《消费税税目税率（税额）表》"成品油"税目下设的"石脑油"子目。征收范围包括除汽油、柴油、煤油、溶剂油以外的各种轻质油。

（二）石脑油生产或乙烯、芳烃类产品生产的企业备案

境内从事石脑油生产或乙烯、芳烃类产品生产的企业应在《通知》发布后30日内，向当地主管税务机关提请备案。

（三）国产用作乙烯、芳烃类产品原料的石脑油免税的方法

国产用作乙烯、芳烃类产品原料的石脑油免征消费税。

1. 石脑油生产企业自产用于本企业连续生产乙烯、芳烃类产品的石脑油，免征消费税。

2. 石脑油生产企业（以下简称销货方）销售给乙烯、芳烃类产品生产企业（以下简称购货方）作为生产乙烯、芳烃类产品原料的石脑油，实行《石脑油使用管理证明单》（以下简称《证明单》）管理。《证明单》由购货方在购货前向其主管税务机关领用，销货方凭《证明单》向其主管税务机关申报免征石脑油消费税。

销货方将自产石脑油直接销售给乙烯、芳烃类产品生产企业以外的单位和个人的，不实行《证明单》管理，应按照规定申报缴纳消费税。

（四）外购免税石脑油生产乙烯、芳烃类产品和应税消费品的处理方法

购货方用外购免税石脑油为原料在同一生产过程中既生产乙烯、芳烃类产品，同时又生产汽油、柴油等应税消费品，其应税消费品应按规定征收消费税，并且不得扣除外购石脑油应纳消费税税额。

政策解析

因为石脑油购入时已按照《证明单》的管理流程享受了免税优惠，购入石脑油未负担消费税，自然不可以抵扣消费税。

（五）《证明单》的管理

《证明单》一式五联，只限于购货方在向销货方购货时使用。第一联为回执联，由销货方主管税务机关留存；第二联为免税联，作为销货方申报免税的资料；第三联为核销联，用于购货方主管税务机关核销《证明单》领用记录；第四联为备查联，作为销货方备查资料；第五联为存根联，作为购货方备查资料。

《证明单》式样由国家税务总局统一制定，各省、自治区、直辖市和计划单列市国家税务局印制。号码总位数为10位，第1、2位为省、自治区和直辖市行政区划码，第3、4位为计划单列市行政区划码，后六位为自然码。各省、自治区、直辖市和计划单列市内号码不得重复。

购货方首次申请领用《证明单》时，主管税务机关应派员到企业所在地对其生产经营情况进行核实，并建立《证明单》台账。

（六）免税流程

1. 购货方携《证明单》购货。《证明单》由销货方填写。《证明单》中填写的品种、数量、单价、金额、发票代码、发票号码、开票日期等，应与增值税专用发票上的相关内容一致。

2. 销货方对《证明单》所有联次加盖财务专用章或发票专用章后，留存备查联、免税联，将回执联、核销联、存根联退还购货方。

3. 购货方在购货后20日内将《证明单》回执联、核销联、存根联及销货方开具的增值税专用发票交主管税务机关核销《证明单》领用记录。

4. 购货方主管税务机关应对《证明单》回执联、核销联、存根联注明的品种、数量、单价、金额、发票代码、发票号码、开票日期与销货方开具的增值税专用发票相关内容进行审核。《证明单》与增值税专用发票相关内容一致的，加盖公章，留存核销联，将存根联退还购货方，并于10日内将回执联传递给销货方主管税务机关。

购货方主管税务机关核销《证明单》领用记录时，应在《证明单》核销联"审核意见"栏填写审核意见，并在《证明单》台账上记录。

5. 享受免征石脑油消费税的生产企业，应按照《中华人民共和国税收征收管理法》及其实施细则和相关规定办理免税申报。并提供下列资料：

（1）《证明单》免税联清单以及免税联；

（2）税务机关要求报送的其他资料。

购、销双方主管税务机关应加强对《证明单》的使用、核对、核销、传递等工作的管理（在电子传递手段未建立之前，暂通过特快专递或邮寄挂号信方式传递）。

（七）对购货方的管理

1. 购货方应建立石脑油移送使用台账。分别记录凭《证明单》购入、自产、进口及其他渠道购入的石脑油数量，及用于本企业连续生产乙烯、芳烃类产品的、用于生产应税消费品的、用于对外销售的、用于其他方面的石脑油数量。对未按要求建立、使用台账的，取消其《证明单》使用资格。

2. 购货方主管税务机关应定期对购货方石脑油的使用情况进行审核。对于台账记录用于本企业生产乙烯、芳烃类产品的石脑油数量小于实际自产和凭《证明单》购入石脑油合计数量的，其差额部分，应按规定补缴消费税。

（八）购销双方主管税务机关的管理与审核

1. 销货方主管税务机关应于次年4月30日前，将购货方主管税务机关传递回的《证明单》回执联与《证明单》免税联中注明的销货方当年外销石脑油数量、单价、金额、发票代码、发票号码、开票日期等相关内容逐一进行对比审核，与销货方年度内申报的石脑油免征消费税的数量进行比对,数量一致的予以核销,销货方免税申报的数量大于《证明单》回执联合计数的部分,应该补缴消费税。

2. 购货方主管税务机关应加强对购货方台账记录的石脑油领、用、存数量情况与企业实际石脑油生产、销售和库存情况的比对分析,开展纳税评估。

(国家税务总局关于印发《石脑油消费税免税管理办法》的通知,国税发〔2008〕45号,发文日期:2008-04-30)

20.5.3 进口石脑油消费税先征后返的有关规定

根据《国务院关于实施成品油价格和税费改革的通知》(国发〔2008〕37号)的有关规定,对2009年1月1日至2010年12月31日期间进口用作乙烯、芳烃类产品原料的石脑油已缴纳的进口环节消费税予以返还。

(一)2009年1月1日至2010年12月31日,我国境内委托进口石脑油的生产企业(以下简称生产企业),用进口石脑油作为原料生产出乙烯、芳烃类产品后,可申请返还已经缴纳的进口环节消费税(以下简称返税)。

(二)进口石脑油时间以进口货物报关单上的申报时间为准。

(三)乙烯类产品具体是指乙烯、丙烯、丁二烯;芳烃类产品具体是指苯、甲苯、二甲苯。

(四)生产企业应在《财政部 海关总署 国家税务总局关于进口石脑油消费税先征后返有关问题的通知》(以下简称《通知》)下发30日内到所在地财政监察专员办事处(以下简称专员办)提请备案,并建立石脑油移送使用台账,分别记录进口、购买国产、自产的石脑油数量和用进口石脑油作为原料生产出乙烯、芳烃类产品的数量。

(五)专员办负责审核生产企业申请返税的进口石脑油是否全部作为乙烯、芳烃类产品的原料,且生产出产品,并在确认无误后向申请的生产企业出具审核意见(即石脑油用途证明)。

(六)生产企业如有下列行为,不予办理返税:

1. 未按照《通知》要求备案和建立石脑油移送使用台账的,进口的石脑油全部不予办理退税;

2. 将进口的石脑油转售给其他企业的,转售的进口石脑油不予办理返税;

3. 将进口石脑油用作其他用途的,用作其他用途的进口石脑油不予办理返税。

(七)生产企业取得所在地专员办出具的审核证明后,连同进口货物报关单、海关专用缴款书和自动进口许可证等材料,向纳税地海关申请返税,由海关按照程序上报财政部批准。具体申报审批程序按照《财政部 海关总署 中国人民银行 国家税务总局进口税收先征后返管理办法》(财预〔2009〕84号)办理。

(八)生产企业取得进口环节消费税返税款后,应当自觉接受有关部门的监督检查。监督部门发现企业弄虚作假骗取返税款的,应及时追回所返税款,并移交财政部依照《财政违法行为处罚处分条例》(国务院令第427号)进行处理。

(财政部 海关总署 国家税务总局关于进口石脑油消费税先征后返有关问题的通知,财预〔2009〕第347号,发文日期:2009-07-31)

政策解析

2008年1月1日至2008年12月31日进口石脑油享受免税政策，对生产的产品没有限制，进口后直接销售的，也可以享受进口免税的政策；自2009年1月1日起对进口石脑油恢复征收消费税，2009年1月1日至2010年12月31日，进口石脑油只有作为生产乙烯、芳烃类产品的原料时，才可以享受先征后返的优惠。

20.6 燃料油消费税政策

为了促进烯烃类化工行业的健康发展和生产同类产品企业间的公平竞争，部分燃料油消费税政策如下：

一、2010年1月1日起到2010年12月31日止，对用作生产乙烯、芳烃等化工产品原料的国产燃料油免征消费税，对用作生产乙烯、芳烃等化工产品原料的进口燃料油返还消费税。燃料油生产企业对外销售的不用作生产乙烯、芳烃等化工产品原料的燃料油应按规定征收消费税。生产乙烯、芳烃等化工产品的化工企业购进免税燃料油对外销售且未用作生产乙烯、芳烃化工产品原料的，应补征消费税。

对企业自2010年1月1日起至文到之日前购买的用作生产乙烯、芳烃等化工产品原料的燃料油所含的消费税予以退还。

二、乙烯等化工产品具体是指乙烯、丙烯、丁二烯及其衍生品等化工产品；芳烃等化工产品具体是指苯、甲苯、二甲苯、重芳烃及混合芳烃等化工产品。

三、用燃料油生产乙烯、芳烃等化工产品产量占本企业用燃料油生产产品总量50%以上（含50%）的企业，享受上述优惠政策。

四、燃料油消费税的免、返税管理参照《国家税务总局关于印发〈石脑油消费税免税管理办法〉的通知》（国税发〔2008〕45号）和《财政部 海关总署 国家税务总局关于进口石脑油消费税先征后返有关问题的通知》（财预〔2009〕347号）执行。

（财政部 国家税务总局关于调整部分燃料油消费税政策的通知，财税〔2010〕66号，发文日期：2010-08-20）

20.7 汽油、柴油消费税管理办法

为了加强汽油、柴油消费税管理，提高征管质量和效率，实现消费税重点税源专人现场集中管理的目标，总局制定了《汽油 柴油消费税管理办法（试行）》，自2005年9月1日起施行。

20.7.1 登记管理

一、登记时提供的资料

纳税人应按照征管法及其实施细则的有关规定办理税务登记，纳税人除依照有关规

定提供相关资料外，还必须提供下列资料：

1. 生产企业基本情况表；
2. 生产装置及工艺路线的简要说明；
3. 企业生产的所有油品名称、产品标准及用途；
4. 税务机关要求报送的其他资料。

二、相关情况变化时报告

已经办理税务登记的纳税人，其原油加工能力、生产装置、储油设施、油品名称、产品标准及用途发生变化的，应自发生变化之日起30日内向主管税务机关报告。

主管税务机关应在纳税人办理税务登记后或接到情况变化的报告后，及时到纳税人所在地实地查验、核实。

20.7.2 对成品油生产企业的管理

主管税务机关应对纳税人实行专责管理。

（一）主管税务机关应定期委派管理员到生产企业所在地了解纳税人的生产经营情况及与纳税有关的情况。向纳税人宣传贯彻税收法律、法规和各项税收政策，开展纳税服务，为纳税人提供税法咨询和办税辅导，督促纳税人正确履行纳税义务、建立健全财务会计制度、加强账簿凭证管理。

（二）主管税务机关应当掌握纳税人生产经营、财务核算的基本情况。掌握纳税人原油、原料油品输入、输出管道、炼化装置、燃料油品运输口岸（管道运输、火车运输、船舶运输、罐车运输）等储运部门的具体位置，燃料油品流量计（表、检尺）的安装位置。了解产品重量单位的计算方法（在一定温度下重量＝体积×密度），统计部门燃料油品产量计算方式、商品量的调整依据。

（三）主管税务机关应定期将依据纳税人储运部门的油品收发台账统计的油品发出量与流量表的流量总计或通过检尺检测后计算的流量总计进行核对。

（四）主管税务机关应对纳税人油品销售对象进行监控。定期将纳税人统计的油品发出量与销售对象（如石油公司等）的流量记录情况进行核对。

（五）主管税务机关应定期对纳税人开展纳税评估。综合运用纳税人申报资料及第三方信息资料（如原油加工损失等）和评估指标定义及比对方法，对纳税人纳税申报的真实性、准确性做出初步判断，根据评估分析发现汽油、柴油消费税纳税评估指标包括：原油及原料油加工量、原油库存能力、汽油库存能力、柴油库存能力、综合商品率、轻油收率、汽油收率、柴油收率、柴油、汽油产出比、税务机关计算的汽油销售数量、税务机关计算的柴油销售数量。

（六）主管税务机关应对纳税人开具的除汽油、柴油以外的所有油品销售发票（增值税专用发票、有效凭证）按照销售对象进行清分，将有疑点的发票信息及时传递给销售对象所在地主管税务机关，由销售对象所在地主管税务机关进行协查。

销售对象所在地主管税务机关应对本环节购进货物用途、再销售对象进行核查，于收到核查信息后15日内将核查结论反馈给生产企业所在地主管税务机关。对于本环节仍有疑点的发票，销售对象所在地主管税务机关应继续向下一环节购货方所在地主管税务机关发出协查信息。

（国家税务总局关于印发《汽油 柴油消费税管理办法（试行）》的通知，国税发〔2005〕133号，发文日期：2005-09-02）

[例题] 石化厂（一般纳税人）2009年2月销售无铅汽油3 000吨，每吨8万元，将200升无铅汽油用于连续生产溶剂油，将自产的无铅汽油2吨用于连续生产乙烯；销售柴油5 000升，每升5元，将自产的柴油500升用于食堂，作为燃料；销售溶剂油300升，每升7元；销售石脑油2 000升，每升8元，其中800升销售给芳烃类产品的生产厂商，取得《证明单》。将化工原料2吨，账面价值为50万元发往润滑油厂，委托其加工润滑油2.5吨，支付加工费4万元（不含税），取得增值税专用发票，当月收回全部加工的润滑油。计算该石化厂当月应纳的消费税和增值税。

解析：应向税务机关缴纳消费税＝(3 000＋2)×1 388×1.0＋(5 000＋500)×0.8＋300×1.0＋(2 000－800)×1.0＝4 172 676（元）

受托方应代收代缴消费税＝2.5×1 126×1.0＝2 815（元）

纳税人当月共应纳消费税＝4 172 676＋2 815＝4 175 491（元）

增值税销项税额＝[3 000×80 000＋(5 000＋5)×5＋300×7＋2 000×8]×17％＝40 807 331.25（元）

增值税进项税额＝40 000×17％＝6 800（元）

应纳增值税额＝40 807 331.25－6 800＝40 800 531.25（元）

答：该石化厂当月应纳的消费税4 175 491元，增值税40 800 531.25元。

[例题] 下列成品油应征消费税的有（　　）。

A. 炼油厂将自产的石脑油用于连续生产乙烯
B. 炼油厂将自产的柴油用于连续生产生物柴油
C. 销售用外购汽油生产的甲醇汽油
D. 销售用外购汽油生产的乙醇汽油

答案：C

[例题] 关于消费税征税范围，下列说法错误的是（　　）。

A. 炼油厂销售的用作乙烯、芳烃类产品原料的燃料油免征消费税
B. 炼油厂销售的用作乙烯、芳烃类产品原料的溶剂油免征消费税
C. 以植物性和矿物性基础油混合掺配而成的"混合性润滑油"，不论矿物性基础油所占比例高低，均属润滑油征税范围
D. 对用外购或委托加工收回的已税汽油生产的乙醇汽油免征消费税

答案：B

第 21 章
葡萄酒消费税的管理

葡萄酒是指以葡萄为原料，经破碎（压榨）、发酵而成的酒精度在 1 度（含）以上的葡萄原酒和成品酒（不含以葡萄为原料的蒸馏酒）。自 2006 年 7 月 1 日起，葡萄酒消费税政策如下：

一、纳税人

在中华人民共和国境内（以下简称境内）生产、委托加工、进口葡萄酒的单位和个人，为葡萄酒消费税纳税人。

二、税目

葡萄酒消费税适用《消费税税目税率（税额）表》"酒及酒精"税目下设的"其他酒"子目。

三、葡萄酒生产的单位或个人之间销售葡萄酒的管理

境内从事葡萄酒生产的单位或个人（以下简称生产企业）之间销售葡萄酒，实行《葡萄酒购货证明单》（以下简称证明单）管理。证明单由购货方在购货前向其主管税务机关申请领用，销货方凭证明单的退税联向其主管税务机关申请已纳消费税退税。

证明单一式四联，仅限于生产企业购货时领用。第一联为回执联，由销货方主管税务机关留存；第二联为退税联，作为销货方申请退税的报送资料；第三联为核销联，用于购货方主管税务机关核销证明单领取记录；第四联为备查联，作为销货方会计核算资料。

生产企业将自产或外购葡萄酒直接销售给生产企业以外的单位和个人的，不实行证明单管理，按消费税暂行条例规定申报缴纳消费税。

发生销货退回或销售折让的，购货方也应按《葡萄酒消费税管理办法（试行）》规定申请、使用、核销证明单。

四、证明单的使用流程

生产企业在购货前应向主管税务机关提出领用证明单的书面申请。主管税务机关应对书面申请进行审核，建立证明单领存销台账。

购货方携证明单购货，证明单由销货方填写。证明单中填写的品种、数量、单价、金额、发票代码、发票号码、开票日期应与销货方开具的销售发票（增值税专用发票或普通发票）的相关内容一致。

销货方在证明单所有联次加盖公章后，留存证明单备查联，将证明单回执联、退税联、核销联退还购货方。

购货方在 30 日内将证明单回执联、退税联、核销联及销货方开具的销售发票交主管税务机关核销证明单领用记录。购货方主管税务机关核销证明单领用记录时，应在证明单核销联"主管税务机关审核意见"栏填写核销意见，并在证明单领销存台账上作核销记录。

购货方主管税务机关应对证明单回执联、退税联、核销联注明的品种、数量、单价、金额、发票代码、发票号码、开票日期与销货方开具的销售发票相关内容进行审核。证明单与销售发票相关内容一致的，购货方主管税务机关留存核销联，在证明单回执联、退税联加盖公章，并于 30 日内将回执联、退税联传递给销货方主管税务机关。

销货方主管税务机关收到回执联、退税联后，留存回执联，在 30 日内将证明单退税联转交给销货方。

销货方收到主管税务机关转交的证明单退税联后，应填报《葡萄酒消费税退税申请表》（以下简称退税申请表），持证明单退税联及退税申请表向主管税务机关申请退税。

五、葡萄酒消费税纳税人的纳税规定

生产企业销售葡萄酒，无论纳税申报当期是否收到主管税务机关转交的证明单退税联，均应按规定申报缴纳消费税。

六、葡萄酒消费税纳税人的抵扣规定

以进口葡萄酒为原料连续生产葡萄酒的纳税人，实行凭《海关进口消费税专用缴款书》抵减进口环节已纳消费税的管理办法。

以进口葡萄酒为原料连续生产葡萄酒的纳税人，在办理消费税纳税申报时，需填写消费税纳税申报表，提供《海关进口消费税专用缴款书》复印件。

以进口葡萄酒为原料连续生产葡萄酒的纳税人，准予从当期应纳消费税税额中抵减《海关进口消费税专用缴款书》注明的消费税。如当期应纳消费税不足抵减的，余额留待下期抵减。

七、购销双方的管理

主管税务机关应加强对购销双方消费税的管理。定期查验购销双方销售、购进葡萄酒的数量及使用情况。

八、证明单的管理

主管税务机关应加强对证明单的领用、核销、核对、传递工作（在电子传递手段未建立之前，暂通过特快专递或邮寄挂号信方式传递）。

在邮递过程发生证明单丢失情况的，由购货方主管税务机关开具证明并复印证明单核销联两份，加盖公章后传递给销货方主管税务机关，一份代替回执联、一份代替退税联使用。

纳税人未按照规定取得、保管、使用、报送证明单的，主管税务机关依照税收征管法的有关规定处理。

证明单式样由国家税务总局统一制定，各省、自治区、直辖市和计划单列市国家税务局印制。

（国家税务总局关于印发《葡萄酒消费税管理办法（试行）》的通知，国税发〔2006〕第066号，发文日期：2006-05-14）

第3部分 附 录

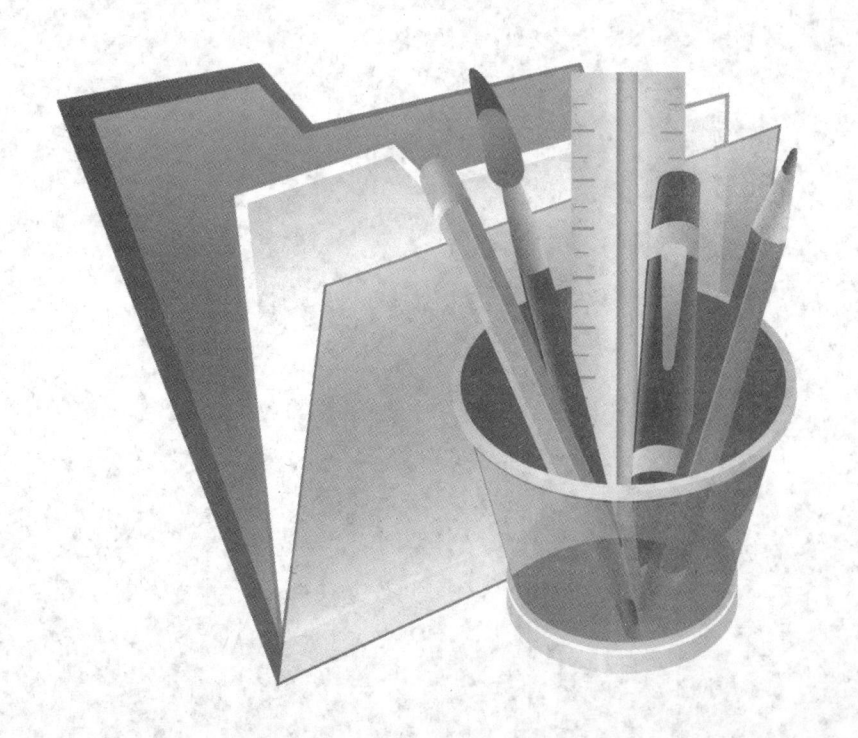

附录 1　增值税复习测试题

一、单项选择题

1. 下列收入中，应征收增值税的是（　　）。
   A. 为转让著作权销售电影母片所取得的收入
   B. 工商部门为发放的营业执照收取的工本费
   C. 体育彩票发行收入
   D. 经营单位购入拍卖物品再销售取得收入
2. 下列哪些项目的进项税额可以抵扣（　　）。
   A. 购进用于建造不动产的附属设备和配套设施
   B. 购进低值易耗品
   C. 非正常损失的购进货物
   D. 用于免税项目的购进货物
3. 某企业（增值税一般纳税人）购进货物支付给铁路部门的运杂费总计 15 000 元，其中运输费为 10 000 元，基金 1 为 1 000 元，基金 2 为 400 元，保险费 200 元，其他杂费 3 400 元，其扣除的进项税额应为（　　）元。
   A. 1 000　　　　B. 1 500　　　　C. 1 140　　　　D. 798
4. 商业单位和个体经营者的混合销售行为应（　　）。
   A. 交纳增值税　　　　　　　　B. 不交纳增值税
   C. 减免增值税　　　　　　　　D. 交或不交视情况而定
5. 下列项目中，不计入增值税的销售额的有（　　）。
   A. 销售货物价外向购买方收取的返还利润
   B. 销售货物价外向购买方收取的包装物租金
   C. 受托加工应征消费税的货物所代收代缴的消费税
   D. 销售酒类产品价外向购买方收取的品牌使用费
6. 纳税人采取邮寄方式购买或销售货物所支付的邮寄费，其抵扣处理是（　　）。
   A. 按 13% 抵扣　　　　　　　　B. 按 10% 抵扣
   C. 按 7% 抵扣　　　　　　　　D. 不得抵扣
7. 企业租赁给他人经营，其增值税纳税人为（　　）。
   A. 企业所有人　　　　　　　　B. 企业代管人
   C. 承租人　　　　　　　　　　D. 企业主管机关
8. 某一般纳税人以自己采掘的砂、土、石料连续生产砖、瓦、石灰，本月取得含税销售额 53 万元，该企业本月应纳增值税额为（　　）。
   A. 9.01 万元　　B. 6.09 万元　　C. 3.18 万元　　D. 3 万元
9. 下列行为不属于视同销售货物的有（　　）。
   A. 将自产的货物无偿赠送他人　　B. 将委托加工的货物无偿赠送他人

C. 以自产的货物换取他人的货物　　D. 将购买的货物无偿赠送他人

10. 下列哪些项目的进项税额可以抵扣（　　）。

A. 用于企业交际应酬的购进货物

B. 应税项目与非增值税应税项目共用的固定资产

C. 用于集体福利或者个人消费的购进货物

D. 购进用于免税项目的固定资产

11. 某增值税一般纳税人某月销售三批货物，每批各1 000件，销售价格分别为每件120元、100元和40元。如果40元/件的销售价格被税务机关认定为明显偏低，则纳税人该月计算销项税额的销售额应为（　　）元。

A. 260 000　　B. 300 000　　C. 360 000　　D. 330 000

12. 下列项目中，属于非正常损失项目的有（　　）。

A. 地震损失　　　　　　　　B. 因保管不善造成的原材料霉烂

C. 清仓削价损失　　　　　　D. 运输途中合理损耗

13. 某印染厂将本厂原材料布料（进项税额已无法确定）委托时装厂加工成高档西服套装分给职工，则（　　）。

A. 按下列公式计算布料不得抵扣的进项税额：当期无法划分全部进项税额×非应税项目营业税/当月全部销售额

B. 按当期实际成本计算布料不得抵扣的进项税额

C. 按耗用布料数量依最高进价从高计算其不得抵扣的进项税额

D. 上述说法均不正确

14. 对邮电部门出售手提电话机、寻呼机并为用户提供无线通讯服务所取得的收入，正确的税务处理方法是（　　）。

A. 按服务业征收营业税　　　B. 按邮电通信业征收营业税

C. 按混合销售征收增值税　　D. 按兼营业务征收营业税

15. 某汽车轮胎厂为一般纳税人，在厂区下设一非独立核算的门市部。2010年8月该厂将生产的一批汽车轮胎交门市部，计价60万元。门市部将其出售取得含税销售额77.22万元。轮胎消费税税率3%，增值税税率17%，则此项业务的销项税额应为（　　）万元。

A. 10.2　　B. 11.22　　C. 21.42　　D. 23.33

二、多选题

1. 下列项目应交增值税的有（　　）。

A. 农机厂销售农机　　　　　B. 将自产的货物无偿赠送他人

C. 有机肥产品生产企业销售的有机肥　　D. 出售专利权

2. 下列混合销售应当一并征收增值税的有（　　）。

A. 建材商店销售建材并负责上门安装

B. 超市销售冰箱并负责运输

C. 具有建筑资质的一般纳税人销售自产的建筑防水材料并负责安装施工

D. 交通运输企业销售货物并负责运输

3. 下列属于农业生产者销售自产初级农业产品免征增值税的有（　　）。
   A. 农民贩卖蔬菜 B. 酱园购进蔬菜腌制后销售
   C. 农民宰杀销售自己养殖的猪羊 D. 橡胶园销售种植的天然橡胶

4. 下列项目中按税法规定应视同销售的有（　　）。
   A. 将购买的货物用于赠送客户
   B. 将自产的货物用于抵顶所欠职工工资
   C. 将购买的货物用于本单位基本建设
   D. 将委托加工收回的货物作为对外投资

5. 下列货物中，适用13%税率的有（　　）。
   A. 粮食 B. 挂面 C. 复烤烟叶 D. 面粉

6. 下列项目中，目前属于增值税免税范围的有（　　）。
   A. 聋哑人提供修理手表业务 B. 其他个人销售使用过的摩托车
   C. 销售向社会收购的古旧图书 D. 生产企业销售自产农药

7. 下列项目中，属于税法规定的"混合销售"行为的有（　　）。
   A. 销售计算机同时提供专用软件
   B. 建筑安装公司自购铝合金门窗销售给客户并为其安装
   C. 销售液化气并提供专用气罐车租赁服务
   D. 受托加工货物交货时提供运输服务

8. 增值税暂行条例中所指"非增值税应税项目"有（　　）。
   A. 装饰厂房 B. 销售房屋
   C. 转让商标 D. 修建厂区道路

9. 下列为含税收入的项目有（　　）。
   A. 零售商场的零售款 B. 价外费用
   C. 逾期未还包装物押金 D. 货物销售额

10. 销售下列货物或劳务免征增值税的是（　　）。
    A. 生产销售饲料 B. 化肥厂生产销售的钾肥
    C. 批发和零售农机 D. 农膜

11. 下列行为应当征收增值税的是（　　）。
    A. 经中国人民银行批准的公司从事的融资租赁业务
    B. 典当业的死当物品销售
    C. 缝纫
    D. 邮政部门销售集邮邮票、首日封

12. 下列说法正确的是（　　）。
    A. 免税货物恢复征税后，其免税期间外购的货物，一律不得作为当期进项税额抵扣
    B. 增值税一般纳税人外购生产应税货物用固定资产所支付的运费可抵扣
    C. 福利企业查补的增值税应纳税额不得按"即征即退"办法退还给企业

D. 对增值税一般纳税人向供货方收取的返还利润，应视为含税销售收入，计入销售额

13. 纳税人销售货物或应税劳务向购货方所收取的下列费用项目中，应作为价外费用计入销售额的有（   ）。

A. 延期付款利息　　　　　　　　B. 运输装卸费
C. 随同产品销售收取的包装物租金　D. 奖励金
E. 增值税税额

14. 某厂为一般纳税人，发生下列经济业务中，应计提增值税销项税额的有（   ）。

A. 将自产产品用于非应税项目　　　B. 将库存外购材料用于在建工程
C. 将库存外购材料用于对外投资　　D. 库存产品发生了非正常损失

15. 下列货物在生产、批发、零售各环节均免征增值税的是（   ）。

A. 滴灌带（管）产品　　　　　　　B. 农业产品
C. 避孕药品和用具　　　　　　　　D. 居民用煤炭制品

16. 某轮胎厂系增值税一般纳税人，2010年4月销售汽车轮胎，开具的增值税专用发票上注明的价款为1 000万元，销售农用拖拉机专用轮胎，开具普通发票取得收入500万元，将成本价为130万元的汽车轮胎转给非独立核算的门市部，当月全部出售，开具普通发票注明价款为258.5万元。该企业的消费税税率为3%，则下列表述正确的是（   ）。

A. 农用拖拉机专用轮胎不征收消费税，农用拖拉机通用轮胎属于应征消费税项目
B. 该企业本月缴纳的消费税为122.09万元
C. 该企业本月缴纳的增值税为280.21万元
D. 该企业本月缴纳的消费税为36.63万元

17. 以下各种表述正确的有（   ）。

A. 采取以旧换新方式销售货物的（金银首饰除外），应按新货物的同期销售价格确定销售额，不得扣减旧货物价格
B. 以物易物销售双方（均为一般纳税人）都应作购销处理，以各自发出的货物核算销售额并计算销项税额，以各自收到的货物核算成本，并依据扣税凭证确定进项税额
C. 采取还本销售方式销售货物，不得从销售额中减除还本支出
D. 纳税人为销售货物而出租出借包装物收取的押金，单独记账核算的，应计入其销售额当中

18. 下列项目应征增值税的有（   ）。

A. 邮政部门发行报刊
B. 供热企业销售给工业企业的热气
C. 水泥厂以货抵债抵出的水泥
D. 各级政府及主管部门委托自来水厂（公司）随水费收取的污水处理费

19. 下列属于增值税条例及其实施细则规定免征增值税的项目有（   ）。

A. 以三剩物、次小薪材为原料生产的高密度板材
B. 残疾人专用的假肢、轮椅

C. 冶炼企业生产的非标准黄金
D. 图书、报纸、杂志

20、下列货物适用简易办法征收增值税的有（　　）。
A. 瓶装纯净水
B. 死当物品
C. 小规模纳税人销售货物
D. 一般纳税人销售自己使用过的小汽车

21、单位或个人提供下列劳务，应征增值税的是（　　）。
A. 汽车的修配
B. 房屋的修理
C. 受托加工白酒
D. 空调商场在销售空调的同时，为用户安装

22. 下列项目的进项税额不得从销项税额中抵扣的是（　　）。
A. 用于免税项目的购进货物或者应税劳务
B. 将自产和委托加工的货物用于非应税项目，该货物在生产或加工过程中所耗用的购进货物或应税劳务
C. 捐赠的货物在生产过程中耗用的购进货物或应税劳务
D. 用于按简易办法征税项目在生产过程中耗用的购进货物或应税劳务

23. 关于增值税纳税义务发生时间，下列表述正确的是（　　）。
A. 采取直接收款方式销售货物，不论货物是否发出，均为收到销售额或取得索取销售额的当天
B. 采取分期收款方式销售货物，为按书面合同约定的收款日期的当天
C. 纳税人将自产的货物用于集体福利和对外捐赠，为货物移送的当天
D. 采取预收货款方式销售货物，生产销售的生产工期超过12个月的大型机械设备、船舶、飞机等货物，为收到预收款或者书面合同约定的收款日期的当天

24. 下列（　　）项目应征增值税。
A. 纳税人销售林木以及销售林木的同时提供林木管护劳务的行为
B. 随应征增值税的货物收取的装车费
C. 随销售免税货物一并收取的包装物收入
D. 销售应税货物收取的逾期包装物押金

25. 下列货物适用13%税率的有（　　）。
A. 农用拖拉机底盘
B. 农用播种机
C. 石料厂开采的建筑石料
D. 化肥厂销售氮肥

三、判断题

1. 采取直接收款方式销售货物，已取得货款并已将提货单交给买方，但如果货物未发出其纳税义务就未发生。（　　）
2. 确定为应征收增值税的混合销售行为中所涉及的非增值税应税劳务所耗用的外购货物专用发票注明的进项税额，准予从销项税额中抵扣。（　　）
3. 小型商业批发企业年应税销售额未超过小规模企业标准，但会计核算健全，并

且有固定的经营场所，可以申请办理一般纳税人认定手续。（ ）

4. 对纳税人发生的逾期未收回的包装物不再退还的押金，一律应按17%的税率征收增值税。（ ）

5. 企业在销售货物的同时，出租包装物收取的包装物租金，应当征收营业税。（ ）

6. 一般纳税人购进货物所支付款项的单位与开具抵扣凭证的销货单位如果不一致，则不得抵扣进项税额。（ ）

7. 纳税人为他人代购货物，不管结算方式与发票开具形式等如何，取得的手续费收入均应征收增值税。（ ）

8. 纳税人销售应税货物支付的运输费用（不包括装卸费、保险费等杂费）可凭运费单据（普通发票）依7%的扣除率计算进项税额抵扣。（ ）

9. 非企业性单位如果经常发生增值税应税行为，并符合一般纳税人条件的，可以认定为一般纳税人。（ ）

10. 纳税人销售自产货物的同时提供建筑业劳务，没有分别核算，一律征收增值税。（ ）

11. 对增值税一般纳税人销售自来水，可以按6%的征收率征收增值税，并可抵扣进项税额。（ ）

12. 对电力企业随电价收取的各种价外费用一律在供电环节依照适用的增值税税率征收增值税，并分摊扣除进项税额。（ ）

13. 对执法部门罚没的物品，凡通过国有商业企业销售，销售收入上交财政部门的，一律暂不征收增值税。（ ）

14. 一般纳税人因销货退回或折让而退还给购买者的货款，应当从上一期发生的销售额中冲减。（ ）

15. 基本建设单位和从事建筑安装业务的企业附设工厂、车间生产水泥预制构件、其他构件或建筑材料，用于本单位或本企业的建筑工程时，应在移送使用时征收增值税。（ ）

16. 某县水电厂销售的电力，可按简易办法依照6%的征收率计算缴纳增值税，但不得开具增值税专用发票。（ ）

17. 将货物作为投资提供给其他单位、个体经营者，开具专用发票的时限为货物移送的当天。（ ）

18. 代理进口货物，凡是海关的完税凭证开具给委托方的，对代理方不征增值税；凡是开具给代理方的，对代理方应当按规定征收增值税。（ ）

19. 饮食店、餐厅（馆）、酒店、宾馆、饭店等单位附设门市部、外卖点对外销售烧卤熟制品应当征收增值税。（ ）

20. 工业企业自行开采地下水用于生产，不征收增值税。（ ）

21. 残疾人员个人提供加工、修理修配业务，免征增值税；零售货物，照章征收增值税。（ ）

22. 饮食店、餐厅（馆）、酒店、宾馆、饭店等单位发生属于营业税"饮食业"应

税行为的同时销售烟、酒、饮料给顾客,不论顾客是否在现场消费,其货物部分的收入应征收营业税。( )

23. 企业外购的工作服、鞋、手套等劳保用品,其进项税额均不予抵扣。( )

24. 企业将外购原料用于对外投资,在税收上应视同销售货物,征收增值税。( )

25. 纳税人采用托收承付结算方式销售货物的,应在收到销货款后作为销售的实现。( )

26. 纳税人因低征高扣造成某货物的进项大于销项时,不可抵扣其他货物的进项税额。( )

27. 增值税一般纳税人和小规模纳税人销售旧货均应按4%的征收率减半征收增值税。( )

28. 融资性售后回租业务中承租方出售资产的行为,不征收增值税。( )

29. 价外费用如果与货物的销售额分别核算,可以不并入销售额计算应纳税额。( )

30. 商业零售单位销售的烟酒等货物,不论对方是否为一般纳税人均不得开具专用发票。( )

31. 小规模商业企业从国外进口货物,应由海关代征增值税,其计算公式为:应纳税额=组成计税价格×3%。( )

32. 对符合一般纳税人条件但不申请办理一般纳税人认定手续的纳税人,应按销售额和适用税率计算应纳税额,但不得抵扣进项税额,也不得使用专用发票。( )

33. 纳税人采取以旧换新方式销售货物,应按新货物的同期销售价格确定销售额,但不包括金银首饰以旧换新业务。( )

34. 生产企业集团的总机构和分支机构不在同省的,如需改由总机构汇总在总机构所在地纳税的,需报省级国家税务机关批准。( )

35. 寄售商店代销的寄售物品、典当业销售的死当物品,应按简易办法依照4%的征收率计算征收增值税,并可开具专用发票。( )

四、计算题

1. 某工业企业为一般纳税人,适用税率为17%,2010年10月发生如下经济业务:

(1) 23日,购进材料A一批,未验收入库,采用分期付款结算方式,预付款50%,取得增值税专用发票,注明价款120 000元,税额20 400元,按合同约定剩余的50%货款将在10日内,通过银行付清。

(2) 24日,购进货物一批500件,货物已入库,款已付,取得专用发票,价款150 000元,税款25 500元,同时,发生购货运费,收到运输发票,注明运费950元,杂费50元,保险费30元。

(3) 5日,销售产品一批,开具专用发票350 000元,税款59 500元,开普通发票,收杂费117元。

(4) 7日,销售产品给小规模纳税人,含税销售额为3 510元。

(5) 8日，收到购货单位价外费用1 170元。

(6) 15日，用购进的A材料，发放职工福利，材料账面成本为6 000元。

(7) 18日，预交本月增值税1 500元。

(8) 9月份"应交税金——应纳增值税"借方余额为340元。

(9) 23日，将委托加工产品，成本8 700元，赠送希望工程，假设企业和其他纳税人均无同类货物的销售价格。

(10) 月底盘库，发生A材料非正常损失，账面成本10 000元。

(11) 税务机关检查，发现2010年7月少计一笔价外费用，应补税1 000元。经核准，用上期留抵税额抵顶部分查补税额。

要求：假设企业当月取得的扣税凭证全部在当月认证，计算本月应纳增值税。

2. 某增值税一般纳税人生产销售自行车，出厂不含税价280元/辆。2011年3月该厂购销情况如下：

(1) 向当地百货商店销售自行车800辆，百货商店当月付清货款，该企业给予百货商店8%的折扣，开具增值税红字专用发票；

(2) 向外地特约经销点销售自行车500辆，并支付运费8 000元，收运输发票，注明运费7 000元，装卸费1 000元；

(3) 逾期仍未收回包装物押金60 000元，记入销售收入；

(4) 购进自行车零件、原材料，取得增值税专用发票上注明销售金额140 000元，注明税款23 800元；

(5) 从小规模纳税人购进自行车零件90 000元，未取得增值税专用发票；

(6) 从废旧物资回收公司购进旧自行车，支出金额60 000元，取得普通发票。

当月自行车厂计算应交增值税是：

销项税额＝[800×280×(1－8%)＋500×280＋60 000]×17%＝69 033.6(元)

进项税额＝8 000×10%＋23 800＋90 000×3%＋60 000×10%＝33 300(元)

应纳增值税税额＝69 033.6－33 300＝35 733.6(元)

要求：假设企业当月取得的扣税凭证全部在当月认证，依据增值税条例及有关规定，指出自行车厂增值税计算中的错误，并正确计算3月份的增值税税款。

3. 某机电公司（增值税一般纳税人），2010年6月份从某摩托车制造厂购进摩托车10辆，每辆4 000元（不含税），并取得增值税专用发票（假设该发票在11月8日认证），款项以银行存款支付；11月还从该厂取得返还资金10 000元，存入银行，该公司11月份以购进价销售摩托车8辆，问该公司11月应缴纳增值税多少元？

4. 某供销公司系一般纳税人，2010年12月份该公司主要发生如下业务：

(1) 销售钢材120吨，销售额180万元（不含税），按规定开具专用发票，并在该张发票上注明销售折扣15万元，本公司车辆代客户送货开具普通发票运费收入11.7万元；

(2) 该公司于2010年6月销售给外地冰箱50台，每台不含税价4 000元，因质量问题，本月退回25台，根据购货方提供的《开具红字增值税专用发票通知书》，开具红字专用发票；

（3）销售苹果收入 20 万元（不含税）；

（4）销售给农民化肥、农药收入 10 万元；

（5）购进钢材 100 吨，取得增值税专用发票，注明价款 105 万元，进项税额 17.85 万元；

（6）使用统一收购凭证收购苹果，收购凭证注明买价为 15.1 万元；

（7）支付铁路运输部门运费，取得的货票注明运费 80 000 元，装卸费 5 000 元，建设基金 5 000 元，保险费 3 000 元，其中购进化肥运费 20 000 元，装卸费 1 000 元，建设基金 1 000 元；

（8）将购进的钢材 4 吨用于本公司新建门市部。

假设该公司截至 2010 年 11 月份留抵税款 2 万元，12 月份已缴纳增值税税款 8 万元，当月取得的扣税凭证全部在当月认证，试计算该公司 12 月份应补交增值税（请分步计算）。

5. 某装饰公司（一般纳税人）当月购进装饰材料价款 200 万元，当月销售装饰材料销售额为 400 万元，销售装饰材料的同时负责装修获含税装修款 50 万元。装修中购进一些货物供使用，有电器材料 3 万元，辅助材料 4 万元，电焊机一台 3 万元，金属切割机一台 2 万元。上述各项购进业务均取得增值税专用发票，并在当月认证通过，货物税率均为 17%，购销货物价款均为不含税价款。该公司的销售业务与装修业务分别单独核算。请计算该公司当月应纳增值税。

附录 2　消费税复习测试题

一、单项选择题

1. 消费税暂行条例规定，纳税人自产自用应税费品，用于连续生产应税消费品的（　　）。
   A. 视同销售纳税　　　　　　　B. 于移送使用时纳税
   C. 按组成计税价格　　　　　　D. 不纳税

2. 按照国家有关规定，纳税人委托个体工商户加工应税消费品，一律（　　）消费税。
   A. 不缴纳
   B. 委托方收回后在委托方机构所在地或居住地缴纳
   C. 受托方代收代缴
   D. 委托方收回后在受托方所在地缴纳

3. 金银首饰与其他产品组成成套消费品销售的，应按（　　）征收消费税。
   A. 金银首饰的销售额　　　　　B. 成套消费品销售额全额
   C. 组成计税价格计算　　　　　D. 同类商品价格

4. 纳税人采取分期收款结算方式销售的应税消费，其纳税义务的发生时间为（　　）。

　　A. 书面销售合同约定的收款日期的当天

　　B. 发出应税消费品的当天

　　C. 收讫销货款的当天

　　D. 签定销售合同的当天

5. 下列属于征收消费税的业务有（　　）。

　　A. 炼油企业用于生产过程中的燃料和动力的自产汽油

　　B. 金银首饰经营单位为经营单位以外的单位和个人加工金银首饰

　　C. 卷烟企业将外购的烟丝用于生产卷烟

　　D. 白酒厂将委托加工收回的酒精用于销售

6. 纳税人通过自设非独立核算门市部销售按"从价定率"办法征税的应税消费品，计征消费税的价格为（　　）。

　　A. 门市部对外销售价格　　　　B. 出厂价格

　　C. 市场价格　　　　　　　　　D. 批发价格

7. 对纳税人向购买方收取的下列款项，在计算应纳消费税时，可不列作计税依据的是（　　）。

　　A. 增值税税款

　　B. 返还利润

　　C. 不作价随同除啤酒、黄酒以外的酒类产品销售收取的包装物押金

　　D. 违约金

8. 下列行为中不需缴纳消费税的是（　　）。

　　A. 珠宝行销售金银首饰

　　B. 进口应税化妆品

　　C. 直接销售委托加工收回后的烟丝

　　D. 将自产的啤酒作为福利发放给本企业职工

9. 某汽车制造商将一辆新开发的小汽车（无同类产品售价）赠送给某高校使用，其应纳消费税的销售额应等于（　　）。

　　A. 制造成本×(1＋成本利润率)

　　B. 制造成本×(1＋成本利润率)÷(1－消费税率)

　　C. 制造成本×(1＋成本利润率)÷(1＋消费税率)

　　D. 制造成本×(1＋成本利润率)÷(1＋增值税率)

10. 下列各项中，符合消费税政策有关应按当期生产领用数量计算准予扣除外购的应税消费品已纳消费税税款规定的是（　　）。

　　A. 外购已税白酒生产的药酒

　　B. 外购已税化妆品生产的化妆品

　　C. 外购已税白酒生产的巧克力

　　D. 外购已税珠宝玉石生产的金银镶嵌首饰

11. 以下应税消费品中，不适用定额税率的有（　　）。

A. 粮食白酒　　　　B. 啤酒　　　　　C. 黄酒　　　　　　D. 其他酒
12. 下列项目中，应征消费税的是（　　）。
   A. 啤酒屋销售自制啤酒　　　　　　B. 日杂商店出售的鞭炮、焰火
   C. 汽车经销商经营的中轻型商用客车　D. 销售使用过的小轿车
13. 消费税纳税人采取赊销结算方式的，其纳税义务的发生时间为（　　）。
   A. 发出货物的当天　　　　　　　　B. 收到货款的当天
   C. 书面合同规定的收款日期当天　　D. 开具发票的当天
14. 目前，下列经营业务中，应征收消费税的有（　　）。
   A. 销售用外购已税汽油生产的乙醇汽油
   B. 汽车加油站销售汽油
   C. 百货商店销售化妆品
   D. 首饰商店零售钻石
15. 下列各项中，符合消费税有关规定的是（　　）。
   A. 纳税人的总、分支机构不在同一县（市）的，一律在总机构所在地缴纳消费税
   B. 纳税人销售的应税消费品，除另有规定外，应向纳税人机构所在地或居住地税务机关申报纳税
   C. 纳税人委托加工应税消费品，其纳税义务发生时间，为纳税人支付加工费的当天
   D. 因质量原因由购买者退回的消费品，可退已征的消费税，也可直接抵减下期应纳消费税税额
16. 某汽车轮胎厂为增值税一般纳税人，下设一非独立核算的门市部，2010年8月该厂将生产的一批汽车轮胎交门市部，计价60万元。门市部将其零售，取得含税销售额77.22万元。该项业务应缴纳的消费税额为（　　）。
   A. 1.98万元　　B. 6万元　　C. 6.60万元　　D. 7.72万元
17. 下列各项中，符合消费税纳税义务发生时间规定的是（　　）。
   A. 进口的应税消费品，为取得进口货物的当天
   B. 自产自用的应税消费品，为移送使用的当天
   C. 委托加工的应税消费品，为支付加工费的当天
   D. 采取预收货款结算方式的，为收到预收款的当天
18. 按照现行消费税制度规定，企业下列行为中，不征收消费税的是（　　）。
   A. 化妆品厂抵偿债务的化妆品
   B. 卷烟厂用于本企业职工福利的卷烟
   C. 白酒厂用于广告宣传用的样品白酒
   D. 委托加工收回后直接销售的药酒
19. 按照国家有关规定，纳税人委托单位加工应税消费品，一律（　　）消费税。
   A. 由受托方在受托方机构所在地或居住地缴纳
   B. 由委托方收回后在委托方机构所在地或居住地缴纳

C. 由委托方在受托方机构所在地或居住地缴纳
D. 不缴纳

20. 某汽车制造厂以自产乘用车（气缸容量 2.0 升）20 辆投资入股某电视传媒公司，双方约定按平均售价每辆 30 万元，作价 600 万元，获得电视传媒公司 20% 股份。该厂生产的同型号乘用车当月售价分别为 40 万元/辆、32 万元/辆、28 万元/辆，则用作投资入股的越野车应缴纳的消费税为（　　）。
　　A. 72 万元　　　　B. 30 万元　　　　C. 35 万元　　　　D. 40 万元

21. 按照现行消费税制度规定，纳税人外购下列已税消费品可以扣除已纳消费税税款的有（　　）。
　　A. 外购已税溶剂油生产的溶剂油　　　B. 外购已税汽车轮胎生产的汽车
　　C. 外购已税润滑油生产的应税消费品　D. 外购已税珠宝玉石生产的金银首饰

22. 应税消费品计税价格明显偏低又无正当理由的，税务机关有权核定其计税价格，核定权限包括（　　）。
　　A. 小汽车的计税价格由国家税务总局核定
　　B. 化妆品的计税价格由县级主管税务机关核定
　　C. 进口应税消费品的计税价格由国家税务总局核定
　　D. 卷烟的计税价格由各省、自治区、直辖市税务机关核定

23. 某非标准条包装卷烟每包 25 支，每条 12 包，不含增值税调拨价每条 90 元，则该卷烟每标准箱消费税额为（　　）。
　　A. 5 550 元　　　　B. 3 650 元　　　　C. 5 250 元　　　　D. 5 400 元

24. 某外贸进出口公司当月从日本进口 140 辆小轿车，每辆海关的关税完税价格为 8 万元，已知轿车关税税率为 110%，消费税税率为 5%。进口这些轿车应缴纳（　　）万元消费税。
　　A. 61.6　　　　B. 123.79　　　　C. 56　　　　D. 80

25. 一位客户向某汽车制造厂（增值税一般纳税人）订购自用汽车一辆，支付货款（含税）250 800 元，另付设计、改装费 30 000 元。该辆汽车征消费税的销售额为（　　）元。
　　A. 214 359　　　B. 240 000　　　C. 250 800　　　D. 280 800

26. 下列应纳消费税的是（　　）。
　　A. 自产化妆品赠送给客户　　　　B. 用委托加工收回的烟丝生产卷烟
　　C. 用自产酒精生产勾兑白酒　　　D. 外购小轿车供领导使用

27. 某企业委托酒厂加工药酒 10 箱，该药酒无同类产品销售价格，已知委托方提供的原料成本 2 万元，受托方垫付辅料成本 0.15 万元，另收取的不含税加工费 0.4 万元，则该酒厂代收的消费税为（　　）。
　　A. 2 550 元　　　B. 2 833 元　　　C. 4 817 元　　　D. 8 500 元

28. 某酒厂 2011 年 3 月生产销售散装啤酒 400 吨，每吨不含税售价 3 800 元。另外，该厂生产一种新的粮食白酒，广告样品使用 0.2 吨。已知该种白酒无同类产品出厂价，生产成本每吨 35 000 元，成本利润率为 10%。该厂当月应纳的消费税为（　　）元。

A. 101 975　　　　B. 101 925　　　　C. 102 975　　　　D. 102 175
29. 根据消费税法规，下列纳税人自产自用应税消费品不缴纳消费税的是（　　）。
   A. 炼油厂用于基建单位车辆的自产汽油
   B. 汽车厂用于管理部门的自产汽车
   C. 日化厂用于交易会样品的自产化妆品
   D. 卷烟厂用于生产卷烟的自产烟丝
30. 下列有关消费税纳税期限叙述不正确的有（　　）。
   A. 纳税人以一个月为一期纳税的，自期满之日起15日内申报纳税
   B. 纳税人以1日、3日、5日、10日、或15日为一期纳税的，自期满之日起5日内预缴税款，于次月1日起15日内申报纳税
   C. 纳税人进口应税消费品，应当自海关填发税款缴纳凭证的次日起10日内缴纳税款
   D. 不能按照固定期限纳税的，可以按次纳税

二、多项选择题

1. 消费税不同应税消费品的纳税环节包括（　　）。
   A. 批发环节　　　　　　　　　　B. 进口环节
   C. 零售环节　　　　　　　　　　D. 生产销售环节
2. 纳税人自产自用的消费品（　　），应按规定缴纳消费税。
   A. 用于连续生产应税消费品　　　B. 用于集资
   C. 用于在建工程　　　　　　　　D. 用于管理部门
3. 消费税的纳税人为（　　）。
   A. 从事应税消费品生产的单位和个人
   B. 从事出口应税消费品的单位
   C. 委托加工应税消费品的单位和个人
   D. 从事进口应税消费品的单位和个人
4. 下列应税消费品中，无论收取的包装物押金如何核算和是否返还，均应并入销售额计征消费税的是（　　）。
   A. 黄酒　　　　B. 啤酒　　　　C. 粮食白酒　　　　D. 薯类白酒
5. 视为委托加工方式征收消费税的加工行为，受托方只能（　　）。
   A. 提供主要材料　　　　　　　　B. 代垫部分辅助材料
   C. 收取加工费　　　　　　　　　D. 代购原料
6. 根据《消费税暂行条例》及若干具体补充规定，下列货物应当缴纳消费税的有（　　）。
   A. 酒厂以福利形式发给职工的药酒
   B. 汽车制造商赞助汽车拉力赛的越野车
   C. 化妆品厂无偿发放一批小包装的试用品
   D. 汽车轮胎厂生产的子午线轮胎

7. 从2006年4月1日起，调整小汽车税目税率，在小汽车税目下分设（　　）子目。
   A. 乘用车　　　　　　　　　　B. 中轻型商用客车
   C. 小轿车　　　　　　　　　　D. 越野车
   E. 小客车

8. 下列（　　）应税消费品准予从消费税应纳税额中扣除原料已纳的消费税税款。
   A. 以外购或委托加工收回的已税杆头、杆身和握把为原料生产的高尔夫球杆
   B. 以外购或委托加工收回的已税木制一次性筷子为原料生产的木制一次性筷子
   C. 以外购或委托加工收回的已税实木地板为原料生产的实木地板
   D. 以外购或委托加工收回的已税石脑油为原料生产的应税消费品
   E. 以外购或委托加工收回的已税润滑油为原料生产的润滑油

9. 在委托加工应税消费品的业务中，受托方向委托方收取的加工费包括（　　）。
   A. 代垫辅助材料的实际成本　　　B. 加工劳务费
   C. 原料成本　　　　　　　　　　D. 主要材料成本

10. 对下列（　　）消费品应当征收消费税。
    A. 甲醇汽油　　　　　　　　　B. 竹制一次性筷子
    C. 变压器油、导热类油等绝缘油类产品　D. 实木复合地板

11. 下列项目中，不缴纳消费税的有（　　）。
    A. 委托加工收回的已税消费品用于对外销售
    B. 将自产应税消费品用于展销，展销结束时作为礼品发放
    C. 将外购应税消费品用于连续生产应税消费品
    D. 将生产的小汽车提供给上级主管部门使用

12. 某啤酒厂（一般纳税人）销售啤酒不含增值税价格为3 050元/吨，同时规定每吨另收取优质服务费100元、手续费40元，单独核算包装物押金50元（押金期限3个月），则该企业增值税和消费税的说法正确的是（　　）。
    A. 每吨增值税计税销售额3 212.39元
    B. 每吨增值税计税销售额3 169.66元
    C. 每吨消费税税额250元
    D. 每吨消费税税额220元

13. 下列各项符合消费税规定的有（　　）。
    A. 将进口的应税消费品用于抵偿债务，应当以最高售价计算消费税
    B. 将自产的应税消费品用于连续生产非应税消费品时，应以纳税人同类消费品的加权平均价计算消费税
    C. 将委托加工收回的应税消费品用于对外投资，应按组成计税价格征收消费税
    D. 将自产的应税消费品用于换取生活资料，应以纳税人同类消费品的最高售价计算消费税

14. 根据消费税法规规定，实行从价定率方法计算应纳消费税的销售额为纳税人销售应税消费品向购买方收取的全部价款和价外费用，其中（　　）款项应并入销售额计

算征收消费税。
    A. 化妆品生产企业在销售化妆品时向购买方收取的增值税
    B. 白酒生产企业在销售白酒时向购买方收取的白酒包装物押金
    C. 白酒生产企业在销售白酒时向商业销售单位收取的品牌使用费
    D. 轮胎生产企业在销售轮胎时向商业销售单位收取的代垫运费（符合两个条件）
15. 根据现行的消费税政策，有关金银首饰消费税计税依据的表述正确的有（   ）。
    A. 金银首饰连同包装物销售的，包装物单独计价，不应并入金银首饰的销售额确定计税依据
    B. 带料加工的金银首饰，应按受托方销售同类金银首饰的销售价格确定计税依据
    C. 生产、批发单位用于馈赠、赞助、集资等方面的金银首饰，若没有同类金银首饰价格的，按组成计税价格为计税依据
    D. 纳税人采用以旧换新方式销售的金银首饰，应按实际收取的不含增值税的全部价款确定计税依据
16. 下列关于消费税纳税义务发生时间的规定，表述正确的有（   ）。
    A. 纳税人带料加工的金银首饰，其纳税义务发生时间为受托方交货的当天
    B. 纳税人进口的应税消费品，其纳税义务发生时间为报关进口次日
    C. 纳税人采用分期收款结算方式的，其纳税义务发生时间为口头合同约定收款日期的当天
    D. 纳税人生产销售消费品，采取托收承付结算方式的，其纳税义务发生时间为发出应税消费品并办妥托收手续的当天

三．判断题
1. 经营金银首饰的单位进口金银首饰，应在进口环节向海关缴纳消费税。（   ）
2. 纳税人在零售环节采用以旧换新（含翻新改制）方式销售的金银首饰，计税依据为实际取得的不含增值税的全部价款。（   ）
3. 纳税人自产自用的应税消费品，用于连续生产应税消费品的不征消费税，用于连续生产应税消费品是指作为生产最终应税消费品的直接材料，并构成最终产品实体的应税消费品。（   ）
4. 纳税人将自产的应税消费品用于生产非应税消费品和在建工程、管理部门、非生产机构、广告等方面，因未取得销售收入，不征消费税。（   ）
5. 对实行从价定率办法计税的应税消费品连同包装物销售的，单独计价的包装物不应并入销售额中征收消费税。（   ）
6. 对农用拖拉机、收割机、手扶拖拉机专用轮胎不征收消费税，但对于农用拖拉机、收割机、手扶拖拉机与汽车或其他机动车的通用轮胎应按规定征收消费税。（   ）
7. 对既销售金银首饰，又销售非金银首饰的生产单位凡不能分别核算销售额的，符合征税条件的，一律依5％的税率征收消费税。（   ）
8. 纳税人将委托加工收回的汽车轮胎直接对外销售的应当缴纳消费税。（   ）

9. 纳税人兼营不同税率的应税消费品而未分别核算销售额、销售数量的，或者将不同税率的应税消费品组成成套消费品销售，从高适用税率。（　　）

10. 酒厂接受商场的委托用自产酒精生产一批特制粮食白酒，由酒厂代收代缴该批粮食白酒的消费税。（　　）

11. 2010年1月1日起到2010年12月31日止，对用作生产乙烯、芳烃等化工产品原料的国产燃料油免征消费税。（　　）

12. 生产企业将免税购进的石脑油用于生产乙烯和无铅汽油，按照收率计算的相当于无铅汽油耗用的石脑油数量可以计算抵扣消费税额。（　　）

13. 卷烟批发企业将卷烟批发给另一家卷烟批发企业，不征收消费税。（　　）

14. 对消费者个人委托加工的金银首饰及珠宝玉石，暂按加工费征收消费税。（　　）

15. 纳税人自产自用的应税消费品无论用途如何均应缴纳消费税。（　　）

四、计算题

1. （一）某粮食白酒厂2011年4月份发生如下业务：

(1) 销售给甲100箱，取得不含税销售额50 000元。

(2) 销售给乙200箱，取得不含税销售额120 000元。

(3) 将50箱同样白酒分发职工做福利。

(4) 将70箱用以换取原材料。

(5) 将新研制贵宾酒30箱，每箱成本800元，赠给市运动会，白酒厂无同类贵宾酒的销售价格。

假设各种酒均为每箱10瓶，每瓶1斤，定额税率为0.5元/斤，消费税税率为20%。试计算：该酒厂4月份应缴纳多少消费税？

2. 某酒厂为增值税一般纳税人，主要生产粮食白酒，2011年4月发生以下业务：

(1) 销售粮食白酒200箱，每箱不含税售价1 000元；销售自制药酒50箱，每箱不含税售价400元，款已收；

(2) 外购已税薯类白酒一批，取得增值税专用发票，注明价款200 000元，税款34 000元，款项已付，当月全部用于勾兑散装白酒0.5吨。该批散装白酒全部销售，不含税销售额30 000元，另收取包装物押金2 340元，款项已收；

(3) 开具税务机关监制的收购发票，收购玉米100 000元，款项已付且玉米已验收入库；

(4) 自制粮食白酒用于展销会广告样品30箱，用于本厂职工福利50箱，生产成本800元/箱，同类白酒不含税销售价格为每箱1 000元；

(5) 委托某酒厂加工粮食酒精20吨，收回后直接对外销售4吨，每吨不含税售价1 500元。16吨用于连续生产白酒30吨，生产成本每吨2 000元，本月销售15吨，不含税销售额为56 250元。

假设酒厂能够分别核算白酒、药酒和酒精的销售额，当月取得的扣税凭证全部在当月认证抵扣，各种酒品均为每箱12瓶，每瓶1斤。根据以上资料，请计算本月应纳增值税、消费税税额。

3. 某卷烟厂委托某烟丝加工厂（一般纳税人）加工一批烟丝，卷烟厂提供的烟叶在委托加工合同上注明成本8万元。烟丝在加工过程中代垫辅助材料款1 500元，加工完毕卷烟厂提货时，加工厂收取加工费，开具增值税专用发票上注明金额1.2万元（包括代垫的辅助材料），增值税额0.204万元，并代收代缴了烟丝的消费税。卷烟厂将这批加工收回的烟丝40%对外直接销售，收入6.5万元，另60%当月全部用于生产卷烟。本月销售卷烟40标准箱，取得不含税收入60万元。

根据上述资料计算：
(1) 受托方代收代缴烟丝的消费税为多少万元？
(2) 卷烟厂销售卷烟应纳消费税多少万元（保留两位小数）？

4. 某酒厂2010年8月份发生如下经济业务：(1) 本月生产啤酒500吨，销售480吨，每吨不含税出厂价为3 000元。(2) 本月生产粮食白酒1 000箱，每箱20斤。销售850箱，每箱不含税出厂价为500元。(3) 招待所领用粮食白酒10箱、啤酒500公斤自用。(4) 给职工超产奖励发放粮食白酒8箱，参加交易会赞助粮食白酒20箱。(5) 以试产粮食白酒30箱换回原料小麦3 000斤。已知试产粮食白酒共投入成本8 000元，该试产粮食白酒无销售价格资料，每箱20斤。

根据上述资料，计算该酒厂当月应纳消费税。

5. 某化妆品生产企业为增值税一般纳税人，2010年10月上旬从国外进口一批散装化妆品，支付给国外的货价为120万元，运抵我国海关前的运杂费和保险费20万元，化妆品的进口关税税率40%、消费税税率30%，散装化妆品已验收入库。本月内企业将进口的散装化妆品的80%生产加工为成套化妆品7 800件，对外批发销售6 000件，取得不含税销售额290万元；向消费者零售800件，取得含税销售额51.48万元；将化妆品和护肤用品组成套装盒出售，取得含税价126.36万元（其中化妆品价值85万元）。另外，该企业专门特制的成本为3万元的化妆品"三八节"发给本厂女工，企业没有同类化妆品销售价格资料。

企业能够分别核算不同化妆品的销售收入。根据上述资料，计算化妆品厂当月应纳的进口消费税和销售环节的消费税各为多少万元（保留两位小数）？

6. 某市人民银行下属金店，系增值税一般纳税人，主要经营金银首饰零售业务，并兼营金银饰品的来料加工、翻新改制、以旧换新业务。2011年1月，该企业主要发生下列几笔涉税经济业务：(1) 销售金银首饰100 000元，随同金银首饰销售并单独计价的包装盒不含税收入1 500元；(2) 接受消费者委托加工金项链两条，收到黄金价值3 000元，同时收到加工费500元，增值税85元，同类金项链单位售价2 000元，当月加工完毕并将加工好的项链交付委托人。(3) 将金银首饰与外购镀金首饰组成成套消费品对外零售，取得不含税销售收入50 000元。(4) 将金手镯500克，进价每克140元，用于对外馈赠，金店没有同类手镯的售价资料。(5) 销售包金戒指200克，售价每克30元。(6) 消费者采用以旧换新方式，用旧的足金戒指100克换取新的足金戒指101克，新的足金戒指每克不含税售价200元，以旧换新业务每克收取不含税差价6元。

已知金店能将不同首饰的收入分别核算，以上售价均为不含税售价，金银首饰成本利润率为 6%。根据上述资料，计算该金店当月应纳多少消费税。

附录 3 增值税消费税综合测试题

一、单项选择题（每小题 0.5 分，共 20 分）

1. 下列混合销售行为中，应当征收增值税的是（   ）。
   A. 零售商店销售家具并实行有偿送货上门
   B. 电信部门销售移动电话并为客户有偿提供电信服务
   C. 装饰公司为客户包工包料装修房屋
   D. 饭店提供餐饮服务并销售酒水

2. 对于固定资产销售的增值税处理，以下说法中正确的是（   ）。
   A. 一般纳税人销售自己使用过的固定资产，均应按 4% 征收率减半征收增值税
   B. 一般纳税人销售自己使用过的固定资产，均应按适用税率征收增值税
   C. 单位和个人销售自己使用过的应征消费税的小汽车，均应按 4% 征收率减半征收增值税
   D. 小规模纳税人销售自己使用过的固定资产，减按 2% 征收率征收增值税

3. 应税消费品的全国平均成本利润率由（   ）确定。
   A. 国家税务总局   B. 财政部
   C. 国务院   D. 省国税局

4. 从 2010 年 1 月 1 日开始，纳税人取得增值税专用发票抵扣联的认证期限与 2009 年执行期限相比，延长了（   ）天。
   A. 90   B. 180   C. 30   D. 60

5. 纳税人购进的下列固定资产，不允许抵扣增值税进项税额的是（   ）。
   A. 销售部门使用的用来运输所售货物的载重汽车
   B. 生产增值税免税货物所使用的固定资产
   C. 既生产增值税应税货物又生产增值税免税货物所使用的固定资产
   D. 既生产增值税应税货物又用于个人消费的固定资产

6. 按照国家有关规定，纳税人委托个体经营者加工应税消费品，一律（   ）消费税。
   A. 受托人代收代缴   B. 委托方收回后在委托方所在地缴纳
   C. 不缴纳   D. 委托方收回后在受托方所在地缴纳

7. 增值税暂行条例实施细则规定，纳税人兼营非增值税应税项目的，应分别核算货物或者应税劳务的销售额和非增值税应税项目的营业额，未分别核算的（   ）。
   A. 其非应税劳务应与货物或应税劳务一并征收增值税
   B. 由主管税务机关核定货物或者应税劳务的销售额
   C. 由国家税务总局的直属分局确定征收增值税或营业税
   D. 其非应税劳务应与货物或应税劳务一并征收营业税

8. 关于金银首饰征收消费税，下列表述不正确的有（　　）。
   A. 翻新改制首饰征收消费税但修理首饰不征消费税
   B. 金银首饰和镀金首饰均在零售环节征收消费税
   C. 金银首饰连同包装物一起销售的，不论包装物是否单独计价，均应并入销售额征收消费税
   D. 带料加工的金银首饰，其纳税义务发生时间为受托方交货的当天
9. 某增值税一般纳税人外购材料发生非正常损失，成本50 000元，其中已按7%的扣除率计算抵扣进项税额的运输费用占总成本的10%，其余90%为按13%扣除率计算抵扣了进项税额的农产品。则该纳税人应转出进项税额的数额为（　　）。
   A. 6 200元　　　B. 6 226.34元　　　C. 7 074.14元　　　D. 7 100.48元
10. 某公司（一般纳税人）将自制产品用于集体福利，应作（　　）处理。
    A. 财务上按售价确认收入，按售价计提增值税销项税额
    B. 财务上按售价确认收入，按成本价计算增值税进项税额转出
    C. 财务上按成本价结转，按售价计提增值税销项税额
    D. 财务上按成本价结转，按成本价计算增值税进项税额转出
11. 企业自采地下水用于本企业生产，下列处理正确的是（　　）。
    A. 比照销售自来水征收增值税　　　B. 按6%的征收率征收增值税
    C. 按13%的税率征收增值税　　　　D. 不征收增值税
12. 某企业（增值税一般纳税人）2011年2月从网上销售货物支付给邮局邮寄费用总计5 000元，其允许扣除的进项税额应为（　　）元。
    A. 500　　　　　B. 350　　　　　C. 5 000　　　　　D. 0
13. 纳税人销售下列货物适用17%税率的有（　　）。
    A. 挂面　　　　　　　　　　　　B. 农用灌溉机械
    C. 豆粕　　　　　　　　　　　　D. 工业用盐
14. 按照现行促进残疾人就业增值税优惠政策的有关规定，下列说法不正确的是（　　）。
    A. 月平均实际安置的残疾人占单位在职职工总数的比例应高于25%（含25%），并且实际安置的残疾人人数多于10人（含10人），方可退还当月的增值税
    B. 当月已交增值税不足退还的，可在当年以前月份已缴增值税扣除已退增值税的余额或本年以后月份结转退还
    C. 退税实行按年度限额退还增值税
    D. 《残疾人证》由残疾人联合会与税务部门进行审核
15. 下列关于2009年增值税转型改革的说法不对的是（　　）。
    A. 一般纳税人企业都可以抵扣其新购进用于生产应税货物的机器设备所含的进项税额，未抵扣完的可以转到下一期继续抵扣
    B. 取消进口设备增值税免税和外商企业采购国产设备退税的优惠政策
    C. 将小规模纳税人征收率统一调低至3%
    D. 将矿产品的增值税税率由17%调整到13%

16. 某企业 2010 年 1 月份购进下列固定资产，其中不能抵扣进项税额的是（　　）。
   A. 生产车间生产用设备一套　　　　B. 办公用复印机一台
   C. 运送销售产品用载货汽车一辆　　D. 应征消费税小汽车一辆

17. 2010 年 5 月开业的小规模企业，其 5 至 8 月的应税销售额超过小规模纳税人标准的，应在（　　）申请办理一般纳税人资格认定。
   A. 应税销售额超过标准的 30 个工作日内
   B. 次年 1 月底前
   C. 当年 12 月底前
   D. 所属期为 8 月的申报期结束后 40 个工作日内

18. 某黄酒厂销售黄酒的不含税销售额为 100 万元，发出货物包装物押金为 5.85 万元，定期 60 天收回，则该黄酒厂当期增值税销项税额是（　　）。
   A. 17 万元　　　B. 17.85 万元　　　C. 117.99 万元　　　D. 18 万元

19. 新认定为一般纳税人的小型商贸批发企业实行纳税辅导期管理的期限为（　　）。
   A. 3 个月　　　B. 6 个月　　　C. 9 个月　　　D. 12 个月

20. A 公司委托 B 公司购入一批货物，预付给 B 公司 80 万元周转金，B 公司代购后按实际购进价格与 A 公司结算，并将销货方开具给 A 公司的专用发票转交，共计支付价税合计 80 万元，另按 3% 收取手续费 2.4 万元，并开具手续费发票，对 B 公司应（　　）。
   A. 按 80 万元计算缴纳增值税　　　B. 按 68.37 万元计算缴纳增值税
   C. 按 82.4 万元计算缴纳增值税　　D. 按 2.4 万元计算缴纳营业税

21. 某外贸进出口公司进口一批小汽车，到岸价格为 1 500 万元，关税税额为 1 000 万元，消费税税率为 5%，则该公司应纳增值税为（　　）万元。
   A. 425　　　B. 375.79　　　C. 395.79　　　D. 447.37

22. 自 2009 年起，对小规模纳税人适用的增值税征收率为（　　）。
   A. 3% 和 6%　　　B. 3% 和 2%　　　C. 4%　　　D. 3%

23. 关于消费税的有关规定，下列陈述不正确的是（　　）。
   A. 单位和个人外购润滑油大包装分装成小包装销售时，应征收消费税
   B. 扣除外购应税消费品已纳消费税时，是按当期生产领用部分扣除
   C. 自产自用采用从量定额方式计征消费税的应税消费品，计税依据为应税消费品的移送使用数量
   D. 酒类生产企业向商业销售单位收取的"品牌使用费"不缴纳消费税

24. 下列货物中不属于消费税征税范围的是（　　）。
   A. 加热炉的燃料油　　　　B. 调味料酒
   C. 香水精　　　　　　　　D. 实木指接地板

25. 新细则规定，对于自然人销售自己使用过的游艇、摩托车和应征消费税的汽车，增值税处理方法正确的是（　　）。

A. 一律按3%的征收率计算缴纳增值税
B. 售价超过原值的,按照4%的征收率减半征收增值税;售价未超过原值的,免征增值税
C. 不论售价是否超过原值,均免征增值税
D. 售价超过原值的,按3%征收率减半征收增值税;售价未超过原值的,免征增值税

26. 某商场为增值税一般纳税人,2009年12月购进一批货物,取得增值税专用发票上注明销售额20万元,发票已经税务机关认证,增值税3.4万元,本月售出80%,取得零售收入22万元,并按零售收入的10%取得厂家返利收入2.2万元,商场本月应纳增值税为( )万元。

A. −0.2　　　　B. 0.12　　　　C. 0.17　　　　D. 0.2

27. 某金店(中国人民银行批准的金银首饰经营单位)为增值税一般纳税人,2009年9月采取"以旧换新"方式向消费者销售金项链20条,每条新项链的零售价格为2 500元,每条旧项链作价800元,每条项链取得差价款1 700元(含税);取得首饰修理费2 270元(含税),销售包金首饰15条,取得不含税销售额5 000元。该金店上述业务应纳增值税税额( )元。

A. 5 800　　　　B. 6 020　　　　C. 6 120　　　　D. 5 400

28. 下列关于增值税的表述中,正确的是( )。
A. 销售酒类产品收取的包装物押金,无论是否返还以及会计上如何核算,均应并入销售额征税
B. 纳税人自税务机关受理纳税人放弃免税权声明的次月起12个月内不得申请免税
C. 对属于一般纳税人的自来水公司销售自来水按简易办法依照6%的征税率征收增值税,同时可以抵扣其购进自来水取得的增值税扣税凭证上注明的增值税税款
D. 按照现行政策规定,纳税人购进自用的应征消费税的小汽车进项税额不得抵扣

29. 下列关于增值税专用发票的说法中,表述不正确的是( )。
A. 纳税人在辅导期内增购专用发票,预缴的增值税可以在本期增值税应纳税额中抵减
B. 纳税人销售旧货,可以由税务机关代开专用发票
C. 纳税人取得虚开代开的专用发票,不得作为增值税合法的抵扣凭证抵扣进项税额
D. 纳税人善意取得虚开专用发票,不以偷税论处

30. 甲企业为增值税一般纳税人,2010年4月接受某烟厂委托加工烟丝,甲企业自行提供烟叶的成本为35 000元,代垫辅助材料2 000元,发生加工费4 000元;甲企业当月允许抵扣的进项税额为340元。下列正确的是( )。(成本利润率5%)

A. 甲企业应纳增值税360元,应代收代缴消费税18 450元
B. 甲企业应纳增值税1 020元,应代收代缴消费税17 571.43元

C. 甲企业应纳增值税 680 元，应纳消费税 18 450 元
D. 甲企业应纳增值税 10 115 元，应纳消费税 18 450 元

31. 某食品制造公司（一般纳税人），2010 年 12 月从农民手中购入鲜奶一批 40 000 斤，税务机关批准使用的收购凭证上注明收购金额为 40 000 元。该食品公司将 30 000 斤鲜奶用于本企业生产奶油蛋糕，销售奶油蛋糕取得不含税销售额 50 000 元；将另外 10 000 斤鲜奶作为元旦福利发给本厂职工。则该食品公司当月应纳增值税税额为（　　）。

A. 5 500 元　　　B. 4 500 元　　　C. 3 300 元　　　D. 4 600 元

32. 某木制品公司，在 2010 年 10 月生产高档筷子 1 500 箱，售价每箱 900 元；生产一次性竹筷 100 箱，每箱 80 元；生产一次性木筷 2 000 箱，单箱售价 280 元；另生产未经打磨的一次性木筷子 600 箱，单箱售价 220 元。本月的产品全部销售，上述售价均为不含税价。则该月应缴纳的消费税为（　　）。（消费税税率为 5%）

A. 33 640 元　　　B. 23 450 元　　　C. 34 600 元　　　D. 103 700 元

33. 受托加工应税消费品受托方代收代缴消费税的时间为（　　）。
A. 委托方交付原材料时　　　B. 委托方支付加工费时
C. 委托方提货时　　　　　　D. 委托方加工收回的应税消费品入库时

34. 外贸企业以委托加工方式出口的货物，原材料与加工费的适用退税率为（　　）。
A. 成品的出口退税率　　　　B. 加工费的出口退税率
C. 原材料的出口退税率　　　D. 分别为原材料、成品出口的退税率

35. 某企业 2010 年 2 月 13 日外购生产设备，增值税专用发票注明的销售额为 200 万元，增值税额 34 万元。安装设备过程中外购安装材料增值税专用发票注明的销售额为 500 元，增值税额 85 元。2 月 18 日设备安装完毕并投入使用，固定资产原值 2 000 500 元，会计预计使用 5 年，无净残值。2011 年 2 月 28 日企业因管理不善造成该固定资产被盗，账面累计折旧为 400 100 元。已经损失时同等新旧程度的该项固定资产的公允价值为 180 万元。该企业 2011 年 2 月应作（　　）的增值税处理。
A. 确认销项税额 306 000 元　　　B. 转出进项税额 272 068 元
C. 转出进项税额 306 076.50 元　　D. 转出进项税额 340 500 元

36. 某饮料生产企业为增值税一般纳税人，年末将本企业生产的一批饮料发放给职工作为福利。该饮料市场售价为 12 万元（不含增值税），增值税适用税率为 17%，实际成本为 10 万元。该企业应确认的增值税销项税额为（　　）。
A. 0　　　B. 1.87　　　C. 1.74　　　D. 2.04

37. 关于防伪税控系统增值税专用发票数据采集的陈述，正确的是（　　）。
A. 认证子系统对企业报送的专用发票抵扣联或专用发票抵扣联软盘数据进行识伪认证时，对认证不符或密文有误的专用发票，必须当即扣留
B. 对网上认证结果为"认证未通过"的专用发票抵扣联，不再对其认证
C. 发票抵扣联，如果报送征收机关时已褶皱，不再对其认证

D. 征收机关应对扣留的专用发票抵扣联原件及电子数据立即进行查处
38. 关于增值税放弃免税权的陈述，正确的是（　　）。
A. 生产和销售免征增值税货物或劳务的纳税人要求放弃免税权，可以以书面形式或口头形式提交放弃免税权声明
B. 纳税人一经放弃免税权，其生产销售的全部增值税应税货物或劳务可按照适用税率征收，也可选择某一免税项目放弃免税权
C. 纳税人自税务机关受理纳税人放弃免税权声明的次月起36个月内不得申请免税
D. 纳税人可以根据不同的销售对象选择部分货物或劳务放弃免税权
39. 一化妆品生产企业为增值税一般纳税人，10月上旬从国外进口一批散装化妆品，关税完税价格为150万元，进口关税60万元，进口消费税90万元，进口增值税51万元，本月内企业将进口的散装化妆品的80%生产加工为成套化妆品7 800件，对外批发销售600件，取得含税销售额54.48万元，该企业当月销售高档香水发生不含税销售额290万元，该企业缴纳的消费税为（　　）万元。
A. 28.97　　　　B. 72　　　　C. 5.78　　　　D. 0
40. 一手表厂系一般纳税人，生产各种礼品手表。2010年8月为一部委制造纪念表300只，每只不含税9 000元；销售国宾表12只，每只不含税价1.5万元；为一银行成立100周年特制尊贵金表2只，消耗黄金59克，不含税价合计18万元；赠送一关系企业一只光电纯银手表，无同类售价，成本利润率20%，成本为8 689元。上述业务共应缴纳消费税为（　　）元。
A. 66 769　　　　B. 68 952.23　　　　C. 74 606.7　　　　D. 72 000

二、多项选择题（每小题1分，共30分）

1. 下列项目中，取得扣税凭证，按规定可以全额抵扣进项税额的有（　　）。
A. 购进用于生产应税货物与免税货物混用的原材料
B. 增值税一般纳税人外购可抵扣固定资产同时取得的运费发票
C. 购进用于生产的按简易办法征税的自来水
D. 从享受先征后返优惠的企业购进的货物
2. 根据现行增值税的规定，下列混合销售应当一并征收增值税的有（　　）。
A. 销售公司销售电脑并负责售后维护
B. 工业企业销售自产货物并负责运输
C. 电信部门自己销售移动电话并为客户提供电信服务
D. 企业生产销售铝合金门窗并负责安装
3. 下列各项中，符合增值税纳税义务发生时间规定的是（　　）。
A. 对于发出代销商品超过180天仍未收到代销清单及货款的，其纳税义务发生时间为发出代销商品满180天的当天
B. 采用预收货款结算方式的，为收到货款的当天
C. 先开发票的，增值税纳税义务时间为开具发票的当天

D. 将货物作为投资的，为货物使用的当天

4. 增值税纳税人销售非酒类货物时另外收取的包装物押金，应计入货物销售额的具体时限有（　　）。

　　A. 无合同约定的，在收取满一年时计入

　　B. 有合同约定的，在不超过合同约定的时间内计入

　　C. 有合同约定的，合同逾期的时候计入，但合同的期限必须在一年以内

　　D. 无合同约定的，无论是否返还及会计上如何核算，和收取的货款一并计入

5. 下列项目中，目前属于增值税免税范围的有（　　）。

　　A. 聋哑人提供修理手表业务　　　　B. 其他个人销售使用过的摩托车

　　C. 古旧图书　　　　　　　　　　　D. 生产企业销售自产农机

6. 某厂为一般纳税人，发生下列经济业务中，应计提增值税销项税额的有（　　）。

　　A. 将自产产品用于非增值税应税项目

　　B. 将库存材料用于在建工程

　　C. 将库存材料用于对外投资

　　D. 库存产品发生了非正常损失

7. 改在零售环节征收消费税的有（　　）。

　　A. 金银镶嵌首饰　　　　　　　　　B. 珠宝玉石

　　C. 钻石及钻石饰品　　　　　　　　D. 镀金包金首饰

8. 税法规定的增值税纳税义务发生时间有（　　）。

　　A. 采取赊销和分期收款方式销售货物，无书面合同的或者书面合同没有约定收款日期的，为货物发出的当天

　　B. 以预收款方式生产销售生产工期超过12个月的大型机械设备、船舶、飞机等货物的，为实际收到预收款的当天

　　C. 采取委托银行收款方式销售货物，为发出货物并办妥托收手续的当天

　　D. 委托他人代销货物的，为货物发出当天

9. 一般纳税人外购货物所支付的运输费用，准予抵扣进项税额的运费结算单据有（　　）。

　　A. 国营铁路、民用航空、公路和水上运输单位开具的货票

　　B. 采用邮寄方式购买货物取得邮局开具的邮费结算单据

　　C. 从事货物运输的非国有运输单位开具的套印全国统一发票监制章的运输发票

　　D. 运输客用发票

10. 某单位外购如下货物，按增值税有关规定可以作为进项税额抵扣的有（　　）。

　　A. 外购的办公桌椅

　　B. 应征增值税的混合销售行为涉及的非增值税应税劳务耗用外购货物

　　C. 外购食堂用冰箱

　　D. 外购货物用于投资入股

11. 将购买的货物用于（　　）时，其进项税额不得抵扣。

　　A. 劳动保护　　　　　　　　　　　B. 免税项目

C. 无偿赠送　　　　　　　　　　D. 个人消费

12. 某木材厂将自产木材委托加工成实木地板准备对外销售。后来将其中一部分用于本企业在建工程，增值税的正确处理是（　　）。
    A. 委托加工支付增值税不得抵扣　　B. 委托加工支付增值税可以抵扣
    C. 用于在建工程不必缴纳增值税　　D. 用于在建工程需要计算销项税

13. 下列情形中可以开具增值税专用发票的是（　　）。
    A. 向消费者销售应税项目　　　　　B. 销售报关出口的货物
    C. 将货物作为投资提供给其他单位　D. 将货物无偿赠送他人

14. 下列行为中不征收增值税的有（　　）。
    A. 经中国人民银行批准的单位从事的融资租赁业务
    B. 邮政部门发行报刊
    C. 供应或开采未经加工的天然水
    D. 银行销售金银的业务

15. 下列可能用于正确计算一般纳税人应纳增值税的有（　　）。
    A. 应纳税额＝当期销项税额－当期进项税额
    B. 应纳税额＝销售额×征收率
    C. 应纳税额＝（关税完税价格＋关税＋消费税）×税率
    D. 应纳税额＝（成本＋利润＋消费税）×税率

16. 下列（　　）属于非正常损失。
    A. 火灾、地震造成的损失　　　　　B. 因管理不善发生被盗
    C. 生产过程中的合理损耗　　　　　D. 因管理不善发生霉变

17. 以下属于不能抵扣进项税的项目有（　　）。
    A. 取得项目填写不齐全的运输发票
    B. 取得汇总开具的运输发票，附有运输清单
    C. 取得的国际货物运输代理业发票
    D. 取得的国际货物运输发票

18. 下列在移送环节应缴纳消费税的有（　　）。
    A. 酒厂将自产的白酒移送勾兑低度酒
    B. 汽车厂将自产汽车赠送给拉力赛
    C. 制药厂将自制酒精移送生产膏药
    D. 卷烟厂将自制卷烟发给职工

19. 下列货物应当适用简易办法征收增值税的有（　　）。
    A. 瓶装纯净水
    B. 死当物品
    C. 小规模纳税人销售货物
    D. 一般纳税人销售自己使用过的应征消费税的小汽车

20. 2009年1月1日起，增值税一般纳税人外购下列货物或接受应税劳务时，支付或负担的进项税额可以从当期销项税额中抵扣的有（　　）。

A. 生产企业购进职工浴室用具
B. 生产企业购进用于直接赠送给灾区的原材料
C. 商业企业购进卖场用中央空调
D. 汽车经销公司外购并销售应征消费税的小汽车

21. 以下关于增值税纳税地点的表述正确的是（　　）。
A. 固定业户在其机构所在地纳税
B. 进口货物向报关地海关申报纳税
C. 总机构和分支机构不在同一县（市）的，分别向各自所在地主管税务机关申报纳税
D. 扣缴义务人应当向其机构所在地或者居住地的主管税务机关申报缴纳其扣缴的税款

22. 增值税一般纳税人取得的公路运输发票抵扣进项税款必须具备的前提条件有（　　）。
A. 开具运输发票的纳税人需经其主管地方税务局认定
B. 非国有运输单位开具的货运发票须套印全国统一发票监制章
C. 私营运输单位开具的发票须由县以上交通主管部门统一向税务机关领购
D. 增值税一般纳税人取得的运输发票，抵扣期限不得超过开具之日后的90天

23. 纳税人销售自己使用的固定资产，下列说法正确的是（　　）。
A. 一般纳税人销售自己使用过的不得抵扣且未抵扣进项税额的固定资产按4%的征收率减半征收增值税
B. 一般纳税人销售自己使用过的抵扣过进项税额的固定资产，按4%的征收率减半征收增值税
C. 小规模纳税人（除其他个人外）销售自己使用过的固定资产，减按3%的征收率征收增值税
D. 其他个人销售自己使用过的应征消费税的小汽车、摩托车、游艇，免征增值税

24. 经认证，有下列（　　）情形的，暂不得作为进项税的抵扣凭证，税务机关扣留原件，查明原因，分别情况进行处理。
A. 密文有误　　　　　　　　　B. 无法认证
C. 重复认证　　　　　　　　　D. 列入失控专用发票

25. 某一般纳税人以自己采掘的砂、土、石料连续生产砖、瓦、石灰，本月取得含税销售额53万元，该企业本月应纳增值税额可能为（　　）。
A. 9.01万元　　B. 1.54万元　　C. 7.70万元　　D. 3万元

26. 下列属于消费税的纳税人的有（　　）。
A. 委托加工金银首饰的单位和个人　　B. 受托加工金银首饰的单位和个人
C. 委托代销金银首饰的单位和个人　　D. 受托代销金银首饰的单位和个人

27. 下列关于增值税起征点的说法正确的是（　　）。
A. 增值税起征点的适用范围限于个人
B. 增值税起征点的适用范围限于个体工商户

C. 销售货物的纳税人增值税起征点为月销售额 2 000 至 5 000 元

D. 只有小规模纳税人才可能享受增值税起征点的优惠

28. 增值税一般纳税人，因购买货物而从销售方取得的各种形式的返还资金，下列说法正确的有（　　）。

　　A. 对商业企业向供货方收取的与商品销售量、销售额挂钩（如以一定比例、金额、数量计算）的各种返还收入，计算销项税

　　B. 对商业企业向供货方收取的与商品销售量、销售额挂钩（如以一定比例、金额、数量计算）的各种返还收入，视作含税金额计算冲减当期增值税进项税金

　　C. 对商业企业向供货方收取的与商品销售量、销售额挂钩（如以一定比例、金额、数量计算）的各种返还收入，视作不含税金额计算冲减当期增值税进项税金

　　D. 对商业企业向供货方收取的与商品销售量、销售额无必然联系的返还资金，不征收增值税

29. 企业外购的货物，可以作进项税额抵扣的是（　　）。

　　A. 外购的固定资产用于企业的非生产经营活动

　　B. 外购的床单用于职工福利

　　C. 外购的礼品无偿赠送给老年服务中心

　　D. 外购的应税货物与免税货物混用的生产设备

30. 下列收入属于应计入销售额缴纳增值税的有（　　）。

　　A. 纳税人销售货物的同时代办保险而向购买方收取的保险费

　　B. 各地派出所按规定收取的居民身份证工本费用

　　C. 纳税人代收的放入专户存储的政府性基金

　　D. 纳税人销售软件产品并随同销售一并收取的软件安装费、维护费、培训费等收入

三、判断题（每小题 0.5 分，共 20 分）

1. 纳税人因销售价格明显偏低或无销售价格等原因，按规定需组成计税价格确定增值税销售额的，其组成计税价格公式中的成本利润率一律为 10%。（　　）

2. 寄售商店代销的寄售物品、典当业销售的死当物品，无论销售单位是否属于一般纳税人，均按简易办法依照 6% 的征收率计算缴纳增值税，并可开具专用发票。（　　）

3. 纳税人将自产、委托加工或购买的货物用于集体福利或个人消费的，应视同销售货物，按规定缴纳增值税。（　　）

4. 增值税一般纳税人从批发农产品的小规模纳税人处购买的农业产品，取得对方开具的普通发票，不能据以计算进项税额。（　　）

5. 自来水公司销售外购自来水可以采用简易办法计税，但不能开具专用发票。（　　）

6. 纳税人通过自设非独立核算门市部销售的自产应税消费品应按当月最高出厂价

计征消费税。（　　）

7. 纳税人委托加工的应税消费品收回后直接出售的，不需缴纳增值税。（　　）

8. 纳税人采取以旧换新方式销售货物，均应按新货物的同期销售价格确定销售额。（　　）

9. 某企业2011年4月委托运输公司将生产过程中产生的废料运到垃圾厂，并取得运输业普通发票注明运费1 000元，由于不属于购销货物发生的运费，不得抵扣进项税额。（　　）

10. 企业在销售免税货物的同时，出租包装物收取的租金，应当征收增值税。（　　）

11. 除国家税务总局另有规定外，纳税人一经认定为一般纳税人后，不得转为小规模纳税人。（　　）

12. 纳税人委托非个体经营者加工的消费品，受托方未代收代缴消费税的，应由委托方收回后，在委托方所在地缴纳消费税。（　　）

13. 某企业本月将废旧纸箱销售给废品收购站，对这部分企业自己使用过的物品纸箱，应当征收增值税。（　　）

14. 纳税人兼营免税、减税项目，应单独核算销售额，未单独核算销售额，不得享受减免税。（　　）

15. 增值税条例中规定的修理修配是指受托对损伤和丧失功能的有形动产进行修复，使其恢复原状和功能的业务。（　　）

16. 纳税人用于换取生产资料和消费资料，投资入股和抵偿债务等方面的应税消费品，应以纳税人同类应税费品的最高销售价格为计税依据计算消费税。（　　）

17. 纳税人在零售环节采用翻新改制方式销售的金银首饰，计税依据为实际取得的不含增值税的全部价款。（　　）

18. 非固定业户到外县（市）销售货物或者提供应税劳务，未向销售地主管机关申报纳税的，由其机构所在地或者居住地主管税务机关补征税款。（　　）

19. 专门生产或销售烧卤熟制食品的个体经营者销售烧卤熟制食品应当征收增值税。（　　）

20. 用防伪税控报税系统和机动车销售统一发票税控系统采集的专用发票、机动车销售统一发票金额、税额汇总数分别与《增值税纳税申报表附列资料（表一）》"防伪税控开具的增值税专用发票"栏"小计"项合计的销售额、税额数据比对，二者的逻辑关系必须相等。（　　）

21. 企业购进用于招待或者个人消费的烟酒等货物，其进项税额不予抵扣。（　　）

22. 采取直接收款方式销售货物，取得货款或取得索取销售款凭据的当天，无论货物是否发出，其纳税义务均已经发生。（　　）

23. 将货物无偿赠送他人，如果受赠者为一般纳税人，可以开具专用发票。（　　）

24. 对消费者个人委托加工的金银首饰及珠宝玉石，暂按加工费征收消费税。（　　）

25. 报税子系统通过企业按期抄税、报税，读取税控IC卡内的抄税信息，稽核其

销项发票数据，以便税务机关及时掌握企业主要销售情况，从而有效控管增值税税源。（　）

26. 稽核系统中发票销项数据由防伪税控开票子系统自动生成，并由企业向税务机关进行电子申报，发票进项数据由税务机关认证子系统自动生成。（　）

27. 对纳税人发生的逾期未收回的包装物不再退还的押金，应按包装物的适用税率征收增值税。（　）

28. 受理辅导期纳税人纳税申报时，应审核《增值税纳税申报表》附表二第3栏"前期认证相符且本期申报抵扣的防伪税控增值税专用发票和机动车销售统一发票情况"的份数、金额、税额是否等于或小于当期稽核系统比对相符和核查后允许抵扣的专用发票抵扣联和机动车销售统一发票抵扣联数据。（　）

29. 经营规模超过小规模纳税人标准的其他个人也不认定为一般纳税人。（　）

30. 企业受托加工制造大型机械设备、船舶、飞机等，持续时间超过12个月的，按照纳税年度内完工进度或者完成的工作量确认销售额，缴纳增值税。（　）

31. 会计核算健全且有固定经营场所的企业，经营规模虽然没有超过小规模纳税人标准，向主管税务机关申请一般纳税人资格认定时，税务机关应当为其办理一般纳税人资格认定。（　）

32. 纳税人兼营非增值税应税项目的，未分别核算货物销售额与非增值税应税劳务营业额的，应当一并征收增值税。（　）

33. 新开业的注册资金在80万元（含80万元）以下、职工人数在10人（含10人）以下的小型商贸批发企业，必须实行一般纳税人辅导期管理。（　）

34. 增值税一般纳税人销售其自行开发的软件产品，2010年前按17％的法定税率征收增值税，对实际税负超过5％的部分即征即退增值税。（　）

35. 增值税按简易办法征收时采用的征收率包括6％、4％、3％、2％四种情形。（　）

36. 一般纳税人注销，其存货不做进项税额转出处理，其留抵税额也不予以退税。（　）

37. 实行纳税辅导期管理的新办小型商贸批发企业，最高开票限额不得超过百万元。（　）

38. 企业委托加工应税消费品收回后直接用于销售的，其加工环节缴纳的消费税款可以扣除。（　）

39. 农业生产者销售的农业产品免征增值税。（　）

40. 纳税人销售的应税消费品，如因质量等原因由购买者退回的，已缴纳的消费税税务机关不予退还，但可由纳税人自行抵减下期应纳税款。（　）

四、计算题（本题18分）

1. 某商业企业为增值税一般纳税人，2011年3月采用分期收款方式批发商品，合同规定不含税销售总金额为300万元，本月收回50％货款，其余货款于4月10前收回。零售商品实际取得含税销售收入228万元，其中包括以旧换新方式销售商品实际取得收入 50 万元，另外收购的旧货作价 6 万元；购进商品取得增值税专用发票，支付价款 180 万元、增值税 30.6 万元，购进税控收款机取得增值税专用发票，支付价款 0.3 万元、增值税 0.051 万元；从一般纳税人购进的货物发生非正常损失，账面成本 4 万元。计算该企业 2011 年 3 月应纳增值税（本月取得的相关发票均在本月认证并抵扣，货物的适用税税率均为 17%）。

2. 甲酒厂为增值税一般纳税人，2011 年 2 月发生以下业务：

（1）从农业生产者手中收购粮食 30 吨，每吨收购价 2 000 元，共计支付收购价款 60 000 元。

（2）甲酒厂将收购的粮食从收购地直接运往异地的乙酒厂生产加工白酒，白酒加工完毕，企业收回白酒 8 吨，取得乙酒厂开具防伪税控的增值税专用发票，上面注明加工费 40 000 元，其中含代垫辅料 15 000 元，加工的白酒当地无同类产品市场价格。

（3）生产一种新的粮食白酒，广告样品使用 0.8 吨，已知该种白酒无同类产品出厂价，生产成本每吨 40 000 元，成本利润率为 10%。

（4）销售自产薯类白酒 2 吨，每吨含税售价 15 000 元，收取包装物押金 5 100 元，期限为一年；销售外购酒精勾兑白酒 3 吨，取得含税货款 23 400 元。

（5）销售黄酒 40 吨（其中委托外单位加工收回后直接销售的 10 吨），实现销售收入 176 000 元；将自产的黄酒 2 吨用于职工福利；将自产黄酒 5 吨用于馈赠他人。

计算该酒厂当月应缴纳多少增值税、消费税，委托加工时代收代缴多少消费税。

3. 某有进出口经营权的外贸公司（一般纳税人），2010 年 1 月从国外进口卷烟 200 箱（每箱 250 条，每条 200 支），支付买价 1 500 000 元，到达我国海关前的运输费 20 000 元，保险费 8 000 元，境内报关地运到单位，发生运费 1.7 万元，保险费用等杂费 2.5 万元（取得运输发票），假定进口卷烟关税税率 20%，计算该批卷烟在进口环节应缴纳的消费税、进口增值税及国内环节的增值税进项税额。

4. 某烟草公司 2010 年 11 月发生以下业务：

（1）销售自产卷烟 3 000 箱，取得不含增值税的价款 7 000 万元（适用税率 56%，适用税额为每箱 150 元）；

（2）销售自产雪茄烟 200 箱，取得不含增值税的价款 300 万元（适用税率 36%）；

（3）外购烟丝，取得增值税专用发票上注明价款 500 万元，增值税 85 万元；本月生产领用烟丝 400 万元（烟丝消费税税率 30%）；

（4）从农业生产者手中购进烟叶，收购单上注明的收购价款为 280 万元，价外补贴为 20 万元，烟叶税 66 万元。

要求：计算应纳消费税税额、增值税税额。

五、综合题（本题 12 分）

某市便民大药房（商业企业，以上简称便民）、巨能天然药物科技开发有限公司（生产企业，以下简称巨能）均为增值税一般纳税人，所售货物均适用 17% 的增值税税率，上期均无进项留抵税额。2010 年 3 月发生的有关业务及相关会计处理如下：

(1) 3月2日，巨能销售给便民一批货物，货款500万元，货物已发出，双方签订的购销合同约定按货款500万元的5‰即25万元，返利给便民，巨能开给便民增值税专用发票注明销售额500万元，增值税85万元。当月已取得货款200万元及增值税税金34万元，其余部分尚未收到。

  便民：借：库存商品   5 000 000
      应交税费——应交增值税（进项税额）   850 000
       贷：银行存款   2 340 000
         应付账款——巨能   3 510 000
     借：银行存款   250 000
       贷：营业外收入   250 000
  巨能：借：银行存款   2 340 000
       贷：主营业务收入   2 000 000
         应交税费——应交增值税（销项税额）   340 000
     借：发出商品   3 000 000
       贷：应收账款——便民   3 000 000
     借：销售费用   250 000
       贷：银行存款   250 000

(2) 3月5日，巨能购进小轿车10部，供厂部经理使用，价值共300万元，取得防伪税控系统开具的增值税专用发票，注明税款51万元，款项未付。

  借：固定资产——管理用设备   3 000 000
    应交税费——应交增值税（进项税额）   510 000
    贷：应付账款   3 510 000

(3) 3月7日，巨能将上月购进的已申报抵扣进项税额的一批商品作为纪念品，其中一部分在"三八"妇女节时发给本厂职工，账面价值4万元，另一部分赠送客户，账面价值1万元。按照企业该月的销售资料得知：该批商品在市场上的不含税售价为8万元。

  借：营业外支出   10 000
    应付福利费   40 000
    贷：库存商品   50 000

(4) 3月17日，巨能从农民手中收购药材20万公斤，开具的经税务机关批准使用的收购凭证上注明买价为100万元，另支付运费2万元，取得公路部门开具的运输发票，货物已运抵企业并验收入库，款项已付。

  借：原材料——药材   1 020 000
    应交税费——应交增值税（进项税额）   130 000
    贷：银行存款   1 150 000

(5) 3月21日，因质量问题，便民携《企业进货退出及索取折让证明单》退回上月从巨能的进货300件，每件不含税价为500元，货物的进项税额已在申报缴纳上月增值税时申报抵扣。退货手续符合规定，巨能已把款项返还给便民。

便民：借：库存商品　　　　　　　　　　　　　　　　　　　　－175 500
　　　　　贷：银行存款——巨能　　　　　　　　　　　　　　－175 500
巨能：借：银行存款　　　　　　　　　　　　　　　　　　　　－175 500
　　　　　贷：主营业务收入　　　　　　　　　　　　　　　　－150 000
　　　　　　　应交税费——应交增值税（销项税额）　　　　　－25 500

（6）3月28日，巨能上年购进的A原材料因仓库被盗而发生损失，责任尚未落实，进价为100 000元，该批材料的进项税额已在上年申报抵扣。

　　借：待处理财产损失——流动资产损失（A材料）　　　　　100 000
　　　　贷：原材料——A材料　　　　　　　　　　　　　　　100 000

（7）3月30日，便民销售货物一批，不含税价格为200万元，价款已收。

　　借：银行存款　　　　　　　　　　　　　　　　　　　　　2 340 000
　　　　贷：主营业务收入　　　　　　　　　　　　　　　　　2 000 000
　　　　　　应交税费——应交增值税（销项税额）　　　　　　340 000

A　便民计算缴纳增值税的情况如下：200×17％－85＝－51万元
B　巨能的增值税申报如下：

增值税纳税申报表（简易表）（适用于增值税一般纳税人）

税款所属时间：自2010年3月1日至2010年3月31日
填表日期：2010年4月12日　　　　　　　　　　　　　　　　金额单位：元至角分

	项目	栏次	一般货物及劳务 本月数
销售额	（一）按适用税率征税货物及劳务销售额	1	1 850 000
	其中：应税货物销售额	2	1 850 000
	应税劳务销售额	3	
	纳税检查调整的销售额	4	
	（二）按简易征收办法征税货物销售额	5	
	其中：纳税检查调整的销售额	6	
	（三）免、抵、退办法出口货物销售额	7	
	（四）免税货物及劳务销售额	8	
	其中：免税货物销售额	9	
	免税劳务销售额	10	
税款计算	销项税额	11	314 500
	进项税额	12	640 000
	上期留抵税额	13	0
	进项税额转出	14	0
	免抵退货物应退税额	15	
	按适用税率计算的纳税检查应补缴税额	16	
	应抵扣税额合计	17＝12＋13－14－15＋16	640 000
	实际抵扣税额	18（如17＜11，则为17，否则为11）	314 500
	应纳税额	19＝11－18	

续表

项目		栏次	一般货物及劳务 本月数
税款计算	期末留抵税额	20＝17－18	325 500
	简易征收办法计算的应纳税额	21	
	按简易征收办法计算的纳税检查应补缴税额	22	
	应纳税额减征额	23	
	应纳税额合计	24＝19＋21－23	

要求：
(1) 假设相应的扣税凭证仍在认证及申报抵扣的期限内，纳税人可以申报抵扣进项税额。根据以上资料和增值税的有关规定，分析便民、巨能计算缴纳或申报增值税存在哪些错误；
(2) 计算便民、巨能应纳增值税额，列出详细的计算过程；
(3) 请帮助巨能正确地填写增值税纳税申报表；
(4) 作出税务检查后的调账处理。
备注：不考虑成本的结转及与增值税无关的业务处理。

附录4　习题参考答案

重点难点即时练参考答案

重点难点即时练1：1. ABD　2. ABCD　3. BC　4. ABCD　5. ACDF

重点难点即时练2：1. ABCD　2. ABD　3. AB　4. ACD　5. ABCD

重点难点即时练3：1. D　2. A　3. BCD　4. AB　5. BD

重点难点即时练4：1. B　2. A　3. BC　4. C　5. C

重点难点即时练5：1. A　2. BC　3. AB　4. CD　5. B

重点难点即时练6：1. C　2. A　3. BC　4. A　5. D　6. C

重点难点即时练7：1. C　2. B　3. B　4. D　5. BC

重点难点即时练8：1. AC　2. A　3. B　4. C　5. B　6. CD　7. D　8. B　9. ACD　10. ABCD　11. BC

重点难点即时练9：1. ACD　2. AB　3. A　4. A　5. C　6. A

重点难点即时练10：1. A　2. ABC　3. BC　4. AB　5. AB

点难点即时练11：1. AB　2. C　3. C　4. CD　5. CD

重点难点即时练12：1. C　2. B　3. AB　4. AD　5. A　6. A　7. ABCD

重点难点即时练13：1. ABC　2. CD　3. C　4. ABCD　5. B　6. AB　7. B　8. C　9. ABD　10. AB　11. BC　12. BC

重点难点即时练14：1. B　2. D　3. C

重点难点即时练15：

1. 计税销售额＝800 000＋(1 053 000－6 669)÷(1＋17%)＝1 694 300（元）

销项税额＝1 694 300×17%＝288 031（元）

进项税额=8 000×3‰+840 000×(1+25%)÷(1-30%)×17%+215 320+9 600×7%+(10 490-800)×7%-4 800×17%=471 094.3（元）

进项税额转出=(30 000+12 000)×17%=7 140（元）

应纳增值税=288 031-(471 094.3-7 140)=-175 923.3（元）

答：该商场销售环节9月增值税进项留抵175 923.3元。

2. （1）甲企业：销项税额=(1 200 000÷3+50×600)×17%=73 100（元）

进项税额=560 000×17%+195 500=290 700（元）

甲企业应向税务机关缴纳增值税=73 100-290 700=-217 600（元）

进口设备应纳进口环节增值税=1 000 000×(1+15%)×17%=195 500（元）

（2）乙企业：销项税额=46 700×17%+12 000×30%×(1+10%)×17%=8 612.2（元）

进项税额=12 000×17%=2 040（元）

乙企业应纳增值税=8 612.2-2 040=6 572.2（元）

（3）丙企业：销项税额=[760 500÷(1+17%)+55×300]×17%=113 305（元）

进项税额=50×600×17%+87 340+14 500×7%=93 455（元）

进项税转出=50×100×17%=850（元）

丙企业应纳增值税=11 3305-(93 455-850)=20 700（元）

答：甲企业本月在进口环节应纳增值税195 500元、销售环节增值税进项留抵217 600元；乙企业本月应纳增值税6 572.2元；丙企业本月应纳增值税20 700元。

解题说明：（1）采取托收承付收款方式销售货物，纳税义务发生时间为发出货物并办妥托收手续的当天，所以乙企业的纳税义务已经发生。（2）采取分期收款方式销售货物，纳税义务发生时间为按合同约定收款日期的当天，所以丙企业分期收款方式发出商品当月的应税销售额为40万元。（3）甲企业销售小家电纳税义务已经发生，丙企业购入的小家电也取得了扣税凭证，进项税额可以抵扣。（4）丙企业采用"买一赠一"方式促销，赠送的300件小家电应视同销售，缴纳增值税，分给女职工作为节日礼物的100件小家电，属于将外购的货物用于集体福利或个人消费，进项税额不得抵扣。（5）丙企业为甲企业代购材料满足对代购方不征收增值税的三个条件，所以应对其按照手续费收入缴纳营业税。（6）甲企业进口的设备应缴纳进口增值税，同时取得的海关进口增值税专用缴款书上注明的增值税额可以作为进项税额扣除。（7）丙企业取得的租金收入属于提供非增值税应税劳务的收入，应该缴纳营业税。（8）乙企业将外购货物的30%用于投资应视同销售，缴纳增值税。

3. 进口增值税=60 000×(1+20%)×17%=12 240（元）

增值税进项税额=68 000+(16 000+2 000)×7%+5 100+800 000×13%+12 240=190 600（元）

进项税额转出=2 000×17%+30 000÷(1-13%)×13%=4 822.76（元）

增值税销项税额=4 680×17%+300÷(1+17%)×17%+200 000×(1+10%)×17%+100 000×17%+2 000÷(1+17%)×17%+(500 000-50 000)×17%+130 000×17%+1 000÷(1+17%)×17%=154 275.09（元）

按适用税率征税货物当期应纳增值税额＝154 275.09－(190 600－4 822.76)＝－31 502.15（元）

销售固定资产应纳增值税＝220 480÷(1＋4%)×4%÷2＝4 240（元）

答：纳税人当月应纳进口增值税12 240元，应向税务机关缴纳增值税4 240元，同时进项留抵31 502.15元。

重点难点即时练16：1. C 2. A 3. C 4. C 5. AD 6. A 7. B 8. D

重点难点即时练17：1. B 2. CD 3. D 4. C 5. B 6. ACD 7. ABD

重点难点即时练18：1. B 2. C 3. D 4. A 5. B

重点难点即时练19：

1. 关税完税价格＝(500＋2＋3)×8＝4 040（万元）

应纳增值税＝4 040×(1＋110%)÷(1－5%)×17%＝1 518.19（万元）

答：该批进口货物应缴纳的进口增值税为1 518.19万元。

2. 组成计税价格＝25＋4.8＝29.8（万元）

应纳税额＝29.8×17%＝5.066（万元）

答：该进口公司应纳的进口增值税为5.066万元。

3. 应纳进口增值税税额＝(50 000＋20 000)×17%＋(100 000＋40 000)×17%＝11 900＋23 800＝35 700（元）

内销产品应缴纳的增值税＝150 000×17%－35 700＝－10 200（元）

答：该企业当月应在海关缴纳进口增值税35 700元，内销环节的增值税进项留抵为10 200元。

重点难点即时练20：1. B 2. D 3. C 4. B 5. D 6. B 7. C 8. A 9. A 10. B 11. BC 12. ABC 13. CD 14. BC

重点难点即时练21：1. C 2. B 3. D 4. D 5. A 6. B 7. C 8. C 9. AB 10. ACD 11. ABCD

重点难点即时练22：1. C 2. A 3. BC 4. CD 5. ABCD

重点难点即时练23：1. ABD 2. ABCD 3. ACD 4. ABCD 5. ABC 6. CD 7. B

重点难点即时练24：1. ABCD 2. ABC 3. ABC 4. B 5. ABC

重点难点即时练25：1. C 2. D 3. ACDE 4. ABD 5. C 6. B 7. A

重点难点即时练26：1. ABCD 2. CD 3. BC 4. ABC 5. ABCD 6. BD 7. AD 8. D

重点难点即时练27：1. D 2. A 3. C 4. BC 5. CD 6. BCD 7. BCD 8. AC 9. C 10. A 11. ACD

重点难点即时练28：1. A 2. ABCD 3. B 4. CD 5. AC 6. AC

重点难点即时练29：

1. 140×8×(1＋110%)÷(1－5%)×5%＝123.79（万元）

答：进口这些轿车应缴纳消费税123.79万元。

2. 门市部对外销售B型手表不含税单价＝18 000÷1.17＝15 384.62（元）

当月 B 型手表平均售价=(80×15 000+8×18 000÷1.17)÷(80+8)=15 034.97（元）

所以，当月 B 型手表的最高售价为含税售价每只 18 000 元。

增值税销项税额=(500×8 000+80×15 000+80×20÷1.17+2 000÷1.17+8×18 000÷1.17+8×15 034.97)×17%=925 893.71（元）

进项税额=0

应纳增值税额=925 893.71-0=925 893.71（元）

应纳消费税额=(80×15 000+80×20÷1.17+2 000÷1.17+8×18 000÷1.17+8×18 000÷1.17)×10%=144 923.08（元）

答：手表厂当月应纳增值税 925 893.71 元、消费税 144 923.08 元。

3.（1）进口增值税=82 000×(1+40%)÷(1-30%)×17%=27 880（元）

（2）进口消费税=82 000×(1+40%)÷(1-30%)×30%=49 200（元）

（3）增值税销项税额=212 000×17%+500×300×17%=61 540（元）

增值税进项税额=27 880（元）

应向税务机关申报缴纳增值税额=61 540-27 880=33 660（元）

（4）应向税务机关申报缴纳消费税额=500×200×(1+5%)÷(1-30%)×30%=45 000（元）

答：甲企业应纳进口环节增值税 27 880 元、销售环节增值税 33 660 元、进口环节消费税 49 200 元、销售环节消费税 45 000 元。

重点难点即时练 30：

1. 应纳消费税=(40-10+2+0.5)×240=7 800（元）

答：该黄酒厂 12 月应纳消费税 7 800 元。

2. 苹果啤酒平均每吨出厂价=(68 000+1 000÷1.17)÷20=3 442.74（元）

所以，苹果啤酒适用的税率为每吨 250 元。

苦瓜啤酒平均每吨出厂价=(30 760+2 500)÷1.17÷10=2 842.74（元）

所以苦瓜啤酒适用的税率为每吨 220 元。

应纳消费税=20×250+10×220=7 200（元）

答：该酒厂当月应纳消费税 7 200 元。

3. 无醇啤酒每吨出厂价小于 3 000 元，适用的消费税税率为每吨 220 元。

40×220+0.2×35 000×(1+5%)÷(1-10%)×10%=9 616.67（元）

答：酒厂 5 月应纳消费税为 9 616.67 元。

重点难点即时练 31：

1.（1）因为抵偿 15 万元债务的甲牌号卷烟 5 大箱价格明显偏低，所以应按照当月甲牌号卷烟的平均售价缴纳增值税。

增值税销项税额=72 000×17%+5×72 000÷18 000×17%+8×[4 000×(1+10%)+150]÷(1-56%)÷10 000×17%+10×1.2×17%=12 246.85（万元）

进项税额=1.36+3.4=4.76（万元）

应纳增值税额=12 246.85-4.76=12 242.09（万元）

(2) 每条甲牌号卷烟售价＝72 000×10 000÷18 000÷50 000×200＝160（元）

160元＞70元，所以卷烟的适用税率为56％。

8月销售卷烟应纳消费税＝72 000×56％＋5×72 000÷18 000×56％＋8×[4 000×(1＋10％)＋150]÷(1－56％)÷10 000×56％＋10×1.2×56％＋(18 000＋5＋8＋10)×150÷10 000＝40 612.90（万元）

委托加工丙牌号卷烟应补缴消费税＝(42＋8＋40×150÷10 000)÷(1－56％)×56％＋40×150÷10 000＝65（万元）

当月可抵扣消费税额＝(83＋20－65)×30％＝11.4（万元）

当月应纳消费税额＝40 612.90－11.4＝40 601.50（万元）

答：卷烟厂8月份销售卷烟实际缴纳增值税12 242.09万元，消费税为40 601.50万元。同时卷烟厂8月份还应补缴委托加工卷烟的消费税为65万元。

2. (480＋20)÷1.17×10％＋60×20％＋5×2 000×0.5÷10 000＝55.235（万元）

答：该酒厂7月应纳的消费税55.235万元。

3. (1) 销售A牌粮食白酒应纳消费税＝(40×10 000×20％＋40×2 000×0.5)＋(11.7×12 500÷1.17×20％＋11.7×2 000×0.5)＝156 700（元）

(2) 销售B牌薯类白酒应纳消费税＝15×5 000×20％＋15×2 000×0.5＝30 000（元）

(3) 代收代缴商场C牌粮食白酒消费税＝(70 000＋5 000＋20×2 000×0.5)÷(1－20％)×20％＋20×2 000×0.5＝43 750（元）

(4) 用委托加工收回的黄酒加工生产药酒销售及赠送时应纳消费税＝(12＋3)×6 000×10％＝9 000（元）

该酒厂4月份应缴纳消费税合计：156 700＋30 000＋9 000＝195 700（元）

代收代缴商场C牌粮食白酒消费税为43 750（元）

答：酒厂4月份应缴纳消费税195 700元，同时受托加工C牌粮食白酒应代收代缴消费税43 750元。

重点难点即时练32：1. AD 2. B 3. ABD 4. CD 5. ACD

重点难点即时练33：1. ACD 2. AC 3. AD 4. ABD 5. AD

重点难点即时练34：1. A 2. ABD 3. AB 4. D 5. ABD

6. 增值税销项税额＝(20×1 700÷1.17＋5×2 500÷1.17)×17％＋2 270÷1.17×17％＋30 000÷1.17×17％＋10 000×17％＝13 145.21（元）

增值税进项税额＝0

增值税应纳税额＝13 145.21－0＝13 145.21（元）

消费税应纳税额＝(20×1 700÷1.17＋5×2 500÷1.17)×5％＋30 000÷1.17×5％＋(100 000＋10 000)÷(1－5％)×5％＝9 058.70（元）

答：金店5月应纳增值税13 145.21元，消费税税额9 058.70元。

增值税复习测试题参考答案

一、单项选择题

1. D 2. B 3. D 4. A 5. C 6. D 7. C 8. D 9. C 10. B 11. D

12. B 13. D 14. B 15. B

二、多选题

1. AB 2. AB 3. CD 4. AD 5. ABD 6. ABC 7. BC 8. ABCD
9. ABC 10. ACD 11. BC 12. ABC 13. ABCD 14. AC 15. AC 16. ACD
17. ABC 18. BC 19. BC 20. BCD 21. ACD 22. AD 23. ABCD
24. ABD 25. BD

三、判断题

1. × 2. √ 3. √ 4. × 5. × 6. √ 7. × 8. √ 9. √ 10. ×
11. × 12. × 13. √ 14. × 15. √ 16. × 17. √ 18. √ 19. √
20. √ 21. √ 22. √ 23. × 24. × 25. √ 26. × 27. × 28. √
29. × 30. √ 31. × 32. √ 33. √ 34. × 35. √

四、计算题

1. 销项税额 = $350\,000 \times 17\% + 117 \div 1.17 \times 17\% + 3\,510 \div 1.17 \times 17\% + 1\,170 \div 1.17 \times 17\% + 8\,700 \times (1+10\%) \times 17\% = 59\,500 + 17 + 510 + 170 + 1\,626.9 = 61\,823.9$（元）

进项税额 = $20\,400 + 950 \times 7\% + 25\,500 = 45\,966.5$（元）

进项税额转出 = $6\,000 \times 17\% + 10\,000 \times 17\% = 1\,020 + 1\,700 = 2\,720$（元）

已缴税金 = 1 500 元

本期应缴增值税额 = $61\,823.9 - (45\,966.5 - 2\,720) + (1\,000 - 340) - 1\,500 = 17\,737.4$（元）

答：该企业当月应纳增值税 17 737.4 元。

2. 自行车厂增值税计算错误有：

(1) 给百货商店的8%折扣，计算增值税销项税额时，不应冲减销售额；

(2) 允许扣除的运费不包括装卸费，运费的扣除率7%；

(3) 逾期押金未换算成不含税价；

(4) 从小规模纳税人购进的零件，未取得增值税专用发票，不得抵扣进项；

(5) 从废旧物资回收经营公司购进旧自行车，未取得增值税专用发票，进项税额不得抵扣。

正确计算当月销项税额 = $(800 \times 280 + 500 \times 280) \times 17\% + 60\,000 \div (1+17\%) \times 17\% = 70\,597.95$（元）

当月进项税额 = $7\,000 \times 7\% + 23\,800 = 24\,290$（元）

应纳增值税税额 = $70\,597.95 - 24\,290 = 46\,307.95$（元）

答：该自行车生产企业3月应纳增值税 46 307.95 元。

3. (1) 购进摩托车进项税额 = $4\,000 \times 10 \times 17\% = 6\,800$（元）

(2) 当期应冲减进项税额 = $10\,000 \div (1+17\%) \times 17\% = 1\,452.99$（元）

(3) 本月进项税额＝6 800－1 452.99＝5 347.01（元）

(4) 本月销项税额＝4 000×8×17％＝5 440（元）

(5) 本月应缴纳增值税＝5 440－5 347.01＝92.99（元）

答：该公司11月应纳增值税92.99元。

4. 答：(1) 销售钢材销项税额＝(1 800 000－150 000)×17％＝280 500（元）

运费收入销项税额＝117 000÷(1＋17％)×17％＝17 000（元）

(2) 退回冰箱应冲减销项税额＝4 000×25×17％＝17 000（元）

(3) 销售苹果销项税额＝200 000×13％＝26 000（元）

(4) 销售化肥、农药收入免税

(5) 购进钢材进项税额＝178 500（元）

(6) 收购苹果进项税额＝151 000×13％＝19 630（元）

(7) 购进免税货物所支付的运费不予抵扣的进项税额，支付运费抵扣进项税额＝(80 000＋5 000－20 000－1 000)×7％＝4 480（元）

(8) 购进钢材用于基本建设，其进项税额不予抵扣，应作进项税额转出处理。

进项税额转出＝1 050 000÷100×4×17％＝7 140（元）

(9) 上月留抵税款＝20 000（元）

(10) 销项税额合计＝280 500＋17 000－17 000＋26 000＝306 500（元）

进项税额合计＝178 500＋19 630＋4 480－7 140＝195 470（元）

应补交增值税＝306 500－195 470－20 000－80 000＝11 030（元）

答：该供销公司12月应补交增值税11 030元。

5. 答：(1) 销项税额＝(400＋50÷1.17)×17％＝75.26（万元）

(2) 进项税额＝(200＋3＋4＋3＋2)×17％＝36.04（万元）

(3) 应纳税额＝75.26－36.04＝39.22（万元）

答：该装饰公司当月应纳增值税39.22万元。

消费税复习测试题参考答案

一、单项选择题

1. D 2. B 3. B 4. A 5. B 6. A 7. A 8. C 9. B 10. B 11. D 12. A 13. C 14. D 15. B 16. A 17. B 18. D 19. A 20. D 21. C 22. A 23. A 24. B 25. B 26. A 27. B 28. D 29. D 30. C

二、多选题

1. ABCD 2. BCD 3. ACD 4. CD 5. BC 6. ABC 7. AB 8. ABCDE 9. AB 10. AD 11. AC 12. BC 13. BD 14. BC 15. BCD 16. AD

三、判断题

1. × 2. √ 3. √ 4. × 5. × 6. √ 7. × 8. × 9. √ 10. ×

11. √ 12. × 13. √ 14. √ 15. ×

四、计算题

1.（1）销售粮食白酒给甲应纳消费税=50 000×20%+100×10×0.5=10 500（元）

（2）销售粮食白酒给乙应纳消费税=120 000×20%+200×10×0.5=25 000（元）

（3）将 50 箱同样白酒分给职工应纳消费税=（50 000+120 000）÷（100+200）×50×20%+50×10×0.5=5 916.67（元）

（4）将 70 箱同样白酒换取原材料应纳消费税=120 000÷200×70×20%+70×10×0.5=8 750（元）

（5）将新研制贵宾酒 30 箱赠给市运动会应纳消费税=30×[800×（1+10%）+10×0.5]÷（1-20%）×20%+30×10×0.5=6 787.5（元）

该酒厂 4 月份应缴纳多少消费税合计=10 500+25 000+5 916.67+8 750+6 787.5=56 954.17（元）

答：该酒厂 4 月应纳消费税为 56 954.17 元。

2.（1）应纳消费税=200×1 000×20%+50×400×10%+（30 000+2 340÷1.17）×20%+（30+50）×1 000×20%+56 250×20%+[（200+30+50）×12+0.5×2 000+15×2 000]×0.5=40 000+2 000+6 400+16 000+11 250+17 180=92 830（元）

（2）增值税：销项税额=[200×1 000+50×400+30 000+2 340÷（1+17%）]×17%+（30+50）×1 000×17%+4×1 500×17%+56 250×17%=42 840+13 600+1 020+9 562.5=67 022.5（元）

进项税额=34 000+100 000×13%=47 000（元）

本月应纳税额=67 022.5-47 000=20 022.5（元）

答：酒厂 4 月应纳增值税 20 022.5 元、消费税 92 830 元。

3.（1）（8+1.2）÷（1-30%）×30%=3.94（万元）

（2）委托加工收回的烟丝 40%直接出售，不征消费税；60%用于当月生产卷烟，已纳消费税税额可以抵扣。

卷烟每标准条售价=600 000÷40÷50 000×200=60（元）

60 元<70 元，所以卷烟的适用消费税税率为 36%。

销售卷烟应纳消费税=60×36%+150×40÷10 000-3.94×60%=19.84（万元）

答：委托加工烟丝时，受托方应代收代缴消费税 3.94 万元，卷烟厂销售卷烟应纳消费税 19.84 万元。

4.（1）销售的啤酒每吨出厂价为 3 000 元，适用税率为 250 元/吨。

销售啤酒应纳消费税=480×250=120 000（元）

（2）销售粮食白酒应纳消费税=850×500×20%+850×20×0.5=93 500（元）

（3）招待所领用粮食白酒应纳消费税=10×500×20%+10×20×0.5=1 100（元）

招待所领用啤酒应纳消费税=500÷1 000×250=125（元）

（4）发放职工奖励及赞助粮食白酒应纳消费税=（8+20）×500×20%+（8+20）×

$20 \times 0.5 = 3\ 080$（元）

（5）新试产粮食白酒换取原料小麦应纳消费税 $= [8\ 000 \times (1+10\%) + 30 \times 20 \times 0.5] \div (1-20\%) \times 20\% + 30 \times 20 \times 0.5 = 2\ 575$（元）

（6）该企业当月应纳的消费税 $= 120\ 000 + 93\ 500 + 1\ 100 + 125 + 3\ 080 + 2\ 575 = 220\ 380$（元）

答：该酒厂当月共应纳消费税 220 380 元。

5．（1）进口散装化妆品应缴纳消费税 $= (120+20) \times (1+40\%) \div (1-30\%) \times 30\% = 84$（万元）

（2）进口散装化妆品直接销售不纳消费税，用于连续生产化妆品的散装化妆品已纳的进口消费税可以抵扣。

当月可以抵扣的消费税额 $= 84 \times 80\% = 67.2$（万元）

销售化妆品及成套化妆品应纳消费税 $= (290 + 51.48 \div 1.17 + 126.36 \div 1.17) \times 30\% = 132.6$（万元）

（3）发放给本厂女职工的化妆品应缴纳消费税 $= 3 \times (1+5\%) \div (1-30\%) \times 30\% = 1.35$（万元）

（4）企业本期销售环节应纳消费税 $= 132.6 + 1.35 - 67.2 = 66.75$（万元）。

答：化妆品厂当月应纳的进口消费税为 84 万元，销售环节应纳消费税为 66.75 万元。

6．（1）销售金银首饰应缴纳消费税 $= (100\ 000 + 1\ 500) \times 5\% = 5\ 075$（元）

（2）受托加工的金银首饰应纳消费税 $= 2\ 000 \times 2 \times 5\% = 200$（元）

（3）销售金银首饰与外购镀金首饰组成的成套消费品应纳消费税 $= 50\ 000 \times 5\% = 2\ 500$（元）

（4）将金手镯对外馈赠应缴纳消费税 $= 500 \times 140 \times (1+6\%) \div (1-5\%) \times 5\% = 3\ 905.26$（元）

（5）由于包金戒指不属于金银首饰，并且纳税人能够分别核算金银首饰与非金银首饰的销售额，所以包金首饰在零售环节不缴纳消费税。

（6）以旧换新方式销售足金戒指应纳消费税 $= [100 \times 6 + (101-100) \times 200] \times 5\% = 40$（元）

（7）金店当月应纳消费税 $= 5\ 075 + 200 + 2\ 500 + 3\ 905.26 + 40 = 11\ 720.26$（元）

答：该金店当月应纳消费税为 11 720.26 元。

增值税消费税综合测试题参考答案

一、单项选择题

1. A 2. D 3. A 4. A 5. B 6. B 7. B 8. B 9. D 10. A 11. D 12. D 13. D 14. D 15. D 16. D 17. D 18. A 19. A 20. D 21. D 22. B 23. D 24. B 25. C 26. B 27. C 28. D 29. B 30. D 31. D 32. C 33. C 34. D 35. B 36. D 37. A 38. C 39. A 40. C

二、多项选择题

1. BCD 2. AB 3. AC 4. AC 5. ABC 6. AC 7. AC 8. AC 9. AC
10. ABD 11. BD 12. BD 13. CD 14. ABC 15. ABC 16. BD 17. ACD
18. BCD 19. BCD 20. BD 21. ABCD 22. AB 23. AD 24. ACD 25. CD
26. BD 27. ACD 28. BD 29. CD 30. CD

三、判断题

1. × 2. × 3. × 4. × 5. × 6. × 7. × 8. × 9. × 10. ×
11. √ 12. √ 13. √ 14. √ 15. √ 16. √ 17. √ 18. √ 19. √ 20. √
21. √ 22. √ 23. √ 24. √ 25. √ 26. √ 27. × 28. √ 29. √
30. × 31. √ 32. √ 33. √ 34. √ 35. √ 36. √ 37. × 38. × 39. ×
40. ×

四、计算题

1. 销项税额＝[300×50％＋(228＋6)÷(1＋17％)]×17％＝59.5（万元）

 准予抵扣的进项税额＝30.6＋0.051－4×17％＝29.971（万元）

 应纳增值税＝59.5－29.971＝29.529（万元）

 答：该商业企业3月应纳的增值税为29.529万元。

2. (1) 增值税销项税额＝[0.8×40 000×(1＋10％)＋0.8×2 000×0.5]÷(1－20％)×17％＋[(15 000×2＋5 100)÷(1＋17％)＋23 400÷(1＋17％)]×17％＋176 000÷40×(40＋2＋5)×17％＝7 650＋8 500＋35 156＝51 306（元）

 进项税额＝30×2 000×13％＋40 000×17％＝14 600（元）

 应纳增值税＝51 306－14 600＝36 706（元）

 (2) 应纳消费税＝0.8×2 000×0.5＋[0.8×40 000×(1＋10％)＋0.8×2 000×0.5]÷(1－20％)×20％＋[(15 000×2＋5 100)÷(1＋17％)＋23 400÷(1＋17％)]×20％＋(2＋3)×2 000×0.5＋(40－10＋2＋5)×240＝9 800＋15 000＋8 880＝33 680（元）

 (3) 代收代缴的消费税的组成计税价格＝(材料成本＋加工费＋消费税定额税)÷(1－消费税税率)＝[30×2 000×(1－13％)＋40 000＋8×2 000×0.5]÷(1－20％)＝125 250（元）

 应代收代缴的消费税＝125 250×20％＋8×2 000×0.5＝33 050（元）

 答：该酒厂2月应纳增值税36 706元、消费税33 680元，委托加工时受托方代收代缴的消费税33 050元。

3. (1) 关税完税价格＝1 500 000＋20 000＋8 000＝1 528 000（元）

 关税＝1 528 000×20％＝305 600（元）

 (2) 每条进口卷烟适用比例税率的价格＝[(1 528 000＋305 600)÷(200×250)＋0.6]÷(1－36％)＝37.272÷(1－36％)＝58.24（元）＜70元

 58.24元＜70元，所以该批进口卷烟适用消费税的税率为36％。

(3) 进口卷烟应纳消费税=150×200+(1 528 000+305 600+150×200)÷(1−36%)×36%=30 000+1 048 275=1 078 275（元）

(4) 进口卷烟应纳增值税=(1 528 000+305 600+150×200)÷(1−36%)×17%=495 018.75（元）

(5) 国内环节增值税进项税额=495 018.75+17 000×7%=496 208.75（元）。

答：该批进口卷烟应纳进口消费税 1 078 275 元，进口增值税 495 018.75 元，国内环节可以抵扣的进项税额为 496 208.75 元。

4.（1）销售自产卷烟应纳消费税=3 000×0.015+7 000×56%=45+3 920=3 965（万元）

销售自产雪茄烟应纳消费税=300×36%=108（万元）

外购烟丝应扣除的消费税=400×30%=120（万元）

应纳消费税=3 965+108−120=3 953（万元）

(2) 销项税额=7 000×17%+300×17%=1 241（万元）

进项税额=85+(280+20+66)×13%=132.58（万元）

应纳增值税额=1 241−132.58=1 108.42（万元）

答：该烟草公司 11 月应纳消费税 3 953 元、增值税 1 108.42 元。

五、综合题

1. 便民计算增值税不正确。

分析：

①3 月 2 日购进的货物取得平销返利 25 万元，未作进项税额转出处理。应转出进项税额=25÷(1+17%)×17%=3.632 479（万元）

②对于当期发生的退货，便民没有相应冲减其进项税额，造成少缴税，属偷税行为。进货退出应转出进项税额=500×300÷10 000×17%=2.55（万元）

③正确的计算为：销项税额=200×17%=34（万元）

进项税额=85 万元

进项税额转出=25÷(1+17%)×17%+500×300÷10 000×17%=6.182 479（万元）

应纳增值税额=34−(85−6.182 479)=−44.817 521（万元）

2. 巨能的增值税计算申报不正确。

分析：

①销售货物先开具发票的，纳税义务发生时间为发票开具的当天，因此销售给便民的货物尽管只收到 200 万元的销售额，但应按 500 万元确认收入。

②3 月 5 日购进的纳税人自用小轿车，不得抵扣进项税额。

③3 月 7 日，巨能购进货物作为纪念品发给本厂女职工 4 万元，属于将外购的货物用于集体福利或个人消费，进项税额不得抵扣，其承担的进项税额为 4×17%=0.68 万元；另一部分赠送客户的账面价值 1 万元的外购货物应视同销售，按同类货物的平均售价确定销售额，计提销项税=8÷(1+4)×1×17%=0.272（万元）

④购进免税农产品取得的运费发票注明的运费 2 万元，属于增值税的扣税凭证，仍

在抵扣时限内，进项税额$2\times7\%=0.14$万元可以抵扣。

⑤非正常损失的购进货物进项税额不得抵扣，进项税额应转出$10\times17\%=1.7$万元

⑥正确的增值税计算为：

销项税额$=500\times17\%+8\div(1+4)\times1\times17\%-500\times300\div10\,000\times17\%=82.722$（万元）

进项税额$=100\times13\%+2\times7\%=13.14$（万元）

进项税额转出$=4\times17\%+10\times17\%=2.38$（万元）

应纳增值税额$=82.722-(13.14-2.38)=71.962$（万元）

	项目	栏次	一般货物及劳务 本月数
销售额	（一）按适用税率征税货物及劳务销售额	1	4 866 000
	其中：应税货物销售额	2	4 866 000
	应税劳务销售额	3	
	纳税检查调整的销售额	4	
	（二）按简易征收办法征税货物销售额	5	
	其中：纳税检查调整的销售额	6	
	（三）免、抵、退办法出口货物销售额	7	
	（四）免税货物及劳务销售额	8	
	其中：免税货物销售额	9	
	免税劳务销售额	10	
税款计算	销项税额	11	827 220
	进项税额	12	641 400
	上期留抵税额	13	0
	进项税额转出	14	533 800
	免抵退货物应退税额	15	
	按适用税率计算的纳税检查应补缴税额	16	
	应抵扣税额合计	17=12+13-14-15+16	107 600
	实际抵扣税额	18（如17<11，则为17，否则为11）	107 600
	应纳税额	19=11-18	719 620
	期末留抵税额	20=17-18	0
	简易征收办法计算的应纳税额	21	
	按简易征收办法计算的纳税检查应补缴税额	22	
	应纳税额减征额	23	
	应纳税额合计	24=19+21-23	719 620

(1) 3月2日，巨能销售货物调账分录：

借：发出商品 −3 000 000

　　贷：应收账款——便民 −3 000 000

借：应收账款——便民 3 510 000

　　贷：主营业务收入 3 000 000

　　　　应交税费——增值税检查调整 510 000

便民收到返利调账分录：
  借：营业外收入   250 000
    贷：主营业务成本   213 675.21
      应交税费——增值税检查调整   36 324.79
（2）3月5日，巨能购进小轿车调账分录：
  借：固定资产——管理用设备   510 000
    贷：应交税费——增值税检查调整   510 000
（3）3月7日，巨能将外购商品用于集体福利或个人消费以及无偿赠送调账分录：
  借：营业外支出   2 720
    应付福利费   6 800
    贷：应交税费——增值税检查调整   9 520
（4）3月17日，巨能收购药材调账分录：
  借：银行存款   130 000
    应交税费——增值税检查调整   1 400
    贷：原材料——药材   131 400
（5）3月21日，便民进货退出，调账分录：
  借：库存商品   25 500
    贷：应交税费——增值税检查调整   25 500
（6）3月28日，巨能材料非正常损失，调账分录：
  借：待处理财产损失——流动资产损失（A材料） 17 000
    贷：应交税费——增值税检查调整   17 000

附录5 增值税部分货物征税范围注释

（国税发〔1993〕第151号，发文日期：1993-12-25）

一、粮食

粮食是各种主食食料的总称。本货物的范围包括小麦、稻谷、玉米、高粱、谷子、大豆和其他杂粮（如大麦、燕麦）及经加工的面粉、大米、玉米等。不包括粮食复制品（如挂面、切面、馄饨皮等）和各种熟食品和副食品。（此条款已失效或废止）

二、食用植物油

植物油是从植物根、茎、叶、果实、花或胚芽组织中加工提取的油脂。

食用植物油仅指：芝麻油、花生油、豆油、菜籽油、米糠油、葵花籽油、棉籽油、玉米坯油、茶油、胡麻油，以及以上述油为原料生产的混合油。

三、自来水

自来水是指自来水公司及工矿企业经抽取、过滤、沉淀、消毒等工序加工后，通过供水系统向用户供应的水。

农业灌溉用水、引水工程输送的水等，不属于本货物的范围。

四、暖气、热水

暖气、热水是指利用各种燃料（如煤、石油、其他各种气体或固体、液体燃料）和电能将水加热，使之生成的气体和热水，以及开发自然热能，如开发地热资源或用太阳能生产的暖气、热气、热水。

利用工业余热生产、回收的暖气、热气和热水也属于本货物的范围。

五、冷气

冷气是指为了调节室内温度，利用制冷设备生产的，并通过供风系统向用户提供的低温气体。

六、煤气

煤气是指由煤、焦炭、半焦和重油等经干馏或汽化等生产过程所得气体产物的总称。

煤气的范围包括：

1. 焦炉煤气：是指煤在炼焦炉中进行干馏所产生的煤气。

2. 发生炉煤气：是指用空气（或氧气）和少量的蒸气将煤或焦炭、半焦，在煤气发生炉中进行汽化所产生的煤气、混合煤气、水煤气、单水煤气、双水煤气等。

3. 液化煤气：是指压缩成液体的煤气。

七、石油液化气

石油液化气是指由石油加工过程中所产生的低分子量的烃类炼厂气经压缩成的液体。主要成份是丙烷、丁烷、丁烯等。

八、天然气

天然气是蕴藏在地层内的碳氢化合物可燃气体。主要含有甲烷、乙烷等低分子烷烃和丙烷、丁烷、戊烷及其他重质气态烃类。

天然气包括气田天然气、油田天然气、煤矿天然气和其他天然气。

九、沼气

沼汽，主要成份为甲烷，由植物残体在与空气隔绝的条件下经自然分解而成，沼气主要作燃料。

本货物的范围包括：天然沼气和人工生产的沼气。

十、居民用煤炭制品

居民用煤炭制品是指煤球、煤饼、蜂窝煤和引火炭。

十一、图书、报纸、杂志

图书、报纸、杂志是采用印刷工艺，按照文字、图画和线条原稿印刷成的纸制品，本货物的范围是：

1. 图书。是指由国家新闻出版署批准的出版单位出版，采用国际标准书号编序的书籍，以及图片。

2. 报纸。是指经国家新闻出版署批准，在各省、自治区、直辖市新闻出版部门登记，具有国内统一刊号（cn）的报纸。

3. 杂志。是指经国家新闻出版署批准，在省、自治区、直辖市新闻出版管理部门登记，具有国内统一刊号（cn）的刊物。

十二、饲料

饲料是指用于动物饲养的产品或其加工品。

本货物的范围包括：

1. 单一饲料：指作饲料用的某一种动物、植物、微生物产品或其加工品。

2. 混合饲料：指采用简单方法，将两种以上的单一饲料混合到一起的饲料。

3. 配合饲料：指根据不同的饲养对象、饲养对象的不同生长发育阶段对各种营养成分的不同需要量，采用科学的方法，将不同的饲料按一定的比例配合到一起，并均匀地搅拌，制成一定料型的饲料。

直接用于动物饲养的粮食、饲料添加剂不属于本货物的范围。

十三、化肥

化肥是指经化学和机械加工制成的各种化学肥料。

化肥的范围包括：

1. 化学氮肥。主要品种有尿素和硫酸铵、硝酸铵、碳酸氢铵、氯化铵、石灰氮、氨水等。

2. 磷肥。主要品种有磷矿粉、过磷酸钙（包括普通过磷酸钙和重过磷酸钙两种）、钙镁磷肥、钢渣磷肥等。

3. 钾肥。主要品种有硫酸钾、氯化钾等。

4. 复合肥料。是用化学方法合成或混配制成含有氮、磷、钾中的两种或两种以上的营养元素的肥料。含有两种的称二元复合肥，含有三种的称三元复合肥料，也有含三种元素和某些其他元素的叫多元复合肥料。主要产品有硝酸磷肥、磷酸铵、磷酸二氢钾肥、钙镁磷钾肥、磷酸一铵、磷粉二铵、氮磷钾复合肥等。

5. 微量元素肥。是指含有一种或多种植物生长或必需的，但需要量又极少的营养元素的肥料，如硼肥、锰肥、锌肥、铜肥、钼肥等。

6. 其他肥。是指上述列举以外的其他化学肥料。

十四、农药

农药是指用于农林业防治病虫害、除草及调节植物生长的药剂。

农药包括农药原药和农药制剂。如杀虫剂、杀菌剂、除草剂、植物生长调节剂、植物性农药、微生物农药、卫生用药、其他农药原药、制剂等等。

十五、农膜

农膜是指用于农业生产各种地膜、大棚膜。

十六、农机

农机是指用于农业生产（包括林业、牧业、副业、渔业）的各种机器和机械化和半机械化农具，以及小农具。

农机的范围为：

1. 拖拉机。是以内燃机为驱动牵引机具从事作业和运载物资的机械。包括轮拖拉机、履带拖拉机、手扶拖拉机、机耕船。

2. 土壤耕整机械。是对土壤进行耕翻整理的机械。包括机引犁、机引耙、旋耕机、镇压器、联合整地器、合壤器、其他土壤耕整机械。

3. 农田基本建设机械。是指从事农田基本建设的专用机械。包括开沟筑梗机、开沟匍管机、铲抛机、平地机、其他农田基本建设机械。

4. 种植机械是指将农作物种子或身苗移植到适于作物生长的苗床机械。包括播作机、水稻插秧机、栽植机、地膜复盖机、复式播种机、身苗准备机械。

5. 植物保护和管理机械。是指农作物在生长过程中的管理、施肥、防治病虫害的机械。包括机动喷粉机、喷雾机（器）、弥雾喷粉机、修剪机、中耕除草机、播种中耕机、培土机具、施肥机。

6. 收获机构是指收获各种农作物的机械。包括粮谷、棉花、薯类、甜菜、甘蔗、茶叶、油料等收获机。

7. 场上作业机械，是指对粮食作物进行脱粒、清选、烘干的机械设备。包括各种脱粒机、清选机、粮谷干燥机、种子精选机。

8. 排灌机械是指用于农牧业排水、灌溉的各种机械设备。包括喷灌机、半机械化提水机具、打井机。

9. 农副产品加工机械，是指对农副产品进行初加工、加工后的产品仍属农副产品的机械。包括茶叶机械、剥壳机械、棉花加工机械（包括棉花打包机）、食用菌机械（培养木耳、蘑菇等）、小型粮谷机械。

以农副产品为原料加工工业产品的机械，不属于本货物的范围。

10. 农业运输机械。是指农业生产过程所需的各种运输机械。包括人力车（不包括三轮运货车）、畜力车和拖拉机挂车。

农用汽车不属于本货物的范围。

11. 畜牧业机械。是指畜牧业生产中所需的各种机械。包括草原建设机械、牧业收获机械、饲料加工机械、畜禽饲养机械、畜产品采集机械。

12. 渔业机械。是指捕捞、养殖水产品所用的机械。包括捕捞机械、增氧机、饵料机。

机动渔船不属于本货物的范围。

13. 林业机械。是指用于林业的种植、育林的机械。包括清理机械、育林机械、树苗栽植机械。

森林砍伐机械、集材机械不属于本货物征收范围。

14. 小农具。包括畜力犁、畜力耙、锄头和镰刀等农具。

农机零部件不属于本货物的征收范围。

附录6　农业产品征税范围注释

（财政部 国家税务总局关于印发《农业产品征税范围注释》的通知，财税〔1995〕52号，发文日期：1995-06-15）

农业产品是指种植业、养殖业、林业、牧业、水产业生产的各种植物、动物的初级产品。农业产品的征税范围包括：

一、植物类

植物类包括人工种植和天然生长的各种植物的初级产品。具体征税范围为：

（一）粮食

粮食是指各种主食食科植物果实的总称。本货物的征税范围包括小麦、稻谷、玉米、高粱、谷子和其他杂粮（如：大麦、燕麦等），以及经碾磨、脱壳等工艺加工后的粮食（如：面粉，米，玉米面、渣等）。

切面、饺子皮、馄饨皮、面皮、米粉等粮食复制品，也属于本货物的征税范围。

以粮食为原料加工的速冻食品、方便面、副食品和各种熟食品，不属于本货物的征税范围。

（二）蔬菜

蔬菜是指可作副食的草本、木本植物的总称。本货物的征税范围包括各种蔬菜、菌类植物和少数可作副食的木本植物。

经晾晒、冷藏、冷冻、包装、脱水等工序加工的蔬菜，腌菜、咸菜、酱菜和盐渍蔬菜等，也属于本货物的征税范围。

各种蔬菜罐头（罐头是指以金属罐、玻璃瓶和其他材料包装，经排气密封的各种食品。下同）不属于本货物的征税范围。

（二）烟叶

烟叶是指各种烟草的叶片和经过简单加工的叶片。本货物的征税范围包括晒烟叶、晾烟叶和初烤烟叶。

1. 晒烟叶。是指利用太阳能露天晒制的烟叶。
2. 晾烟叶。是指在晾房内自然干燥的烟叶。
3. 初烤烟叶。是指烟草种植者直接烤制的烟叶。不包括专业复烤厂烤制的复烤烟叶。

（四）茶叶

茶叶是指从茶树上采摘下来的鲜叶和嫩芽（即茶青），以及经吹干、揉拌、发酵、烘干等工序初制的茶。本货物的征税范围包括各种毛茶（如红毛茶、绿毛茶、乌龙毛茶、白毛茶、黑毛茶等）。

精制茶、边销茶及掺对各种药物的茶和茶饮料，不属于本货物的征税范围。

（五）园艺植物

园艺植物是指可供食用的果实，如水果、果干（如荔枝干、桂圆干、葡萄干等）、干果、果仁、果用瓜（如甜瓜、西瓜、哈密瓜等），以及胡椒、花椒、大料、咖啡豆等。

经冷冻、冷藏、包装等工序加工的园艺植物，也属于本货物的征税范围。

各种水果罐头，果脯，蜜饯，炒制的果仁、坚果，碾磨后的园艺植物（如胡椒粉、花椒粉等），不属于本货物的征税范围。

（六）药用植物

药用植物是指用作中药原药的各种植物的根、茎、皮、叶、花、果实等。

利用上述药用植物加工制成的片、丝、块、段等中药饮片，也属于本货物的征税范围。

中成药不属于本货物的征税范围。

（七）油料植物

油料植物是指主要用作榨取油脂的各种植物的根、茎、叶、果实、花或者胚芽组织等初级产品，如菜子（包括芥菜子）、花生、大豆、葵花子、蓖麻子、芝麻子、胡麻子、茶子、桐子、橄榄仁、棕榈仁、棉籽等。

提取芳香油的芳香油料植物，也属于本货物的征税范围。

（八）纤维植物

纤维植物是指利用其纤维作纺织、造纸原料或者绳索的植物，如棉（包括籽棉、皮棉、絮棉）、大麻、黄麻、槿麻、苎麻、苘麻、亚麻、罗布麻、蕉麻、剑麻等。

棉短绒和麻纤维经脱胶后的精干（洗）麻，也属于本货物的征税范围。

（九）糖料植物

糖料植物是指主要用作制糖的各种植物，如甘蔗、甜菜等。

（十）林业产品

林业产品是指乔木、灌木和竹类植物，以及天然树脂、天然橡胶。林业产品的征税范围包括：

1. 原木。是指将砍伐倒的乔木去其枝芽、梢头或者皮的乔木、灌木，以及锯成一定长度的木段。

锯材不属于本货物的征税范围。

2. 原竹。是指将砍倒的竹去其枝、梢或者叶的竹类植物，以及锯成一定长度的竹段。

3. 天然树脂。是指木科植物的分泌物，包括生漆、树脂和树胶，如松脂、桃胶、樱胶、阿拉伯胶、古巴胶和天然橡胶（包括乳胶和干胶）等。

4. 其他林业产品。是指除上述列举林业产品以外的其他各种林业产品，如竹笋、笋干、棕竹、棕榈衣、树枝、树叶、树皮、藤条等。

盐水竹笋也属于本货物的征税范围。

竹笋罐头不属于本货物的征税范围。

（十一）其他植物

其他植物是指除上述列举植物以外的其他各种人工种植和野生的植物，如树苗、花卉、植物种子、植物叶子、草、麦秸、豆类、薯类、藻类植物等。

干花、干草、薯干、干制的藻类植物，农业产品的下脚料等，也属于本货物的征税范围。

二、动物类

动物类包括人工养殖和天然生长的各种动物的初级产品。具体征税范围为：

（一）水产品

水产品是指人工放养和人工捕捞的鱼、虾、蟹、鳖、贝类、棘皮类、软体类、腔肠类、海兽类动物。本货物的征税范围包括鱼、虾、蟹、鳖、贝类、棘皮类、软体类、腔肠类、海兽类、鱼苗（卵）、虾苗、蟹苗、贝苗（秧），以及经冷冻、冷藏、盐渍等防腐处理和包装的水产品。

干制的鱼、虾、蟹、贝类、棘皮类、软体类、腔肠类，如干鱼、干虾、干虾仁、干贝等，以及未加工成工艺品的贝壳、珍珠，也属于本货物的征税范围。

熟制的水产品和各类水产品的罐头，不属于本货物的征税范围。

（二）畜牧产品

畜牧产品是指人工饲养、繁殖取得和捕获的各种畜禽。本货物的征税范围包括：

1. 兽类、禽类和爬行类动物，如牛、马、猪、羊、鸡、鸭等。

2. 兽类、禽类和爬行类动物的肉产品，包括整块或者分割的鲜肉、冷藏或者冷冻肉、盐渍肉，兽类、禽类和爬行类动物的内脏、头、尾、蹄等组织。

各种兽类、禽类和爬行类动物的肉类生制品，如腊肉、腌肉、熏肉等，也属于本货物的征税范围。

各种肉类罐头、肉类熟制品，不属于本货物的征税范围。

3. 蛋类产品。是指各种禽类动物和爬行类动物的卵，包括鲜蛋、冷藏蛋。

经加工的咸蛋、松花蛋、腌制的蛋等，也属于本货物的征税范围。

各种蛋类的罐头不属于本货物的征税范围。

4. 鲜奶。是指各种哺乳类动物的乳汁和经净化、杀菌等加工工序生产的乳汁。

用鲜奶加工的各种奶制品，如酸奶、奶酪、奶油等，不属于本货物的征税范围。

（三）动物皮张

动物皮张是指从各种动物（兽类、禽类和爬行类动物）身上直接剥取的，未经鞣制的生皮、生皮张。

将生皮、生皮张用清水、盐水或者防腐药水浸泡、刮里、脱毛、晒干或者熏干，未经鞣制的，也属于本货物的征税范围。

（四）动物毛绒

动物毛绒是指未经洗净的各种动物的毛发、绒发和羽毛。

洗净毛、洗净绒等不属于本货物的征税范围。

（五）其他动物组织

其他动物组织是指上述列举以外的兽类、禽类、爬行类动物的其他组织，以及昆虫类动物。

1. 蚕茧。包括鲜茧和干茧，以及蚕蛹。

2. 天然蜂蜜。是指采集的未经加工的天然蜂蜜、鲜蜂王浆等。

3. 动物树脂，如虫胶等。

4. 其他动物组织，如动物骨、壳、兽角、动物血液、动物分泌物、蚕种等。

附录7 消费税征收范围注释

（国家税务总局关于印发《消费税征收范围注释》的通知，国税发〔1993〕第153号，发文日期：1993-12-27；财政部 国家税务总局关于调整和完善消费税政策的通知，财税〔2006〕第033号，发文日期：2006-03-20；财政部 国家税务总局关于提高成品油消费税税率的通知，财税〔2008〕167号，发文日期：2008-12-19）

一、烟

凡是以烟叶为原料加工生产的产品，不论使用何种辅料，均属于本税目的征收范围。本税目下设甲类卷烟、乙类卷烟、雪茄烟、烟丝四个子目。

卷烟是指将各种烟叶切成烟丝，按照配方要求均匀混合，加入糖、酒、香料等辅料，用白色盘纸、棕色盘纸、涂布纸或烟草薄片经机器或手工卷制的普通卷烟和雪茄型卷烟。

（一）甲类卷烟

甲类卷烟是指每标准条（20支）调拨价格在70元（含70元）以上的卷烟。

（二）乙类卷烟

乙类卷烟是指每标准条（20支）调拨价格在70元以下的卷烟。

（三）雪茄烟

雪茄烟是指以晾晒烟为原料或者以晾晒烟和烤烟为原料，用烟叶或卷烟纸、烟草薄片作为烟支内包皮，再用烟叶作为烟支外包皮，经机器或手工卷制而成的烟草制品。按内包皮所用材料的不同可分为全叶卷雪茄烟和半叶卷雪茄烟。

雪茄烟的征收范围包括各种规格、型号的雪茄烟。

（四）烟丝

烟丝是指将烟叶切成丝状、粒状、片状、末状或其他形状，再加入辅料，经过发酵、储存，不经卷制即可供销售吸用的烟草制品。

烟丝的征收范围包括以烟叶为原料加工生产的不经卷制的散装烟，如斗烟、莫合烟、烟末、水烟、黄红烟丝等等。

二、酒及酒精

本税目下设粮食白酒、薯类白酒、黄酒、啤酒、其他酒、酒精六个子目。

（一）粮食白酒

粮食白酒是指以高粱、玉米、大米、糯米、大麦、小麦、小米、青稞等各种粮食为原料，经过糖化、发酵后，采用蒸馏方法酿制的白酒。

（二）薯类白酒

薯类白酒是指以白薯（红薯、地瓜）、木薯、马铃薯（土豆）、芋头、山药等各种干鲜薯类为原料，经过糖化、发酵后，采用蒸馏方法酿制的白酒。

用甜菜酿制的白酒，比照薯类白酒征税。

（三）黄酒

黄酒是指以糯米、粳米、籼米、大米、黄米、玉米、小麦、薯类等为原料，经加温、糖化、发酵、压榨酿制的酒。由于工艺、配料和含糖量的不同，黄酒分为干黄酒、半干黄酒、半甜黄酒、甜黄酒四类。

黄酒的征收范围包括各种原料酿制的黄酒和酒度超过12度（含12度）的土甜酒。

（四）啤酒

啤酒是指以大麦或其他粮食为原料，加入啤酒花，经糖化、发酵、过滤酿制的含有二氧化碳的酒。啤酒按照杀菌方法的不同，可分为熟啤酒和生啤酒或鲜啤酒。

啤酒的征收范围包括各种包装和散装的啤酒。

无醇啤酒比照啤酒征税。

（五）其他酒

其他酒是指除粮食白酒、薯类白酒、黄酒、啤酒以外，酒度在1度以上的各种酒。

其征收范围包括糠麸白酒、其他原料白酒、土甜酒、复制酒、果木酒、汽酒、药酒等等。

1. 糠麸白酒是指用各种粮食的糠麸酿制的白酒。

用稗子酿制的白酒，比照糠麸酒征税。

2. 其他原料白酒是指用醋糟、糖渣、糖漏水、甜菜渣、粉渣、薯皮等各种下脚料，葡萄、桑椹、橡子仁等各种果实、野生植物等代用品，以及甘蔗、糖等酿制的白酒。

3. 土甜酒是指用糯米、大米、黄米等为原料，经加温、糖化、发酵（通过酒曲发酵），采用压榨酿制的酒度不超过12度的酒。

酒度超过12度的应按黄酒征税。

4. 复制酒是指以白酒、黄酒、酒精为酒基，加入果汁、香料、色素、药材、补品、糖、调料等配制或泡制的酒，如各种配制酒、泡制酒、滋补酒等等。

5. 果木酒是指以各种果品为主要原料，经发酵过滤酿制的酒。

6. 汽酒是指以果汁、香精、色素、酸料、酒（或酒精）、糖（或糖精）等调配，冲加二氧化碳制成的酒度在1度以上的酒。

7. 药酒是指按照医药卫生部门的标准，以白酒、黄酒为酒基，加入各种药材泡制或配制的酒。

（六）酒精

酒精又名乙醇，是指以含有淀粉或糖分的原料，经糖化和发酵后，用蒸馏方法生产的酒精度数在95度以上的无色透明液体；也可以石油裂解气中的乙烯为原料，用合成方法制成。

酒精的征收范围包括用蒸馏法和合成方法生产的各种工业酒精、医药酒精、食用酒精。

三、化妆品

本税目征收范围包括各类美容、修饰类化妆品、高档护肤类化妆品和成套化妆品。

美容、修饰类化妆品是指香水、香水精、香粉、口红、指甲油、胭脂、眉笔、唇笔、蓝眼油、眼睫毛以及成套化妆品。

舞台、戏剧、影视演员化妆用的上妆油、卸装油、油彩、不属于本税目的征收范围。

高档护肤类化妆品征收范围另行制定。

本税目的征收范围包括：

香水、香水精、香粉、口红、指甲油、胭脂、眉笔、唇笔、蓝眼油、眼睫毛、成套化妆品等等。

（一）香水、香水精是指以酒精和香精为主要原料混合配制而成的液体芳香类化妆品。

（二）香粉是指用于粉饰面颊的化妆品。按其形态有粉状、块状和液状。高级香粉盒内附有的彩色丝绒粉扑，花色香粉粉盒内附有的小盒胭脂和胭脂扑，均应按"香粉"征税。

（三）口红又称唇膏，是涂饰于嘴唇的化妆品。口红的颜色一般以红色为主，也有白色的（俗称口白），还有一种变色口红，是用曙红酸等染料调制而成的。

（四）指甲油又名"美指油"，是用于修饰保护指甲的一种有色或无色的油性液态化妆品。

（五）胭脂是擦敷于面颊皮肤上的化妆品。有粉质块状胭脂、透明状胭脂膏及乳化状胭脂膏等。

（六）眉笔是修饰眉毛用的化妆品。有铅笔式和推管式两种。

（七）唇笔是修饰嘴唇用的化妆品。

（八）蓝眼油是涂抹于眼窝周围和眼皮的化妆品。它是以油脂、蜡和颜料为主要原材料制成。色彩有蓝色、绿色、棕色等等，因蓝色使用最为普遍，故俗称"蓝眼油"。眼影膏、眼影霜、眼影粉应按照蓝眼油征税。

（九）眼睫毛商品名称叫"眼毛膏"或"睫毛膏"，是用于修饰眼睫毛的化妆品。其产品形态有固体块状、乳化状。颜色以黑色及棕色为主。

（十）成套化妆品是指由各种用途的化妆品配套盒装而成的系列产品。一般采用精制的金属或塑料盒包装，盒内常备有镜子、梳子等化妆工具，具有多功能性和使用方便的特点。舞台、戏剧、影视演员化妆用的上妆油、卸妆油、油彩、发胶和头发漂白剂等，不属于本税目征收范围。

四、贵重首饰及珠宝玉石

本税目征收范围包括：各种金银珠宝首饰和经采掘、打磨、加工的各种珠宝玉石。

（一）金银珠宝首饰包括：

凡以金、银、白金、宝石、珍珠、钻石、翡翠、珊瑚、玛瑙等高贵稀有物质以及其他金属、人造宝石等制作的各种纯金银首饰及镶嵌首饰（含人造金银、合成金银首饰等）。

（二）珠宝玉石的种类包括：

1. 钻石：钻石是完全由单一元素碳元素所结晶而成的晶体矿物，也是宝石中唯一由单元素组成的宝石。钻石为八面体解理，即平面八面体晶面的四个方向，一般呈阶梯状。钻石的化学性质很稳定，不易溶于酸和碱。但在纯氧中，加热到1 770度左右时，就会发生分解。在真空中，加热到1 700度时，就会把它分解为石墨。钻石有透明的、半透明的，也有不透明的。宝石级的钻石，应该是无色透明的，无瑕疵或极少瑕疵，也可以略有淡黄色或极浅的褐色，最珍贵的颜色是天然粉色，其次是蓝色和绿色。

2. 珍珠：海水或淡水中的贝类软体动物体内进入细小杂质时，外套膜受到刺激便分泌出一种珍珠质（主要是碳酸钙），将细小杂质层层包裹起来，逐渐成为一颗小圆珠，就是珍珠。珍珠颜色主要为白色、粉色及浅黄色，具珍珠光泽，其表面隐约闪烁着虹一样的晕彩珠光。颜色白润、皮光明亮、形状精圆、粒度硬大者价值最高。

3. 松石：松石是一种自色宝石，是一种完全水化的铜铝磷酸盐。分子式为 $CuA16(PO4)4(OH)8·5H2O$。松石的透明度为不透明，薄片下部分呈半透明。抛光面为油脂玻璃光泽，断口为油脂暗淡光泽。松石种类包括波斯松石、美国松石和墨西哥松石、埃及松石和带铁线的绿松石。

4. 青金石：青金石是方钠石族的一种矿物；青金石的分子式为 $(Na，Ca)7～8$

(Al, Si)12(O, S)24(SO4), CL2CL2·(OH)2(OH)2，其中钠经常部分地为钾置换，硫则部分地为硫酸根、氯或硒所置换。青金石的种类包括波斯青金石、苏联青金石或西班牙青金石、智利青金石。

5. 欧泊石：矿物质中属蛋白石类，分子式为 SiO2·nH2O。由于蛋白石中 SiO2 小圆珠整齐排列像光栅一样，当白光射在上面后发生衍射，散成彩色光谱，所以欧泊石具有绚丽夺目的变幻色彩，尤以红色多者最为珍贵。欧泊石的种类包括白欧泊石、黑欧泊石、晶质欧泊石、火欧泊石、胶状欧泊石或玉滴欧泊石、漂砾欧泊石、脉石欧泊石或基质中欧泊石。

6. 橄榄石：橄榄石是自色宝石，一般常见的颜色有纯绿色、黄绿色到棕绿色。橄榄石没有无色的。分子式为：(Mg, Fe) 2SiO4 橄榄石的种类包括贵橄榄石、黄玉、镁橄榄石、铁橄榄石、"黄昏祖母绿"和硼铝镁石。

7. 长石：按矿物学分类长石分为两个主要类型：钾长石和斜长石。分子式分别为：KalSi308、NaAlSi308。长石的种类包括月光石或冰长石、日光石或砂金石的长石、拉长石、天河石或亚马逊石。

8. 玉：硬玉（也叫翡翠）、软玉。硬玉是一种钠和铝的硅酸盐，分子式为：NaAl(SiO3)2。软玉是一种含水的钙镁硅酸盐，分子式为：CaMg5(OH)2(Si404011)。

9. 石英：石英是一种它色的宝石，纯石英为无色透明。分子式为 SiO2。石英的种类包括水晶、晕彩或彩红石英、金红石斑点或网金红石石英、紫晶、黄晶、烟石英或烟晶、芙蓉石、东陵石、蓝线石石英、乳石英、蓝石英或蓝宝石石英、虎眼石、鹰眼或猎鹰眼、石英猫眼、带星的或星光石英。

10. 玉髓：也叫隐晶质石英。分子式为 SiO2。玉髓的种类包括月光石、绿玉髓、红玛瑙、肉红玉髓、鸡血石、葱绿玉髓、玛瑙、缟玛瑙、碧玉、深绿玉髓、硅孔雀石玉髓、硅化木。

11. 石榴石：其晶体与石榴籽的形状、颜色十分相似而得名。石榴石的一般分子式为 R3M2 (SiO4) 3。石榴石的种类包括铁铝榴石、镁铝榴石、镁铁榴石、锰铝榴石、钙铁榴石、钙铬榴石。

12. 锆石：颜色呈红、黄、蓝、紫色等。分子式为 ZrSiO4。

13. 尖晶石：颜色呈黄色、绿色和无色。分子式为 MgAl204。尖晶石的种类包括红色尖晶石、红宝石色的尖晶石或红宝石尖晶石、紫色的或类似贵榴石色泽的尖晶石、粉或玫瑰色尖晶石、桔红色尖晶石、蓝色尖晶石、蓝宝石色尖晶石或蓝宝石尖晶石、象变石的尖晶石、黑色尖晶石、铁镁尖晶石或镁铁尖晶石。

14. 黄玉：黄玉是铝的氟硅酸盐，斜方晶系。分子式为 Al2(F, OH)2SiO4。黄玉的种类包括棕黄至黄棕、浅蓝至淡蓝、粉红、无色的、其他品种。

15. 碧玺：极为复杂的硼铝硅酸盐，其中可含一种或数种以下成分：镁、钠、锂、铁、钾或其他金属。这些元素比例不同，颜色也不同。碧玺的种类包括红色的、绿色的、蓝色的、黄和橙色、无色或白色、黑色、杂色宝石、猫眼碧玺、变色石似的碧玺。

16. 金绿玉：属尖晶石族矿物，铝酸盐类。主要成分是氧化铝铍，属斜方晶系。分子式为 BeAl204。金绿玉的种类包括变石、猫眼石、变石猫眼宝石及其他一些变种。

17. 绿柱石：绿柱石在其纯净状态是无色的；不同的变种之所以有不同的颜色是由于微量金属氧化物的存在。在存在氧化铬或氧化钒时通常就成了祖母绿，而海蓝宝石则是由于氧化亚铁着色而成的。成为艳绿柱石是由于镁的存在，而金绿柱石则是因氧化铁着色而成的。分子式为：Be3Al2（SiO3）6。绿柱石的种类包括祖母绿、海蓝宝石、MAXIXE型绿柱石、金绿柱石、艳绿柱石、其他透明的品种、猫眼绿柱石、星光绿柱石。

18. 刚玉：刚玉是一种很普通的矿物，除了星光宝石外，只有半透明到透明的变种才能叫作宝石。分子式为Al2O3，含氧化铬呈红色，含钛和氧化铁呈蓝色，含氧化铁呈黄色，含铬和氧化铁呈橙色，含铁和氧化钛呈绿色，含铬、钛和氧化铁呈紫色。刚玉的种类包括红宝石、星光红宝石、蓝宝石、艳色蓝宝石、星光蓝宝石。

19. 琥珀：一种有机物质。它是一种含一些有关松脂的古代树木的石化松脂。分子式为C40H64O4。琥珀的种类包括海珀、坑珀、洁珀、块珀、脂珀、浊珀、泡珀、骨珀。

20. 珊瑚：是生物成因的另一种宝石原料。它是珊瑚虫的树枝状钙质骨架随着极细小的海生动物群体增生而形成。

21. 煤玉：煤玉是褐煤的一个变种（成分主要是碳，并含氢和氧）。它是由漂木经压实作用而成，漂木沉降到海底，变成埋藏的细粒淤泥，然后转变为硬质页岩，称为"煤玉岩"，煤玉是生物成因的。煤玉为非晶质，在粗糙表面上呈暗淡光泽，在磨光面上为玻璃光泽。

22. 龟甲：是非晶质的，具有油脂光泽至蜡状光泽，硬度2.5。

23. 合成刚玉：指与有关天然刚玉对比，具有基本相同的物理、光学及化学性能的人造材料。

24. 合成宝石：指与有关天然宝石对比，具有基本相同的物理、光学及化学性能的人造宝石。合成宝石种类包括合成金红石、钛酸锶、钇铝榴石、轧镓榴石、合成立方锆石、合成蓝宝石、合成尖晶石、合成金红石、合成变石、合成钻石、合成祖母绿、合成欧泊、合成石英。

25. 双合石：也称复合石，这是一种由两种不同的材料粘结而成的宝石。双合石的种类是根据粘结时所用的材料性质划分的。双合石的种类有石榴石与玻璃双合石、祖母绿的代用品、欧泊石代用品、星光蓝宝石代用品、钻石代用品、其他各种仿宝石复合石。

26. 玻璃仿制品。

五、鞭炮、焰火

鞭炮，又称爆竹。是用多层纸密裹火药，接以药引线，制成的一种爆炸品。

焰火，指烟火剂，一般系包扎品，内装药剂，点燃后烟火喷射，呈各种颜色，有的还变幻成各种景象，分平地小焰火和空中大焰火两类。

本税目征收范围包括各种鞭炮、焰火。通常分为13类，即喷花类、旋转类、旋转升空类、火箭类、吐珠类、线香类、小礼花类、烟雾类、造型玩具类、炮竹类、摩擦炮类、组合烟花类、礼花弹类。

体育上用的发令纸，鞭炮药引线，不按本税目征收。

六、成品油

本税目包括汽油、柴油、石脑油、溶剂油、航空煤油、润滑油、燃料油七个子目。

（一）汽油

汽油是指用原油或其他原料加工生产的辛烷值不小于66的可用作汽油发动机燃料的各种轻质油。含铅汽油是指铅含量每升超过0.013克的汽油。汽油分为车用汽油和航空汽油。

以汽油、汽油组分调和生产的甲醇汽油、乙醇汽油也属于本税目征收范围。

（二）柴油

柴油是指用原油或其他原料加工生产的倾点或凝点在－50至30的可用作柴油发动机燃料的各种轻质油和以柴油组分为主、经调和精制可用作柴油发动机燃料的非标油。

以柴油、柴油组分调和生产的生物柴油也属于本税目征收范围。

（三）石脑油

石脑油又叫化工轻油，是以原油或其他原料加工生产的用于化工原料的轻质油。

石脑油的征收范围包括除汽油、柴油、航空煤油、溶剂油以外的各种轻质油。非标汽油、重整生成油、拔头油、戊烷原料油、轻裂解料（减压柴油VGO和常压柴油AGO）、重裂解料、加氢裂化尾油、芳烃抽余油均属轻质油，属于石脑油征收范围。

（四）溶剂油

溶剂油是用原油或其他原料加工生产的用于涂料、油漆、食用油、印刷油墨、皮革、农药、橡胶、化妆品生产和机械清洗、胶粘行业的轻质油。

橡胶填充油、溶剂油原料，属于溶剂油征收范围。

（五）航空煤油

航空煤油也叫喷气燃料，是用原油或其他原料加工生产的用作喷气发动机和喷气推进系统燃料的各种轻质油。

（六）润滑油

润滑油是用原油或其他原料加工生产的用于内燃机、机械加工过程的润滑产品。润滑油分为矿物性润滑油、植物性润滑油、动物性润滑油和化工原料合成润滑油。

润滑油的征收范围包括矿物性润滑油、矿物性润滑油基础油、植物性润滑油、动物性润滑油和化工原料合成润滑油。以植物性、动物性和矿物性基础油（或矿物性润滑油）混合掺配而成的"混合性"润滑油，不论矿物性基础油（或矿物性润滑油）所占比例高低，均属润滑油的征收范围。

（七）燃料油

燃料油也称重油、渣油，是用原油或其他原料加工生产，主要用作电厂发电、锅炉用燃料、加热炉燃料、冶金和其他工业炉燃料。腊油、船用重油、常压重油、减压重油、180CTS燃料油、7号燃料油、糠醛油、工业燃料、4－6号燃料油等油品的主要用途是作为燃料燃烧，属于燃料油征收范围。

七、汽车轮胎

汽车轮胎是指用于各种汽车、挂车、专用车和其他机动车上的内、外胎。

本税目征收范围包括：

（一）轻型乘用汽车轮胎；

（二）载重及公共汽车、无轨电车轮胎；

（三）矿山、建筑等车辆用轮胎；

（四）特种车辆用轮胎（指行驶于无路面或雪地、沙漠等高越野轮胎）；

（五）摩托车轮胎；

（六）各种挂车用轮胎；

（七）工程车轮胎；

（八）其他机动车轮胎；

（九）汽车与农用拖拉机、收割机、手扶拖拉机通用轮胎。

八、摩托车

本税目征收范围包括：

（一）轻便摩托车：最大设计车速不超过50公里/小时、发动机气缸总工作容积不超过50毫升的两轮机动车。

（二）摩托车：最大设计车速超过50公里/小时、发动机气缸总工作容积超过50毫升、空车质量不超过400公斤（带驾驶室的正三轮车及特种车的空车质量不受此限）的两轮和三轮机动车。

1. 两轮车：装有一个驱动轮与一个从动轮的摩托车。

（1）普通车：骑式车架，双人座垫，轮辋基本直径不小于304毫米，适应在公路或城市道路上行驶的摩托车。

（2）微型车：坐式或骑式车架，单人或双人座垫，轮辋基本直径不大于254毫米，适应在公路或城市道路上行驶的摩托车。

（3）越野车：骑式车架，宽型方向把，越野型轮胎，剩余垂直轮隙及离地间隙大，适应在非公路地区行驶的摩托车。

（4）普通赛车：骑式车架，狭型方向把，座垫偏后，装有大功率高转速发动机，在专用跑道上比赛车速的一种摩托车。

（5）微型赛车：坐式或骑式车架，轮辋基本直径不大于254毫米，装有大功率高转速发动机，在专用跑道上比赛车速的一种摩托车。

（6）越野赛车：具有越野性能，装有大功率发动机，用于非公路地区比赛车速的一种摩托车。

（7）特种车：一种经过改装之后用于完成特定任务的两轮摩托车。如开道车。

2. 边三轮车：在两轮车的一侧装有边车的三轮摩托车。

（1）普通边三轮车：具有边三轮车结构，用于载运乘员或货物的摩托车。

（2）特种边三轮车：装有专用设备，用于完成特定任务的边三轮车。如警车、消防车。

3. 正三轮车：装有与前轮对称分布的两个后轮和固定车厢的三轮摩托车。

（1）普通正三轮车：具有正三轮车结构，用于载运乘员或货物的摩托车。如客车、货车。

(2) 特种正三轮车：装有专用设备，用于完成特定任务的正三轮车。如容罐车、自卸车、冷藏车。

九、小汽车

汽车是指由动力驱动，具有四个或四个以上车轮的非轨道承载的车辆。

本税目征收范围包括含驾驶员座位在内最多不超过 9 个座位（含）的，在设计和技术特性上用于载运乘客和货物的各类乘用车和含驾驶员座位在内的座位数在 10 至 23 座（含 23 座）的在设计和技术特性上用于载运乘客和货物的各类中轻型商用客车。

用排气量小于 1.5 升（含）的乘用车底盘（车架）改装、改制的车辆属于乘用车征收范围。用排气量大于 1.5 升的乘用车底盘（车架）或用中轻型商用客车底盘（车架）改装、改制的车辆属于中轻型商用客车征收范围。

含驾驶员人数（额定载客）为区间值的（如 8~10 人；17~26 人）小汽车，按其区间值下限人数确定征收范围。

电动汽车不属于本税目征收范围。

十、高尔夫球及球具

高尔夫球及球具是指从事高尔夫球运动所需的各种专用装备，包括高尔夫球、高尔夫球杆及高尔夫球包（袋）等。

高尔夫球是指重量不超过 45.93 克、直径不超过 42.67 毫米的高尔夫球运动比赛、练习用球；高尔夫球杆是指被设计用来打高尔夫球的工具，由杆头、杆身和握把三部分组成；高尔夫球包（袋）是指专用于盛装高尔夫球及球杆的包（袋）。

本税目征收范围包括高尔夫球、高尔夫球杆、高尔夫球包（袋）。高尔夫球杆的杆头、杆身和握把属于本税目的征收范围。

十一、高档手表

高档手表是指销售价格（不含增值税）每只在 10 000 元（含）以上的各类手表。

本税目征收范围包括符合以上标准的各类手表。

十二、游艇

游艇是指长度大于 8 米小于 90 米，船体由玻璃钢、钢、铝合金、塑料等多种材料制作，可以在水上移动的水上浮载体。按照动力划分，游艇分为无动力艇、帆艇和机动艇。

本税目征收范围包括艇身长度大于 8 米（含）小于 90 米（含），内置发动机，可以在水上移动，一般为私人或团体购置，主要用于水上运动和休闲娱乐等非牟利活动的各类机动艇。

十三、木制一次性筷子

木制一次性筷子，又称卫生筷子，是指以木材为原料经过锯段、浸泡、旋切、刨切、烘干、筛选、打磨、倒角、包装等环节加工而成的各类一次性使用的筷子。

本税目征收范围包括各种规格的木制一次性筷子。未经打磨、倒角的木制一次性筷子属于本税目征税范围。

十四、实木地板

实木地板是指以木材为原料，经锯割、干燥、刨光、截断、开榫、涂漆等工序加工而成的块状或条状的地面装饰材料。实木地板按生产工艺不同,可分为独板(块)实木地板、实木指接地板、实木复合地板三类;按表面处理状态不同,可分为未涂饰地板(白坯板、素板)和漆饰地板两类。

本税目征收范围包括各类规格的实木地板、实木指接地板、实木复合地板及用于装饰墙壁、天棚的侧端面为榫、槽的实木装饰板。未经涂饰的素板属于本税目征税范围。

附录8 中华人民共和国增值税暂行条例

(中华人民共和国国务院令第538号,发文日期:2008-11-10)

第一条 在中华人民共和国境内销售货物或者提供加工、修理修配劳务以及进口货物的单位和个人,为增值税的纳税人,应当依照本条例缴纳增值税。

第二条 增值税税率:

(一)纳税人销售或者进口货物,除本条第(二)项、第(三)项规定外,税率为17%。

(二)纳税人销售或者进口下列货物,税率为13%:

1. 粮食、食用植物油;

2. 自来水、暖气、冷气、热水、煤气、石油液化气、天然气、沼气、居民用煤炭制品;

3. 图书、报纸、杂志;

4. 饲料、化肥、农药、农机、农膜;

5. 国务院规定的其他货物。

(三)纳税人出口货物,税率为零;但是,国务院另有规定的除外。

(四)纳税人提供加工、修理修配劳务(以下称应税劳务),税率为17%。

税率的调整,由国务院决定。

第三条 纳税人兼营不同税率的货物或者应税劳务,应当分别核算不同税率货物或者应税劳务的销售额;未分别核算销售额的,从高适用税率。

第四条 除本条例第十一条规定外,纳税人销售货物或者提供应税劳务(以下简称销售货物或者应税劳务),应纳税额为当期销项税额抵扣当期进项税额后的余额。应纳税额计算公式:

$$应纳税额 = 当期销项税额 - 当期进项税额$$

当期销项税额小于当期进项税额不足抵扣时,其不足部分可以结转下期继续抵扣。

第五条 纳税人销售货物或者应税劳务,按照销售额和本条例第二条规定的税率计算并向购买方收取的增值税额,为销项税额。销项税额计算公式:

$$销项税额 = 销售额 \times 税率$$

第六条 销售额为纳税人销售货物或者应税劳务向购买方收取的全部价款和价外费用,但是不包括收取的销项税额。

销售额以人民币计算。纳税人以人民币以外的货币结算销售额的，应当折合成人民币计算。

第七条 纳税人销售货物或者应税劳务的价格明显偏低并无正当理由的，由主管税务机关核定其销售额。

第八条 纳税人购进货物或者接受应税劳务（以下简称购进货物或者应税劳务）支付或者负担的增值税额，为进项税额。

下列进项税额准予从销项税额中抵扣：

（一）从销售方取得的增值税专用发票上注明的增值税额。

（二）从海关取得的海关进口增值税专用缴款书上注明的增值税额。

（三）购进农产品，除取得增值税专用发票或者海关进口增值税专用缴款书外，按照农产品收购发票或者销售发票上注明的农产品买价和13％的扣除率计算的进项税额。进项税额计算公式：

$$进项税额 = 买价 \times 扣除率$$

（四）购进或者销售货物以及在生产经营过程中支付运输费用的，按照运输费用结算单据上注明的运输费用金额和7％的扣除率计算的进项税额。进项税额计算公式：

$$进项税额 = 运输费用金额 \times 扣除率$$

准予抵扣的项目和扣除率的调整，由国务院决定。

第九条 纳税人购进货物或者应税劳务，取得的增值税扣税凭证不符合法律、行政法规或者国务院税务主管部门有关规定的，其进项税额不得从销项税额中抵扣。

第十条 下列项目的进项税额不得从销项税额中抵扣：

（一）用于非增值税应税项目、免征增值税项目、集体福利或者个人消费的购进货物或者应税劳务；

（二）非正常损失的购进货物及相关的应税劳务；

（三）非正常损失的在产品、产成品所耗用的购进货物或者应税劳务；

（四）国务院财政、税务主管部门规定的纳税人自用消费品；

（五）本条第（一）项至第（四）项规定的货物的运输费用和销售免税货物的运输费用。

第十一条 小规模纳税人销售货物或者应税劳务，实行按照销售额和征收率计算应纳税额的简易办法，并不得抵扣进项税额。应纳税额计算公式：

$$应纳税额 = 销售额 \times 征收率$$

小规模纳税人的标准由国务院财政、税务主管部门规定。

第十二条 小规模纳税人增值税征收率为3％。

征收率的调整，由国务院决定。

第十三条 小规模纳税人以外的纳税人应当向主管税务机关申请资格认定。具体认定办法由国务院税务主管部门制定。

小规模纳税人会计核算健全，能够提供准确税务资料的，可以向主管税务机关申请资格认定,不作为小规模纳税人,依照本条例有关规定计算应纳税额。

第十四条 纳税人进口货物,按照组成计税价格和本条例第二条规定的税率计算应纳税额。组成计税价格和应纳税额计算公式:

$$组成计税价格＝关税完税价格＋关税＋消费税$$

$$应纳税额＝组成计税价格×税率$$

第十五条 下列项目免征增值税:

(一)农业生产者销售的自产农产品;

(二)避孕药品和用具;

(三)古旧图书;

(四)直接用于科学研究、科学试验和教学的进口仪器、设备;

(五)外国政府、国际组织无偿援助的进口物资和设备;

(六)由残疾人的组织直接进口供残疾人专用的物品;

(七)销售的自己使用过的物品。

除前款规定外,增值税的免税、减税项目由国务院规定。任何地区、部门均不得规定免税、减税项目。

第十六条 纳税人兼营免税、减税项目的,应当分别核算免税、减税项目的销售额;未分别核算销售额的,不得免税、减税。

第十七条 纳税人销售额未达到国务院财政、税务主管部门规定的增值税起征点的,免征增值税;达到起征点的,依照本条例规定全额计算缴纳增值税。

第十八条 中华人民共和国境外的单位或者个人在境内提供应税劳务,在境内未设有经营机构的,以其境内代理人为扣缴义务人;在境内没有代理人的,以购买方为扣缴义务人。

第十九条 增值税纳税义务发生时间:

(一)销售货物或者应税劳务,为收讫销售款项或者取得索取销售款项凭据的当天;先开具发票的,为开具发票的当天。

(二)进口货物,为报关进口的当天。

增值税扣缴义务发生时间为纳税人增值税纳税义务发生的当天。

第二十条 增值税由税务机关征收,进口货物的增值税由海关代征。

个人携带或者邮寄进境自用物品的增值税,连同关税一并计征。具体办法由国务院关税税则委员会会同有关部门制定。

第二十一条 纳税人销售货物或者应税劳务,应当向索取增值税专用发票的购买方开具增值税专用发票,并在增值税专用发票上分别注明销售额和销项税额。

属于下列情形之一的,不得开具增值税专用发票:

(一)向消费者个人销售货物或者应税劳务的;

(二)销售货物或者应税劳务适用免税规定的;

(三)小规模纳税人销售货物或者应税劳务的。

第二十二条 增值税纳税地点:

（一）固定业户应当向其机构所在地的主管税务机关申报纳税。总机构和分支机构不在同一县（市）的，应当分别向各自所在地的主管税务机关申报纳税；经国务院财政、税务主管部门或者其授权的财政、税务机关批准，可以由总机构汇总向总机构所在地的主管税务机关申报纳税。

（二）固定业户到外县（市）销售货物或者应税劳务，应当向其机构所在地的主管税务机关申请开具外出经营活动税收管理证明，并向其机构所在地的主管税务机关申报纳税；未开具证明的，应当向销售地或者劳务发生地的主管税务机关申报纳税；未向销售地或者劳务发生地的主管税务机关申报纳税的，由其机构所在地的主管税务机关补征税款。

（三）非固定业户销售货物或者应税劳务，应当向销售地或者劳务发生地的主管税务机关申报纳税；未向销售地或者劳务发生地的主管税务机关申报纳税的，由其机构所在地或者居住地的主管税务机关补征税款。

（四）进口货物，应当向报关地海关申报纳税。

扣缴义务人应当向其机构所在地或者居住地的主管税务机关申报缴纳其扣缴的税款。

第二十三条 增值税的纳税期限分别为1日、3日、5日、10日、15日、1个月或者1个季度。纳税人的具体纳税期限，由主管税务机关根据纳税人应纳税额的大小分别核定；不能按照固定期限纳税的，可以按次纳税。

纳税人以1个月或者1个季度为1个纳税期的，自期满之日起15日内申报纳税；以1日、3日、5日、10日或者15日为1个纳税期的，自期满之日起5日内预缴税款，于次月1日起15日内申报纳税并结清上月应纳税款。

扣缴义务人解缴税款的期限，依照前两款规定执行。

第二十四条 纳税人进口货物，应当自海关填发海关进口增值税专用缴款书之日起15日内缴纳税款。

第二十五条 纳税人出口货物适用退（免）税规定的，应当向海关办理出口手续，凭出口报关单等有关凭证，在规定的出口退（免）税申报期内按月向主管税务机关申报办理该项出口货物的退（免）税。具体办法由国务院财政、税务主管部门制定。

出口货物办理退税后发生退货或者退关的，纳税人应当依法补缴已退的税款。

第二十六条 增值税的征收管理，依照《中华人民共和国税收征收管理法》及本条例有关规定执行。

第二十七条 本条例自2009年1月1日起施行。

附录9 中华人民共和国增值税暂行条例实施细则

（财政部令第50号，发文日期：2008-12-15）

第一条 根据《中华人民共和国增值税暂行条例》（以下简称条例），制定本细则。

第二条 条例第一条所称货物，是指有形动产，包括电力、热力、气体在内。

条例第一条所称加工，是指受托加工货物，即委托方提供原料及主要材料，受托方按照委托方的要求，制造货物并收取加工费的业务。

条例第一条所称修理修配，是指受托对损伤和丧失功能的货物进行修复，使其恢复原状和功能的业务。

第三条 条例第一条所称销售货物，是指有偿转让货物的所有权。

条例第一条所称提供加工、修理修配劳务（以下称应税劳务），是指有偿提供加工、修理修配劳务。单位或者个体工商户聘用的员工为本单位或者雇主提供加工、修理修配劳务，不包括在内。

本细则所称有偿，是指从购买方取得货币、货物或者其他经济利益。

第四条 单位或者个体工商户的下列行为，视同销售货物：

（一）将货物交付其他单位或者个人代销；

（二）销售代销货物；

（三）设有两个以上机构并实行统一核算的纳税人，将货物从一个机构移送其他机构用于销售，但相关机构设在同一县（市）的除外；

（四）将自产或者委托加工的货物用于非增值税应税项目；

（五）将自产、委托加工的货物用于集体福利或者个人消费；

（六）将自产、委托加工或者购进的货物作为投资，提供给其他单位或者个体工商户；

（七）将自产、委托加工或者购进的货物分配给股东或者投资者；

（八）将自产、委托加工或者购进的货物无偿赠送其他单位或者个人。

第五条 一项销售行为如果既涉及货物又涉及非增值税应税劳务，为混合销售行为。除本细则第六条的规定外，从事货物的生产、批发或者零售的企业、企业性单位和个体工商户的混合销售行为，视为销售货物，应当缴纳增值税；其他单位和个人的混合销售行为，视为销售非增值税应税劳务，不缴纳增值税。

本条第一款所称非增值税应税劳务，是指属于应缴营业税的交通运输业、建筑业、金融保险业、邮电通信业、文化体育业、娱乐业、服务业税目征收范围的劳务。

本条第一款所称从事货物的生产、批发或者零售的企业、企业性单位和个体工商户，包括以从事货物的生产、批发或者零售为主，并兼营非增值税应税劳务的单位和个体工商户在内。

第六条 纳税人的下列混合销售行为，应当分别核算货物的销售额和非增值税应税劳务的营业额，并根据其销售货物的销售额计算缴纳增值税，非增值税应税劳务的营业额不缴纳增值税；未分别核算的，由主管税务机关核定其货物的销售额：

（一）销售自产货物并同时提供建筑业劳务的行为；

（二）财政部、国家税务总局规定的其他情形。

第七条 纳税人兼营非增值税应税项目的，应分别核算货物或者应税劳务的销售额和非增值税应税项目的营业额；未分别核算的，由主管税务机关核定货物或者应税劳务的销售额。

第八条 条例第一条所称在中华人民共和国境内（以下简称境内）销售货物或者提

供加工、修理修配劳务，是指：

（一）销售货物的起运地或者所在地在境内；

（二）提供的应税劳务发生在境内。

第九条 条例第一条所称单位，是指企业、行政单位、事业单位、军事单位、社会团体及其他单位。

条例第一条所称个人，是指个体工商户和其他个人。

第十条 单位租赁或者承包给其他单位或者个人经营的，以承租人或者承包人为纳税人。

第十一条 小规模纳税人以外的纳税人（以下称一般纳税人）因销售货物退回或者折让而退还给购买方的增值税额，应从发生销售货物退回或者折让当期的销项税额中扣减；因购进货物退出或者折让而收回的增值税额，应从发生购进货物退出或者折让当期的进项税额中扣减。

一般纳税人销售货物或者应税劳务，开具增值税专用发票后，发生销售货物退回或者折让、开票有误等情形，应按国家税务总局的规定开具红字增值税专用发票。未按规定开具红字增值税专用发票的，增值税额不得从销项税额中扣减。

第十二条 条例第六条第一款所称价外费用，包括价外向购买方收取的手续费、补贴、基金、集资费、返还利润、奖励费、违约金、滞纳金、延期付款利息、赔偿金、代收款项、代垫款项、包装费、包装物租金、储备费、优质费、运输装卸费以及其他各种性质的价外收费。但下列项目不包括在内：

（一）受托加工应征消费税的消费品所代收代缴的消费税；

（二）同时符合以下条件的代垫运输费用：

1. 承运部门的运输费用发票开具给购买方的；

2. 纳税人将该项发票转交给购买方的。

（三）同时符合以下条件代为收取的政府性基金或者行政事业性收费：

1. 由国务院或者财政部批准设立的政府性基金，由国务院或者省级人民政府及其财政、价格主管部门批准设立的行政事业性收费；

2. 收取时开具省级以上财政部门印制的财政票据；

3. 所收款项全额上缴财政。

（四）销售货物的同时代办保险等而向购买方收取的保险费，以及向购买方收取的代购买方缴纳的车辆购置税、车辆牌照费。

第十三条 混合销售行为依照本细则第五条规定应当缴纳增值税的，其销售额为货物的销售额与非增值税应税劳务营业额的合计。

第十四条 一般纳税人销售货物或者应税劳务，采用销售额和销项税额合并定价方法的，按下列公式计算销售额：

$$销售额＝含税销售额÷(1＋税率)$$

第十五条 纳税人按人民币以外的货币结算销售额的，其销售额的人民币折合率可以选择销售额发生的当天或者当月1日的人民币汇率中间价。纳税人应在事先确定采用何种折合率,确定后 1 年内不得变更。

第十六条 纳税人有条例第七条所称价格明显偏低并无正当理由或者有本细则第四条所列视同销售货物行为而无销售额者,按下列顺序确定销售额:

(一)按纳税人最近时期同类货物的平均销售价格确定;

(二)按其他纳税人最近时期同类货物的平均销售价格确定;

(三)按组成计税价格确定。组成计税价格的公式为:

$$组成计税价格 = 成本 \times (1 + 成本利润率)$$

属于应征消费税的货物,其组成计税价格中应加计消费税额。

公式中的成本是指:销售自产货物的为实际生产成本,销售外购货物的为实际采购成本。公式中的成本利润率由国家税务总局确定。

第十七条 条例第八条第二款第(三)项所称买价,包括纳税人购进农产品在农产品收购发票或者销售发票上注明的价款和按规定缴纳的烟叶税。

第十八条 条例第八条第二款第(四)项所称运输费用金额,是指运输费用结算单据上注明的运输费用(包括铁路临管线及铁路专线运输费用)、建设基金,不包括装卸费、保险费等其他杂费。

第十九条 条例第九条所称增值税扣税凭证,是指增值税专用发票、海关进口增值税专用缴款书、农产品收购发票和农产品销售发票以及运输费用结算单据。

第二十条 混合销售行为依照本细则第五条规定应当缴纳增值税的,该混合销售行为所涉及的非增值税应税劳务所用购进货物的进项税额,符合条例第八条规定的,准予从销项税额中抵扣。

第二十一条 条例第十条第(一)项所称购进货物,不包括既用于增值税应税项目(不含免征增值税项目)也用于非增值税应税项目、免征增值税(以下简称免税)项目、集体福利或者个人消费的固定资产。

前款所称固定资产,是指使用期限超过 12 个月的机器、机械、运输工具以及其他与生产经营有关的设备、工具、器具等。

第二十二条 条例第十条第(一)项所称个人消费包括纳税人的交际应酬消费。

第二十三条 条例第十条第(一)项和本细则所称非增值税应税项目,是指提供非增值税应税劳务、转让无形资产、销售不动产和不动产在建工程。

前款所称不动产是指不能移动或者移动后会引起性质、形状改变的财产,包括建筑物、构筑物和其他土地附着物。

纳税人新建、改建、扩建、修缮、装饰不动产,均属于不动产在建工程。

第二十四条 条例第十条第(二)项所称非正常损失,是指因管理不善造成被盗、丢失、霉烂变质的损失。

第二十五条 纳税人自用的应征消费税的摩托车、汽车、游艇,其进项税额不得从销项税额中抵扣。

第二十六条 一般纳税人兼营免税项目或者非增值税应税劳务而无法划分不得抵扣的进项税额的,按下列公式计算不得抵扣的进项税额:

$$\text{不得抵扣的进项税额} = \text{当月无法划分的全部进项税额} \times \frac{\text{当月免税项目销售额、非增值税应税劳务营业额合计}}{\text{当月全部销售额、营业额合计}}$$

第二十七条 已抵扣进项税额的购进货物或者应税劳务，发生条例第十条规定的情形的（免税项目、非增值税应税劳务除外），应当将该项购进货物或者应税劳务的进项税额从当期的进项税额中扣减；无法确定该项进项税额的，按当期实际成本计算应扣减的进项税额。

第二十八条 条例第十一条所称小规模纳税人的标准为：

（一）从事货物生产或者提供应税劳务的纳税人，以及以从事货物生产或者提供应税劳务为主，并兼营货物批发或者零售的纳税人，年应征增值税销售额（以下简称应税销售额）在50万元以下（含本数，下同）的；

（二）除本条第一款第（一）项规定以外的纳税人，年应税销售额在80万元以下的。

本条第一款所称以从事货物生产或者提供应税劳务为主，是指纳税人的年货物生产或者提供应税劳务的销售额占年应税销售额的比重在50％以上。

第二十九条 年应税销售额超过小规模纳税人标准的其他个人按小规模纳税人纳税；非企业性单位、不经常发生应税行为的企业可选择按小规模纳税人纳税。

第三十条 小规模纳税人的销售额不包括其应纳税额。

小规模纳税人销售货物或者应税劳务采用销售额和应纳税额合并定价方法的，按下列公式计算销售额：

$$\text{销售额} = \text{含税销售额} \div (1+\text{征收率})$$

第三十一条 小规模纳税人因销售货物退回或者折让退还给购买方的销售额，应从发生销售货物退回或者折让当期的销售额中扣减。

第三十二条 条例第十三条和本细则所称会计核算健全，是指能够按照国家统一的会计制度规定设置账簿，根据合法、有效凭证核算。

第三十三条 除国家税务总局另有规定外，纳税人一经认定为一般纳税人后，不得转为小规模纳税人。

第三十四条 有下列情形之一者，应按销售额依照增值税税率计算应纳税额，不得抵扣进项税额，也不得使用增值税专用发票：

（一）一般纳税人会计核算不健全，或者不能够提供准确税务资料的；

（二）除本细则第二十九条规定外，纳税人销售额超过小规模纳税人标准，未申请办理一般纳税人认定手续的。

第三十五条 条例第十五条规定的部分免税项目的范围，限定如下：

（一）第一款第（一）项所称农业，是指种植业、养殖业、林业、牧业、水产业。

农业生产者，包括从事农业生产的单位和个人。

农产品，是指初级农产品，具体范围由财政部、国家税务总局确定。

（二）第一款第（三）项所称古旧图书，是指向社会收购的古书和旧书。

（三）第一款第（七）项所称自己使用过的物品，是指其他个人自己使用过的物品。

第三十六条 纳税人销售货物或者应税劳务适用免税规定的，可以放弃免税，依照条例的规定缴纳增值税。放弃免税后，36个月内不得再申请免税。

第三十七条 增值税起征点的适用范围限于个人。

增值税起征点的幅度规定如下：

（一）销售货物的，为月销售额2 000～5 000元；

（二）销售应税劳务的，为月销售额1 500～3 000元；

（三）按次纳税的，为每次（日）销售额150～200元。

前款所称销售额，是指本细则第三十条第一款所称小规模纳税人的销售额。

省、自治区、直辖市财政厅（局）和国家税务局应在规定的幅度内，根据实际情况确定本地区适用的起征点，并报财政部、国家税务总局备案。

第三十八条 条例第十九条第一款第（一）项规定的收讫销售款项或者取得索取销售款项凭据的当天，按销售结算方式的不同，具体为：

（一）采取直接收款方式销售货物，不论货物是否发出，均为收到销售款或者取得索取销售款凭据的当天；

（二）采取托收承付和委托银行收款方式销售货物，为发出货物并办妥托收手续的当天；

（三）采取赊销和分期收款方式销售货物，为书面合同约定的收款日期的当天，无书面合同的或者书面合同没有约定收款日期的，为货物发出的当天；

（四）采取预收货款方式销售货物，为货物发出的当天，但生产销售生产工期超过12个月的大型机械设备、船舶、飞机等货物，为收到预收款或者书面合同约定的收款日期的当天；

（五）委托其他纳税人代销货物，为收到代销单位的代销清单或者收到全部或者部分货款的当天。未收到代销清单及货款的，为发出代销货物满180天的当天；

（六）销售应税劳务，为提供劳务同时收讫销售款或者取得索取销售款的凭据的当天；

（七）纳税人发生本细则第四条第（三）项至第（八）项所列视同销售货物行为，为货物移送的当天。

第三十九条 条例第二十三条以1个季度为纳税期限的规定仅适用于小规模纳税人。小规模纳税人的具体纳税期限，由主管税务机关根据其应纳税额的大小分别核定。

第四十条 本细则自2009年1月1日起施行。

附录10　中华人民共和国消费税暂行条例

（中华人民共和国国务院令第538号，发文日期：2008-11-10）

第一条 在中华人民共和国境内生产、委托加工和进口本条例规定的消费品的单位和个人，以及国务院确定的销售本条例规定的消费品的其他单位和个人，为消费税的纳税人，应当依照本条例缴纳消费税。

第二条 消费税的税目、税率，依照本条例所附的《消费税税目税率表》执行。

消费税税目、税率的调整，由国务院决定。

第三条 纳税人兼营不同税率的应当缴纳消费税的消费品（以下简称应税消费品），应当分别核算不同税率应税消费品的销售额、销售数量；未分别核算销售额、销售数量，或者将不同税率的应税消费品组成成套消费品销售的，从高适用税率。

第四条 纳税人生产的应税消费品，于纳税人销售时纳税。纳税人自产自用的应税消费品，用于连续生产应税消费品的，不纳税；用于其他方面的，于移送使用时纳税。

委托加工的应税消费品，除受托方为个人外，由受托方在向委托方交货时代收代缴税款。委托加工的应税消费品，委托方用于连续生产应税消费品的，所纳税款准予按规定抵扣。

进口的应税消费品，于报关进口时纳税。

第五条 消费税实行从价定率、从量定额，或者从价定率和从量定额复合计税（以下简称复合计税）的办法计算应纳税额。应纳税额计算公式：

实行从价定率办法计算的应纳税额＝销售额×比例税率

实行从量定额办法计算的应纳税额＝销售数量×定额税率

实行复合计税办法计算的应纳税额＝销售额×比例税率＋销售数量×定额税率

纳税人销售的应税消费品，以人民币计算销售额。纳税人以人民币以外的货币结算销售额的，应当折合成人民币计算。

第六条 销售额为纳税人销售应税消费品向购买方收取的全部价款和价外费用。

第七条 纳税人自产自用的应税消费品，按照纳税人生产的同类消费品的销售价格计算纳税；没有同类消费品销售价格的，按照组成计税价格计算纳税。

实行从价定率办法计算纳税的组成计税价格计算公式：

组成计税价格＝（成本＋利润）÷（1－比例税率）

实行复合计税办法计算纳税的组成计税价格计算公式：

组成计税价格＝（成本＋利润＋自产自用数量×定额税率）÷（1－比例税率）

第八条 委托加工的应税消费品，按照受托方的同类消费品的销售价格计算纳税；没有同类消费品销售价格的，按照组成计税价格计算纳税。

实行从价定率办法计算纳税的组成计税价格计算公式：

组成计税价格＝（材料成本＋加工费）÷（1－比例税率）

实行复合计税办法计算纳税的组成计税价格计算公式：

组成计税价格＝（材料成本＋加工费＋委托加工数量×定额税率）÷（1－比例税率）

第九条 进口的应税消费品，按照组成计税价格计算纳税。

实行从价定率办法计算纳税的组成计税价格计算公式：

组成计税价格＝(关税完税价格＋关税)÷(1－消费税比例税率)

实行复合计税办法计算纳税的组成计税价格计算公式：

$$组成计税价格 = \left(关税完税价格 + 关税 + 进口数量 \times 消费税定额税率\right) \div \left(1 - 消费税比例税率\right)$$

第十条 纳税人应税消费品的计税价格明显偏低并无正当理由的，由主管税务机关核定其计税价格。

第十一条 对纳税人出口应税消费品，免征消费税；国务院另有规定的除外。出口应税消费品的免税办法，由国务院财政、税务主管部门规定。

第十二条 消费税由税务机关征收，进口的应税消费品的消费税由海关代征。

个人携带或者邮寄进境的应税消费品的消费税，连同关税一并计征。具体办法由国务院关税税则委员会会同有关部门制定。

第十三条 纳税人销售的应税消费品，以及自产自用的应税消费品，除国务院财政、税务主管部门另有规定外，应当向纳税人机构所在地或者居住地的主管税务机关申报纳税。

委托加工的应税消费品，除受托方为个人外，由受托方向机构所在地或者居住地的主管税务机关解缴消费税税款。

进口的应税消费品，应当向报关地海关申报纳税。

第十四条 消费税的纳税期限分别为1日、3日、5日、10日、15日、1个月或者1个季度。纳税人的具体纳税期限，由主管税务机关根据纳税人应纳税额的大小分别核定；不能按照固定期限纳税的，可以按次纳税。

纳税人以1个月或者1个季度为1个纳税期的，自期满之日起15日内申报纳税；以1日、3日、5日、10日或者15日为1个纳税期的，自期满之日起5日内预缴税款，于次月1日起15日内申报纳税并结清上月应纳税款。

第十五条 纳税人进口应税消费品，应当自海关填发海关进口消费税专用缴款书之日起15日内缴纳税款。

第十六条 消费税的征收管理，依照《中华人民共和国税收征收管理法》及本条例有关规定执行。

第十七条 本条例自2009年1月1日起施行。

附录11 中华人民共和国消费税暂行条例实施细则

（财政部令第51号，发文日期：2008-12-15）

第一条 根据《中华人民共和国消费税暂行条例》（以下简称条例），制定本细则。

第二条 条例第一条所称单位，是指企业、行政单位、事业单位、军事单位、社会团体及其他单位。

条例第一条所称个人，是指个体工商户及其他个人。

条例第一条所称在中华人民共和国境内,是指生产、委托加工和进口属于应当缴纳消费税的消费品的起运地或者所在地在境内。

第三条 条例所附《消费税税目税率表》中所列应税消费品的具体征税范围,由财政部、国家税务总局确定。

第四条 条例第三条所称纳税人兼营不同税率的应当缴纳消费税的消费品,是指纳税人生产销售两种税率以上的应税消费品。

第五条 条例第四条第一款所称销售,是指有偿转让应税消费品的所有权。

前款所称有偿,是指从购买方取得货币、货物或者其他经济利益。

第六条 条例第四条第一款所称用于连续生产应税消费品,是指纳税人将自产自用的应税消费品作为直接材料生产最终应税消费品,自产自用应税消费品构成最终应税消费品的实体。

条例第四条第一款所称用于其他方面,是指纳税人将自产自用应税消费品用于生产非应税消费品、在建工程、管理部门、非生产机构、提供劳务、馈赠、赞助、集资、广告、样品、职工福利、奖励等方面。

第七条 条例第四条第二款所称委托加工的应税消费品,是指由委托方提供原料和主要材料,受托方只收取加工费和代垫部分辅助材料加工的应税消费品。对于由受托方提供原材料生产的应税消费品,或者受托方先将原材料卖给委托方,然后再接受加工的应税消费品,以及由受托方以委托方名义购进原材料生产的应税消费品,不论在财务上是否作销售处理,都不得作为委托加工应税消费品,而应当按照销售自制应税消费品缴纳消费税。

委托加工的应税消费品直接出售的,不再缴纳消费税。

委托个人加工的应税消费品,由委托方收回后缴纳消费税。

第八条 消费税纳税义务发生时间,根据条例第四条的规定,分列如下:

(一)纳税人销售应税消费品的,按不同的销售结算方式分别为:

1. 采取赊销和分期收款结算方式的,为书面合同约定的收款日期的当天,书面合同没有约定收款日期或者无书面合同的,为发出应税消费品的当天;

2. 采取预收货款结算方式的,为发出应税消费品的当天;

3. 采取托收承付和委托银行收款方式的,为发出应税消费品并办妥托收手续的当天;

4. 采取其他结算方式的,为收讫销售款或者取得索取销售款凭据的当天。

(二)纳税人自产自用应税消费品的,为移送使用的当天。

(三)纳税人委托加工应税消费品的,为纳税人提货的当天。

(四)纳税人进口应税消费品的,为报关进口的当天。

第九条 条例第五条第一款所称销售数量,是指应税消费品的数量。具体为:

(一)销售应税消费品的,为应税消费品的销售数量;

(二)自产自用应税消费品的,为应税消费品的移送使用数量;

(三)委托加工应税消费品的,为纳税人收回的应税消费品数量;

(四)进口应税消费品的,为海关核定的应税消费品进口征税数量。

第十条 实行从量定额办法计算应纳税额的应税消费品，计量单位的换算标准如下：

（一）黄酒 1 吨＝962 升

（二）啤酒 1 吨＝988 升

（三）汽油 1 吨＝1 388 升

（四）柴油 1 吨＝1 176 升

（五）航空煤油 1 吨＝1 246 升

（六）石脑油 1 吨＝1 385 升

（七）溶剂油 1 吨＝1 282 升

（八）润滑油 1 吨＝1 126 升

（九）燃料油 1 吨＝1 015 升

第十一条 纳税人销售的应税消费品，以人民币以外的货币结算销售额的，其销售额的人民币折合率可以选择销售额发生的当天或者当月 1 日的人民币汇率中间价。纳税人应在事先确定采用何种折合率，确定后 1 年内不得变更。

第十二条 条例第六条所称销售额，不包括应向购货方收取的增值税税款。如果纳税人应税消费品的销售额中未扣除增值税税款或者因不得开具增值税专用发票而发生价款和增值税税款合并收取的，在计算消费税时，应当换算为不含增值税税款的销售额。其换算公式为：

应税消费品的销售额＝含增值税的销售额÷(1＋增值税税率或者征收率)

第十三条 应税消费品连同包装物销售的，无论包装物是否单独计价以及在会计上如何核算，均应并入应税消费品的销售额中缴纳消费税。如果包装物不作价随同产品销售，而是收取押金，此项押金则不应并入应税消费品的销售额中征税。但对因逾期未收回的包装物不再退还的或者已收取的时间超过 12 个月的押金，应并入应税消费品的销售额，按照应税消费品的适用税率缴纳消费税。

对既作价随同应税消费品销售，又另外收取押金的包装物的押金，凡纳税人在规定的期限内没有退还的，均应并入应税消费品的销售额，按照应税消费品的适用税率缴纳消费税。

第十四条 条例第六条所称价外费用，是指价外向购买方收取的手续费、补贴、基金、集资费、返还利润、奖励费、违约金、滞纳金、延期付款利息、赔偿金、代收款项、代垫款项、包装费、包装物租金、储备费、优质费、运输装卸费以及其他各种性质的价外收费。但下列项目不包括在内：

（一）同时符合以下条件的代垫运输费用：

1. 承运部门的运输费用发票开具给购买方的；
2. 纳税人将该项发票转交给购买方的。

（二）同时符合以下条件代为收取的政府性基金或者行政事业性收费：

1. 由国务院或者财政部批准设立的政府性基金，由国务院或者省级人民政府及其财政、价格主管部门批准设立的行政事业性收费；

2. 收取时开具省级以上财政部门印制的财政票据；
3. 所收款项全额上缴财政。

第十五条 例第七条第一款所称纳税人自产自用的应税消费品，是指依照条例第四条第一款规定于移送使用时纳税的应税消费品。

条例第七条第一款、第八条第一款所称同类消费品的销售价格，是指纳税人或者代收代缴义务人当月销售的同类消费品的销售价格，如果当月同类消费品各期销售价格高低不同，应按销售数量加权平均计算。但销售的应税消费品有下列情况之一的，不得列入加权平均计算：

（一）销售价格明显偏低并无正当理由的；
（二）无销售价格的。

如果当月无销售或者当月未完结，应按照同类消费品上月或者最近月份的销售价格计算纳税。

第十六条 条例第七条所称成本，是指应税消费品的产品生产成本。

第十七条 条例第七条所称利润，是指根据应税消费品的全国平均成本利润率计算的利润。应税消费品全国平均成本利润率由国家税务总局确定。

第十八条 条例第八条所称材料成本，是指委托方所提供加工材料的实际成本。

委托加工应税消费品的纳税人，必须在委托加工合同上如实注明（或者以其他方式提供）材料成本，凡未提供材料成本的，受托方主管税务机关有权核定其材料成本。

第十九条 条例第八条所称加工费，是指受托方加工应税消费品向委托方所收取的全部费用（包括代垫辅助材料的实际成本）。

第二十条 条例第九条所称关税完税价格，是指海关核定的关税计税价格。

第二十一条 条例第十条所称应税消费品的计税价格的核定权限规定如下：

（一）卷烟、白酒和小汽车的计税价格由国家税务总局核定，送财政部备案；
（二）其他应税消费品的计税价格由省、自治区和直辖市国家税务局核定；
（三）进口的应税消费品的计税价格由海关核定。

第二十二条 出口的应税消费品办理退税后，发生退关，或者国外退货进口时予以免税的，报关出口者必须及时向其机构所在地或者居住地主管税务机关申报补缴已退的消费税税款。

纳税人直接出口的应税消费品办理免税后，发生退关或者国外退货，进口时已予以免税的，经机构所在地或者居住地主管税务机关批准，可暂不办理补税，待其转为国内销售时，再申报补缴消费税。

第二十三条 纳税人销售的应税消费品，如因质量等原因由购买者退回时，经机构所在地或者居住地主管税务机关审核批准后，可退还已缴纳的消费税税款。

第二十四条 纳税人到外县（市）销售或者委托外县（市）代销自产应税消费品的，于应税消费品销售后，向机构所在地或者居住地主管税务机关申报纳税。

纳税人的总机构与分支机构不在同一县（市）的，应当分别向各自机构所在地的主管税务机关申报纳税；经财政部、国家税务总局或者其授权的财政、税务机关批准，可以由总机构汇总向总机构所在地的主管税务机关申报纳税。

委托个人加工的应税消费品,由委托方向其机构所在地或者居住地主管税务机关申报纳税。

进口的应税消费品,由进口人或者其代理人向报关地海关申报纳税。

第二十五条 本细则自 2009 年 1 月 1 日起施行。